LEXIKON DER POLITISCHEN BILDUNG

Band 3: Hans-Werner Kuhn,
Peter Massing (Hrsg.)
Methoden und Arbeitstechniken

Lexikon der politischen Bildung

Georg Weißeno (Hrsg.)
ISBN (Gesamtausgabe Bd.1-3)
3-87920-042-4

Band 1
Dagmar Richter,
Georg Weißeno (Hrsg.)
Didaktik und Schule

ISBN 3-87920-043-2 (Band 1)

Band 2
Klaus-Peter Hufer (Hrsg.)
Außerschulische Jugend- und Erwachsenenbildung
ISBN 3-87920-044-0 (Band 2)

Band 3
Hans-Werner Kuhn,
Peter Massing (Hrsg.)
Methoden und Arbeitstechniken
ISBN 3-87920-045-9 (Band 3)

Registerband
mit den gesamten
Erschließungshilfen für alle drei Bände
ISBN 3-87920-046-7

Lexikon der politischen Bildung

Herausgegeben von Georg Weißeno

Hans-Werner Kuhn,
Peter Massing (Hrsg.)

Methoden und Arbeitstechniken

Band 3

Die Deutsche Bibliothek – CIP-Einheitsaufnahme

Lexikon der politischen Bildung / hrsg. von Georg Weißeno.
– Schwalbach/Ts : Wochenschau-Verl., 2000
ISBN 3-87920-042-4

Bd. 3. Methoden und Arbeitstechniken /
Hans-Werner Kuhn ; Peter Massing (Hrsg.). – 2000
ISBN 3-87920-045-9

© by WOCHENSCHAU Verlag
Schwalbach/Ts. 2000

Alle Rechte vorbehalten. Kein Teil dieses Buches darf in
irgendeiner Form (Druck, Fotokopie oder einem anderen
Verfahren) ohne schriftliche Genehmigung des Verlages
reproduziert oder unter Verwendung elektronischer
Systeme verarbeitet werden.

Lexikonredaktion: Klaus-Peter Hufer, Hans-Werner Kuhn,
Peter Massing, Dagmar Richter, Georg Weißeno

Druck: Fuldaer Verlagsanstalt, Fulda
Gedruckt auf chlorfreiem Papier
Printed in Germany

Lexikon der politischen Bildung (Bd. 3)
ISBN 3-87920-045-9

Lexikon der politischen Bildung (Gesamtausgabe Bd. 1-3)
ISBN 3-87920-042-4

Lexikonbegriffe

Lexikon der politischen Bildung
Band 3: Methoden und Arbeitstechniken

Ästhetisches Lernen
Aktionsformen
Analogie
Antrag
Arbeitsblatt
Arbeitsformen
Arbeitsgemeinschaft
Arbeitsmaterialien/-mittel
Arbeitsplanung
Arbeitsschritte/Lernschritte
Arbeitstechniken
Arbeitsweisen
Argumentationstraining
Ausstellung
Auswertung

Befragung
Behördenbrief
Beobachtung
Bericht
Beschluß
Besichtigung
Bibliographieren
Bienenkorb
Blitzlicht
Brainstorming
Bürgerradio

CNB-Methode
Collage
Comic
Computersimulation

Datenerhebung
Debatte

Diagramm/Graphik
Dilemmadiskussion
Diskursive Verständigung
Diskussion
Dokument
Drehbuch
Dreischritt

Einstieg
Entdeckendes Lernen
Entscheidungsspiel
Erfahrungsorientierung
Erfolgskontrolle
Ergebnispräsentation
Erkundung
Exkursion
Experiment
Expertenbefragung
Exzerpieren

Facharbeit
Fahrradfahren, politisches
Fallanalyse
Fallstudie
Feature
Feedback
Feldforschung
Fernsehsendung
Film
Flugblatt
Forum
Foto- und Bildbeschreibung
Fotoroman,
    -dokumentation
Fragebogen

Ganzheitliches Lernen
Gedenkstättenbesuch
Gedenktag
Gedicht
Gerichtsbesuch
Geschichtswerkstätten
Gesetz
Gestaltpädagogik
Gestaltungslernen
Gewaltfreiheit
Gewaltprävention
Gruppenarbeit
Gruppendynamik

Handlungsmuster
Handlungsorientierung
Hausaufgaben
Hearing
Heimlicher Lehrplan
Hermeneutische
   Methoden
Hörspiel
Hypothesenbildung

Ideenwand
Ideenwerkstatt
Ideologiekritik
Informationsbeschaffung
Inhaltsanalyse
Innere Differenzierung
Internet

Kampfkunst
Karikatur
Karte
Kartenabfrage
Katechisieren
Körperorientierung
Kommentar
Kommunikation
Konfliktanalyse
Kooperation
Kreativität
Kurzreferat

Laienexperte
Learning by doing
Lehrer/innenrolle
Lehrervortrag
Lehrformen
Lehrgang
Lernebenen
Lernmarkt
Lernzielorientierter Test
Leserbrief
Lied
Lückentext

Mäeutik
Medienwerkstatt
Memorandum
Metakommunikation
Metaplan
Methodenbegriff
Methodenlernen
Mindmapping
Moderation
Motivation
Multimedia
Museum

Nachbereitung
Nachschlagen
Neugier
Niederschrift/Protokoll/
   Sitzungsbericht

Offener Brief
Offener Unterricht
Open-space-Konferenz
Oral history

Parlamentsbesuch
Partnerinterview
Perspektivenübernahme
Phantasiereise
Plädoyer
Plakat
Planspiel

Podiumsdiskussion
Praktikum (Betriebs-)
Praktikum, kommunalpolitisches
Problemstudie
Pro-Contra-Debatte
Produktlinienanalyse
Produktorientierung
Projektmanagement
Projektmethode
Projektwerkstatt
Projektwoche
Provokation
Puzzle

Quellen, historische
Quiz

Rätsel
Rallye
Realerfahrung
Recherche-Training
Referat
Referentenvortrag
Reizwortanalyse
Reportage
Rhetorik
Rollenspiel

Satire
Schneeballverfahren
Schreibwerkstatt
Schülervortrag
Schülerwettbewerb zur
  politischen Bildung
Schülerzeitung
Schulbuch
Simulation
Sitzordnung
Sokratisches Gespräch
Sozialformen
Sozialstudie
Soziodrama
Spurensuche
Standbild

Statistik
Steckbrief
Stimmungsbarometer
Straßeninterview
Streitgespräch
Studienfahrt/Studienreise
Szenariotechnik

Tabelle
Tafelbild
Tagebuch
Talkshow
Test/Schriftliche Übung
Textanalyse
Theater
Theater der Unterdrückten
Thesenpapier
Tiefenökologie
Tribunal
TZI

Unternehmensspiel
Unterrichtsarrangement,
  demokratisches
Unterrichtsgespräch
Unterrichtsstile

Vergleich
Vernissage-Aktion
Videoarbeit
Visualisierung

Wandzeitung
Werkstätten/Workshops
Wissenschaftspropädeutik
Wochenplan/
  Wochenarbeitsplan

Zauberwürfel
Zeitung
Zeitungstheater
Zeitzeuge
Zivilcourage
Zukunftswerkstatt

VII

Lexikon der politischen Bildung
Band 1: Didaktik und Schule

Abbilddidaktik
Abendgymnasium
Abendrealschule
Abstraktion und
 Konkretion
Ästhetik
Affirmation
Aktionstag, politischer
Aktualität
Akzeptanz des Schulfaches
Allgemeinbildung
Allgemeine Didaktik
 und Fachdidaktik
Alltagsorientierung
Antirassismus
Arbeitslehre
Artikulationsschema
Aufgabenfelder
Aufklärung
Ausgewogenheit
Auswahlkriterien
Authentizität
Autonomie

Bedingungsanalyse
Begriff/Begriffsbildung
Begründung von
 Unterrichts-
 entscheidungen
Berufsbildendes
 Schulwesen
Berufswahlorientierung
Betroffenheit und
 Bedeutsamkeit
Beutelsbacher Konsens
Bezugswissenschaften
Bildung
Bildungspolitik
Bürgerinnen/Bürger

Chancengleichheit

Community Education
Curriculum/Lehrplan

Demokratie
Deutsche Frage im
 Unterricht
Didaktische Analyse
Didaktische Perspektive
Didaktische Reduktion
Dimensionen des
 Politischen

Einsichtendidaktik
Elementarisierung
Emotionalität
Entscheidung-
 sorientierung
Entwicklungspolitische
 Bildung
EPA (Einheitliche
 Prüfungs-
 anforderungen in der
 Abiturprüfung)
Erfahrungsorientierung
Erkenntnisinteresse
Ethik
Europa
Exemplarisches Lernen
Existentieller Bezug

Fach (in der Schule)
Fachdidaktik als
 Wissenschaft
Fächerübergreifender
 Unterricht
Fähigkeiten und
 Fertigkeiten
Fallprinzip
Feministische
 politische Bildung
Friedenspädagogik

Gedenkstättenpädagogik
Genetisches Prinzip
Geographie und
 politische Bildung
Gesamtschule
Geschichte der
 schulischen
 politischen Bildung
Geschichte und
 politische Bildung
Geschlechterdifferenz
Geschlechtergerechte
 Didaktik
Geschlechtsspezifische
 Kommunikations-
 barrieren
Gesellschaftslehre
Gesellschaftstheorien
Globale Probleme
Globales Lernen
Grundgesetz und
 politische Bildung
Grundrechte
Grundschule
Gymnasium

Handlungsorientierung
Handlungswissen
Hauptschule
Herrschaft

Identität
Ideologie
Individualisierung
Indoktrination
Informationsgesellschaft
Inhaltsauswahl
Institutionenkunde
Intentionalität
Interaktion
Interdependenz

Interesse
Interkulturelles Lernen

Just Community

Kategorien
Koedukation
Kognition
Kolleg
Kommunikative
   Fachdidaktik
Kommunitarismus
Kompetenz
Konflikt
Konfliktdidaktik
Konsens
Kontroversität
Konzeptionen
Kritikfähigkeit
Kritische Politikdidaktik
Kurzvorbereitung

Lebenshilfe
Lebensweltorientierung
Legitimation
Lehrer/innenrolle
Lehrplankommission
Lernerdidaktik
Lernertypen
Lerntheorien
Lernzielorientierung

Macht/Gewalt
Medienpädagogik
Menschenrechte
Methodenorientierte
   Fachdidaktik
Moral und moralische
   Urteilsbildung

Nationalerziehung
Norm
Normative
   Fachdidaktik

Offenheit des
   Lernprozesses
Ökologie und
   politische Bildung
Ökonomisch-politische
   Bildung
Optionen
Orientierungen
Orientierungswissen

Pädagogik
Parlamentsdidaktik
Parteinahme/
   Parteilichkeit
Partnerschaftspädagogik
Planungsaufgabe
Polis
Politikbegriff
Politikverdrossenheit
Politikwissenschaft
Politikzyklus
Politische Bildung
Politische Erziehung
   in der DDR
Politische Kultur
Politische Psychologie
Politische Sozialisation
Politische Theorie und
   politische Bildung
Politische
   Urteilsbildung
Politische Wirklichkeit
Politisches Lernen
Polytechnische Bildung
Praxis
Problemorientierung
Professionalisierung

Rahmenbedingungen
   politischer Bildung
Rationalität
Realschule
Rechtliche Grundlagen
   der politischen Bildung

Rechtsdidaktik
Rechtswissenschaft
Risikodidaktik

Sachanalyse
Sachunterricht
Schlüsselfragen
Schlüsselprobleme
Schlüsselqualifikation
Schülermitbestimmung
Schülerorientierung
Schulleben
Schulstufen/
   Schulformen
Selbstbestimmung
Sinnorientierung
Situationsorientierung
Sonderschule
Soziales Lernen
Soziologie
Staat
Staatsbürgerkunde
Stofforientierung
Subjektorientierung
Symbol, politisches

Tagespolitik
Thema
Toleranz
Transfer

Überwältigungsverbot
Unterrichtsforschung
Unterrichtsmodell
Unterrichtsplanung
Unterrichtsprinzip

Verfassungspatriotismus
Verlaufsplan
Verrechtlichung
Vorurteil
Vorverständnis
Vorwissen

Werte
Werteerziehung
Wirksamkeit
Wissen
Wissenschaftstheorien

Zeitgeschichte
Ziele/Zielarten
Zukunftsdidaktik

Lexikon der politischen Bildung
Band 2: Außerschulische Jugend- und Erwachsenenbildung

Adressaten
Ästhetik
Akademien
Akzeptierende
 Jugendarbeit
Alltagsorientierung
Altenbildung
Alternative
 Erwachsenenbildung
Angebotsstruktur
Ankündigungstexte
Anschlußlernen
Arbeit und Leben
Arbeiterbildung
Arbeitgeberverbände
Arbeitsausschuß für
 politische Bildung
Arbeitsgemeinschaft
Arbeitsgemeinschaft
 katholisch-sozialer
 Bildungswerke in
 der Bundesrepublik
 Deutschland
Arbeitskreis deutscher
 Bildungsstätten
Aufklärung
Ausfallquote
Ausgewogenheit

Bedarfsermittlung
Berufliche und
 politische Bildung

Bezugswissenschaften
Bildung
Bildungsauftrag
Bildungsurlaub
Biographisches
 Lernen
Bürgergesellschaft
Bürgerinitiativen
Bundeswehr
Bundeszentrale
 für politische Bildung

Demokratisierung
Deutscher Bundes-
 jugendring
Deutscher
 Volkshoch-
 schulverband
Deutsches Institut für
 Erwachsenenbildung
Deutsches Jugendinstitut
Deutschlandpolitische
 Bildungsarbeit
Deutungsmuster
Diskurs
Dritte-Welt-Bildung

Einrichtung
Einzelveranstaltung
Einzugsbereich
Elternbildung als
 politische Bildung

Emanzipation
Entgrenzung von Politik/
 Politikbegriff
Erlebnisgesellschaft
Erwachsenenbildung
Erwachsenenbildung
 in der DDR
Erwachsenen-
 sozialisation
Europa
Europäische
 Bildungspolitik
Evaluation
Evangelische
 Erwachsenenbildung
Evangelische
 Jugendbildung
Exemplarisches Lernen

Fernsehen
Frauenbildung
Frauenpolitik/
 Gleichstellungspolitik
Freie Träger
Freiheit der
 Programmplanung
Friedrich-Ebert-Stiftung
Friedrich-Naumann-
 Stiftung

Ganzheitlichkeit
Gedenkstätten

Gegensteuerung
Geschichte der
politischen
Erwachsenenbildung
Geschichte der
politischen
Jugendbildung
Geschichtswerkstätten
Geschlechterverhältnis
Geschlechtsgerechte
Didaktik
Gesellschaftsanalyse
und Politische
Bildung e.V.
Gewerkschaftliche
Bildungsarbeit
Grundstudienprogramme

Handlungsorientierung
Hanns-Seidel-Stiftung
Hauptberufliche
pädagogische
Mitarbeiter
Hauptberuflichkeit
Heimvolkshochschulen
Heinrich-Böll-Stiftung
Historisch-politisches
Lernen

Individualisierung
Institutionelle
Voraussetzungen
Integration
Interesse an
politischer Bildung
Interkulturelle
Bildung
Internationale
Erwachsenenbildung
Internationale
Jugendbildung/-arbeit

Jugendarbeit
Jugendbegegnungsstätten

Jugendbildung
Jugendbildung/Jugenderzie-
hung (außerschulisch) in
der DDR
Jugendbildungsreferentin-
nen und -referenten
Jugendbildungsstätten
Jugendforschung
Jugendkultur
Jugendseelsorge,
katholische
Jugendsozialarbeit
Jugendverbandsarbeit

Katholische
Erwachsenenbildung
Kinder- und
Jugendhilferecht
Kirchliche Bildungsarbeit
Kommunalität
Kompetenz
Konrad-Adenauer-Stiftung
Konstruktivismus
Kooperation Schule –
außerschulische Bildung
Kulturelle und
politische Bildung

Ländliche Erwachsenen-
bildung
Ländliche Jugendarbeit
Landesarbeits
gemeinschaft für eine
andere Weiterbildung
Landesmedienanstalten
Landeszentralen für
politische Bildung
Lebenslanges Lernen
Lebensweltorientierung
Legitimation
Lernen vor Ort
Lernende Organisationen
Lernökologie
Lernorte

Männerbildung
Marketing
Marktorientierung
Mediation
Medien
Medienkompetenz
Menschenbilder
Mikrodidaktik und
Makrodidaktik
Mitbürgerlichkeit

Nachhaltigkeit
Neue Medien
Neue soziale Bewegungen
Neue Technologien
Nichtberufliche
abschlußbezogene
Bildung
Nutzen

Öffentliche Erwachsenen-
bildung/Weiterbildung
Öffentliche Verantwortung
Öffentlichkeitsarbeit
Ökologische Bildung

Parteinahe Stiftungen
Partizipation
Philosophie und
politische Bildung
Pluralität
Politische Sozialisation
Postmoderne
Privatisierung
Professionalität
Programmplanung
Psychische Voraussetzungen
politischen Lernens

Qualifizierungsoffensive

Realistische Wende
Rechtsextremismus
Reflexive Wende

Relative Autonomie
Rhetorik und
politische Bildung
Risikogesellschaft

Schlüsselqualifikationen
Selbststeuerung
Soziale Milieus
Sozialformen der Erwachse-
nenbildung
Soziokulturelle Zentren
Sport und politische
Bildung
Stadtteilarbeit

Studentenbewegung
Subjektorientierung

Tagung
Tagungsdidaktik
Teilnahme an politischer
Weiterbildung
Teilnahmetag
Teilnehmererwartungen
Teilnehmergebühren
Teilnehmerorientierung
Telekolleg
Träger

Unterricht

Veranstaltungsformen
Verrechtlichung
Volkshochschulen
Vorurteile

Weiterbildung der
Wirtschaft
Weiterbildungsgesetze

Zensur
Zielgruppenarbeit
Zivildienstschulen

Vorwort zum Lexikon der politischen Bildung

Das dreibändige Lexikon der politischen Bildung informiert in über 600 Stichworten über die Gegenstände der schulischen und außerschulischen politischen Bildung. Es bilanziert die Ergebnisse der Forschung und den Stand der wissenschaftlichen Diskussion mit dem Ziel, eine erste Orientierung zu bieten. Es informiert grundlegend über wichtige Fragen und Probleme, zentrale Themen, bewährte und neue Lern- und Bearbeitungsformen sowie bildungspolitische Eckpunkte. Insofern dient das Lexikon einerseits als Ergänzung der zahlreichen Handbücher und unternimmt andererseits zum ersten Mal den Versuch einer systematischen lexikalischen Information.

Die Konzeption des Lexikons, das in der politischen Bildung ohne Vorbild ist, orientiert sich an den wichtigen Begriffen, die
- in der politischen Bildung erarbeitet wurden
- zum Bestand der Didaktik und Methodik zählen
- in den Bezugswissenschaften thematisiert werden
- von bildungspolitischer und praktischer Relevanz sind.

Die Teilung in drei Bände ermöglicht den speziell Interessierten einen direkten Zugriff. Aber es soll dies keine künstliche Trennung von Zusammenhängen bedeuten. Durch zahlreiche Querverweise und durch z.T. doppelte Aufnahme von Begriffen wird der Gesamtkontext sichtbar.

Band 1 „Didaktik und Schule" behandelt die fachdidaktischen Grundbegriffe sowie zentrale fachwissenschaftliche Termini. Die für die politische Bildung im ausgehenden 20. Jahrhundert wichtigen Themen werden aufgegriffen und systematisch dargestellt.

Band 2 „Außerschulische Jugend- und Erwachsenenbildung" ist den zentralen Arbeitsansätzen und Institutionen der außerschulischen politischen Bildung gewidmet. Bekanntlich kennzeichnet diesen Bereich eine große Pluralität an Bildungsangeboten und Arbeitsformen. Der Band trägt dem Umstand Rechnung, daß sich die schulische und außerschulische politische Bildung in den letzten Jahren auseinanderentwickelt haben.

Band 3 „Methoden und Arbeitstechniken" informiert über die zahlreichen Verfahrensweisen zur Gestaltung politischer Lernprozesse. Die Methodenvielfalt der Disziplin hat sich in den letzten Jahren erheblich erweitert. In diesem Band werden die Gemeinsamkeiten der schulischen und außerschulischen politischen Bildung besonders deutlich. Insofern kommt ihm in der Gesamtkonzeption eine Klammerfunktion zu.

An dem Lexikon haben über 150 Autorinnen und Autoren mitgewirkt. Sie bilanzieren die Ergebnisse der Forschung und praktischen Erfahrungen sowie den Stand der pädagogischen und wissenschaftlichen Diskussion. Erstmals sind die an Universitäten und in zahlreichen Praxisfeldern tätigen Autorinnen und Autoren mit unterschiedlichen gesellschafts- und wissenschaftstheoretischen Bezügen in dieser Breite an einem gemeinsamen Projekt beteiligt.

Die Adressaten des Lexikons sind Hochschullehrerinnen und -lehrer, Studentinnen und Studenten, Lehrerinnen und Lehrer, Referendarinnen und Referendare, pädagogische Mitarbeiterinnen und Mitarbeiter sowie Dozentinnen und Dozenten in Jugendbildung, Sozialarbeit, Volkshochschulen, Stiftungen, Bildungseinrichtungen in freier Trägerschaft, Jugendoffiziere der Bundeswehr usw.

Für die vorliegenden Bände sind die Herausgebenden allen Autorinnen und Autoren sowie dem Verlag zu Dank verpflichtet.

Wuppertal/Karlsruhe, April 2000

Georg Weißeno

Einführung in den Band „Methoden und Arbeitstechniken"

Band 3 des Lexikons der politischen Bildung enthält knapp 220 Artikel zu „Methoden und Arbeitstechniken". Etwa sechzig Autorinnen und Autoren aus der politischen Jugend- und Erwachsenenbildung, aus der Schulpraxis sowie aus der Hochschule stellen dieses breite Spektrum vor. Die Vielzahl der Beiträge macht deutlich, daß sich in den letzten Jahren die Methoden und Arbeitstechniken in der politischen Bildung erheblich erweitert und ausdifferenziert haben. Die schulische politische Bildung hat bei dieser Entwicklung vor allem von der außerschulischen Jugend- und Erwachsenenbildung profitiert, die gerade im Bereich der Methoden ein hohes Maß an Einfallsreichtum und Kreativität gezeigt hat: vom „politischen Fahrradfahren" bis zur „Kampfkunst".

Die Aufgaben der Methoden in der politischen Bildung bleiben jedoch stets die gleichen, nämlich die optimalen Bedingungen für die Begegnung von Lernenden und Sache (politische und gesellschaftliche Probleme usw.) herzustellen. Methoden helfen, indem sie gleichsam symbolisch „Politik" zum Lernort bringen, die Lernenden an den Gegenstand heranzuführen und die konkreten Intentionen der jeweiligen Lernprozesse sowie die allgemeinen Ziele der politischen Bildung zu erreichen. Dies gilt sowohl für Methoden der Erkenntnisgewinnung (z.B. Hermeneutik oder Ideologiekritik) als auch für „Unterrichtsmethoden", die vor allem Fragen nach Schritten, Formen und Phasen der Vermittlung stellen. Unterrichtsmethoden lassen sich in Groß- und in Kleinmethoden unterscheiden. Während Großmethoden (z.B. der Lehrgang oder das Planspiel) die Makrostruktur von Lernprozessen bestimmen und diese insgesamt tragen, unterstützen methodische Kleinformen, wie der Lehrervortrag oder das Standbild, einzelne Phasen des Lernprozesses, leiten sie ein oder schließen sie ab. Innerhalb der Unterrichtsmethoden lassen sich solche unterscheiden, die den Schwerpunkt eher auf die kognitive Dimension, d.h. auf inhaltlich fachliches Lernen legen, und solche, die erfahrungs- bzw. handlungsorientiert, emotionale, soziale, kommunikative und in jüngster Zeit auch zunehmend ästhetische Aspekte in den Mittelpunkt stellen und damit einen Anspruch auf „Ganzheitlichkeit" erheben. Auch läßt sich eine Unterscheidung treffen zwischen traditionellen Methoden, die in Lernprozessen politischer Bildung schon immer eingesetzt wurden, (u.a. das Unterrichtsgespräch oder das Tafelbild) und neueren Methoden, die eher selten vorkommen (z.B. die Szenariotechnik oder das Zeitungstheater). Alle diese Methoden werden hier vorgestellt.

Wenn man davon ausgeht, daß es die beste Methode nicht gibt, sondern politische Bildung gut daran tut, möglichst viele unterschiedliche Methoden einzusetzen, so läßt sich diese Forderung leichter erfüllen, wenn politische Bildnerinnen und Bildner über ein großes Methodenrepertoire verfügen. Der Band zielt daher in seiner Breite auch darauf ab, Lehrende zu ermutigen, sich mit für sie neuen und ungewohnten Methoden auseinanderzusetzen und mit ihnen in ihrem jeweiligen Praxisfeld zu experimentieren. Denn gerade auch die variable und fachdidaktisch begründete Auswahl der Methoden stärkt das Fachprofil der politischen Bildung.

Wenn unter Methoden „zielgerichtete Verfahrensweisen" (Gagel) oder „Modalitäten zur Bearbeitung politischer Themen" (Giesecke) verstanden werden, verlangt die Realisierung der Methoden in der pädagogischen Praxis auch den Einsatz von Sozialformen, z.B. Gruppenarbeit oder Partnerarbeit, und von *Arbeitstechniken:* u.a. Auswertung von Statistiken und Tabellen, Bearbeitung von Texten und Quellen, Gestaltung von Wandzeitungen, Schreiben von Leserbriefen usw. Zwar sind die Grenzen zwischen Kleinmethoden, Sozialformen und Arbeitstechniken fließend, Arbeitstechniken haben jedoch einen stärker instrumentellen Charakter. Sie sind die Werkzeuge, die man benötigt, um das schwierige politische Handlungsfeld zu erschließen und mitgestalten zu können. Arbeitstechniken lassen sich parallel zur Durchführung der Methoden lernen, sie müssen aber auch darüber hinaus in spezifischen Lern- und Lehrsequenzen vermittelt und eingeübt werden. Über die Erschließung der Gegenstände hinaus ist es Ziel des Einsatzes unterschiedlicher Methoden und Arbeitstechniken, bei den jeweiligen Adressaten eine methodische Kompetenz zu erreichen, die sowohl eigene Erfahrungen mit verschiedenen Groß- und Kleinmethoden enthält als auch vielfältige Arbeitstechniken umfaßt, um so die eigenen Fähigkeiten und Fertigkeiten im Umgang mit politischen und gesellschaftlichen Problemen zu stärken. Methodische Kompetenz in diesem Sinne ist ein „Politikum" (Hilbert Meyer), da sie sich sowohl auf die Unterrichtskultur als auch auf die gesamte Schulkultur auswirkt.

Methoden und Arbeitstechniken beziehen sich immer auch auf *Medien.* Diese reichen von traditionellen Medien (z.B. Schulbuch) bis zu den „neuen" Medien (z.B. Internet und Computerspiele), die sich erst langsam in der politischen Bildung durchsetzen und deren Bedeutung kontrovers diskutiert wird. Zu einer erweiterten Methodenkompetenz gehört dann auch die Fähigkeit, mit unterschiedlichen Medien kritisch umgehen zu können.

Innerhalb des dreibändigen Lexikons erfüllt der Band „Methoden und Arbeitstechniken" eine Klammerfunktion. Durch die inhaltlichen Bezüge zu Band 1 „Didaktik und Schule" sowie Band 2 „Außerschulische Jugend- und Erwachsenenbildung" macht er deutlich, daß Methoden immer in einem Implikationszusammenhang stehen, d.h. nicht isoliert betrachtet werden können: sie sind weder von didaktischen Fragen und Prinzipien noch von der Ziel- und Inhaltsebene losgelöst und isoliert zu behandeln, noch ohne den Blick auf die jeweiligen institutionellen Voraussetzungen von Schule, Jugend- und Erwachsenenbildung zu verwenden. Methoden beinhalten zugleich auch „tiefgefrorene" Ziel-, Inhalts- und Medienentscheidungen (Hilbert Meyer). Diese Vernetzung wird nicht nur in den jeweiligen Artikeln deutlich, sondern auch durch die Verweise auf verwandte Artikel im gleichen Band und in den beiden anderen Bänden. Bei der Darstellung der Methoden, Arbeitstechniken und Medien wird bewußt keine Unterscheidung zwischen schulischer politischer Bildung und politischer Jugend- und Erwachsenenbildung getroffen. Denn gerade der methodische Bereich scheint geeignet zu sein, traditionelle Trennungen zwischen schulischer und außerschulischer politischer Bildung zu überwinden, Gemeinsamkeiten zu verdeutlichen und Wege aufzuzeigen, wie beide voneinander lernen können und sich miteinander verknüpfen lassen.

Freiburg/Berlin
April 2000
Hans-Werner Kuhn/Peter Massing

Ästhetisches Lernen

Ästhetisches Lernen in der politischen Bildung läßt sich nicht auf Kunst oder das Schöne verengen, sondern bezieht sich in einem weiten Sinne auf die „Thematisierung von Wahrnehmungen aller Art" (Welsch). Es kann ein weites Feld „ästhetischen Verhaltens" umfassen und sich auf Wahrnehmungen, Gefühle, aber auch auf Kunst und Medien als Inspirationsquelle, als Leit- und Vollzugsmedien für sinnliche Erkenntnisse in politischen Lernprozessen beziehen. Ziele ästhetischen Lernens sind, einerseits zum mündigen Gebrauch von Sinnlichkeit zu erziehen und andererseits Wege der sinnlichen Erkenntnis (ästhetische Rationalität) als Alternativen zur wissenschaftsorientierten Rationalität bewußtzumachen.

Ästhetisches Lernen läßt sich im Politikunterricht besonders als *Diskurs in Bildern* (Bilder sammeln, Bilder machen, Bilder verstehen) realisieren, d.h. als „Praxis des Auslegens der Welt in Bildern durch das Auslegen von Bildern. Bilder sind nicht nur Zeichnungen, Fotografien, Karikaturen, Video- oder Fernsehbilder (optische Wahrnehmungen von Politik), sondern ebenso die inneren Vorstellungsbilder (kulturelle Grundbilder), die wir in uns erzeugen, z.B. von Begriffen wie Freiheit, Zukunft, Glück" (Otto/Otto 1987). Ein solcher „Diskurs in Bildern" verbindet die Welt der Bilder mit eigenen Erfahrungen, Erinnerungen und Handlungen und trägt dadurch zur Entfaltung politischer Imagination (Vorstellungskraft) dort bei, wo er kulturelle Grundbilder durch imaginative Lernbewegungen in den Vordergrund bringt, z.B. durch „Sichvorstellen", „Sichhineinversetzen und Übertragen", „Unvertrautmachen".

Ästhetisches Lernen ereignet sich in „affinitiven" Lernstrategien, des „Kommenlassens", „Sichzurücklehnens", „Sichleitenlassens von Verwandtschaften", „Besinnung", „Bewegung", etwa in Methoden der Gestaltpädagogik, z.B. Identifikation, Phantasieübungen, Selbst- und Fremdwahrnehmungen, Körperübungen, Kreativitätstechniken, Kommunikation in der Gruppe. Im Politikunterricht geht es hierbei auch darum, Gefühlsbezüge, Emotionalität und Affektivität der Lernenden als eine wichtige Lerndimension ernst zu nehmen.

Insgesamt kommt die Sensibilisierung politischer Bildung für ästhetisches Lernen der Ästhetisierung des Sozialen ebenso entgegen wie Forderungen nach ganzheitlichem Lernen, und sie widersetzt sich so der Zerstörung von Sinnlichkeit durch die Herrschaft instrumenteller oder moralischer Rationalität.

Literatur: Burow O.-A. u. a. 1987: Gestaltpädagogik in der Praxis, Salzburg; Holzkamp, K. 1993: Lernen. Subjektwissenschaftliche Grundlegung, Frankfurt/M.; Otto, G./Otto, M. 1987: Auslegen. Ästhetische Erziehung als Praxis des Auslegens in Bildern des Auslegens von Bildern, Seelze; Schörken, R. 1994: Historische Imagination und Geschichtsdidaktik, Paderborn.

Peter Henkenborg

↗ Ausstellung; Ganzheitliches Lernen; Gestaltpädagogik; Videoarbeit; *Band 1:* Ästhetik; Emotionalität; *Band 2:* Ästhetik; Lernorte; Medien; Medienkompetenz

Aktionsformen

Verbreitung hat der Begriff Aktionsformen vor allem durch den Versuch von Schulz gefunden, die „Methodik", also die „Verfahrensweisen, mit denen der Unterrichtsprozeß strukturiert werden kann", nach ihrer „Reichweite" zu gliedern. Dabei unterscheidet Schulz „Methodenkonzeptionen", „Artikulationsschemata", „Sozialformen des Unterrichts", „Aktionsformen des Lehrens" sowie „Urteilsformen" (W. Schulz 1976: 30ff.).

Während Schulz Aktionsformen allein auf die *Lehrperson* beschränkte, werden sie heute durchweg als Formen und Verfahren der aktiven Betätigung verstanden, die von *allen* am Unterricht *Beteiligten*, also auch von Schülerinnen und Schülern, praktiziert werden. Nahezu *synonym* mit diesem Verständnis von Aktionsformen werden die Begriffe (Unterrichts-) Methoden, Unterrichtsformen, Arbeitsformen und Handlungsmuster verwendet. Diese Begriffsverständnisse implizieren durchweg den didaktisch wechselwirksam funktionalen Zusammenhang von Aktionsformen bzw. ihren Synonymen und Sozialformen in einer spezifischen Handlungssituation bzw. Phase des Unterrichtsprozesses.

Unabhängig von dieser eher schulpädagogischen Begriffsbildung hat in politikdidaktischen Diskussionen der frühen 70er Jahre der Aspekt der „politischen Aktion als Aufklärung" (H. Giesecke) eine besondere Rolle gespielt. Neuere subjekt-, handlungs- bzw. erfahrungsorientierte politikdidaktische Ansätze betonen die Bedeutung des aktiven politikrelevanten *Handelns* von Schülerinnen und Schülern für die Herausbildung politischer Partizipationskompetenz.

Literatur: Giesecke, H. 1970: Politische Aktion und politisches Lernen, München; Koopmann, K. 1998: Aktiv Politik lernen: Sich als politisch handelndes Subjekt erfahren, in: Politische Bildung, S. 140-150; Schulz, W. 1976: Unterricht – Analyse und Planung, in: Heimann P./Otto G./Schulz W.: Unterricht. Analyse und Planung, Hannover, S. 13-47.

Klaus Koopmann

↗ Arbeitsformen; Handlungsmuster; Sozialformen; *Band 1:* Erfahrungsorientierung; Handlungsorientierung; *Band 2:* Bürgerinitiativen; Handlungsorientierung; Neue soziale Bewegungen; Partizipation

Analogie

Analogien unterscheiden und gruppieren Dinge oder Ereignisse und behandeln sie als „gleich" oder „ähnlich". Eine solche Bildung von Äquivalenzen ist ein Mittel zur Erkundung von Verwandtschaften. Möglichkeiten der Verbindung, der Kombination und der Strukturierung von Informationen über die politische Welt ergeben sich für die Lernenden u.a. durch Analogien und tragen zur Entwicklung von komplexeren Definitionen und Klassifikationen bei.

Analogieschlüsse sind solche, die einen einzelnen entsprechenden Zug in zwei Gegebenheiten auffinden. So wird im Unterricht z.B. von der Familie auf den Staat, von der griechischen Polis auf die repräsentative Demokratie, von der Wahl der Klassensprecherin bzw. des Klassensprechers auf die Wahl des Bundeskanzlers geschlossen. Meist sind solche Analogieschlüsse falsch und vorschnell, da es sich nur um bedingt vergleichbare Situationen handelt.

Wird indessen die Andersartigkeit zweier Situationen im Unterricht herausgearbeitet, so können Orientierungen aufgebaut werden, die zum Verstehen des jeweils anderen hilfreich sind. Das Aufdecken von Beziehungen zwischen Faktoren ist für die Deutung der Erscheinungen unerläßlich. Insofern ist die Bildung von Äquivalenzen zwar eine charakteristische Strategie der Informationssuche, aber zugleich angewiesen auf die Herstellung sinnvoller Zusammenhänge.

Georg Weißeno

↗ *Band 1:* Begriff/Begriffsbildung; Lerntheorien; politische Urteilsbildung

Antrag

Bezeichnung für die an Gerichte, Behörden oder Parlamente gerichteten Ansuchen, mit deren Hilfe eine *Entscheidung* zu einem bestimmten Sachverhalt herbeigeführt werden soll. Anträge spielen in der politischen Bildung immer dann eine Rolle, wenn Themen zum Bereich „Lebenshilfe" im Unterricht behandelt oder handlungsorientierte Methoden wie Debatten, Pro-Contra-Debatte, Plan- und Rollenspiele eingesetzt werden. Dabei werden instrumentelle Fähigkeiten und Fertigkeiten vermittelt, die Schülerinnen und Schüler im Umgang mit öffentlichen und privaten *Institutionen* (z.B. das Formulieren und Ausfüllen von Anträgen) benötigen. Oberstes Ziel ist der Erwerb einer hinlänglichen Handlungskompetenz im Alltag.

Literatur: Massing, P. 1998: Handlungsorientierter Politikunterricht. Ausgewählte Methoden, Schwalbach/Ts.

Kurt Lach

⬈ Entscheidungsspiel; Handlungsorientierung

Arbeitsblatt

Bezeichnung für Lehr- und Lernmittel, die die Unterrichtsarbeit anregen, fördern, kontrollieren oder sichern sollen. Arbeitsblätter werden von Schulbuchverlagen angeboten oder von dem Lehrer/der Lehrerin selbst erstellt. Sie ergänzen oder ersetzen das Schulbuch. Arbeitsblätter präsentieren unterschiedliche *Informationsträger* wie Texte, Statistiken, Diagramme, Schaubilder, Karten, Karikaturen und Bilder in unterschiedlicher Zusammensetzung. Im politischen Unterricht werden sie häufig eingesetzt, weil sie aktuell sind, in ihrer Gestaltung hinsichtlich des Anspruchsniveaus auf die Lerngruppe und den Unterrichtsstoff bzw. die -ziele zugeschnitten werden können und Schülerinnen und Schüler zur *Selbsttätigkeit* anregen. Mit ihnen lassen sich methodische wie inhaltliche Unterrichtsziele anstreben. Dabei werden *Nachteile* wie Ausblendung von Komplexität, fehlende Darstellung von größeren Zusammenhängen und Probleme bei der Nachbereitung bewußt in Kauf genommen. Die Einsatzmöglichkeiten von Arbeitsblättern im Unterricht sind vielfältig. Je nach Einsatzort (Einstieg, Informations-, Anwendungs- und Problematisierungsphase) erfüllen Arbeitsblätter verschiedene *Funktionen* wie Motivations-, Informations-, Aktivierungs-, Übungs-, Wiederholungs- und Kontrollfunktion. Diese Funktionen kann das Medium Arbeitsblatt aber nur dann erfüllen, wenn es formal richtig erstellt und methodisch-didaktisch sinnvoll eingesetzt wird. Bei der Gestaltung eines Arbeitsblatts sollte auf folgende Punkte besonders geachtet werden:

1. Die dargebotenen Informationen dürfen nicht zu umfangreich sein (Beachtung der Stoff-Zeit-Relation), müssen übersichtlich arrangiert und alters- und leistungsangemessen sein. Schließlich gehört zu jedem Arbeitsblatt eine Überschrift.

2. Jedes Arbeitsblatt muß mit *Arbeitsaufträgen*, die nach Möglichkeit den Materialien vorangestellt sind, versehen sein. Die Arbeitsaufträge müssen präzise formuliert sein und unmißverständliche Handlungsanweisungen mit Aufforderungscharakter (z.B. „Beschreibe ..." oder „Erläutere ...") enthalten und entsprechend den Anforderungsbereichen angeordnet sein.

3. Informationsgehalt des Arbeitsblatts und Zielrichtung der Arbeitsaufträge müssen sich entsprechen.

4. Die Quellenangabe darf nicht fehlen. Unter methodisch-didaktischen Gesichtspunkten hängt die Gestaltung des Arbeitsblatts vom Einsatzort und der damit

verbunden Funktion ab. Dabei ist auf den *Implikationszusammenhang* von Unterrichtsziel – Methode – Medium (= Arbeitsblatt) zu achten, wobei dem Arbeitsblatt zwar eine wichtige, aber keinesfalls die dominierende Rolle zufällt. Nicht das Medium Arbeitsblatt, sondern die anzustrebenden Ziele haben im Zentrum des Unterrichts zu stehen. In diesem Sinne kommt dem Arbeitsblatt im Unterricht in erster Linie eine dienende Funktion zu.

Literatur: Brucker, A. 1993[5]: Arbeitsheft – Arbeitsblatt – Informationsblatt, in: Haubrich, H./Brucker, A./Engelhard, K./Hausmann, W./Richter, D.: Didaktik der Geographie konkret, München, S. 268-269; Meyer, H. 1994: Unterrichts-Methoden, Bd. II: Praxisband, Frankfurt/M.; Weißeno, G. 1997: Aus Quellen lernen: Arbeit mit Texten, Grafiken, Karikaturen, Fotos und Film, in: Sander, W. (Hrsg.): Handbuch politische Bildung, Schwalbach/Ts., S. 431-445.

Kurt Lach

↗ Arbeitsmaterialien/Arbeitsmittel; Quellen, historische; Schulbuch; *Band 1:* Interdependenz

Arbeitsformen

Zu den Arbeitsformen, den *methodischen Kleinformen* im politischen Lernprozeß, gehören (Mickel 1996: 36ff.; Giesecke 1978: 125ff.) die Einzelarbeit bei der Interpretation von Texten und Grafiken, die verschiedenen Formen des Unterrichtsgespräches und der Gruppenarbeit, der Lehrervortrag, der Schülervortrag, die gemeinsame Erarbeitung eines Tafelbildes u.a.

Auch wenn in der didaktischen Literatur diese Kommunikationsformen ebenfalls mit den Begriffen „Arbeitsweisen" (Giesecke 1978: 175ff.) und „Unterrichtsformen" (Grosser 1977: 97f.) belegt werden, so sind sie doch deutlich durch ihre zeitliche *Begrenztheit* und durch die Funktionserfüllung im Rahmen methodischer Großformen, wie dem

Projekt und dem Lehrgang u.a. (Giesecke 1978: 41ff.; Mickel 1996: 46ff.), zu bestimmen. Deshalb muß auch der sinnvolle Einsatz der verschiedenen Arbeitsformen im Unterricht immer im Gesamtzusammenhang des Lernprozesses, bezüglich der Inhalte und Materialien und unter der Frage abgeklärt werden, ob die Selbständigkeit, Handlungs- und Kommunikationsfähigkeit der Jugendlichen gefördert wird. Hat zum Beispiel die Einstiegsdiskussion einer Unterrichtsreihe die Funktion, daß die Mitglieder einer Lerngruppe die in der Unterrichtsreihe zu lösenden Probleme benennen, andiskutieren, strukturieren und Hypothesen formulieren, so kann sie sich natürlich auch z.B. auf das Ergebnis einer Expertenbefragung beziehen, welche ansonsten meist zur Hypothesenüberprüfung in der Informations- bzw. der Erarbeitungsphase verwendet wird.

Literatur: Ackermann, P. u.a. 1994: Politikdidaktik kurzgefaßt. 13 Planungsfragen für den Politikunterricht, Schwalbach/Ts.; Giesecke, H. 1978[6]: Methodik des politischen Unterrichts, München; Grosser, D. 1977: Politische Bildung, München; Mickel, W. W. 1996: MethodenLeitfaden durch die politische Bildung, Schwalbach/Ts.

Carl Deichmann

↗ Arbeitstechniken; Sozialformen; *Band 2:* Mikrodidaktik und Makrodidaktik; Sozialformen der Erwachsenenbildung; Veranstaltungsformen

Arbeitsgemeinschaft

Die Arbeitsgemeinschaft ist eine freiwillige und den regulären Politikunterricht ergänzende Schulveranstaltung. Sie dient interessierten Schülerinnen und Schülern zur Vertiefung und Ergänzung ihrer Kenntnisse und Fähigkeiten. Ihre Einrichtung empfiehlt sich insbesondere für Schuljahrgänge, in denen das Fach Politik nicht unterrichtet wird. Angeboten wird sie in der Regel für mehrere Klassenstufen. Die optimale Größe von Arbeitsgemeinschaften liegt bei etwa 10 Teilnehmerinnen und Teilnehmern. Der Freiwilligkeitscharakter bestimmt die Atmosphäre in einer Arbeitsgemeinschaft: Die Lehrerin bzw. der Lehrer agiert eher beratend und anregend, die Kommunikation ist offen und partnerschaftlich, die Lernenden wirken gleichberechtigt mit der Lehrerin bzw. dem Lehrer an der Festlegung des Themas mit. Arbeitsgemeinschaften bieten Gelegenheit zum handlungs- und projektorientierten Lernen. Besonders geeignet sind Arbeitsgemeinschaften zur Bearbeitung von Aufgaben im Rahmen von Wettbewerben zur politischen Bildung.

Joachim Detjen

↗ Schülerwettbewerb zur politischen Bildung

Arbeitsmaterialien/ Arbeitsmittel

Arbeitsmaterialien in der Schule sind alle Informationsquellen mit didaktischem Anspruch, also mit der Intention, lernsteuernd und -regulierend wirkungsvoll politisch-gesellschaftliche Inhalte zu vermitteln und Fähigkeiten bzw. Fertigkeiten zu fördern. Ihre Funktionen sind generell Informationsvermittlung, Veranschaulichung, Anregung zur erarbeitenden Auseinandersetzung und Entlastung von Lehrerzentrierung.

Arbeitsmaterialien lassen sich nach verschiedenen Gesichtspunkten klassifizieren. Es gibt traditionelle (z.B. Tafel, Karte, Schulbuch) und moderne (z.B. Video, Computer, Overheadprojektor), fremdproduzierte (z.B. Film, Quellensammlung) und selbstgestaltete (z.B. Arbeitsblatt, Wandzeitung), fertig produzierte (z.B. Schulbuch, Film) und offen gestalt-

bare (z.B. Tafelbild, Arbeitsblatt) sowie gedruckte (z.B. Schulbuch, Arbeitsblatt, Zeitung, Plakat, Redetexte, Parteiprogramme) und audiovisuelle (z.B. Tonkassette, Dia, Film) Arbeitsmaterialien.

Joachim Detjen

↗ Arbeitsblatt; Schulbuch; Tafelbild; Textanalyse; Visualisierung

Arbeitsplanung

Die Arbeitsplanung stellt im politischen Lernprozeß eine wichtige Gelenkstelle dar. Nachdem die Lerngruppe in der Einstiegsphase das Problem erarbeitet und Hypothesen formuliert hat, plant sie ihr weiteres Vorgehen. Die Arbeitsplanung, die sich auf die Lösung des Problems und auf die Überprüfung der Hypothesen bezieht, umfaßt dabei hauptsächlich Fragen nach den zu bearbeitenden Medien, nach den Arbeits- und Sozialformen (besonders: Einzel- oder Gruppenarbeit?), nach dem zeitlichen Rahmen und nach der Präsentation der Arbeitsergebnisse. In einem schülerorientierten Unterricht sind auch dann Phasen für die Arbeitsplanung notwendig, wenn in kleinen Unterrichtsreihen oder in Einzelstunden hauptsächlich mit Materialien aus dem Arbeitsbuch gearbeitet wird.

Literatur: Giesecke, H. 1978[6]: Methodik des politischen Unterrichts, München, S. 117ff.; Nitzschke, V. 1982: Methodisches Handeln mit Schulbüchern, in: Nitzschke, V./Sandmann, F. (Hrsg.): Neue Ansätze zur Methodik des politischen Unterrichts, Stuttgart, S. 333-344.

Carl Deichmann

↗ *Band 1:* Schülerorientierung

Arbeitsschritte/Lernschritte

Arbeitsschritte bzw. Lernschritte gliedern den politischen Lernprozeß in verschiede-

5

ne Phasen, welche sich an der – lernpsychologisch begründeten – Vorstellung
eines Problemlösungsprozesses orientieren.

Die in der fachdidaktischen Literatur
angewendeten *Verlaufsschemata* lassen sich
letztlich auf einen besonders in seinem
zweiten Teil ausdifferenzierten Dreier-
schritt reduzieren: Konfrontation mit einem gesellschaftlichen oder politischen
Problem (Einstieg/Motivation), Untersuchung des gesellschaftlichen oder politischen Problems (mit Hilfe normativer
und analytischer Kategorien) und Entwicklung von Handlungsalternativen.

Je stärker die Mitglieder der Lerngruppe die Planung und Durchführung des
politischen Lernprozesses selbständig gestalten, sogar die zur Analyse und Beurteilung heranzuziehenden analytischen
und normativen Kategorien im Politikunterricht erarbeiten (Deichmann 1995:
4ff.), um so stärker orientieren sich die
einzelnen Arbeitsschritte an einem Hy-
pothesenprüfungsverfahren. Dabei formulieren die Mitglieder der Lerngruppe
in der Einstiegsphase Hypothesen, die der
Lösung des Problems dienen sollen. In der
Informations- bzw. Erarbeitungsphase
überprüfen sie mit möglichst selbst gewählten Medien und mit Hilfe verabre-
deter Methoden und Arbeitsformen im
Sinne des methodischen Handelns die
Hypothesen. In der Beurteilungsphase
werden die Arbeitsergebnisse überprüft
und politische sowie persönliche Konsequenzen gezogen.

Literatur: Ackermann, P. u.a. 1994: Politikdidaktik
kurzgefaßt. 13 Planungsfragen für den Politikunterricht, Schwalbach/Ts.; Deichmann, C. 1995: Handlungsorientierte Methoden und Politikanalyse. Möglichkeiten zur Erarbeitung analytischer und normativer Kategorien in einem handlungsorientierten Politikunterricht, in: RAAbits Sozialkunde/Politik,
Stuttgart; Gagel, W. 1986: Unterrichtsplanung: Po-
litik/Sozialkunde, Opladen; Sutor, B. 1992: Politi-

sche Bildung als Praxis. Grundzüge eines didaktischen
Konzepts, Schwalbach/Ts.

Carl Deichmann

↗ Hypothesenbildung; *Band 1:* Artikulationsschema

Arbeitstechniken

Arbeitstechniken sind die Voraussetzungen von Methoden und Arbeitsweisen.
Sie können als die „Werkzeuge" bezeichnet werden, die Schülerinnen und Schüler, aber auch die unterschiedlichen
Adressaten außerschulischer politischer
Bildung einerseits benötigen, um an den
Lernprozessen angemessen teilzuhaben,
andererseits, um sich das schwierige politische Feld selbständig zu erschließen
oder handelnd mitgestalten zu können.

Ein *Grundrepertoire* von Arbeitstechniken für die politische Bildung enthält
u.a.: formale methodische Fertigkeiten
wie z.B. das Sammeln und Ordnen von
Information, die Bearbeitung von Texten
und Quellenmaterial, die Auswertung
von Statistiken, Karten, Diagrammen
und Schaubildern oder die Interpretation von Karikaturen. Schriftliche Fertigkeiten wie das Erstellen von Protokollen,
das Schreiben von Leserbriefen, Referaten und Facharbeiten. Ästhetisch-produk-
tive Fertigkeiten: Gestalten von Wandzeitungen und Plakaten, Herstellung von
Collagen oder Videoarbeit, Bildbetrach-
tungen u.a. Kommunikative Fertigkeiten
wie Rhetorik, Techniken der Diskussion
und der Debatte, der Diskussionsleitung,
der Moderation, Mediation usw. Wissenschaftspropädeutische Techniken: Inter-
viewtechniken, Befragung von Experten,
Meinungsumfragen, Exkursion, Sozialstudie usw.

Arbeitstechniken müssen in politischen Bildungsprozessen sorgsam vermittelt und eingeübt werden. Sie lassen sich

während der Durchführung von Methoden, insbesondere von handlungsorientierten Methoden, oder während der Realisierung von Arbeitsweisen erlernen, sie können aber auch direkt Gegenstand von Politikunterricht sein und in eigenen Unterrichtssequenzen trainiert werden.

Literatur: Ackermann, P. u.a. 1994: Politikdidaktik kurzgefaßt. 13 Planungsfragen für den Politikunterricht, Schwalbach/Ts, S. 142-146; Engelhart, K./ Müller H. 1999: Arbeitsweisen und Arbeitstechniken, in: Mickel, W. W. (Hrsg.): Handbuch der politischen Bildung, Bonn, S. 475-481; Giesecke, H. 1973: Methodik des politischen Unterrichts, München; Grosser, D. 1977: Politische Bildung, München.

Peter Massing

↗ Arbeitsweisen; Handlungsorientierung; Methodenlernen

Arbeitsweisen

Den Begriff Arbeitsweisen in der Politikdidaktik benutzt Hermann Giesecke. Er unterscheidet Arbeitsweisen von Methodenkonzeptionen und versteht darunter „methodisch unspezifische Techniken der Bearbeitung", die die Mikrostruktur des Unterrichts bestimmen.

Bei der fachdidaktischen Entscheidung für bestimmte Arbeitsweisen ist vor allem zu fragen, was diese jeweils im Unterricht zu leisten vermögen, „d.h., welche formalen und inhaltlichen Voraussetzungen für ihren Einsatz gegeben sein müssen, welche Fähigkeiten der Lernenden sie ausbilden oder aktivieren" (Engelhart 1999: 475), was sie für die Kommunikation leisten können und was sie zur Realisierung der Unterrichtsziele insgesamt beitragen.

Arbeitsweisen lassen sich unterteilen (vgl. Grosser 1977: 97) in *Arbeitsformen* wie Frontalunterricht, Einzelarbeit oder Stillarbeit, Partnerarbeit, Gruppenarbeit

u.a., in *Unterrichtsformen*: Lehrervortrag, Schülervorträge, Unterrichtsgespräch, Diskussion usw., und in Aktionsformen. Dazu gehören: Berichten, Erklären, Anschreiben, Nachschlagen usw. (vgl. Ackermann u.a. 1994: 144). Arbeitsweisen lassen sich den jeweiligen Unterrichtsphasen zuordnen, je nach dem welche Leistungen sie erbringen: Themenstrukturierung, Informationserarbeitung, Transfer oder Vergleich und Bewertung.

Obgleich die Arbeitsweisen die alltäglichen Prozesse der schulischen wie der außerschulischen politischen Bildung prägen, hat sich die fachdidaktische Literatur kaum mit ihnen beschäftigt (vgl. *kursiv* H. 2, 1999). Auch über die Auswirkungen der Arbeitsweisen auf den Erfolg von Lernprozessen gibt es nur Vermutungen. Praktische Erfahrungen sprechen allerdings dafür, daß der Unterricht um so ergiebiger ist, je differenzierter und abwechslungsreicher die verschiedenen Arbeitsweisen eingesetzt werden (vgl. Giesecke 1973: 125).

Literatur: Ackermann, P. u.a. 1994: Politikdidaktik kurzgefaßt. 13 Planungsfragen für den Politikunterricht, Schwalbach/Ts., S. 142-144; Engelhart, K./ Müller, H. 1999: Arbeitsweisen und Arbeitstechniken, in: Mickel, W. W. (Hrsg.): Handbuch zur politischen Bildung, Bonn, S. 475-481; Giesecke, H. 1973: Methodik des politischen Unterrichts, München; Grosser, D. 1977: Politische Bildung, München; *kursiv* H. 2/1999 Themenheft: Basismethoden politischer Bildung.

Peter Massing

↗ Arbeitstechniken; Methodenlernen

Argumentationstraining

Beim Argumentationstraining werden politische Erklärungen, Argumente, Schlagwörter und Parolen auf ihre emotionale Wirkung, sachliche Angemessenheit und eventuelle Gegenstrategien hin überprüft. Die Teilnehmerinnen und Teilnehmer haben Gelegenheit, gemeinsam mit anderen ihre politischen Deutungen auszutauschen, vielfach gehörte politische Erklärungsmuster diskursiv zu erörtern und entweder auf ihre Plausibilität oder Ideologiehaftigkeit hin zu bedenken. In der Erwachsenenbildung ist ein Motiv, an einem Argumentationstraining teilzunehmen, die Ohnmacht und Überforderung angesichts a) einer zunehmenden Informationsfülle und b) grober Vereinfachungen. Im Rollenspiel werden erlebte Argumentationsnöte simuliert, dann die betreffenden Politikthemen inhaltlich erarbeitet und ihre u.U. populistischen Vereinnahmungen sozialpsychologisch erklärt. Das Ziel ist, den Teilnehmerinnen und Teilnehmern zur Selbstsicherheit bei der Konfrontation mit aggressiven und entsprechend vorgetragenen Parolen zu verhelfen. Inhaltlich ist das Argumentationstraining zwischen politischer Psychologie, Rhetorik, Selbsterfahrung und politischer Grundinformation angesiedelt. Der geeignete Zeitrahmen ist ein Mehrtages- oder Wochenendseminar. Die Teilnehmerinnen und Teilnehmer verhandeln weitgehend autonom; die Leiterinnen und Leiter sind impulsegebende Moderatorinnen bzw. Moderatoren, die gleichwohl sachlich gut vorbereitet sein müssen, um aufkommendem Informationsbedarf zu entsprechen.

Literatur: Hufer, K.-P. 1995: Argumentationstraining gegen „Stammtischparolen", in: Hufer, K.-P. (Hrsg.): Politische Bildung in Bewegung. Neue Lernformen der politischen Jugend- und Erwachsenenbildung, Schwalbach/Ts., S. 119-135; Hufer, K.-P. 2000: Argumentationstraining gegen Stammtischparolen; Schwalbach/Ts.

Klaus-Peter Hufer

↗ Kommunikation; Moderation; Rhetorik; *Band 1:* Ideologie; *Band 2:* Rhetorik und politische Bildung; Vorurteile

Ausstellung

Mit dem Medium der Ausstellung verbindet sich zunächst der Grundgedanke einer Präsentation oder Dokumentation von Erzeugnissen und Erkenntnissen jedweder Art und Genese. Während Ausstellungen auf Schauveranstaltungen eher dem Zur-Schau-Stellen wirtschaftlicher, technischer oder künstlerischer Erzeugnisse dienen, zielen Dokumentationen darauf ab, über historische Ereignisse und Entwicklungen oder auch über Zukunftsplanungen zu informieren. Die ästhetische Vermittlung diversester Inhalte und Ausstellungsquellen deckt sich dabei in Zielsetzung und Präsentationstechnik mit jenen des Museums, weist jedoch oft in Gegenstand und Form weit über den engeren Bereich des stark objektbezogen agierenden Museumsschauplatzes hinaus. Anstelle des Objektes rückt die Dokumentation Bilder und Dokumente ins Zentrum des Betrachters. Auf dem Weg einer visuellen Kommunikation soll in erster Linie die sinnliche Wahrnehmung des Inhaltes erfolgen, unterstützt durch textliche Informationen und Interpretationsangebote zur rationalen Erfassung des ästhetisch Dargebotenen. Historische Dokumentationen versuchen auf diese Weise, nicht selten unter völligem Verzicht auf objektbezogene Präsentationsformen, Besucherinnen und Besucher über die ästhetische Dimension des Bildes anzusprechen. Dies soll ermöglichen, „Geschichte zu sehen", sinnlich zu erfahren, sie mittels zusätzlicher Textinformationen auch rational zu verarbeiten und so Lernprozesse für ein besseres Verständnis von Geschichte und Gegenwart in Gang zu setzen.

Literatur: Arbeitskreis Museumspädagogik Norddeutschland e.V. (Hrsg.) 1991: Vermittlung im Museum. Konzepte und Konkretes zur Aus- und Weiterbildung in der Museumspädagogik, Bonn; Füß-mann, K./Grütter, H. Th./Rüsen, J. (Hrsg.) 1994: Historische Faszination. Geschichtskultur heute, Köln, Weimar, Wien; Korff, G. 1989: Ausstellungs-gegenstand Geschichte, in: Niess, F. (Hrsg.): Interes-se an der Geschichte, Frankfurt/M., New York; Rü-sen, J./Ernst, W./Grütter, H. Th. (Hrsg.) 1988: Ge-schichte sehen. Beiträge zur Ästhetik historischer Museen, Pfaffenweiler.

Ute Stiepani

⤺ Ästhetisches Lernen; Kommunikation; Produkt-orientierung; Visualisierung

Auswertung

Die Auswertung umfaßt die methodi-sche und die inhaltliche Dimension des Politikunterrichts. Sie stellt eine gemein-same Reflexion von der Fragestellung über Erarbeitungsprozesse, Unterrichts-materialien bis zu den Ergebnissen dar. Die Auswertung thematisiert gezielt ein-zelne Probleme und Stärken des Unter-richts. Sie enthält (selbst-)kritisch die Frage nach einer Bewertung der verschie-denen Bestandteile. Sie kann organisiert werden als eigene Phase, am Ende einer Unterrichtssequenz oder gilt als integra-ler Bestandteil eines Projektes.

In der *schulischen Realität* kommt die Auswertung vielfach zu kurz. Besonders bei handlungsorientierten Methoden kann auf eine systematische Auswertung nicht verzichtet werden, da erst dadurch entscheidend das politische Lernen ge-fördert werden kann.

Als zentrale Phase bei Makrometho-den (z.B. Planspiel) kann in der Auswer-tung die Rollendistanzierung betrieben werden, die als emotionale Rückmel-dung die Analyse der Spiel- und Kom-munikationssituation betrifft (Überzeu-gungsfähigkeit, sprachliche Rhetorik, Umgang mit Gegenargumenten usw.). Zugleich zielt die Auswertung in einem zweiten Schritt auf zentrale politische Einsichten, die exemplarisch am Fall ge-wonnen werden. Zum dritten kann die Auswertung die Einordnung des Falles in das gesellschaftlich-politische System vornehmen (Verallgemeinerung). Da eine Dokumentation des Unterrichts (Video, Tonband) in den seltensten Fäl-len möglich ist, sollte die Auswertung über *Beobachtungsfragen* oder *Arbeitsblät-ter* abgesichert werden. Die Komplexi-tät der Auswertung kann reduziert wer-den, wenn Einzelaspekte (Texte, Akteu-re) isoliert betrachtet weden, sie kann erhöht werden, wenn (über Indikatoren) politische Kategorien und Zusammen-hänge (z.B. Konfliktlinien) gezielt unter-sucht werden. So können Produkte als Lernergebnisse mit Hilfe von Auswer-tungsmethoden (z.B. Lernmarkt) der (schulischen) Öffentlichkeit vorgestellt werden.

Die Auswertung kann in der Unter-richtsplanung systematisch vorgeplant werden, sie kann aber auch bei Störun-gen im Unterrichtsprozeß spontan in Form einer *Meta-Kommuniktion* (Meta-Unterricht) erfolgen.

Umfangreiche Auswertungen fallen unter das Stichwort: Evaluation. Die Auswertung enthält immer ein kritisches und ein konstruktives Moment, insofern Defizite in mögliche Alternativen wei-tergedacht werden. Daraus resultieren langfristige Lernprozesse bei den Schü-lerinnen und Schülern, die zu den wis-senschaftspropädeutischen Qualifikatio-nen zählen.

Literatur: Ackermann, P. u.a. 1994: Politikdidaktik kurzgefaßt. 13 Planungsfragen für den Politikunter-richt, Schwalbach/Ts.

Hans-Werner Kuhn

⤺ Arbeitsblatt; Beobachtung; Metakommunikation; Rollenspiel; *Band 1:* Kategorien; Unterrichtsplanung; *Band 2:* Evaluation

Befragung

Im Rahmen eines methoden- und handlungsorientierten Unterrichts müssen Schülerinnen und Schüler auch Expertinnen und Experten oder Betroffene befragen und herauszufinden versuchen, wer an einem Konflikt mit welchen Interessen beteiligt ist, wo Schwierigkeiten für Problemlösungen stecken, welche Möglichkeiten für Lösungen gegeben sind, welche Meinungen vorherrschen.

Befragungen in dieser Form, die einen offenen Ausgang haben, bei denen im Rahmen einer *Fallstudie* oder *Erkundung* versucht wird, den Konflikt zu erfassen bzw. das Problem zu erkennen, um selbst zu einer Stellungnahme zu kommen, sind relativ neu.

Ein politischer Unterricht mit dem Ziel, den Schülerinnen und Schülern einen persönlichen Zugang zu den Problemen und Konfliktparteien zu eröffnen, kann auf Erkundungen oder – wenn die Zeit nicht reicht – auf Befragungen nicht verzichten.

Die Schülerinnen und Schüler erleben bei Befragungen einerseits, daß sie jetzt und damit auch später in der Lage sind, mit kompetenten oder betroffenen Menschen zu sprechen, um sich selbst ein Bild machen zu können. Auf der anderen Seite wird bezweifelt, ob der Aufwand für Befragungen gerechtfertigt sei, weil in der Regel keine repräsentativen Ergebnisse zu erwarten sind. Dabei handelt es sich um die Auseinandersetzung, ob Qualifikationen wie Handlungsfähigkeit, Entwicklung von Identität wichtiger sind oder sachliche Korrektheit, die zweifellos mit von der Lehrperson zur Verfügung gestelltem Material eher erreichbar ist. Die *Identifikation* von Schülerinnen und Schülern mit der Arbeit an einem Problem, ihre

Bereitschaft, Stellung zu nehmen und sich ggf. zu engagieren, wird zweifellos durch Befragungen gestärkt.

Der Erfolg von Befragungen hängt mit ihrer Vor- und Nachbereitung zusammen. Einmal müssen vor der Befragung die Hauptprobleme, Hauptkontroversen einigermaßen klar sein, zum anderen müssen die Fragen vorbereitet sein und eine *Fragetechnik* eingeübt werden. Bewährt hat sich, neben einer Anzahl von geschlossenen Fragen, die mit „Ja" oder „Nein" oder auf einer Skala zu bewerten sind, auch mindestens eine offene Frage zu stellen und möglichst mit Tonband aufzunehmen. So tauchen die Facetten des Problems am ehesten auf, die bei einem geschlossenen Bogen, aus dem nur herauskommen kann, was man hineingesteckt hat, verlorengehen würden.

Die Auswertung geschlossener Fragen ist schon in der Grundschule möglich. Bei der Auswertung offener Fragen müssen für die gefundenen Antworten *Kategorien* gefunden werden, was aber auch schon in der Sekundarstufe I möglich ist.

Literatur: Becker, F. J. 1991: Politisches Lernen durch Realbegegnung. Zur Methode von Erkundung und Befragung, in: Bundeszentrale für politische Bildung (Hrsg.): Methoden der politischen Bildung – Handlungsorientierung, Bonn, S. 174-212.

Volker Nitzschke

↗ Erkundung; Expertenbefragung; Fallstudie; Fragebogen; Handlungsorientierung; *Band 2:* Evaluation

Behördenbrief

Die Bürgerinnen und Bürger sind in vielen Bereichen von Entscheidungen verschiedener Ämter und Behörden abhängig. Es gibt verschiedene Anlässe, sich an Behörden zu wenden: Man kann z.B. in einem Gesuch etwas beantragen oder Beschwerde bzw. Widerspruch gegen eine

Verwaltungsentscheidung einlegen. Zunächst ist es notwendig, sich zu informieren, wer für eine Frage zuständig ist, und die Rechtslage zu erkunden. Alle größeren Behörden haben Stellen, die entsprechende Auskünfte geben und auch geben müssen.

Die Tatsache, daß der Umgang mit der Verwaltung in der Regel schriftlich erfolgen muß, stößt einerseits auf Mißtrauen, wenn nicht sogar Ablehnung, andererseits gibt uns die Schriftlichkeit des Verfahrens eine gewisse Sicherheit, die uns vor willkürlichen Änderungen bewahrt. Daher ist wichtig, bei Schreiben an die Verwaltung auf eine bestimmte Form zu achten. Es enthält in der Regel folgende Teile:

- Name und Anschrift des Absenders, Datum
- Anschrift der Behörde
- Betrifft: Stichwortartige Angabe des Anliegens. Falls Sie auf ein Schreiben der Verwaltung antworten, geben Sie an dieser Stelle auch dessen Datum und Zeichen an.
- Anrede
- Gesuch, Beschwerde, Widerspruch usw. mit entsprechenden Begründungen. Bleiben Sie dabei sachlich. Beleidigungen helfen nicht weiter
- Grußformel mit Unterschrift
- Anlagevermerk. Ermöglicht rasches Überprüfen der einem Schreiben beigefügten Unterlagen.

Literatur: Ackermann, P. 1998: Bürgerhandbuch, Schwalbach/Ts.; Dahmen, T. 1993: Bürger und Behörden, Köln.

Paul Ackermann

Beobachtung

Die Beobachtung stellt sowohl eine permanente Tätigkeit im Alltag als auch eine Methode der empirischen Sozialforschung dar. Um methodischen Standards zu entsprechen, muß sie zielgerichtet, systematisch, kontrolliert durchgeführt und in irgendeiner Form festgehalten werden. Das Beobachtete wird mit den Sinnen wahrgenommen (Augen, Ohren).

Die Bedeutung von Beobachten wird Ende der 60er Jahre in einem sozialwissenschaftlichen Curriculum beschrieben ("Detto und andere"). Die Schülerinnen und Schüler sollen danach u.a. lernen,

- daß die meisten Wahrnehmungen Wertungen und Interpretationen enthalten,
- daß man über die Beobachtungsdaten um so sicherer verfügt, je deutlicher man sie von Wertungen und Interpretationen unterscheidet und
- daß Bewertungen durch sorgfältige, unvoreingenommene Beobachtungen korrigiert oder gestützt werden können.

Unter *wissenschaftlicher Beobachtung* versteht man die zielgerichtete und methodisch kontrollierte Wahrnehmung von konkreten Systemen, Ereignissen oder Prozessen. Sie ist in allen empirischen Wissenschaften die grundlegende Methode der Datengewinnung. Durch Beobachtung werden den genannten Gegenständen Eigenschaften zugeordnet. Die Verhaltensbeobachtung (Fremdbeobachtung) richtet sich auf menschliche Individuen oder Gruppen.

Beobachtungen werden *unterschieden* in Beobachtung in natürlichen oder künstlichen Situationen (Feld- oder Laborforschung), teilnehmende oder nichtteilnehmende Beobachtung (Beobachter als Mitglied in einer Jugendbande, als Arbeiter in einem Betrieb oder Beschränkung auf Beobachterrolle, z.B. zur Fixierung von Arbeitsabläufen), direkte oder indirekte Beobachtung (die erste richtet sich auf unmittelbares Verhalten, die zweite auf Verhaltensspuren, z.B. Dokumente), vermittelte oder unvermittelte Beobachtung (mit Hilfe von Aufzeichnungsgeräten, z.B. Tonband, Video, oder durch Wahrnehmung von Verhalten).

Notwendig sind über die Fragestellung festgelegte Beobachtungskategorien, die es erlauben, interessierende Variablen festzuhalten (Protokolle, Beobachtungsbögen). *Fehlerquellen* bei der Beobachtung liegen entweder beim Beobachter (Überlastung) oder beim Kategoriensystem (Trennschärfe). Beobachtung als „Instrument" der Sozialwissenschaften ist ein begriffliches. Beobachter und Kategoriensystem bilden zusammen ein *Meßinstrument*, mit dem möglichst zuverlässige Daten gewonnen werden sollen. Der Beobachtung kommt in den Sozialwissenschaften nicht nur bei der Hypothesenprüfung Bedeutung zu, sondern auch bei der Hypothesenbildung. Eine spezifische Form der Beobachtung stellt die *Unterrichtsbeobachtung* im Politikunterricht dar.

Literatur: Beck, G./Scholz, G. 1995: Beobachten im Schulalltag. Ein Studien- und Praxisbuch, Frankfurt/M.; Huber, O. 1993³: Beobachtung, in: Roth, E. (Hrsg.): Sozialwissenschaftliche Methoden. Lehr- und Handbuch für Forschung und Praxis, München, S. 126-145.

Hans-Werner Kuhn

↗ Hypothesenbildung; Wissenschaftspropädeutik; *Band 1:* Bedingungsanalyse; Unterrichtsforschung

Bericht

Berichte sind knapp, sachlich und übersichtlich.

Sie halten den Verlauf und die *Ergebnisse* von Beschlußgremien fest. Sie sind in der Regel öffentlich zugänglich. Die Kenntnis und das Verfassen von Berichten muß deswegen Gegenstand der politischen Bildung sein.

1. Parlamentsausschüsse bestellen Berichterstatter. Bei Kollegialgerichten bereitet der Berichterstatter die Entscheidung vor und hält ihr Ergebnis fest. Vorstand, Aufsichtsrat und Abschlußprüfer von Unternehmen berichten über das abgelaufene Geschäftsjahr.

2. Bei den Medien heißen die Berichterstatter Reporterinnen und Reporter. Sie sollen zugleich auch unterhalten. Persönliche Färbung, Übertreibung und Bebilderung sind Mittel dazu. Sie überdecken nicht selten den sachlichen Kern. Kritische Medienbetrachtung ist bei der Unterscheidung zwischen Information und Manipulation erforderlich. Der sachliche Bericht läuft im Journalismus unter der Bezeichnung „Meldung".

Monika Greiner, Reinhard Gaßmann

↗ *Band 2:* Medien

Beschluß

Beschließen heißt entscheiden. Die Mitgestaltung von Entscheidungen und damit die Ausübung von Macht hat einen hohen Reiz. Politische Bildung muß die Besonderheiten demokratischer Entscheidungen aufzeigen und die Bereitschaft und die Fähigkeit zur Teilnahme an Entscheidungsprozessen vermitteln.

In der Demokratie fallen Entscheidungen in einer Sitzung eines dazu legitimierten Gremiums. Solche Gremien können Parlamente, Gemeindevertretungen, Gerichte oder Aufsichtsräte sein. Diese Versammlungen müssen entsprechend ihrer Geschäftsordnung beschlußfähig sein.

Gespräche der Mitglieder untereinander und mit anderen am Beschluß Interessierten gehen der Sitzung häufig voraus. Entscheidungen werden oft in Ausschüssen vorberaten und dann von einem Berichterstatter im Plenum vorgestellt. Dort werden sie entweder in förmlicher Abstimmung, in nichtförmlicher Ergebnisfeststellung oder als Konsens, mit dem alle ausdrücklich einverstanden sind, getroffen.

Monika Greiner, Reinhard Gaßmann

↗ Entscheidungsspiel; *Band 1:* Entscheidungsorientierung

Besichtigung

Die Besichtigung ist eine Form der Exkursion und dient der Informationsbeschaffung an Lernorten außerhalb der Schule. Dies können Spielplätze, das Rathaus, ein umweltverschmutzer Stadtteil, die Jugendtreffs, Museen, Ausstellungen, eine Gerichtsverhandlung, ein Parlamentsbesuch, Betriebe, Zeitungsredaktionen etc. sein. Mit den zu besichtigenden Institutionen oder Orten verbinden sich politische Problemzusammenhänge (Kontroversen, Mißstände, Lösungen, Vorbilder), die erforscht werden sollen. Im Gegensatz zur Erkundung können die Schülerinnen und Schüler aber keine Akteure befragen oder den Ablauf je nach Situation aktiv gestalten, sondern lediglich Beobachtungen, Fragen, Skizzen etc. festhalten, die dann im Unterricht ausgewertet werden. Außerdem besteht oftmals keine Einflußmöglichkeit auf den Ablauf und die Auswahl von Besichtigungsgegenständen, weil die Selbstdarstellung der Institution dominiert oder sich überhaupt keine direkten Intentionen damit verbinden lassen.

Die Besichtigung muß im Unterricht und vor Ort durch einführende Worte vorbereitet werden, damit sie nicht nur episodischen Charakter hat und die Schülerinnen und Schüler den politischen Charakter des Lernortes überhaupt identifizieren und wahrnehmen können. Sie sollen größere Problemzusammenhänge erfahren und ihre Wahrnehmungsmuster erweitern und verändern. Ziel einer Besichtigung ist es nicht, die eigenen Vorurteile oder die eigene Indifferenz zu bestätigen, sondern die gedanklich strukturierte Auseinandersetzung mit dem politischen Problemzusammenhang und dessen aktive Erschließung während und nach der Besichtigung anzuregen.

Georg Weißeno

↗ Beobachtung; Erkundung; Exkursion; Gerichtsbesuch; Parlamentsbesuch; Museum

Bibliographieren

Der Zweck des Bibliographierens besteht darin, das einschlägige Schrifttum zu einem Thema in systematischer Weise zu ermitteln. Erst die umfassende Kenntnis der Literatur informiert über den Stand der Erkenntnisse, über Kontroversen und Forschungslücken.

Den ersten Zugang zur Literatur findet man über Konversationslexika, Sachwörterbücher und *Handbücher* (vgl. Schieren 1996: 32ff.).

In einem zweiten Schritt baut man anhand von periodischen *Spezialbibliographien* den bibliographischen Grundstock auf. In abgeschlossenen Bibliographien (z.B. Bibliographie zur Deutschlandpolitik) ist die Literatur durch die Stichtagsregel älter. Die periodische Bibliographie (z.B. Bibliographie zur Zeitgeschichte) hat aktuellere Literatur. Dafür muß man bei ihr mehrere Jahrgänge durchsehen, weil sie in der Regel nur die Literatur aufnimmt, die seit dem letzten Band veröffentlicht worden ist.

Doch auch diese Literatur ist im günstigen Fall mindestens ein Jahr alt. Daher muß man in einem dritten Schritt durch unsystematisches Bibliographieren die neueste Literatur ermitteln. Dazu sollte man die Literaturverzeichnisse der neueren Untersuchungen zu seinem Thema, die Besprechungsteile der überregionalen Tages- und Wochenzeitungen (Süddeutsche Zeitung, Frankfurter Allgemeine Zeitung, Die ZEIT etc.) sowie deren Literaturbeilagen (zusätzlich Times Literary Supplement, New York Review of Books etc.) und die aktuellen Ausgaben der einschlägigen Zeitschriften (vgl. Schieren 1996: 41ff.) nach den für das Thema relevanten Beiträgen und Besprechungen durchsehen.

Neue ONLINE-Dienste und CD-ROM helfen ebenfalls bei der Erstellung bzw. Aktualisierung von Bibliographien.

In einem letzten, vierten Schritt muß man ggf. fehlende Angaben ergänzen. Dazu bieten sich Nationalbibliographien, das Generalverzeichnis (GV), das Verzeichnis lieferbarer Bücher (VLB), der National Union Catalogue (NUC) oder Books in Print (BIP) an.

Literatur: Heidtmann, F. 1977: Wie finde ich sozialwissenschaftliche Literatur?, Berlin; Schieren, S. 1996: Propädeutikum der Politikwissenschaft. Eine Einführung, Schwalbach/Ts.

Stefan Schieren

↗ Recherche-Training; Zeitung

Bienenkorb

Bienenkorb bzw. Bienenkörbe lockern Kommunikationsstrukturen in Gruppen auf. Bei dieser Methode geht es darum, möglichst schnell Kleingruppen (= Bienenkörbe) zu bilden, und zwar mit den Menschen, die in unmittelbarer Nachbarschaft stehen. Die dann entstandenen Gruppen, deren Anzahl von der jeweiligen Gruppengröße abhängt, erhalten eine Aufgabe. Diese ist zeitlich begrenzt. Danach können erneut Bienenkörbe in anderen Gruppenformen an neuen Aufgaben arbeiten.

Literatur: Thanhoffer, M. 1992: Kreativ unterrichten. Möglichkeiten ganzheitlichen Lernens. Ein Handbuch mit Gedanken und Methoden, Münster.

Cornelia Muth

↗ Kommunikation; Sitzordnung; Sozialformen

Blitzlicht

Ein „Blitzlicht" stellt eine Momentaufnahme des Seminargeschehens dar und spiegelt die Stimmung der Gruppe wider. Alle Teilnehmerinnen und Teilnehmer äußern sich reihum kurz zu einer klaren Fragestellung (z.B. „Was erwarte ich vom heutigen Tag?"), die von der Seminarleitung vorgegeben wird. Die Äußerungen sollen nicht länger als ein bis maximal zwei Sätze sein und sich möglichst nicht aufeinander beziehen. Diese sehr *subjektiven Aussagen* werden weder kommentiert, diskutiert oder bewertet. Ein Blitzlicht braucht in der Gruppe nicht weiter bearbeitet zu werden.

Da ein Blitzlicht auf schnelle Weise ein Meinungsbild vermittelt, kann es immer dann eingesetzt werden, wenn sich die Seminarleitung über die Stimmung in der Gruppe vergewissern will.

Günther Gugel

↗ Kommunikation; *Band 1:* Emotionalität

Brainstorming

Das Brainstorming („der Gehirnsturm") wurde Anfang der 50er Jahre als kreative Problemlöse-Methode vom amerikanischen Werbefachmann Alex F. Osborn entwickelt und wurde schnell zu einer Standardmethode in der Bildungsarbeit. Ohne Zensur und äußere Hemmnisse sollen einzelne oder Gruppen zu einem Thema (Problem) Gedanken assoziieren (bzw. Einfälle produzieren). Diese werden auf einer *Wandzeitung* oder einem mitlaufenden Tonband festgehalten und erst in einem zweiten Schritt geordnet und bewertet. Brainstorming nutzt das Wissen einer Gruppe auf optimale Weise, indem es ermöglicht, daß vorhandenes Wissen offen geäußert wird. Brainstorming bedarf einer störungsfreien Umgebung sowie einer spannungsarmen und offenen Gruppenatmosphäre. Heterogene Gruppen produzieren dabei mehr Einfälle als homogene. Die *Grundsätze* lauten: Freie Assoziation zu einem Thema; keine Kritik oder Bewertung während der Assoziationsphase; Festhalten der geäußerten Ideen. In der Auswertung werden die Ideen sortiert, gruppiert, erläutert, ergänzt und bewertet. Die Hauptwirkungsweise von Brainstorming liegt im sogenannten Synergieeffekt, dem produktiven Zusammenwirken verschiedener Sichtweisen und Erfahrungen und der damit verbundenen Mobilisierung bislang unbewußter Einfälle.

Literatur: Bugdahl, V. 1991: Kreatives Problemlösen, Würzburg.

Günther Gugel

↗ Auswertung; Kommunikation; Kreativität

Bürgerradio

Bürgerradio versteht sich als offen zugängliches Angebot, das allen Bevölkerungsgruppen einen aktiven, gleichberechtigten und uneingeschränkten Zugang zur Produktion und Verbreitung von Radioprogrammen eröffnet. Die Programme sind nichtkommerziell und wer-

befrei. Rundfunkrechtlich fallen die Bürgersender in den Zuständigkeitsbereich der Medienanstalten in den Bundesländern, die für die Lizenzierung und finanzielle Förderung zuständig sind. Bürger, die selbst Programme herstellen wollen, erhalten die dazu notwendige Beratung durch Einrichtungen der Landesmedienanstalten, Trägervereine (Offene Kanäle – OK) oder durch gemeinnützige Radioinitiativen.

Bürgerradio ist ein *Sammelbegriff* für unterschiedliche Modelle und Organisationsformen, die jeweils eigene gesellschaftspolitische Traditionen aufweisen (Freie Radios, emanzipatorische Medienarbeit, politische Partizipation). Die Offenen Kanäle im Hörfunk, die teils im Kabel senden, ihre Programme jedoch zunehmend über die weitaus radioadäquateren UKW-Frequenzen ausstrahlen, lassen sich ebenso unter dem Begriff subsumieren, wie die seit 1996 neu entstandenen nichtkommerziellen *Lokalradios* in Hessen, Niedersachsen und Baden-Württemberg. Eine weitere spezielle Variante bildet der nordrhein-westfälische *Bürgerfunk*, bei dem es sich um einen zugangsoffenen Sendeplatz innerhalb des Programms des kommerziellen Lokalfunks handelt.

Neben der Funktion des öffentlichen Partizipations- und Kommunikationsforums kommt dem Bügerradio auch als medienpädagogisches Lernfeld Bedeutung zu. Im Laufe der Produktionsprozesse lernen Medienlaien Gestaltungsprinzipien des Hörfunks und Arbeitsweisen von Journalisten kennen. Aus Medienkonsumenten werden Produzenten, aus Passivität wird Aktivität. Der Zugang zur Medienpraxis über das Bürgerradio fördert den reflektierten Umgang mit Medien und ihrer Form der Realitätsvermittlung.

Literatur: Flohrschütz, R. 1997: Das Demokratie-potential des Offenen Kanals – Chance oder Illusion?, in: Rupp, H. K./Hecker, W. (Hrsg.): Auf dem Weg zur Telekratie? Perspektiven der Mediengesellschaft, Konstanz, S. 156-178; Kamp, U. 1997: ...und kein bißchen leise: Offene Kanäle im Hörfunk, in: Ory, S./Bauer, H. G.: Hörfunk Jahrbuch 96/97, Berlin, S. 89-102; Vogel, A. 1991: Rundfunk für alle. Bürgerbeteiligung, Partizipation und zugangsoffene Sendeplätze in Hörfunk und Fernsehen, Berlin; Walendy, E. 1993: Offene Kanäle in Deutschland – ein Überblick, in: Media Perspektiven, H. 7, S. 306-316.

Michael Sackermann-Enskat

↗ Medienwerkstatt; *Band 1:* Medienpädagogik; *Band 2:* Landesmedienanstalten; Medien; Medienkompetenz; Partizipation

CNB-Methode

Die Collective-Notebook-Methode, kurz CNB-Methode genannt, hilft der kreativen Ideenfindung von Einzelpersonen in einer Gruppe. Kommunikationswege zwischen den einzelnen Personen sind gemeinschaftlich genutzte Notizbücher. Alle Beteiligten haben ein *Notizbuch*, auf dessen erster Seite eine Aufgabe, ein Problem beschrieben ist. Von nun an können bzw. sollen alle Teilnehmenden beliebige Ideen zu jeder Zeit schriftlich festhalten. Nach einem verabredeten Zeitrahmen tauschen die einzelnen die Bücher untereinander aus. Auf diese Weise geschieht eine alltagsbezogene und ganzheitliche Auseinandersetzung mit der gestellten Problematik, für die je nach Dauer des Collective Notebook recht umfangreiche und kreative Einfälle entstehen können.

Cornelia Muth

↗ Brainstorming; Kommunikation; Sozialformen; *Band 2:* Ganzheitlichkeit

Collage

Der Begriff Collage wird synonym für „Klebebild" gebraucht. Fragmente aus Papier oder anderen Materialien werden so angeordnet, daß neue Ausdrucksformen entstehen. Die Anfertigung von Collagen in politischen Lernsituationen ist als *handlungsorientierter Einstieg* geeignet. Über die Präsentation der Ergebnisse werden von den Schülerinnen und Schülern Assoziationen und Sichtweisen thematisiert, die den weiteren Lernprozeß inhaltlich strukturieren helfen. Neben der Produktion dient die Analyse von Collagen, die sich mit gesellschaftspolitischen Themen befassen, dem reflektierten Umgang mit visualisierten Botschaften.

Literatur: Schelle, C. 1997: Durch ästhetische Produktionen lernen, in: Sander, W. (Hrsg.): Handbuch politische Bildung, Schwalbach/Ts., S. 471-484.

Carla Schelle

↗ Ästhetisches Lernen; Arbeitsmaterialien/Arbeitsmittel; Visualisierung

Comic

Ein Comic ist eine Bildergeschichte, die einen Handlungsablauf beschreibt. Die Figuren und Formen sind meist schemenhaft gezeichnet und koloriert. Comics dienen eigentlich der Unterhaltung. Sie gelten wegen ihrer Kinder und Jugendliche ansprechenden Gestaltung auch für die Auseinandersetzung mit gesellschaftspolitischen Themen als motivierend. Dies ist nicht unumstritten, da kein Abbild von Realität, sondern eine neugeschaffene, gezeichnete Welt vorliegt. Daraus kann sich eine *Diskrepanz* zwischen ästhetischer Aufmachung (Unterhaltungswert) und Inhalt (der an die gesellschaftspolitische Realität anschließen will) ergeben, was bei der Analyse berücksichtigt werden muß.

Carla Schelle

↗ Ästhetisches Lernen; Arbeitsmaterialien/Arbeitsmittel; *Band 1:* Ästhetik

Computersimulation

Die Computersimulation im sozialwissenschaftlichen Unterricht ermöglicht es, komplexe Zusammenhänge in dynamischen Situationen zu simulieren. Die zugrunde gelegten *Modelle* bilden einen Ausschnitt der politisch-gesellschaftlichen Realität so ab, daß Strukturen des Systems im Modell erhalten bleiben. Aufgrund der hohen Rechenleistung moderner Computer relativiert sich der Vorwurf, Modelle solcher Art spiegelten eine Pseudo-Wirklichkeit wider (z.B. arbeitet das Weltmodell von Forrester mit 42 Variablen und vielen Relationen).

Insgesamt ist der Bereich der Politik bei Computersimulationsspielen noch unterentwickelt. In der Mehrzahl handelt es sich bei diesem Medium um *Videospiele*, die 80 Prozent der Nutzung des häuslichen PCs ausmachen. Die kontroverse Diskussion um Videospiele in den 80er Jahren hat in den 90er Jahren ihre Perspektive verschoben: wurde zunächst nach den *Wirkungen* gefragt, geht es jetzt darum, das Phänomen „Videospiele" aus der Lebenssituation der Kinder und Jugendlichen zu verstehen. Den neuen elektronischen Spielen werden Wirkungen unterstellt, wie sie aus Diskussionen über andere Massenmedien (Film, Fernsehen) hinlänglich bekannt, gleichwohl nicht wissenschaftlich ausreichend bewiesen sind (Kolthaus 1988: 189).

Bezogen auf *soziales Lernen* läßt sich feststellen: Videospiele können als Aggressionsventil benutzt werden und zeigen so, daß Spieler angemessene und wirkungsvolle Formen, Konflikte zu regulieren, noch nicht entwickelt haben (Fritz 1988: 206). Darüber hinaus vermindern sie die Gefühlsintensität („Videospiele machen ‚cool'"; ebd.).

Videospiele eignen sich als *Gegenstand* einer Medienanalyse, in der – analog zur Film- und Fernsehanalyse – „Sprache", Dramaturgie, „geheime" Botschaft und Funktion des Mediums für die Rezipienten untersucht werden können. Kinder und Jugendliche setzen Videospiele zum Aufbau ihrer Identität ein. Männliche aus einem sozialen Umfeld, das Durchsetzungswille, aggressive Machtdemonstration und Männlichkeitsvorstellungen betont, wählen auffallend häufig „Abschußspiele" aus; weibliche – wenn überhaupt – eher lustige, comicartige Spiele. Unter bestimmten *Fragestellungen* (z.B.: Erkennt der Jugendliche, daß er nicht nur Spieler, sondern zugleich Spielobjekt ist?) können auch Videospiele „Erkenntnismedium für die politische Bildung" (Fritz 1988: 217) sein, da sich in ihnen Ängste, Sehnsüchte, Wünsche, Gefühle, Wertvorstellungen, Normen und Lebensorientierungen der Jugendlichen spiegeln.

Durch den Computer erhalten Simulationen eine neue Qualität. Sie bilden nicht nur Modelle von Realität ab, sondern gestatten es auch, sich in diese *neue Bildschirm-„Wirklichkeit"* handelnd einzubeziehen und sinnliche Erfahrungen zu machen. Die Bundeszentrale für politische Bildung verfolgt die Entwicklung auf dem Spiele-Markt und veröffentlicht ihre Recherchen und Bewertungen in der Reihe „Computerspiele auf dem Prüfstand".

Das *Spektrum* der Computersimulationen spannt sich von Fahrzeugsimulationen über Bewegungssimulationen von Menschen und Tieren (z.B. Sport) hin zu Militärsimulationen, Wirtschaftssimulationen, Simulationen politischer Prozesse einschließlich ökologischer Simulationen.

Politik- und Wirtschaftssimulationen funktionieren nach dem Frageprinzip

17

„Was wäre, wenn..." Dahinter steht deutlich ein Beherrschungswunsch. Der Fortgang der Spielhandlung wird – im Gegensatz zum Spielfilm – vom Spieler („interaktiv") bestimmt. Seine Entscheidungen, seine Reaktionsschnelligkeit und Ausdauer bestimmen, welchen Verlauf das Videospiel nimmt und wie es endet.

Wirtschaftssimulationen des Software-Marktes zielen nicht in erster Linie auf Lernprozesse, sondern auf Unterhaltung. Die angebotenen Simulationsmodelle sind zwar auch komplex und zahlenorientiert gestaltet, im Mittelpunkt stehen jedoch überwiegend animierende und veranschaulichende Bilder und eine dem Spiel verpflichtete Dramaturgie.

Seltener sind „Staatslenker am Bildschirm". Inhaltlich werden politische Probleme aufgegriffen und in ein spielbares Modell transformiert. Spielziel ist, die politische Macht des eigene Staates zu stärken und auszubauen. Dazu stehen verschiedene Handlungsmöglichkeiten zur Verfügung.

Beim Spiel „Aufschwung Ost" müssen beispielsweise begrenzte Finanzmittel so eingesetzt werden, daß die wirtschaftliche Entwicklung optimal gefördert wird. Es gilt, ein komplexes Simulationsmodell zu verstehen und im Spiel angemessene „richtige" Entscheidungen zu treffen.

Ökologische Simulationen arbeiten mit einem vielschichtigen Netz sich wechselseitig beeinflussender Faktoren. Diese „vernetzte" Denkweise hat sich in einigen Computersimulationen niedergeschlagen (vgl. „Ökolopoly" von Frederic Vester). Bei diesem Spieltyp geht es darum, ein ökologisches Gleichgewichtssystem herzustellen und zu erhalten (vgl. Lißmann 1993).

Die Simulation von (historischen und zukünftigen) Schlachten und *Kriegen* zählt zu den Konflikt-Simulationsspielen. Insbesondere anhand dieser Simulationsform wird die Begrenzung von Simulationsmodellen deutlich. In all diesen Spielen geht es um strategische Bewegungen und Kämpfe auf dem Schlachtfeld und ihre rechenbaren Auswirkungen. Das Leiden der Menschen, Angst, Haß und die Bedingungen der Aggression bleiben außerhalb jeglicher Simulation, ja jeglicher Erwähnung. Spiele dieser Art erreichen ein Höchstmaß *emotionaler Distanz* zu dem, was da eigentlich simuliert wird. Sie folgen dem Trend, menschliche Erlebensweisen und Wirklichkeitsvorstellungen verrechenbar zu machen und nur noch das als „Wirklichkeit" gelten zu lassen, was als unterhaltendes Versatzstück konsumiert werden kann.

Beispiele für Computersimulationen aus dem Bereich der politischen Bildung sind das Programm „Gesetzgebung. Ein Computerspiel zum Mitmachen!" des Deutschen Bundestages oder „Dunkle Schatten", das sich mit Rechtsextremismus beschäftigt und vom Innenministerium kostenlos verbreitet wird.

Nach den Erfahrungen in der *Erwachsenenbildung* scheint es einen technologischen Generationskonflikt zu geben, der auf der unterschiedlichen Technikakzeptanz beruht. Knoll plädiert dafür, die Unterschiede im Zugang zu Computer und Internet medienpädagogisch in den Kontext der lifelong-education einzubetten (vgl. Knoll 1988: 280).

Der Computer zählt zu den *neuen Medien*. Seine pädagogische Relevanz wird unterschiedlich bewertet. Im Politikunterricht wird der Computer aus der Benutzerperspektive verwendet, also ohne Programmier- und Technikwissen, das im Informatikunterricht vermittelt wird.

Unter *Planungsaspekten* geht es um die Integration des Computereinsatzes in den Fachunterricht (vgl. Lißmann 1993). Das Spektrum reicht dabei vom „virtuellen Klassenzimmer" (Beispiele in Dänemark und in den USA) über einen festen „Schultag" am häuslichen PC (wie an einzelnen Schulen in den Niederlanden) bis zu computergestützten Unterrichtsreihen und punktuellem Einsatz von spezifischen Programmen (z.B. zur Wahlanalyse).

Literatur: Bundeszentrale für politische Bildung (Hrsg.) 1993: Computerspiele. Bunte Welt im grauen Alltag. Ein medien- und kulturpädagogisches Arbeitsbuch, Bonn; Fehr, W./Fritz, J. o.J.: Simulationsspiele am Computer. Computerspiele auf dem Prüfstand. Kurzinformation, hrsg. v. d. Bundeszentrale für politische Bildung, Bonn; Fritz, J. 1988: Wie wirken Videospiele auf Kinder und Jugendliche?, in: Programmiert zum Kriegspielen. Weltbilder und Bilderwelten im Videospiel, Bundeszentrale für politische Bildung, Bonn, S. 200-217; Klingen, L. 1988: Modelle und Simulationen im den Sozialwissenschaften für den Einsatz in der Schule, in: Bundeszentrale für politische Bildung, Bonn, S.185-203; Knoll, J. H. 1988: Medienpädagogische Arbeit in der Erwachsenenbildung, in: Fritz, J. (Hrsg.): Programmiert zum Kriegspielen, Bonn, S. 278-300; Kolfhaus, S. 1988: Bilanz von Wirkungsstudien zum Videospiel, in: Fritz, J. (Hrsg.): Programmiert zum Kriegspielen, Bonn, S. 189-199; Lißmann, H.-J. 1993: Politische Bildung mit spracharmen Medien – Computerspiele und politische Visionen, in: Bundeszentrale für politische Bildung (Hrsg.): Computerspiele. Bunte Welt im grauen Alltag, Bonn, S. 146-154; Sander, W. u.a. 1998: Wahlanalyse und Wahlprognose im Unterricht. Handlungsorientierter Computereinsatz im Politikunterricht der Sekundarstufe. Sachinformationen, Planungsvorschläge, Arbeitsmaterialien, hrsg. v. d. Bundeszentrale für politische Bildung, Bonn; Viechtbauer, H.-P. 1996: Der Computer in der politischen Bildung. Konzeptionen – Unterrichtspraxis, Schwalbach/Ts.; Zepp, J. 1991: Das computergestützte Planspiel „Kommstedt", in: Bundeszentrale für politische Bildung (Hrsg.): Methoden in der politischen Bildung – Handlungsorientierung, Bonn, S. 258-273.

Hans-Werner Kuhn

↗ Internet; Simulation; *Band 2:* Medienkompetenz; Neue Medien; Neue Technologien

Datenerhebung

Die Datenerhebung erfolgt in den Sozialwissenschaften in einem systematischen, nach quantitativen oder qualitativen Regeln der Sozialforschung organisierten Prozeß zum Zwecke der Beschreibung, der Erklärung, aber auch der Überprüfung von Hypothesen und Theorien. Die Daten bzw. Informationen sind Produkte von Erkenntnisprozessen und geprägt von Theorievorgaben. Sie werden unmittelbar beim Merkmalsträger (z.B. Individuum, Organisationen, Parteien, Gemeinden, Verbände) erhoben. Die Datenerhebung ist Teil eines Forschungsprozesses, der von der Auswahl des zu untersuchenden Problems über die theoretischen Annahmen bis zur Erhebung, Aufbereitung und Analyse der Daten reicht.

In der *quantitativen* Sozialforschung lassen sich z.B. Befragung, Gruppendiskussion, Beobachtung, Inhaltsanalyse, Test als Erhebungstechnik unterscheiden, in der *qualitativen* z.B. Beobachtung, Interview oder Dokumentenbeschaffung. Interviews erscheinen meist als Königsweg der Datenerhebung oder zur Rekonstruktion thematisch aussonderbarer Wissensbestände. Die Datenauswertung erfolgt über mathematisch-statistische Verfahren oder über die Transkription von Interviews und Aufzeichnungen. Die Beobachtung von empirischen Regelmäßigkeiten ist im übrigen gekennzeichnet durch ein induktivistisches Vorgehen.

Aufgabe des Politikunterrichts ist es, die Schülerinnen und Schüler mit einigen Verfahren der Datenerhebung vertraut zu machen. Dabei sollen sie in die Vorgehensweisen der Sozialwissenschaften eingeführt werden, um die Reichweite wissenschaftlichen Wissens einschätzen zu lernen. Das Kennenlernen der methodisch konstruierten Zugänge zur Wirklichkeit erleichtert das Verständnis fachwissenschaftlicher Aussagen und markiert die Unterschiede zum alltäglichen Wissen und Meinen.

Wenn die Schülerinnen und Schüler selbst ein Verfahren der Datenerhebung anwenden, so müssen ihnen zugleich die *Grenzen* der Aussagekraft ihrer Daten deutlich werden. Die Datenerhebung durch Schülerinnen und Schüler produziert keine wissenschaftlich verwertbaren Ergebnisse, macht keine Wissenschaftler aus ihnen, sondern sie dient dazu, Interesse für die zu untersuchende Thematik zu wecken, ein tieferes Verständnis des Verfahrens aufzubauen, die Aneignung neuen Wissens durch den Vergleich der eigenen Daten mit denen wissenschaftlicher Untersuchungen zu erleichtern. Eine kritische Einstellung gegenüber dem Material des Lernprozesses verhindert falsche Erwartungen an die Wissenschaft und an die eigenen Kompetenzen.

Literatur: Benninghaus, H. 1990: Einführung in die sozialwissenschaftliche Datenanalyse, München u. Wien; Flick, U. u.a. (Hrsg.) 1991: Handbuch qualitative Sozialforschung, München; Kromrey, H. 1991: Empirische Sozialforschung. Modelle und Methoden der Datenerhebung und Datenauswertung, Opladen.

Georg Weißeno

↗ Befragung; Beobachtung; Expertenbefragung; Feldforschung; Hermeneutische Methoden; Hypothesenbildung; Inhaltsanalyse; Straßeninterview; *Band 2:* Evaluation

Debatte

Die Debatte ist eine formal und methodisch zugespitzte Form der Diskussion. In der Debatte werden unterschiedliche Positionen kurz und prägnant einander gegenübergestellt und argumentativ begründet. Am Ende der Debatte soll eine Entscheidung in Form einer Abstimmung

stehen. Die Debatte läßt sich in unterschiedlichen Phasen des Politikunterrichts einsetzen. Entweder die Lerngruppe befindet sich bei der Bearbeitung eines politischen oder gesellschaftlichen Problems in einer Situation, in der sich mehrere unterschiedliche Meinungen herauskristallisiert haben, dann können diese den Ansatzpunkt für eine Debatte bilden, in der die Begründbarkeit der jeweiligen Meinungen überprüft werden kann. Es können aber auch von vornherein unterschiedliche Positionen herausgearbeitet werden mit dem Ziel, sie in einer Debatte argumentativ zu vertreten, und mit der Absicht, die anderen von der eigenen Position zu überzeugen. In der Debatte werden Begründungen von Positionen bewußtgemacht, miteinander verglichen und einander konfrontiert. In der Abstimmung spiegeln sich dann die Plausibilität, Überzeugungskraft und Verallgemeinerungsfähigkeit der Begründungen. Im Politikunterricht schult die Debatte im wesentlichen die politische Urteilsfähigkeit der Schülerinnen und Schüler.

Literatur: Becker, G. E. 1999: Gesprächs- und Diskussionsformen, in: Mickel, W. W. (Hrsg.): Handbuch zur politischen Bildung, Bonn, S. 481-485; Massing, P. 1999: Reden – Formen des Gesprächs, in: *kursiv*, H. 2, S. 30-35; Meyer, H. 1987: Unterrichts-Methoden II: Praxisband, Frankfurt/M.; Mickel, W. W. 1980[4]: Methodik des politischen Unterrichts, Frankfurt/M.

Peter Massing

↗ Argumentationstraining; Diskussion; Pro-Contra-Debatte; *Band 1:* Urteilsbildung

Diagramm/Graphik

Diagramme oder Graphiken in der politischen Bildung sind zeichnerische Darstellungen sozialer oder politischer Sachverhalte. Der Begriff „Diagramm" bedeutet ursprünglich: das von Linien Umrissene, Figur. Graphik bedeutet ursprünglich: „Schreibkunst", die Kunst, Schrift und Bild durch Druck zu vervielfältigen, auch das einzelne, künstlerisch vervielfältigte Blatt. Das Hauptausdrucksmittel der Graphik ist die Linie. In einer graphischen Darstellung werden Größenverhältnisse und Zahlenwerte durch Bilder, Linien oder Kurven veranschaulicht.

Diagramme und Graphiken werden zur Darstellung von Zahlenwerten und ihrer zahlenmäßigen Beziehung, bes. in der Statistik benutzt. Sie sind im weiteren Sinne Zeichnungen oder Schaubilder und werden in der politischen Bildung in zweifacher Hinsicht verwendet. Entweder interpretieren Schülerinnen und Schüler fertige Schaubilder, oder sie entwerfen und konstruieren selbst eigene. Die *eigene Konstruktion* verbessert das Verständnis und das Vorstellungsvermögen.

Diagramme und Graphiken sind graphische Umsetzungen von Statistiken und Tabellen, um eine bessere Veranschaulichung zu erreichen. Man unterscheidet verschiedene *Formen* von Diagrammen, so zum Beispiel Säulendiagramme, Blockdiagramme, Kreisdiagramme oder Kurvendiagramme.

Bevor einem Diagramm Informationen entnommen werden können, ist es nötig, die formalen *Grundlagen* genau zu betrachten:

– Auf welchen Zeitraum,
– auf welche Bezugsgröße ist das Diagramm ausgelegt?
– Ist die Darstellung durchgehend linear, oder werden Überhöhungen vorgenommen?
– Beginnt die Darstellung bei Null oder im Jahre Null?
– Was ist gegebenenfalls auf der x-Achse und was auf der y-Achse dargestellt?
– Wo sind bei prozentualen Verteilungen die 100 Prozent dargestellt?

Erst wenn die grundlegenden Fragen geklärt sind, kann begonnen werden, das Diagramm zu interpretieren. Man kann untersuchen, ob sich im *Vergleich* zweier Größen deutliche Unterschiede zeigen oder ob im zeitlichen Ablauf eine deutliche Tendenz zu erkennen ist. Hilfreich ist es oft, zu prüfen, ob und wo Maximal- oder Minimalwerte auftreten.

Um an den Diagrammen eine Interpretation vorzunehmen, sind nicht selten Vorkenntnisse oder Zusatzinformationen notwendig, ohne die schnell eine falsche Deutung entstehen kann. Im allgemeinen sollte man sich davor hüten, allzu schnelle Schlüsse zu ziehen, die über die reinen Fakten hinausgehen.

Beim Erstellen von Diagrammen aus Zahlenmaterial ist zu beachten, daß die Form des gewählten Diagramms dem darzustellenden Sachverhalt angepaßt ist. Nur dann ist auch wirklich ein schnelles und einfaches Erfassen des Inhalts gewährleistet. Im besonderen eignen sich

– *Kreisdiagramme*, um Anteile oder die Aufteilung eines Ganzen darzustellen (z.B. Sitzverteilung im Bundestag/Verteilung des Staatshaushaltes).
– *Säulendiagramme* vor allem zum Vergleich absoluter Werte (z.B. Vergleich von Einkommen oder Bruttosozialprodukt).
– *Kurvendiagramme* am besten für die Darstellung zeitlicher Abläufe (z.B. Entwicklung von Wahlergebnissen einer Partei über mehrere Legislaturperioden).
– *Flächendiagramme* zur Veranschaulichung von flächenmäßigen Verteilungen (z.B. Bevölkerungsdichte).

Ein typisches Beispiel für die sinnvolle Anwendung eines Kreisdiagramms ist auch die Sitzverteilung in einem Parlament.

In der *Auswertung* tauschen Schülerinnen und Schüler die eigenen Produkte aus und klären Zusammenhänge und Deutungen.

In der politischen Bildung finden Diagramme beispielsweise Verwendung bei der Darstellung von Wahlergebnissen verschiedener Parteien, bei der Aufgliederung der Ausgaben einer Familie usw.

In der Form eines *Flußdiagramms* lassen sich Entscheidungsabläufe oder Funktionsabläufe darstellen, z.B. der Ablauf einer Gerichtsverhandlung. Verbreitet ist die Darstellung der Phasen des Arbeitskampfes durch Flußdiagramme in Schulbüchern. Werden diese Phasen vermischt, handelt es sich um ein Rätsel, das mit Hilfe eines Textes oder anderer Hilfestellung geordnet werden kann (vgl. Klippert 1994: 114-115).

Diagramme werden auch als „gezeichnete Tabellen" bezeichnet. Der besondere Vorteil von Diagrammen gegenüber den ihnen zugrunde liegenden Zahlen ist ihre Anschaulichkeit. Die abstrakte Zahl wird optisch wirksam: Entwicklungsprozesse werden in ihrer inneren Struktur „durchschaubar", Beziehungen und Zusammenhänge werden „augenfällig", mehrere Sachverhalte können gleichzeitig „überblickt" werden.

In diesem Vorteil liegt aber auch die Problematik der Diagramme begründet. Als wirksames optisches Medium sind sie in besonderem Maße den Anfechtungen der *Manipulation* ausgesetzt, sie können zu „Zweckdiagrammen" werden.

Als *Interpretationsschema* bietet sich folgender Vierschritt an:

Orientierung

Welches ist die Themenstellung des Diagramms? (Überschrift)

Welches ist die zeitliche und/oder räumliche Abgrenzung?

Sind die verwendeten Begriffe eindeutig definiert?

Welche Diagrammform ist gewählt worden?

Welche Zahlenarten werden graphisch dargestellt?

Welches ist die Quelle der Daten?

Aus welchem Jahr stammt das Diagramm? Ist es für den thematischen Zusammenhang aktuell genug?

Beschreibung

Welches sind die wichtigsten sachlichen Aussagen des Diagramms?

Welche Werte lassen sich vergleichen?

Sind ursächliche Zusammenhänge erkennbar?

Welche zeitlichen Entwicklungen sind ablesbar?

Wo sind bedeutsame Details zu erkennen?

Welche Aussagen werden mit der zeichnerischen Darstellung gemacht?

Erklärung

Welche historischen, gesellschaftlichen, wirtschaftlichen oder politischen Gegebenheiten schlagen sich im Diagramm nieder?

Welche historischen, gesellschaftlichen, wirtschaftlichen und politischen Entwicklungen im dargestellten Zeitraum können zur Erklärung der zentralen Aussagen des Diagramms herangezogen werden?

Wertung

Ist die Stimmigkeit von Überschrift und Inhalt gegeben?

Ist eine Datenquelle angegeben? Ist es eine amtliche (z.B. Statistisches Bundesamt in Wiesbaden)?

Ist die zeitliche und räumliche Abgrenzung sinnvoll?

Ist für das gegebene Zahlenmaterial die günstigste Diagrammform gewählt worden?

Sind die Zahlenwerte gut ablesbar?

Ist das Diagramm übersichtlich?

Entspricht die optische Größe der zeichnerischen Elemente den Zahlenwerten?

Sind alle Zeitabstände auf der Zeitachse gleich?

Ist die Skala der y-Achse sinnvoll gewählt worden, oder verlaufen die Kurven zu steil bzw. zu flach?

Beginnt die Skala der y-Achse beim Wert 0? Ist andernfalls die y-Achse unterbrochen dargestellt worden, um hierauf aufmerksam zu machen?

Ist durch die Umformung der Zahlen in ein Diagramm ein Zugewinn an Information, Anschaulichkeit oder Übersichtlichkeit erreicht worden?

Wird durch die Wahl der zeichnerischen Mittel, der Raster oder der Farben die Aussage beeinflußt oder verfälscht? Kräftige Raster bzw. Farben fallen stärker auf.

Kann von einem „Zweckdiagramm" gesprochen werden, von einer manipulativen Gestaltung der Skalen oder der zeichnerischen Elemente?

Literatur: Burkhardt, G. 1991: Das Diagramm – Zahlen optisch aufbereitet, in: Methoden in der politischen Bildung – Handlungsorientierung, in: Akkermann, P./Gaßmann, R.: Arbeitstechniken in der politischen Bildung, Bonn, S. 74-84, hier: S. 82-83; zuerst in: Ackermann, P./Gaßmann, R. 1991: Arbeitstechniken politischen Lernens kurzgefaßt, Stuttgart, S. 44-45; Klippert, H. 1994[2]: Methodentraining. Übungsbausteine für den Unterricht, bes. Diagramme und Tabellen entwerfen, Weinheim, Basel, S. 160ff.; Wallert, W. 1993: Geomethoden, S-II-Arbeitshefte, Stuttgart.

Hans-Werner Kuhn

↗ Auswertung; Statistik; Tabelle; Vergleich; Visualisierung

Dilemmadiskussion

Die Dilemmadiskussion ist ein Verfahren, das zum Ziel die Klärung, Beurteilung und Entscheidung von Wertungen hat. Entwickelt worden ist es von *Lawrence Kohlberg*. Ein Dilemma ist eine Situation, in der ein Individuum zwischen (mindestens) zwei Werten zu entscheiden hat, z.B. muß sich der Protagonist im (von Kohlberg zu Forschungszwecken entwikkelten) Heinz-Dilemma entscheiden, ob er in die Apotheke einbrechen wird, um ein Medikament für seine krebskranke Frau zu erlangen, oder nicht. Die konfligierenden Werte sind „Leben" versus „Eigentum". Die Diskussion solcher *Werte-Konflikte*, die nicht von vornherein durch das Übergewicht der einen Seite klar sind, soll nicht nur die Bewußtheit für Werte klären, sondern durch den Prozeß der Auseinandersetzung auch die Entwicklung des *moralischen Bewußtseins* fördern (Kohlberg: Stufung von der präkonventionellen über die konventionelle zur postkonventionellen Ebene). Unterrichtserfahrungen deuten auf diese Möglichkeit als realistische hin. Zu prüfen ist jeweils, ob beim Dilemma als Werte-Konflikt einer Person stehengeblieben werden kann/soll oder ob nicht das personalisierte Problem in ein *politisches Problem* zu überführen ist: die Frage, ob eine moralische Frage von einzelnen Personen zu entscheiden ist oder ob sie von der Gesellschaft in ihrer Form als staatliche Gesamtorganisation vorentschieden werden soll, ist eine zentrale Politik-Frage. Moralische Bildung muß moralisch-politische Urteilsbildung sein, weil sie sonst unpolitisch und realitätsfern und womöglich moralisierend ist.

Literatur: Landesinstitut für Schule und Weiterbildung (Hrsg.) 1991: Schule und Werteerziehung. Ein Werkstattbericht, Soest; Landesinstitut für Schule und Weiterbildung (Hrsg.) 1993: Werteerziehung in der Schule – aber wie? Ansätze zur Entwicklung moralisch-demokratischer Urteilsfähigkeit, Soest; Lind, G./Raschert, J. (Hrsg.) 1987: Moralische Urteilsfähigkeit. Eine Auseinandersetzung mit Lawrence Kohlberg, Weinheim, Basel; Reinhardt, S. 1995: Werte-Wandel und Werte-Erziehung – Perspektiven politischer Bildung, in: Buchen, S./Weise, E. (Hrsg.): Schule und Unterricht vor neuen Herausforderungen, Weinheim, S. 117-145.

Sibylle Reinhardt

↗ *Band 1:* Moral und moralische Urteilsbildung; Politische Urteilsbildung; Werte; Werteerziehung

Diskursive Verständigung

Diskursive Verständigung ist zugleich Verfahren und Ziel argumentativer Auseinandersetzung mit bestimmten Prinzipien und Normen in Interaktionen. Entsprechend der verschiedenen Diskurstheorien existieren verschiedene Diskursbegriffe.

In der *Erziehungswissenschaft* werden mit dem Diskursbegriff kommunikative Didaktiken mit emanzipatorischem Anspruch begründet, in denen sich die Interagierenden zum einen ihrer Erfahrungen reflexiv vergewissern können, zum anderen Unterricht selbst als interaktives Geschehen in metakommunikativen Prozessen, also in Diskursen thematisiert werden soll. Sie entstanden als Gegenreaktion zu wissenschaftsorientierten didaktischen Ansätzen (Schäfer/Schaller). In der Folge wurden verschiedene Modelle diskursiver Verständigung entwickelt, zu denen u.a. die themenzentrierte Interaktion nach Cohn (Garlichs) und die herrschaftsfreie Kommunikation nach Habermas (Mollenhauer) gehören. Diskursfähigkeit wird hier als wesentliches *Leitziel* des selbstverantwortlichen, mündigen Bürgers angesehen. Diskursive Aufarbeitung lebensweltlicher Erfahrungen, die fragwürdig wurden, stehen im Mittelpunkt.

In der *politischen Bildung* erlangte besonders der Begriff von *Habermas* Bedeutung, da er mit der Antizipation einer idealen Sprechsituation verknüpft ist, die

mit Demokratievorstellungen und Prinzipien politischer Bildung wie Rationalität, Kontroversität und Pluralität korrespondiert: Problematisierte Geltungsansprüche werden von gleichberechtigten Teilnehmenden frei von Zwängen und jeglichem Handlungsdruck thematisiert, bis ein im kommunikativen Handeln vorgängig bestehendes Einverständnis durch Begründungen wiederhergestellt ist. Diese kontrafaktischen Unterstellungen sind Bedingungen von Kommunikation, die einer nur praktischen oder technischen Verständigung gegenüberstehen und die sowohl einem Ideal diskursiver Verständigung in politischen Konflikten entsprechen als auch dem *Überwältigungsverbot* im Unterricht. In metakommunikativen Prozessen kann Unterricht selbst als interaktives Geschehen auf begrifflich reflektierte Art und Weise thematisiert und auf Grenzen bzw. Behinderungen diskursiver Verständigung reflexiv eingegangen werden. Einen didaktischen Stellenwert, verbunden mit Zielen kritischer Aufklärung, erhält die diskursive Verständigung besonders bei Claußen und Hilligen.

In der Praxis ist ein herrschaftsfreies Miteinanderaushandeln der Bedingungen der Kommunikation jedoch aufgrund der Statusunterschiede zwischen Lehrenden und Lernenden, Leistungsbewertungen oder methodischer Kompetenzen von Lehrenden kaum zu erreichen. Insofern wird diskursive Verständigung hier meist reduzierter als Prozeß von Rede und Gegenrede sowie ein Prüfen von Argumenten bis hin zur Einigung oder zum Kompromiß verstanden und eher von *Kommunikation* statt von diskursiver Verständigung gesprochen; „Diskutieren" zählt zu den sogenannten Mikromethoden, „diskutieren können" zu den Schlüsselqualifikationen. Lernende sollen dafür entsprechende Fähigkeiten entwickeln wie: eigene und fremde Verhaltensweisen differenziert beurteilen sowie nach Motiven und Ursachen von Motiven fragen lernen. Methodisch eingebettet ist diese Art diskursiver Verständigung besonders im handlungsorientierten und projektorientierten Unterricht; also Unterrichtsformen, in denen der Redeanteil der Lehrenden nicht dominiert. Sie ist zudem ein Element des Sokratischen Gesprächs. In den letzten Jahren wurde es durch Arbeiten im Bereich der Interpretativen Fachunterrichtsforschung wieder aktuell, Kommunikationen und Interaktion aller am Politikunterricht Beteiligten empirisch zu untersuchen, also auch Diskurse (Schelle, Henkenborg/Kuhn).

Literatur: Claußen, B. 1981: Kritische Politikdidaktik. Zu einer pädagogischen Theorie der Politik für die schulische und außerschulische Bildungsarbeit, Opladen; Garlichs, A. 1976: Gruppentherapeutische Ansätze im Unterricht, in: Popp, W. (Hrsg.): Kommunikative Didaktik, Weinheim, Basel, S. 235-260; Habermas, J. 1971: Vorbereitende Bemerkungen zu einer Theorie der kommunikativen Kompetenz, in: Habermas, J./Luhmann, N. (Hrsg.): Theorie der Gesellschaft oder Sozialtechnologie – was leistet die Systemforschung? Frankfurt/M., S. 135-141; Henkenborg, P./Kuhn, H.-W. (Hrsg.) 1998: Der alltägliche Politikunterricht. Beiträge qualitativer Unterrichtsforschung zur politischen Bildung in der Schule, Opladen; Hilligen, W. 1985: Zur Didaktik des politischen Unterrichts. Wissenschaftliche Voraussetzungen, Didaktische Konzeptionen, Unterrichtspraktische Vorschläge, Opladen; Jäger, S. 1996: Diskurstheorien, in: Taschenbuch der Pädagogik, hrsg. von Hierdeis, H./Hug, Th., Baltmannsweiler, S. 238-249; Mol-lenhauer, K. 1972: Theorien zum Erziehungsprozeß, München; Schäfer, K.-H./Schaller, K. 1971: Kritische Erziehungswissenschaft und kommunikative Didaktik, Heidelberg; Schelle, C. 1995: Schülerdiskurse über Gesellschaft. „Wenn Du ein Ausländer wärst". Untersuchung zur Neuorientierung schulisch-politischer Bildungsprozesse, Schwalbach/Ts.

Dagmar Richter

↗ Kommunikation; Metakommunikation; Sokratisches Gespräch; TZI; *Band 1:* Demokratie; Pädagogik; Überwältigungsverbot; Unterrichtsforschung; *Band 2:* Diskurs

Diskussion

Die Diskussion gehört zu den Gesprächsformen im Unterricht. Diskussionen im Politikunterricht sind in der Regel offen und zeitlich nicht begrenzt. Ihr Ziel ist es, zu einem Konsens oder zu einem Kompromiß zu gelangen. Daher appellieren die Diskussionsteilnehmer an die Meinungen und Auffassungen der anderen mit der Absicht, sie für ihre eigene Position zu gewinnen oder Gemeinsamkeiten herauszufinden. In der Diskussion soll vor allem die Fähigkeit zum *Dialog* entwickelt und trainiert werden. Diese Fähigkeit ist zu einer Schlüsselqualifikation in der Demokratie geworden. Sie ist eine entscheidende Voraussetzung für die politische Beteiligung und damit ein wichtiges Ziel politischen Lernens.

Literatur: Massing, Peter 1999: Reden – Formen des Gesprächs, in: *kursiv,* H. 2, S. 30-35.

Peter Massing

↗ Argumentationstraining; Debatte; Pro-Contra-Debatte; *Band 2:* Rhetorik und politische Bildung

Dokument

Das Dokument gehört zu den schriftlichen Materialien. Im Politikunterricht kann das Dokument einen Doppelcharakter haben. Als manifest gewordener Kommunikationsprozeß, z.B. in Form von Briefen, Filmen, Zeitungstexten, Verträgen, Protokollen, Interviews usw., ist es Gegenstand der Dokumentenanalyse. Diese folgt den gleichen methodischen Regeln wie die Inhaltsanalyse und die qualitative Sozialforschung. Das Dokument kann aber auch das Produkt entdeckenden und forschenden Lernens des Politikunterrichts selbst sein. Das Dokument ist dann die Veröffentlichung des Verlaufs von Unterrichtsprozessen, von bestimmten Phasen handlungsorientierter Methoden (z.B. der Interaktionsphase im Planspiel) oder der Ergebnisse der Lernarbeit, die dadurch auch für den Außenstehenden transparent werden.

Peter Massing

↗ Memorandum; Textanalyse; Zeitung

Drehbuch

Ein Drehbuch ist ein schriftlich fixierter Gesamtplan für die Herstellung eines Films bzw. eines vergleichbar komplexen AV-Mediums (z.B. Multimedia-CD-ROM). In einer synoptischen und synchronen Darstellung (Spalten) werden dabei systematisch alle Elemente erfaßt, die für eine Filmproduktion erforderlich sind: Zeitangaben, Handlungsablauf, Kameraeinstellungen, Drehort, Ausstattung, Licht- und Tonanweisungen, Dialoge, Texte etc. In den linken Spalten werden die optischen, in den rechten die akustischen/textlichen Aspekte aufgeführt. Das Gesamt-Drehbuch ist die vollständigste Vorlage für einen Film; ihm sind zumeist die Planungsschritte Ideenskizze, Treatment, Filmplan, Storyboard, Drehablaufplan vorgeordnet (die allerdings nicht immer bis zu einem vollständigen Drehbuch ausgearbeitet und auch häufig – je nach Produktion – eigenständig verwendet werden).

Friedrich Hagedorn

↗ Fernsehsendung; Film; *Band 2:* Fernsehen

Dreischritt

Politikunterricht bereitet die Schülerinnen und Schüler auf die Wahrnehmung ihrer Bürgerrolle in der Demokratie vor. Sie sollen lernen, in einem Ereignis selbständig die „Politik" zu erkennen und zu

untersuchen, sich ein Urteil zu bilden und über eigene politische Handlungsmöglichkeiten nachzudenken. Diesen Dreischritt hat Wolfgang Hilligen ebenso knapp wie einprägsam benannt: Sehen – Beurteilen – Handeln (Hilligen 1985: 204; vgl. Claußen 1981: 85-100).

Der Dreischritt hilft auch bei der *Strukturierung des Unterrichtsverlaufs* (Breit/ Gagel 1996: 11f.). Im Politikunterricht lernen die Schülerinnen und Schüler, jeden Schritt mit Hilfe von Kategorien selbständig zu bewältigen (Dörge: „Lageanalyse – Zieldiskussion – Maßnahmen"; vgl. Gagel 1973: 103). Der Schwerpunkt liegt dabei zumeist auf der politischen Analyse. Urteilsbildung und Handlungsorientierung kommen fast immer aus Zeitgründen zu kurz.

Kurt Gerhard Fischer schlägt ebenfalls für das Vorgehen im Politikunterricht einen Dreischritt vor: „Kenntnisse – Erkenntnisse – Einsichten" (Fischer 1993: 20). Auch in der Phasenstruktur einer Problemanalyse von Bernhard Sutor ist ein Dreischritt zu erkennen: „Situationsanalyse – Möglichkeitserörterung – Urteilsbildung"; doch fehlt hier ebenso wie bei Fischer die Beschäftigung mit den politischen Handlungsmöglichkeiten (Sutor 1992: 35).

Literatur: Breit, G./Gagel, W. (Hrsg.) 1996: Politikunterricht. Planung in Beispielen, Schwalbach/ Ts.; Claußen, B. 1981: Methodik der politischen Bildung, Opladen; Fischer, K. G. 1993: Das Exemplarische im Politikunterricht, Schwalbach/Ts.; Gagel, W. 1967: Gestalt und Funktion von Unterrichtsmodellen zur politischen Bildung, in: Politische Bildung, H. 4, S. 42-64; Hilligen, W. 1985⁴: Zur Didaktik des politischen Unterrichts, Opladen; Sutor, B. 1992: Politische Bildung als Praxis, Schwalbach/Ts.

Gotthard Breit

↗ Arbeitsschritte/Lernschritte. *Band 1:* Artikulationsschema; Kategorien; Planungsaufgabe

Einstieg

Bei der Planung von Unterrichtsverläufen im Fach Politik/Sozialkunde besteht die Hauptaufgabe darin, eine *Verlaufsstruktur* zu entwickeln, die den Unterricht für Schülerinnen und Schüler einsichtig und sachadäquat in eine logische Handlungsabfolge gliedert. In der fachdidaktischen Literatur wird dazu idealtypisch ein Modell angeboten, das den Unterricht in *fünf Phasen* gliedert: Einstiegs-, Informations-, Anwendungs-, Problematisierungsphase und Metakommunikation. Während die Informations-, Anwendungs- und Problematisierungsphasen inhaltlich und zeitlich den eigentlichen Kern des Unterrichts ausmachen, liegt die besondere Bedeutung des Einstiegs in den zahlreichen Funktionen, die er für einen erfolgversprechenden Unterricht hat. Gegenüber allen anderen Unterrichtsphasen zeichnet er sich durch seine Reichweite und seine Komplexität hinsichtlich der Anforderungen aus. Im Einstieg werden Schülerinnen und Schülern Kenntnisse aus den drei *Anforderungsbereichen*: – Kennen – Anwenden – Hypothesenbildung – abverlangt. Als zentrale Funktionen des Einstiegs sind die Thematisierungs-, die Motivations-, die Strukturierungs- und die Mobilisierungsfunktion zu nennen.

1. *Thematisierungsfunktion.* Die wichtigste Aufgabe des Einstiegs im Politikunterricht ist es, eine Fragestellung zu entwickeln, die den Schülerinnen und Schülern das Ziel angibt, um das es im Unterricht geht. Es ist unverzichtbar, daß die Fragestellung im Sinne eines Themas am Ende des Einstiegs allen Beteiligten klar ist. Dabei ist darauf zu achten, daß sich Thema (= Fragestellung) und didaktische Perspektive entsprechen. Gelingt

dies nicht, besteht die Gefahr, daß der nachfolgende Unterricht diffus, weitschweifig und letztlich beliebig wird. Grundsätzlich können Themen offen im Sinne einer problemorientierten Stunde oder geschlossen im Rahmen einer eher sachorientierten Stunde formuliert werden. Die Entscheidung für eine der beiden Formen hängt vom Unterrichtsgegenstand, von der Klassenstufe und von den didaktischen Entscheidungen ab. Da es im Politikunterricht in der Regel um die Bearbeitung von politischen Problemen mit dem Ziel, politische Urteilsbildung zu fördern, geht, werden offene, problemorientierte Themen die Regel und geschlossene, sachorientierte Themen eher die Ausnahme sein. Die Reichweite der Themen ist unterschiedlich. Sie kann eine Unterrichtsstunde oder aber eine ganze Unterrichtseinheit umgreifen. Am Ende einer Stunde bzw. Unterrichtsreihe wird auf das Thema zurückgegriffen, um es zu beantworten.

2. *Strukturierungsfunktion.* Über das am Ende des Einstiegs formulierte Thema wird der nachfolgende Unterricht gebündelt und vorstrukturiert. Aus dem Thema läßt sich der „rote Faden" ableiten, so daß durch den Einstieg der Unterricht in seinem Verlauf für die Schülerinnen und Schüler transparent und in seinen einzelnen Schritten antizipierbar wird. Je nach Klassenstufe, Leistungsfähigkeit und Vorkenntnissen kann am Ende des Einstiegs der Arbeitsweg von den Schülerinnen und Schülern selbst geplant oder vom Lehrer bzw. von der Lehrerin vorgegeben werden. Dadurch werden bei regelmäßiger Anwendung das Methodenbewußtsein und die Strukturierungsfähigkeit im Sinne einer kategorialen politischen Bildung von Schülerinnen und Schülern geschult.

3. *Motivationsfunktion.* Neben den eher inhaltlichen Funktionen kommt dem Einstieg auch eine motivationale Funktion zu. Im Einstieg wird der Unterrichtsgegenstand mit dem Ziel vorgestellt, bei den Adressaten Interesse und Neugier zu wecken. Dabei soll bei ihnen die Bereitschaft geweckt werden, sich mit Themen der politischen Bildung auseinanderzusetzen. Dies verlangt vom Lehrer bzw. von der Lehrerin bei der Planung von Einstiegen ein hohes Maß an Phantasie und Kreativität, besonders was die Planung des Medieneinsatzes betrifft.

4. *Mobilisierungsfunktion.* Gerade im Bereich der politischen Bildung ist es häufig notwendig, Schülerinnen und Schüler dort abzuholen, wo sie mit ihrem Politikverständnis stehen, denn politischer Unterricht muß „dieses praktische Denkmuster als vorgegeben betrachten; er kann es weder herstellen noch fundamental ändern, sondern nur korrigieren, erweitern, differenzieren" (Giesecke 1986: 91). Voraussetzung dafür ist jedoch die Mobilisierung von Vorwissen und Vorverständnis von Schülerinnen und Schülern. Nur wenn diese kognitive und affektive Struktur offengelegt und zum Ausgangspunkt von politischem Unterricht gemacht wird, besteht die Chance, über politische Realität aufzuklären und rationale Urteilsbildung zu fördern.

Nur in den seltensten Fällen wird es im Unterrichtsalltag möglich, in jeder Unterrichtsstunde alle Funktionen eines Einstiegs in gleicher Intensität zu realisieren. Welche der obigen Funktionen ins Zentrum des Einstiegs gerückt wird, hängt von der jeweiligen Situation ab. Trotz dieser methodischen und didaktischen Freiheiten, die der Lehrer/die Leh-

rerin besitzt, bleibt eine Funktion im Einstieg unverzichtbar – die Thematisierungsfunktion. Ohne die Formulierung des Stundenthemas am Ende des Einstiegs verliert der Einstieg seine zentrale didaktische Funktion.

Besonders geeignet für den Einstieg sind *Medien,* die provozieren, Positionen pointiert darstellen, zum Widerspruch anregen und ungewohnte Perspektiven zeigen. Als Beispiele seien Karikaturen, Bildergeschichten, Lieder, Anekdoten, Collagen von Zeitungsüberschriften, kurze wertende Texte bzw. Filmausschnitte und anschauliche Statistiken genannt. Die Bearbeitung der Medien bzw. der Einsatz der Methoden erfolgt idealtypisch in einem Dreischritt: Beschreibung – Analyse – Hypothesenbildung bzw. Entwicklung des Themas. Allen Medien muß gemeinsam sein, daß sie die Schülerinnen und Schüler knapp und pointiert dazu anregen, sich gezielt im Sinne des geplanten Themas zu äußern. Trotz aller Offenheit in der Feinstruktur ist das Ergebnis des Einstiegs in aller Regel im Sinne eines zielorientierten politischen Unterrichts nicht ergebnisoffen. Dies verlangt vom Lehrer/von der Lehrerin bezüglich der Unterrichtssteuerung ein hohes Maß an Flexibilität und Sensibilität. Einerseits muß er/sie die Anregungen der Schülerinnen und Schüler ernst nehmen, aufgreifen und im Sinne der Adressaten für den Unterricht fruchtbar machen, andererseits muß er/sie bestrebt sein, in angemessener Zeit die eigenen Intentionen umzusetzen. Wie der Lehrer/die Lehrerin dieses Spannungsverhältnis auflöst, muß offenbleiben und hängt von so unterschiedlichen Faktoren wie Klassensituation, Fachkompetenz des Lehrers/der Lehrerin, Schülerinteresse und Materiallage ab.

Als *Methoden* bieten sich für den Einstieg das freie bzw. fragend-entwickelnde Unterrichtsgespräch an. Handlungsorientierte Methoden wie z.B. das Rollenspiel und die Befragung kommen im Einstieg nur unter ganz bestimmten Bedingungen in Frage (Massing 1998: 20). Allen im Einstieg eingesetzten Methoden muß gemeinsam sein, daß sie den Schüler/die Schülerin zügig in die Lage versetzen, sich mit dem Unterrichtsgegenstand auseinanderzusetzen und in das Unterrichtsgespräch einzubringen.

Gleichgültig mit welchem zeitlichen Aufwand Unterricht geplant wird, so sollte die Lehrerin/der Lehrer bei ihren/seinen Planungsentscheidungen dem Einstieg als der *Schlüsselphase* eines ziel- und problemorientierten Politikunterrichts immer besondere Aufmerksamkeit schenken.

Literatur: Ackermann, P. u.a. (Hrsg.) 1994: Politikdidaktik kurzgefaßt. 13 Planungsfragen für den Politikunterricht, Schwalbach/Ts.; Breit, G./Massing, P. (Hrsg.) 1992: Grundfragen und Praxisprobleme der politischen Bildung, Bonn; Friedrichs, K./Meyer, H./Pilz, E. 1984: Unterrichtsmethoden, Oldenburg; Gagel, W. 1986: Unterrichtsplanung: Politik/Sozialkunde, Studienbuch politische Didaktik II, Opladen; Giesecke, H. 1973: Methodik des politischen Unterrichts, München; Haubrich, H. u.a. 1993[5]: Didaktik der Geographie, München; Hufer, K.-P. 1999: Beginnen – die Anfangssituation in der politischen Erwachsenenbildung, in: *kursiv*, H. 2, S. 12-17; Kuhn, H.-W. 1999: Beginnen – Beispiele für Einstiegssituationen im Politikunterricht, in: *kursiv*, H. 2, S. 18-23; Massing, P. 1998: Handlungsorientierter Politikunterricht. Ausgewählte Methoden, Schwalbach/Ts.; Meyer, H. 1994: Unterrichts-Methoden, Bd. I: Theorieband, Frankfurt/M.; Meyer, H. 1994: Unterrichts-Methoden, Bd. II: Praxisband, Frankfurt/M.; Sutor, B. 1992: Politische Bildung als Praxis, Schwalbach/Ts.

Kurt Lach

↗ Arbeitsplanung; Entdeckendes Lernen; Motivation; *Band 1:* Artikulationsschema; Didaktische Perspektive; Planungsaufgabe; Thema; Verlaufsplan

Entdeckendes Lernen

Entdeckendes Lernen geht von der Annahme aus, daß Ziele, Inhalte, Methoden, Prozeß und Ergebnisse des Lernens wichtig sind. Es meint das selbständige Lösen von Problemen und das Aufbauen kognitiver Strukturen durch Schülerinnen und Schüler. Es nimmt seinen Ausgang von einem Zustand der Ungewißheit (Widerspruch, Verblüffung). Eine Auseinandersetzung mit dem Phänomen oder Problem erfolgt – auf der Grundlage von Neugier und Fragebereitschaft – durch Nachdenken über eine Frage, durch Formulieren von Hypothesen, durch Entwickeln von Problemlösungsstrategien. Beim entdeckenden Lernen erfolgt ein sich Verständigen über die Eignung der angewandten *Methoden* (z.B. Beobachten, Vergleichen, Unterscheiden, Sammeln, Ordnen, Klassifizieren, Systematisieren, Interpretieren, Experimentieren, Untersuchen, Konstruieren, Verallgemeinern, Modellebilden) im Problemlöseprozeß. Als *Vorteile* des entdeckenden Lernens werden von J. Bruner die Steigerung der intellektuellen Potenz, die Förderung intrinsischer Motivation, das Erlernen heuristischer Methoden und das Verbessern von Behaltensleistungen genannt. Ausubel als Gegner des entdeckenden Lernens *kritisiert* es als unökonomisch. Entdeckendes Lernen scheint weniger für die Bewältigung inhaltlichen Wissens als für den Erwerb komplexer Regeln bedeutsam.

Literatur: Ausubel, D. P. 1974: Psychologie des Unterrichts. Weinheim u.a.; Bruner, J. S. 1973: Der Prozeß der Erziehung (1960). Berlin, Düsseldorf (1970); Neber, H. (Hrsg.) 1981[3]: Entdeckendes Lernen, Weinheim, Basel.

Hanna Kiper

↗ *Band 1:* Kognition; Lerntheorien; Problemorientierung

Entscheidungsspiel

Entscheidungsspiele (auch Verhandlungs- oder Konferenzspiele) sind eine Methode politischer Bildung, simulativ soziale oder politische Entscheidungen nachzuvollziehen. Entscheidungsspiele können als eine Form von Planspielen bezeichnet werden, unterscheiden sich aber dadurch, daß sie weniger komplex und aufwendig sind.

Der Begriff Entscheidungsspiele verbindet zwei Momente: die Entscheidungssituation und den Spielcharakter. Ein Moment der Entscheidung ist das Risiko, das durch den Spielcharakter „aufgehoben" (Hegel) wird. Aufgehoben einmal, weil es um folgenloses Probehandeln geht, aufgehoben zum zweiten, weil die Frage, wer sich in der Klasse durchsetzt, Folgen für das soziale Gefüge hat bzw. dieses transparent werden läßt, aufgehoben zum dritten, weil damit eine Disposition für später, eine *Entscheidungskompetenz,* vorbereitet wird.

Entscheidungsspiele können sowohl auf der Ebene *sozialen Lernens* angesiedelt sein (z.B. Anti-Gewalt-Training), sie betreffen dann das eigene Verhalten. Sie können aber auch auf der Ebene *politischen Lernens* angesiedelt sein, wenn sowohl der Gegenstand als auch der Prozeß durch politische Faktoren bestimmt sind. Vielfach verknüpfen Entscheidungsspiele auch beide Ebenen, um zum einen die politische Bedingtheit von persönlichen Entscheidungen zu betonen, zum zweiten zeigt diese Verknüpfung aber auch die Notwendigkeit, Politik aus der Sicht von Akteuren zu betrachten.

Bei Entscheidungen kann zwischen *zwei Rationalitäten* unterschieden werden: die formale Rationalität der Entscheidung bezieht sich auf die Art des Zustandekommens der Entscheidung; daneben gibt es noch die substantielle Rationalität, die nur unter Bezugnahme auf ein bestimmtes Ziel- oder Wertesystem festgestellt werden kann. Beides kann sich auch widersprechen.

Typische Elemente politischer Entscheidungen sind:
1. Problem: Identifikation und Definition
2. Ursachen: Informationsbeschaffung und Ursachenanalyse
3. Entwicklung von Lösungsalternativen
4. Bewertung von Lösungsalternativen
5. Entscheidung
6. Umsetzung der Entscheidung (Implementation)

Man kann auch die Entscheidungsvorbereitung von der eigentlichen Entscheidung trennen, die beide unter dem Oberbegriff Entscheidungsprozeß subsumiert werden.

In der *Grundschule* werden Entscheidungsspiele im vorfachlichen Unterricht bei der Bearbeitung von Problemen mit der Gruppenarbeit eingesetzt (vgl. Stolte 1990). Typische Probleme liegen in der mangelnden Motivation zur Bearbeitung einer gemeinsamen Aufgabe, in Konflikten bei der Arbeitsaufteilung, in der Durchsetzung eigener Wünsche und Interessen sowie im Umgang mit Kritik (soziales Lernen). Entscheidungsspiele sind Teil der *Sozialerziehung,* bei der nicht Konflikte vermieden werden sollen, sondern durchschaubar gemacht werden. Das Entscheidungsspiel sollte (vgl. Stolte 1990: 29):
– die oft blitzschnellen „Entscheidungen", die beim Auftreten von Konflikten vom einzelnen Kind getroffen werden, quasi verlangsamen und damit helfen, sie ins Bewußtsein zu rücken,
– den Kindern deutlich machen, daß

eigene „Entscheidungen" in bestimmten Situationen das Verhalten anderer beeinflussen,
– den Mut zu bewußten Entscheidungen stärken,
– Verständnis anbahnen dafür, von welchen Faktoren der befriedigende Verlauf einer Gruppenarbeit abhängen kann,
– den Kindern ermöglichen, durch eigenes emotionales Beteiligtsein Muster von Interessenkollisionen zu erfassen,
– den Kindern ermöglichen, das eigene Verhalten in Konfliktsituationen auszuprobieren ohne Angst vor realen negativen Folgen.

Veröffentlichte Entscheidungsspiele, die auf *politisches Lernen* abzielen, stammen in erster Linie aus dem Bereich Ökonomie (z.B. Berufswahl, Konfliktregelung, Tarifverhandlungen), weniger aus dem Bereich Politik. Das im folgenden kurz skizzierte *Beispiel* wurde in einem aktuellen Schulbuch veröffentlicht (Klett: Anstöße 3, Stuttgart 1996: 106-123). Das Kapitel behandelt Fragen der Interessenvertretung und Konfliktregelung. Die Ausgangsfrage einer Themendoppelseite lautet: Wie soll die Arbeitszeitverkürzung umgesetzt werden? Die Schülerinnen und Schüler lernen die rechtlichen Grundlagen der Arbeitszeitverkürzung kennen, setzen sich mit unterschiedlichen Modellen auseinander und entwickeln auf der Grundlage eines konkreten Entscheidungskatalogs eine Betriebsvereinbarung, die die Arbeitszeitverkürzung regelt. Die Verhandlungen können dadurch transparenter gemacht werden, daß die Entwürfe und Anträge schriftlich fixiert werden. Am Ende können konsensfähige Anträge und offene Punkte in einem Tafelbild gegenübergestellt werden.

Der hypothetische Nachvollzug konkreter Entscheidungen setzt voraus,
– daß die jeweiligen Alternativen deutlich gemacht,
– daß die Folgen von Entscheidungen bewußt gemacht und
– daß die Interessenkonstellation transparent gemacht werden.

In der Abfolge vom Mikro- zum Makrobereich zielt das Kapitel darauf ab, daß die Schülerinnen und Schüler Konflikte in der Arbeitswelt auf ihre strukturellen Bedingungen überprüfen und zugleich mit sozialwissenschaftlichen (politischen) (und nicht mit psychologischen) *Kategorien* analysieren und die Entscheidungsprozesse „am eigenen Leibe" erfahren.

In der Auswertung von Entscheidungsspielen kann der gesamte Prozeß rekonstruiert werden. Das Resultat, die Entscheidung selbst, bildet den Ausgangspunkt, ist aber nicht alleiniger Gegenstand. Obwohl Phasengliederungen immer nur gedankliche Vereinfachungen der komplexen Vielgestaltigkeit der realen Entscheidungsprozesse sind, kann versucht werden, den Prozeß mit Hilfe des oben genannten Phasenmodells zu analysieren. Die Auswertung prüft auch die schriftlich fixierten Anträge (welcher ist weitergehend?) und benennt Prüfkriterien für Paketlösungen (innere Widersprüche, Beziehung zur Realität oder Durchsetzbarkeit, Interessen, Reaktionen, bezogen auf Folgen der Entscheidung).

Die Auswertung richtet sich also mindestens auf *drei Bereiche:*
– die Entscheidung
– die Phasen des Entscheidungsprozesses
– die Thematisierung der Strukturen des speziellen Politikfeldes (Außenpolitik, Verbandsentscheidungen, innerparteiliche Mitbestimmung)

Unterrichtserfahrungen verdeutlichen die *Grenzen* von Entscheidungsspielen: So können Schülerinnen und Schüler z.B. eine schnelle Entscheidung als gute Entscheidung bevorzugen, sie können mathematische Lösungen („Halbe-Halbe") erzielen, sie beschränken sich auf „Standpunktdenken", sie begreifen Verhandlungen als Ritual, als symbolische Politik, sie kommen zu einer „Räuberlösung", d.h., der Mächtigste setzt sich durch; in diesen unpolitischen Verkürzungen wird das Spiel als Selbstzweck betrachtet, nicht als didaktisches Spiel mit Zielen und Realitätsbezügen. Die Überbetonung des Entscheidungszwanges führt dazu, Entscheidung in eine Schwarzweißschablone zu bringen. Die Ausgangssituation wird dann so zugerichtet, daß es nur zwei einander ausschließende Möglichkeiten gibt. Beim Einsatz von Entscheidungsspielen muß der didaktisch intendierte Modellcharakter deutlich werden.

Zusammenfassend begründen sich Entscheidungsspiele in der politischen Bildung aus folgenden Überlegungen:

1. Entscheiden stellt ein wesentliches Merkmal der Politik dar. Politische Entscheidungen (auch eine Nichtentscheidung zählt hierzu) schließen einen Willensbildungsprozeß (vorläufig) ab und werden in Form von Gesetzen, Maßnahmen und Regelungen umgesetzt.
2. Im Entscheidungscharakter wird das Konflikthafte, das Offene, das Kontroverse der Politik deutlich.
3. In Entscheidungsspielen lernen Schülerinnen und Schüler strategisches Denken, sozialen Perspektivenwechsel, rhetorische Fähigkeiten und den Umgang mit politischen Institutionen.
4. Entscheidungsspiele dienen der Vor-

bereitung auf reale politische Entscheidungssituationen (z.B. Wehrdienst oder Zivildienst?).
5. Über die konkrete Entscheidungssituation hinaus stellt sich die Legitimationsfrage: Wer darf warum entscheiden? Zugleich wird daran deutlich, daß die demokratische Methode als „Kampf um Entscheidungsbefugnis" (Schumpeter) bezeichnet werden kann.

Literatur: Kaiser, F.-J. 1973: Entscheidungstraining. Die Methoden der Entscheidungsfindung, Fallstudie – Simulation – Planspiel, Bad Heilbrunn; Keim, H. (Hrsg.) 1992: ... Planspiel, Rollenspiel, Fallstudie. Zur Praxis und Theorie lernaktiver Methoden, Köln; Klippert, H. 1996: Planspiele. Spielvorlagen zum sozialen, politischen und methodischen Lernen in Gruppen. 10 komplette Planspiele, Weinheim, Basel; Stolte, H. 1990: Konflikttraining im Entscheidungsspiel. Gruppenarbeit im sozialen Bereich, in: Grundschule, S. 24-29.

Hans-Werner Kuhn

↗ Antrag; Auswertung; Planspiel; Simulation; *Band 1:* Entscheidungsorientierung; Politikzyklus; Politisches Lernen; Rationalität; Soziales Lernen

Erfahrungsorientierung

Erfahrungsorientierung ist ein Unterrichtsprinzip, das die individuellen und kollektiven Erfahrungen der Lernenden zum Ausgangspunkt komplexer Aneignungsprozesse macht. Ein hiernach gestalteter Unterricht ist aber nicht auf sinnliche Wahrnehmung und konkrete Lernhandlungen beschränkt, sondern schließt notwendig intellektuelle Reflexion und produktive Gestaltung ein. Der Dreischritt von Aneignung, Verarbeitung und Veröffentlichung von Erfahrung kennzeichnet die Struktur erfahrungsorientierten Unterrichts.

Ziel der Erfahrungsorientierung ist die Veränderung der Erfahrungsqualität der Heranwachsenden im Sinne einer Beseitigung ihrer Erfahrungsdefizite. Daher erhalten die Lernenden Gelegenheit, sich in sachbezogenen, kommunikativen und sozialen Handlungsprozessen adaptiv und zugleich konstruktiv mit Lerngegenständen aus der äußeren Realität auseinanderzusetzen. Auf diese Weise werden eigene Sicht- und Urteilsweisen entwickelt. Dies ist eine wichtige Fähigkeit des mündigen Bürgers. Erfahrungsorientierung heißt außerdem Öffnung des Unterrichts für die soziale Lebenswelt der Schülerinnen und Schüler. So wird auch die Trennung der Schule vom Alltag der Heranwachsenden überwunden.

Erfahrungsorientierung nimmt Gedanken des amerikanischen Pragmatismus, insbesondere der Erziehungstheorie John Deweys, sowie der deutschen Reformpädagogik mit ihren Grundsätzen Erlebnis, Anschauung und Selbsttätigkeit auf. Ähnlichkeiten und partiell Gemeinsamkeiten gibt es mit dem schülerorientierten, dem handlungsorientierten, dem offenen und dem kommunikativen Unterricht. In radikaler Opposition steht Erfahrungsorientierung zu jeder Form des Enzyklopädismus sowie zum abstrakten Belehrungsunterricht, in dem der Lehrer den Stoff darbietet und rezeptives und reproduktives Lernen dominieren.

Eine unmittelbare praktische Konsequenz der Erfahrungsorientierung ist, daß Inhalt und Form des Unterrichts partizipativ festgelegt werden müssen, da nur so Interessen und Erfahrungen der Lernenden angemessen berücksichtigt werden können. Insofern wird das hochrangige Ziel der Erziehung zur Demokratie gefördert. Methodisch folgt aus der Erfahrungsorientierung die Anwendung entdeckenden, forschenden, kooperativ-kommunikativen, operativen und problemlösenden Lernens. Die wichtigsten

Methoden des Erfahrungslernens sind Realbegegnungen (z.B. Erkundung, Umfrage, Interview, Praktikum, Sozialstudie), Realitätssimulationen (z.B. Rollenspiel, Planspiel, Konferenzspiel, Tribunal, Zukunftswerkstatt) und Produktionen (z.B. Reportage, Wandzeitung, Videodokumentation, Ausstellung).

Diese Methoden tragen zu einer demokratischen politischen Bildung dadurch bei, daß sie ein Probehandeln politikspezifischer Denk-, Arbeits- und Urteilsweisen erlauben und ihre Anwendung beim Lernenden ein demokratieadäquates politisches Handlungsrepertoire entstehen läßt. *Lernpsychologisch* liegt ihr Vorzug darin, daß sie dem bei den meisten Heranwachsenden vorhandenen anschaulich-praktischen Lernvermögen entsprechen.

Kritisch wird gegen die Erfahrungsorientierung eingewendet, daß sie im Kern einer Erlebnispädagogik verhaftet sei und theoriefeindliche Züge trage. Vor allem die Frage, in welcher Weise mit Lerngegenständen verfahren werden soll, die einen sachstrukturell geordneten lehrgangsmäßigen Aufbau erfordern, läßt sich mit dem Konzept der Erfahrungsorientierung nicht beantworten.

Literatur: Heursen, G. 1996: Das Leben erfahren. Lebensweltorientierte didaktische Ansätze, in: Pädagogik, H. 6, S. 42-46; Jank, W. 1995: Unterricht, erfahrungsbezogener, in: Enzyklopädie Erziehungswissenschaft. Bd. 3. Hrsg. v. Haller, H.-D./Meyer, H., Stuttgart, Dresden, S. 594-600; Klippert, H. 1988: Durch Erfahrung lernen. Ein Prinzip (auch) für die politische Bildung, in: Erfahrungsorientierte Methoden der politischen Bildung, Bonn, S. 75-93; Krüger, H.-H./Lersch, R. 1993[2]: Lernen und Erfahrung. Perspektiven einer Theorie schulischen Handelns, Opladen; Schaeffer, B. 1976: Erfahrung als Grundlage politischen und sozialen Lernens. Überlegungen zu einer Didaktik der Gesellschaftslehre, in: Preuss-Lausitz, U./Schaeffer, B./Quitzow, W. (Hrsg.): Fachunterricht und politisches Lernen. Beiträge zur erfahrungsorientierten politischen Bildung an Gesamtschulen, Weinheim, Basel, S. 87-113;

Schulz-Hageleit, P. 1997: Erfahrungsunterricht, in: Geschichte in Wissenschaft und Unterricht, H. 3, S. 161-168.

Joachim Detjen

↗ Entdeckendes Lernen; *Band 1:* Erfahrungsorientierung; Lebensweltorientierung; Ziele/Zielarten; *Band 2:* Deutungsmuster; Exemplarisches Lernen; Partizipation

Erfolgskontrolle

Unter Erfolgskontrolle kann allgemein alles das verstanden werden, was sich mit einem Vergleich zwischen den aufgestellten Lernzielen und dem Lernergebnis befaßt (SOLL-IST-Vergleich). Sie gibt darüber Auskunft, in welchem Umfang und in welcher Qualität die Lernziele erreicht werden. Die Erfolgskontrolle ist über Zensuren (Leistungsnoten) quantifizierbar. Sie ist als Phase in den Lernprozeß integriert und bedeutet nicht den Abschluß eines Lernprozesses und somit nicht vordergründig Leistungsmessung.

Auf diesen Sachverhalt weist Robinsohn (1967) mit seinen Arbeiten zur „Bildungsreform als Revision des Curriculums" hin. Er bindet die Erfolgskontrolle über den Curriculumbegriff in den Lernprozeß als Lernsegment ein. Im Curriculum werden die Unterrichtselemente Lernziele, Lerninhalte, Lernmethoden, Lernmedien und Lernkontrollen miteinander vernetzt, um eine optimale Vorbereitung, Verwirklichung und Überprüfung von Unterricht zu ermöglichen. Mit Hilfe der Lernzieltaxonomie als Kategoriensystem werden *Lernziele* verschiedener Komplexitätsgrade zugeordnet, die wiederum Art und Weise der Erfolgskontrolle determinieren.

In der (Reform-)Tradition Robinsohns steht das Konzept „Zukunft der Bildung" (Bildungskommission NRW 1995), das für die Zukunft der Schule das Bild vom „Haus des Lernens" entwirft, in dem u.a. die Evaluierung der Lernprozesse und Lernresultate integraler Bestandteil der Tätigkeit der Lehrenden und Lernenden ist. Sie geben Rückmeldungen über die Wirkung eigener Anstrengungen und Orientierung für weitere Aktivitäten. Ein systematisches Feedback bildet demnach die Voraussetzung für den Aufbau der Fähigkeit, die eigenen Lernfortschritte, Erfolge und Mißerfolge zu beurteilen. Leistungsbewertungen beziehen sich jedoch nicht ausschließlich auf die Produkte des Lernens. Sie müssen auch den Prozeß und die individuelle Kompetenzveränderung einbeziehen. „Anstrengungsbereitschaft, Ausdauer, Zugewinn an Strategien und Techniken, Lerninteresse, Motivation sind bedeutsame Leistungsmerkmale. Die übliche Leistungsbewertung muß deshalb ergänzt werden durch methodenbezogene Aussagen, durch Aussagen zum individuellen Fortschreiten, durch Aussagen zur erkennbaren Lernkompetenz, zur Bewährung in unterschiedlichen, vor allem sozialen Arbeitsformen und zur Persönlichkeitsentwicklung" (Bildungskommission NRW: 99).

Die durch staatliche Vorgaben obligatorische Erfolgskontrolle über Zensuren ist für die politische Bildung „anachronistisch" (Fischer 1973: 116). Krass wird die Situation, wenn Zensuren als Disziplinierungsmittel mißbraucht werden. Es widerspricht dem Auftrag demokratischer Bildung und allen Grundwerten, Schülerinnen und Schülern mit Noten angst zu machen und sie dadurch zum Wohlverhalten zu zwingen. Auch getarnt über das Argument der Leistungsbezogenheit werden Lernende (entgegen der demokratischen Kultur) gefügig gemacht.

Erfolgskontrolle hat in einem durchschaubaren Bezugsrahmen und mit Methoden zu erfolgen, die die Ziele der politischen Bildung unterstützen (funktionale Erfolgskontrolle). Sie zielt vorrangig auf Förderung und Beratung der Lernenden.

Ausgehend vom Emanzipations- und Subjektverständnis politischer Bildung können der Erfolgskontrolle aus Sicht der Lernenden folgende *Funktionen* zugeordnet werden:

– Feststellung des persönlichen Lernzuwachses (SOLL-IST-Vergleich), um ein persönliches Wachstumserlebnis zu ermöglichen (Stärkung des Selbstwertgefühls)
– Mitteilung darüber, was Schülerinnen und Schüler wie lernen und üben können, um Wissen und Können zu verbessern, d.h. stützend begleiten, ermutigen und persönlich beraten
– Förderung der Fähigkeit zur Reproduktion und Verarbeitung gelehrter Sachverhalte
– Selbstüberprüfungsangebote zur Selbsterfahrung und Selbsteinschätzung
– Zensurnoten mit der Möglichkeit einer Revision der Ergebnisse (vgl. dazu Hilligen 1985: 124)

Erfolgskontrollen sollten als Minimalkriterien berücksichtigen: Objektivität (Intersubjektivität der Auswertungsergebnisse), Validität (Kontrolle muß den Lernzielen entsprechen), Reliabilität (Aufgaben, Bedingungen und Beurteilungskriterien sind für alle gleich), Adäquanz (keine Über- oder Unterforderung), Praktikabilität der Durchführung und Transparenz (Offenlegung der Methode, Bewertungsmaßstäbe und -kriterien).

Ebenen der Erfolgskontrolle:

– Reproduktion (von Wissen) und Fragehaltung (Bereitschaft, Nichtverstandenes oder noch Unbekanntes nachzufragen)

– Reorganisation von Gelerntem in neuen sachlichen Zusammenhängen
– Transfer, Perspektivenwechsel
– Problematisierung und Beurteilung von Erkenntnisprozessen (auch kritisches Hinterfragen der eigenen Perspektiven)

In die Erfolgskontrolle sollten alle praktischen, individuellen und sozialen Fähigkeiten und Fertigkeiten einbezogen werden. Denkbar sind u.a.:

1. Mündliche Formen: Bereitschaft und Fähigkeit, sachbezogen zu fragen; Teilnahme am Unterrichtsgespräch (Reproduktion und Urteilsbildung); Teilnahme an Diskussionen; Referate; Kolloquien; zusammenfassende Wiederholungen
2. Schriftliche und gestalterische Formen: Heftführung; Protokolle; Abbildungen; Collagen; Plakate; Videofilme; Arbeiten mit gebundenen Antworten (z.B. Alternativantworten, Mehrfachwahlantworten, Zuordnungsantworten, Umordnungsantworten); Arbeiten mit nichtgebundenen Antworten (z.B. Kurzaufsatz, Kurzantwort, Ergänzungsantwort) und Zwischenformen (z.B. Assoziation, Lückentext, Korrektur, Verbesserung)
3. Gruppenleistung: Bereitschaft und Fähigkeit, Verpflichtungen zu übernehmen; inhaltliche Vorbereitung, Organisation und Gestaltung von außerschulischen Lerngängen oder Projekten; Bereitschaft und Fähigkeit zur Informationsbeschaffung (z.B. Bibliotheken, Datenbanken, Gespräche, Interviews etc.)

Bei der Formulierung von Aufgaben der Erfolgskontrolle ist es erforderlich, ein Zielniveau als Kennzeichnung des geforderten, mit dem Lerninhalt verbundenen anwendungsbezogenen Denkens und

Handelns zu beschreiben. Dies kann für politische Lernprozesse u.a. in folgender Form geschehen:

- Wissen und Verstehen: nennen, erläutern, darstellen, vergleichen, zuordnen, abgrenzen, übertragen, abstrahieren, differenzieren, einordnen
- Anwendenkönnen: auswerten, ermitteln, mitteilen, bestimmen, transferieren, Zusammenhänge erkennen und herstellen
- Problemlösen: erfassen, strukturieren, analysieren, gliedern, planen, entwikkeln, umstrukturieren, vergleichen, überprüfen, beurteilen und begründen, bewerten, beweisen, gestalten, entwickeln, entwerfen, kritisieren, (kontrovers) diskutieren, ideenreich, phantasievoll, kreativ
- Einstellungen und Haltungen: beachten, bereit sein, würdigen, wertschätzen, anerkennen, sich einsetzen, sich bemühen, engagieren, ablehnen, bewußt Stellung nehmen
- Arbeitsweise/Zusammenarbeit: kooperationsbereit, kooperationsfähig, Anstöße gebend, weiterführend, anleitend, initiativ, antizipierend, planend, verantwortungsbewußt, kommunikationsfähig, hilfsbereit, umsichtig, konzentriert

Anzumerken bleibt, daß Einstellungen, Wertentscheidungen oder Verhaltensorientierungen inhaltlich nicht evaluierbar sind (Überwältigungsverbot); ihre Erfolgskontrolle kann nur über formale Kriterien erfolgen (z.B. logische und systematische Entwicklung von Urteilen und deren Begründung).

„Lernfreude und Lerninteresse sollen sich im Erleben von Erfolg, in der Bewältigung von Mißerfolgen, in der Erfahrung von Selbstwirksamkeit, in der Erkenntnis der eigenen Interessen- und Lei-stungsschwerpunkte, in der Wahrnehmung der Grenzen der eigenen Möglichkeiten entfalten können" (Bildungskommission NRW: 90).

Literatur: Ackermann, P. u.a. (Hrsg.) 1994: Politikdidaktik kurzgefaßt. 13 Planungsfragen für den Politikunterricht, Schwalbach/Ts.; Bildungskommission NRW (Hrsg.) 1995: Zukunft der Bildung – Schule der Zukunft, Neuwied; Fischer, K. G. 1973: Einführung in die politische Bildung, Stuttgart; Giesecke, H. 1993: Politische Bildung. Didaktik und Methodik für Schule und Jugendarbeit, Weinheim, Basel; Grundschule ohne Zensuren 1985: Arbeitskreis Grundschule der Fachgruppe Grund- und Hauptschulen der GEW, Max-Träger-Stiftung, H. 17, Heidelberg; Hilligen, W. 1981: Schulangst: Erscheinungsformen und Wege zu ihrer Therapie, in: Gegenwartskunde, H. 1; Hilligen, W. 1985: Zur Didaktik des politischen Unterrichts, Opladen; KMK 1975: Sammlung der Beschlüsse der Ständigen Konferenz der Kultusminister in der Bundesrepublik, Kennziffer 195.8, S. 2; Unger, A. 1988: Lernkontrolle und Leistungsmessung, in: Mickel, W. W./ Zitzlaff, D. (Hrsg.): Handbuch zur politischen Bildung, Bonn, S. 3 48-353.

Lothar A. Ungerer

↗ Feedback; Test/Schriftliche Übung; *Band 1:* EPA; Kompetenz; Überwältigungsverbot; Ziele/Zielarten; *Band 2:* Evaluation

Ergebnispräsentation

Die Ergebnispräsentation gehört zur Politik wie das Salz zur Suppe. Die Ergebnisse eines Entscheidungsprozesses, die in ein Programm fließen oder bei einer Flugblattaktion unter die Leute gebracht werden, dienen der *Meinungsbildung* und der öffentlichen Diskussion. Wahl- oder Umfrageergebnisse werden erst dann ansprechend, wenn Fakten in Schaubilder umgesetzt sind.

Ergebnisse sollten daher in leicht nachvollziehbarer Form angeboten sein. Kernaussagen werden dargestellt, Inhalte knapp und prägnant formuliert oder visualisiert. Bloße Fakten sollten in quantitativen und qualitativen Darstellungsformen vorgestellt werden. Absolute Zahlen werden in geometrischen Formen dargestellt. Der Grad einer Entwicklung ist eine qualitative Aussage, die in einer Farbabstufung von hell zu dunkel ausgedrückt werden kann.

Ein vorstrukturiertes Bild, beispielsweise ein Baum, regt die Phantasie an und ist somit geeignet, Inhalte zu transportieren.

Werden Forderungen formuliert, so können diese auch in einer fiktiven Urkunde besondere Aufmerksamkeit hervorrufen.

Monika Greiner, Reinhard Gaßmann

↗ Diagramm/Graphik; Vernissage-Aktion; Visualisierung; Wandzeitung

Erkundung

Die Erkundung dient der sinnlich-anschaulichen Untersuchung eines Inhaltsschwerpunktes außerhalb des Lernortes Schule. Die Schülerinnen und Schüler nehmen eine aktive Rolle ein, die die Ergänzung des schulischen Lernprozesses durch eigene Erfahrungen, Beobachtungen, Erlebnisse, Kommunikation und Befragungen ermöglicht. Die Erkundung schafft einen direkten, erlebnisbezogenen Zugang zu einem Inhaltsschwerpunkt, z.B. die Untersuchung der Politik vor Ort, und kann das abstrakte Lernen unterstützen, voranbringen und ergänzen. Sie ist eine Form der Exkursion und wird im Politikunterricht immer häufiger eingesetzt. Im Gegensatz zur Besichtigung sind bei der Erkundung Kontakte zu Dritten eingeplant.

Während einer Erkundung lernen die Schülerinnen und Schüler die *Perspektiven unterschiedlicher Akteure* und Institutionen kennen. Insofern ermöglicht sie den Austausch von Wissen aus unterschiedlichen Wissensformen: Die Vermittlung zwischen dem vorher erarbeiteten Wissen aus den Sozialwissenschaften, dem Wissen von Experten, Akteuren, im Feld Handelnder, dem Wissen aus den Medien und dem eigenen oder fremden Alltagswissen kann durch eine Erkundung in besonderer Weise initiiert und gefördert werden. Die eigene, mitunter vorurteilsbeladene Perspektive wird mit anderen konfrontiert, erweitert und korrigiert. Zudem kann der Unterricht ein Mehr an politischer Wirklichkeit berücksichtigen und bearbeiten. Die in den Medien meist nicht sichtbaren politischen Vorgänge können die Lernenden durch Erkundungen besser erahnen und zumindest in Teilen authentischer rekonstruieren.

Damit die Realerfahrungen während einer Erkundung für inhaltliche Lernprozesse fruchtbar werden, bedarf es *fachspezifischer Kategorien,* um den politischen Charakter von außerschulischen Lernorten überhaupt wahrnehmen zu können. Die vorfindbare Komplexität muß einerseits erfaßt und möglichst wenig gefiltert eingefangen, andererseits in ihrer interessen- und ideologiegebundenen Präsentation durchschaut werden. Schon deshalb können Erkundungen selten voraussetzungslos durchgeführt werden, sondern bedürfen der Einbettung in größere Erkenntniszusammenhänge. Eine qualifikatorische Polyvalenz ist für diese Arbeitstechnik charakteristisch.

Die Erkundung spielte in der politischen Bildung zunächst in den Formen Betriebserkundung und Exkursion eine wichtige Rolle. Heute ist sie nicht zuletzt wegen ihrer Einsatzmöglichkeit z.B. bei Sozialstudien, bei Fallanalysen, bei der Problemstudie, als Projektmethode sowie im Kontext von Handlungsorientierung zu einem festen Bestandteil des Politikunterrichts geworden.

Als *Erkundungsformen* lassen sich unterscheiden:

– die Alleinerkundung mit einem relativ kleinen Beobachtungsauftrag (z.B. die Erhebung von Preisen und Produktinformationen für CD-Player),

– die Gruppenerkundung für größere Untersuchungsfelder (z.B. einer Asylbewerberunterkunft, einer städtischen Verwaltungsstelle),

– die Klassenerkundung (z.B. der Börse, eines Automobilwerkes, eines Parlaments, einer Gerichtsverhandlung), wenn sie sich nicht als Gruppenerkundung organisieren läßt.

Die Erkundung kann als größeres Unterrichtsverfahren begriffen werden. Sie erfolgt in den Phasen Vorbereitung, Durchführung und Auswertung. Allerdings können sich in allen Phasen neue Fragen ergeben, die zusätzlich erarbeitet und geklärt werden müssen. Wichtig für die Durchführung und anschließende Auswertung der Produkte ist, daß die Lernenden bereits vorher die nötigen Arbeitstechniken kennengelernt haben.

Literatur: Becker, F.-J. 1991: Politisches Lernen durch Realbegegnung. Zur Methode von Erkundung und Befragung, in: Bundeszentrale für politische Bildung (Hrsg.): Methoden in der politischen Bildung, Bonn, S. 174-212; Detjen, J. 1995: Schüler erkunden die Stadtverwaltung, in: Politische Bildung, 28, H. 4, S. 128-138; Weißeno, G. 1996: Methoden des Politikunterrichts: Erkundung, in: Wochenschau-Methodik 47, H. 6, S. 1-2.

Georg Weißeno

↗ Besichtigung; Exkursion; Expertenbefragung; Gerichtsbesuch; Laienexperte; Parlamentsbesuch; Realerfahrung; *Band 1*: Wissen

Exkursion

Exkursion ist ein Sammelbegriff für unterschiedliche Formen von Unterrichts-

vorhaben, bei denen man aus dem Schulgebäude hinausgeht, um andere Lernorte aufzusuchen: z.b. Erkundungen, Besichtigungen, Gerichtsbesuche, Studienfahrten/-reisen, Parlamentsbesuche, Museumsbesuche. Die Exkursionen unterscheiden sich durch den Einsatz von z.T. unterschiedlichen Arbeitstechniken, mit denen am jeweiligen Ort die politische Wirklichkeit erforscht werden kann. Sie bieten die Möglichkeit, Kenntnisse über politische Problemstandorte, über die Arbeit politischer Institutionen oder über den Entscheidungsprozeß durch das Gespräch mit den Akteuren zu erwerben. In den Exkursionen geht es aber nicht nur um den Wissenserwerb, sondern immer auch um die sozialen Erfahrungen in der Gruppe und im Umgang mit neuen Situationen. Sie dienen dazu, die Trennung von Lernen und Leben punktuell aufzulösen und *Realerfahrungen* zu ermöglichen. Sinnliche, ästhetische, kognitive, handelnde Zugänge führen zu ganz unterschiedlichen Erlebnissen und sprechen alle Lerntypen an.

Die Exkursionen können von den Schülerinnen und Schülern selbständig, angeleitet durch den Lehrenden oder eine andere sachkundige Person durchgeführt werden. Sie werden meist langfristig geplant, vorbereitet und gemeinsam ausgewertet. Besonders in der Durchführung müssen die Schülerinnen und Schüler ihren Lernprozeß selbst verantworten. Da die außerschulischen Lernorte selten didaktisch strukturiert sind, müssen in der *Planungsphase* sinnvolle fachliche Kategorien und Kriterien erarbeitet werden, durch die die Wahrnehmung und Aufarbeitung der Erfahrungen sinnhaft werden. Der Unterricht bleibt nicht bei den mehr oder weniger zufälligen Eindrücken stehen, sondern ermöglicht eine fachbezogene Reflexion und Verarbeitung der Eindrücke.

Ein politisch bedeutsamer Sachverhalt wird nach bestimmten Regeln, auf der Basis aufgestellter Hypothesen, mit Arbeitsaufträgen näher untersucht. Hierzu sind die Vergewisserung über das *Vorwissen* und die Vorerfahrungen ebenso hilfreich wie die Vorklärung der Absichten, Möglichkeiten und Grenzen der Exkursion. Während der Exkursion müssen die Eindrücke, Beobachtungen, Gespräche etc. schriftlich oder in Bild und Ton festgehalten werden, damit sie anschließend im Hinblick auf die Erkenntnisabsichten überprüft, diskutiert, bewertet, zusammengefaßt, dokumentiert werden können. In dieser abschließenden Reflexion werden das Vorwissen, das Alltagswissen der Lernenden und der sonstigen Beteiligten, das erarbeitete wissenschaftliche Wissen, die Untersuchungsergebnisse aufeinander bezogen, damit die neuen Begriffe individuell verknüpft und gelernt werden, so daß neues Wissen entsteht.

Literatur: Ackermann, P. (Hrsg.) 1988: Politisches Lernen vor Ort. Außerschulische Lernorte im Politikunterricht, Stuttgart; Ackermann, P. 1997: Forschend lernen: Exkursion, Sozialstudie, Projekt, in: Sander, W. (Hrsg.): Handbuch politische Bildung, Schwalbach/Ts., S. 457-470.

Georg Weißeno

↗ Besichtigung; Erkundung; Gerichtsbesuch; Museum; Parlamentsbesuch; Studienfahrt/Studienreise; *Band 1*: Berufswahlorientierung; Vorwissen

Experiment

Das Experiment ist der Königsweg in der empirischen Sozialforschung, um vermutete kausale Zusammenhänge zu prüfen. Dafür werden zwei Situationen konstruiert, die experimentelle und die Kontroll-Gruppen, die sich nur darin unterscheiden, daß in der ersten Situation der vermutete kausale Faktor als Variable enthalten ist, während alle anderen relevanten Faktoren gleich gehalten werden müssen. Diese Konstanz der anderen möglichen Einflußvariablen garantiert, daß der experimentelle Faktor isoliert ist und seine *Wirkung* zeigt. Die Durchführung kleiner gruppendynamischer Experimente im Unterricht ist geeignet, den Ansatz empirischer Forschung zu demonstrieren und die Problematik der Übertragung von aus der Naturwissenschaft stammenden Verfahren auf die soziale Realität. Von hier aus lassen sich auch grundsätzliche Denkverfahren – so das Ceteris-paribus-Verfahren in der Ökonomie oder korrelationsstatistische quantitative Verfahren, – verstehen.

Literatur: Atteslander, P. 1993: Methoden der empirischen Sozialforschung, Berlin, New York, Kapitel 5; Hartfiel, G./Hillmann, K.-H. 1994: Stichwort Experiment, in: Wörterbuch der Soziologie, Stuttgart, S. 207.

Sibylle Reinhardt

↗ Gruppendynamik; Wissenschaftspropädeutik

Expertenbefragung

Die Expertenbefragung gehört zu den Methoden des handlungsorientierten Unterrichts (Massing 1998).

Schülerinnen und Schüler schätzen am Politikunterricht zwei Eigenschaften wenig. Zum einen erscheint ihnen der Inhalt abstrakt und weit weg von ihrem eigenen Dasein. Zum anderen wirkt auf sie die ständige Textarbeit abstoßend. Die Expertenbefragung bietet eine Möglichkeit, hier Abhilfe zu schaffen und die Grundmotivation der Schülerinnen und Schüler für das Fach zu stärken (Ackermann 1988: 11).

Der Name „Expertenbefragung" kennzeichnet die Arbeitsform zutreffend. Im

Unterricht beschäftigen sich die Jugendlichen mit einem sozialen oder politischen Sachverhalt. Dazu benötigen sie Kenntnisse. Zur *Informationsbeschaffung* befragen sie einen Experten. Die Ergebnisse der Befragung helfen den Jugendlichen, Barrieren zu überwinden und in ihrer Untersuchungstätigkeit voranzukommen. Das Gespräch mit dem Experten stellt hier nur eine Etappe in einem langen Lernprozeß dar. Die Expertenbefragung kann aber auch am Ende einer Unterrichtssequenz stehen. Die Schülerinnen und Schüler stellen mit ihren Fragen ihre neu erworbenen Kenntnisse und Fähigkeiten unter Beweis.

Um dem Anspruch, der in der Bezeichnung „Expertenbefragung" liegt, gerecht zu werden, müssen die Schülerinnen und Schüler dieses Zusammentreffen sorgfältig vorbereiten. Heranwachsenden gelingt es nicht „irgendwie" spontan, Fragen zu einem politischen Vorgang zu entwickeln. Wenn die Klasse sich nicht blamieren möchte, müssen sich die Jugendlichen zunächst einmal ihre Wissensdefizite und Informationsbedürfnisse bewußtmachen (Engelhart 1988: 266). Nach einer Einarbeitung in den Untersuchungsbereich und einer intensiven Beschäftigung mit dem Untersuchungsgegenstand sammeln sie *Fragen* und überlegen sich, wem sie diese stellen möchten.

Je besser die Lernenden vorbereitet sind, desto eher werden sie Fragen stellen, die die Expertin bzw. den Experten fordern. Sie werden sich mit ausweichenden Antworten nicht zufriedengeben und Nachfragen stellen. Der Lehrerin bzw. dem Lehrer wird an einer gründlichen Vorbereitung gelegen sein. Andererseits: Je mehr sie/er die Begegnung mit der Expertin bzw. dem Experten lenkt und vorbereitet, je mehr sie/er selbst Fragen

anregt, desto mehr werden die Selbständigkeit der Lernenden und damit das Hauptmerkmal von handlungsorientiertem Unterricht aufgegeben.

Sind die Schülerinnen und Schüler unzureichend vorbereitet, dann nutzt die Expertin bzw. der Experte die Gelegenheit, einen Vortrag zu halten. Anschließend findet eine Diskussion statt, die sie bzw. er dank ihrer bzw. seiner Kompetenz und zumeist auch ihrer bzw. seiner Eloquenz beherrscht. Sie bzw. er drängt den Jugendlichen ihre bzw. seine Sicht des Sachverhaltes auf (Verstoß gegen den Beutelsbacher Konsens).

Die *Expertin* bzw. der *Experte* kann aus der Klasse bzw. aus der Schule stammen. Eine Schülerin bzw. ein Schüler oder eine Arbeitsgruppe arbeiten sich in einen bestimmten Themenbereich ein und stellen sich dann den Fragen der Klasse. Zu bestimmten Problemen können auch Lehrerinnen und Lehrer anderer Fächer (z.B. Biologie, Religion, Ethik) in den Unterricht eingeladen und befragt werden.

Aufwendiger und für die Lernenden aufregender ist es, wenn die Unterrichtsteilnehmer den Unterricht nach außen öffnen (Schirp 1988) und Expertinnen bzw. Experten von außerhalb zu sich in den Unterricht einladen oder an deren Arbeitsort aufsuchen. Damit wird die Kluft zwischen dem sozialen und politischen Lernen in der Schule und dem gesellschaftlichem Leben außerhalb der Schule abgebaut (Schirp 1988: 202). Die Jugendlichen merken, daß sie nicht bloß in und für die Schule lernen, sondern daß der Inhalt ihres Unterrichtsfaches tatsächlich existiert, von Menschen gemacht wird und Menschen betrifft und damit auch sie selbst etwas angeht.

Eine Expertenbefragung wird im Politikunterricht gar nicht so selten durchgeführt. *Jugendrichter* und *Staatsanwälte* stellen sich nach einer Gerichtsverhandlung den Fragen der Heranwachsenden. Jugendoffiziere geben Auskunft über wehr- und sicherheitspolitische Themen. Schülerinnen und Schüler begehen unter Führung eines Försters einen Waldlehrpfad und konfrontieren ihn dabei mit ihren vorbereiteten Anliegen. Der speziell für den Kontakt zu Schulen zuständige Polizeibeamte gibt Antworten auf Fragen zur Jugendkriminalität, zu Gewalt unter Heranwachsenden oder zur Drogenproblematik. Eine Müllhalde wird besucht; dabei stellen die Schülerinnen und Schüler Fragen zur Entsorgung. Vertreter von „Pro Asyl" äußern sich zu Fragen der Asylproblematik ebenso wie Vertreter der Stadtverwaltung oder des Stadtrates. Beliebt ist auch die Befragung von Politikerinnen und Politikern vor Wahlen oder im Zusammenhang mit einem Besuch des Stadtrates, des Landtages oder des Bundestages.

Kommt die Expertin bzw. der Experte zu Besuch in das Klassenzimmer, dann geht in der Regel die Befragung in ein Gespräch über. Eine *Diskussion* setzt beinahe noch mehr als eine Befragung voraus, daß die Jugendlichen in das Thema eingearbeitet sind und etwas zu sagen haben. Wenn sie keinen eigenen Standpunkt entwickelt haben, den sie auch argumentativ vertreten können, dann versandet rasch das Gespräch oder wird allein zwischen der Expertin bzw. dem Experten und der Lehrerin bzw. dem Lehrer geführt. Sind die Schülerinnen und Schüler dagegen gut vorbereitet, dann können die Befragung und die Diskussion sowohl für die Jugendlichen als auch für die Experten anregend und horizonterweiternd verlaufen. So stellten die Teil-

nehmerinnen und Teilnehmer am Ende einer Befragung bzw. einer Diskussion mit einem Polizisten zur Drogenproblematik in ihrer Heimatstadt überrascht fest, daß ausgerechnet der Polizeibeamte den liberalsten Standpunkt von allen vertreten hatte.

So anregend eine Expertenbefragung für die Schülerinnen und Schüler verläuft, für Lehrerinnen und Lehrer bedeutet sie viel zusätzliche Arbeit. Zunächst müssen Expertinnen oder Experten gefunden werden, die bereit sind, sich den Fragen von Schülerinnen und Schülern zu stellen. Danach müssen sie darüber informiert werden, welche Kenntnisse, Interessen und Einstellungen und vor allem welches Denk- und Abstraktionsvermögen sie bei den Jugendlichen voraussetzen können. Expertinnen bzw. Experten fällt es bisweilen schwer, sich auf Heranwachsende einzustellen. So brachte es z.B. ein Jugendrichter fertig, seine Ausführungen mit detaillierten Einzelheiten aus einem Vergewaltigungsprozeß zu belegen und damit die Mädchen und Jungen nachhaltig zu verstören. Auch tun sich Expertinnen oder Experten mitunter schwer, ihre nur Eingeweihten zugängliche Fachsprache abzulegen und sich für die Schülerinnen und Schüler verständlich auszudrücken (Mickel 1974: 185). Sie müssen darauf vorbereitet werden, daß

– ihnen einerseits in ihren Augen naive bzw. unqualifizierte Fragen gestellt werden und sich ihnen u.U. Abgründe an Ahnungslosigkeit, Blauäugigkeit, falschen Vorstellungen und Vorurteilen auftun werden,

– sie andererseits mit bohrenden bzw. ihnen unverschämt erscheinenden Fragen konfrontiert werden, die die Unterrichtsteilnehmerinnen und -teilnehmer ohne Respekt vor Ansehen, Rang und Titel der Expertin bzw. des Experten vortragen.

Literatur: Ackermann, P. (Hrsg.) 1988: Politisches Lernen vor Ort, Stuttgart; Engelhart, K. 1988: Arbeitsformen und Arbeitstechniken, in: Mickel, W. W./Zitzlaff, D. (Hrsg.): Handbuch zur politischen Bildung, Bonn, S. 262-267; Giesecke, H. 1973: Methodik des politischen Unterrichts, München, S. 145-148; Massing, P. 1998: Handlungsorientierter Unterricht. Ausgewählte Methoden, Schwalbach/Ts.; Meyer, H. 1987: Unterrichts-Methoden, 2 Bde., Frankfurt/M.; Mickel, W. W. 1974[3]: Methodik des politischen Unterrichts, Frankfurt/M.; Schirp, H. 1988: Öffnung von Schule und projektorientiertes Arbeiten, in: Gagel, W./Menne, D. (Hrsg.): Politikunterricht. Handbuch zu den Richtlinien NRW, Opladen, S. 201-212.

Gotthard Breit

↗ Arbeitsformen; Befragung; Diskussion; Erkundung; Gerichtsbesuch; Parlamentsbesuch; Podiumsdiskussion; Pro-Contra-Debatte

Exzerpieren

Das Exzerpt ist der Auszug aus einem Text, der entweder wörtlich oder eine seinen Sinn wiedergebende Zusammenfassung ist.

Durch den Kopierer ist das Exzerpt aus der Mode gekommen. Dabei weist es gegenüber der mit Textmarker verwüsteten Kopie eindeutige Vorteile auf.

1. Es ist knapp und führt beim Wiederlesen deutlich schneller zum Wesentlichen.
2. Das Exzerpt stellt bereits einen ersten Bearbeitungsschritt dar – in handwerklicher wie vor allem in intellektueller Hinsicht. Das Gelesene wird in eigene Worte gefaßt, nicht lediglich markiert.
3. Das Exzerpt verringert die Versuchung, lange Passagen aus den gelesenen Texten zu zitieren, anstatt pointiert zusammenzufassen.

Das Exzerpieren erfordert einige Übung. Die Gefahr, sinnentstellend oder -verkürzend zu exzerpieren, muß ständig gegenwärtig sein.

Das Exzerpt sollte enthalten:
– alle bibliographischen Angaben
– Fundstelle des Beitrags (Bibliothek, Fernleihe, eigene Bibliothek, Kopie etc.)
– Bemerkung über die Bedeutung für die eigene Arbeit (zentral, wichtig für Kapitel xy etc.)
– Stand der Bearbeitung (noch mal lesen, abseitig, teilweise brauchbar, kontrovers etc.)

Stefan Schieren

↗ Arbeitstechniken; Bibliographieren; Recherche-Training; Quellen, historische

Facharbeit

Mit einer Facharbeit kann eine Leistung in der Qualifikationsphase der gymnasialen Oberstufe erbracht werden. Sie dient dem selbständigen wissenschaftspropädeutischen Arbeiten unter der Anleitung und der Verantwortung des Lehrenden und bereitet auf das Verfassen längerer Arbeiten vor. Die Lernleistung wird zwar außerhalb des Unterrichts erbracht, sollte aber thematisch mit ihm verknüpft sein.

Im Hinblick darauf, daß ein schulisches, kein universitäres Anforderungsniveau erreicht werden soll, muß der Lehrende den Schülerinnen und Schülern viele Themen vorschlagen, die ihre Interessen berücksichtigen. Erst dadurch können sie selbständig ein Vorhaben auswählen, das sie subjektiv nicht überfordert, sondern motiviert. Gleichwohl ist die Thematik komplexer als in einer Klausur anzulegen. Mit den Schülerinnen und

Schülern müssen vorher die *formalen Anforderungen* an eine Arbeit (Gliederung, Sprache, äußere Gestaltung, Überschriften, Zitierweise, Literaturhinweise etc.) geklärt werden. Während der Anfertigung kann der Lehrende die Schülerinnen und Schüler beraten und sich im Hinblick auf die Notenfindung über Zwischenberichte einen Einblick in den Fortgang des selbständigen Arbeitens verschaffen.

Inhaltlich wird sich die Facharbeit in der Regel mit der *Klärung von Begriffen* und Zusammenhängen der Politik befassen. Auf der Grundlage weniger, leicht verständlicher Bücher und Hefte (z.B. Informationen zur politischen Bildung) soll die Auswertung, Gewichtung und Ordnung von Informationen geübt werden. Die Schülerinnen und Schüler sollen dabei politische Sachverhalte auf der Basis ihrer Betroffenheit und Interessenlage sowie auf der Basis einer rationalen Auseinandersetzung mit dem Wissen zum Thema beurteilen. Die Einsichten am Gegenstand fördern das Verständnis von Politik. Kleinere, wenig zeitaufwendige Recherchen bei Parteien, Verbänden, der Kommunalverwaltung, im Internet etc. können diese Arbeit möglicherweise ergänzen. Wenn die Lehrenden die Schülerinnen und Schüler gut vorbereiten und unterstützen, ist die Facharbeit eine Chance, um im Sinne handlungsorientierten Unterrichts die Selbständigkeit zu fördern und die politische Urteilsbildung zu vertiefen.

Literatur: Schieren, S. 1996: Propädeutikum der Politikwissenschaft. Eine Einführung, Schwalbach/Ts.

Georg Weißeno

↗ Bibliographieren; Datenerhebung; Nachschlagen; Recherche-Training; *Band 1:* EPA; Gymnasium

Fahrradfahren, politisches

Seit der Durchsetzung des Niederrades ab 1890 ist Fahrradfahren „politisch". Hunderttausende von fahrradbegeisterten Frauen und Arbeitern in Mittel- und Westeuropa sahen im Fahrrad das Vehikel ihrer Emanzipation und schlossen sich zu entsprechenden Vereinen zusammen. Massenkonsumgut, Massenverkehrsmittel, Sportgerät und Kultobjekt zugleich, war das Fahrrad technologischer, sozialer, kultureller Vorläufer und Wegbereiter des Automobils. In Berlin und Paris entstanden die (Fahrrad-)Sportpaläste; mit der Fahrradwerbung begann der Siegeszug des Plakats.

Mit der Renaissance des Fahrrads im Zeichen von Freizeitindustrie, Ölkrisen und Umweltbewegung wird Fahrradfahren seit den 1970er Jahren für viele wiederum zum bewußten *politischen Akt*: Fahrraddemonstrationen, autofreie Aktionstage, Fahrradurlaub werben für eine ökologisch verträglichere Alternative zur Autogesellschaft. Auch die politische Bildung entdeckt das Fahrrad. Am Anfang stehen „Fahrradworkshops" oder „Fahrradseminare", die die Vermittlung von Reparaturfertigkeiten, Kaufberatung und die Auseinandersetzung mit fahrradfreundlichen Verkehrskonzepten verbinden.

Seit über 10 Jahren haben sich vor allem Fahrradexkursionen – von der Halbtagstour bis zur zweiwöchigen Fahrradstudienreise – als Veranstaltungsform der politischen Bildung etabliert. Fahrradfahren an sich ist keine eigene Methode der politischen Bildung, vielmehr können verschiedene (Misch-)Formen zwischen der altbewährten „Führung" und der neueren „Erkundung" zum Einsatz kommen, häufig im Rahmen von Bildungsurlaubsveranstaltungen. Umweltthemen bieten sich für das „Er-Fahren" vom Fahrradsattel aus am ehesten an; inzwischen liegen jedoch Konzepte für fast alle Themenbereiche der politischen Bildung vor, von der politisch-historischen „Heimatkunde" über die Europapolitik bis zur kulturellen Begegnung. Gemeinsame *didaktische Leitprinzipien* der meisten Veranstaltungen zum politischen Fahrradfahren sind: Erfahrungsbezug, Alltagsbezug, ganzheitliches Lernen, soziales Lernen. Methodische Anregungen kamen aus der Erlebnis- und Freizeitpädagogik. Abhängig vom didaktischen Planungskontext, kommt dem Fahrrad ein unterschiedlicher Stellenwert zu: vom bloßen alternativen Verkehrsmittel für den Transfer zum Lernort bis zum Katalysator für ganzheitliches, Sinne, Körper und Kopf, Individuum und Gruppe gleichermaßen einbeziehendes Lernen.

Literatur: Hevicke, M. 1985: Auf Umweltsafari mit dem Fahrrad. Oder: Die Augen öffnen für das Selbstverständliche, in: Materialien zur politischen Bildung 1985/3, S. 28-32; Ruffmann, Th. 1995: Europa vor Ort erkunden – Politische Erwachsenenbildung vom Fahrradsattel aus, in: Hufer, K.-P. (Hrsg.): Politische Bildung in Bewegung. Neue Lernformen der politischen Jugend- und Erwachsenenbildung, Schwalbach/Ts., S. 163-196; Verfuß, K. 1996: Vom anstößigen zum umweltfreundlichen Verkehrsmittel. Anmerkungen zum Fahrrad, in: Sozialwissenschaftliche Informationen, 1996/4, S. 265-274.

Thomas Ruffmann

↗ Erkundung; Ganzheitliches Lernen; Studienfahrt/ Studienreise; *Band 1:* Erfahrungsorientierung; Soziales Lernen; *Band 2:* Alltagsorientierung; Erlebnisgesellschaft

Fallanalyse

Politik besteht aus Prozessen und Entscheidungen, die nach bestimmten Verfahren in einem festgelegten Handlungsrahmen zur Lösung komplexer Aufgaben und Probleme getroffen werden. Die Auswirkungen von Politik bekommen Menschen in ihrem persönlichen Leben zu spüren (Gagel 1989: 415). Heranwachsende interessieren sich zwar für die Menschen in ihrer unmittelbaren Umgebung und für Aufgaben und Probleme, die in ihrem Alltag direkt anstehen, nicht aber für Politik. Politik erscheint ihnen von ihrer Lebenswelt weit entfernt. Politik bedeutet für sie häufig: Streit, Gezänk und undurchsichtige Machenschaften zwischen „uralten", klug daherredenden, aber unaufrichtigen Menschen zur Lösung unverständlicher Probleme nach schwer durchschaubaren Regeln (Massing 1995: 65ff.). Jugendliche verspüren wenig Neigung, sich damit zu beschäftigen. Erschwert wird ihnen der Zugang auch dadurch, daß in den Zeitungen und im Fernsehen über Politik recht abstrakt und zumeist aus der Sicht der Akteure ohne Bezug zu den davon betroffenen Menschen berichtet wird.

Um den Heranwachsenden bewußtzumachen, daß Politik sie etwas angeht, empfiehlt es sich, nicht direkt von Politik auszugehen, sondern von Fällen (Gagel 1983: 50ff.), in denen sich der politische Inhalt des Unterrichtsvorhabens abbildet. *Fälle* sind Ereignisse, in denen fremde Personen agieren, Konflikte austragen und mit wechselndem Erfolg versuchen, Probleme zu lösen. In den Fällen begegnet den Jugendlichen eine soziale Realität, zu denen sie mit ihrem Alltagswissen und ihren – außerhalb der Schule gesammelten – Erfahrungen Zugang besitzen. Zu ihrer *Untersuchung* benötigen sie kein systematisches Wissen und keine Begriffe; dazu reichen ihr Alltagswissen, ihr Vorstellungs- und ihr Denkvermögen aus.

Für die Untersuchung gibt es *zwei Vor-*

gehensweisen (Breit 1992a: 45f.; vgl. Breit 1992b; Mingerzahn 1992):

1. Ein Fall kann zunächst *von außen* gesehen werden. Die Jugendlichen fragen: Wer ist beteiligt? Worum geht es? In welcher Lage befinden sich die Akteure? Was sind die Ursachen dafür? Welche Ziele verfolgen die handelnden Personen? Welche Mittel setzen sie zur Durchsetzung ihrer Ziele ein? Wie ist der Verlauf? Wer setzt sich durch?

2. Die Unterrichtsteilnehmer können den Fall aber auch *von innen* sehen. Sie versetzen sich dazu in die Lage der handelnden Personen und versuchen, das Ereignis mit den Augen des anderen zu sehen (Breit 1992c). Der Mensch besitzt vom Alter von acht Jahren an die Fähigkeit, sich in die Lage fremder Menschen hineinzudenken. Durch das Hineindenken in die Gedanken und Gefühle von Fremden (Soziale Perspektivenübernahme) beginnen die Jugendlichen, das fremde Schicksal selbst mit- und nachzuerleben.

Im Politikunterricht kommt der zweiten Untersuchungsmethode einige Bedeutung zu. Die Denkoperation der Sozialen Perspektivenübernahme kann zu *Betroffenheit* führen. Die Jugendlichen nehmen Anteil, sind von Mitgefühl erfüllt oder zeigen sich empört, weil sie die Lebensumstände der fremden Personen aus dem Fall mit ihrem Gerechtigkeitsempfinden nicht in Übereinstimmung bringen können. Zur eigenen Entlastung denken die Jugendlichen über Änderungen nach und stoßen dabei auf die „Politik". Durch die Politik sehen sie eine Möglichkeit, sich von dem Problemdruck zu befreien, den sie selbst, stellvertretend für die Fremden, spüren. Dank der Denkoperation einer Sozialen Perspektivenübernahme und der dabei erzeugten Betrof-

fenheit wird so Politik für die Heranwachsenden zu einer Sache, die sie etwas angeht (Gagel 1986: 43).

Um zur Analyse und Beurteilung des politischen Inhalts zu kommen, der sich in dem Fall abbildet, ist es wichtig, daß die Schülerinnen und Schüler nicht bei ihrer Betroffenheit stehenbleiben. Betroffenheit allein führt noch nicht zum politischen Denken und Handeln, doch vermag sie ein am Menschen und nicht an Ideen, Ideologien oder Utopien orientiertes und daher humanes, vernunftgeleitetes Nachdenken einzuleiten (Gagel 1995: 120). Die Empörung über menschenunwürdige Zustände und die Anteilnahme an fremdem Leid bringen die Lernenden dazu, nach den allgemeinen Zusammenhängen, die hinter dem Ereignis stehen, und nach möglichen Lösungen zu fragen. Das Einzelschicksal aus dem Fall verwandelt sich für sie so in ein mögliches *politisches Problem* und damit in eine Aufgabe für die politisch Verantwortlichen, zu denen in einer Demokratie auch sie als Bürgerinnen und Bürger zählen. Ob tatsächlich nach Meinung der Jugendlichen ein politisches Problem vorliegt, darüber müssen sie sich selbst mit Hilfe von Werten, Kriterien bzw. eingeübten Verfahren ein Urteil bilden (Massing/Weißeno 1997).

Die Schülerinnen und Schüler sind erst dann auf der Ebene der politischen Reflexion angelangt, wenn ihnen klar geworden ist, daß es bei der Suche nach einer Problemlösung nicht um die Menschen aus dem Fall, sondern um die gesellschaftliche Gruppe geht, für die stellvertretend die Einzelpersonen in dem Fall stehen. Sie müssen also eine Verallgemeinerung oder *Generalisierung* vornehmen. Betroffenheit und Generalisierung markieren die Mitte und nicht den Endpunkt des Unterrichts. Am Anfang eines Unterrichtsvorhabens steht die Fallanalyse, am Schluß die Analyse und Beurteilung von Politik.

Der Übergang vom konkreten Ereignis zur Politik läßt sich in mehrere Abschnitte unterteilen. Der Untersuchende

– beschäftigt sich mit einem Ereignis. Er lernt dabei die Lebensumstände von Einzelpersonen kennen, indem er sich in den Problemdruck, unter dem diese Menschen stehen, hineindenkt und -fühlt.

– wird durch den stellvertretend für die fremden Einzelpersonen selbst gespürten Problemdruck dazu gebracht, sich für das Schicksal der fremden Personen zu engagieren. Es entsteht Betroffenheit.

– versucht, durch Nachdenken eine Lösung für die Betroffenen zu finden (Anbahnung von problemlösendem Denken).

– löst sich bei der Suche nach einer Problemlösung von dem Ereignis. Er erkennt, daß eine Lösung nicht allein für die konkret vorstellbaren Einzelpersonen aus dem Fall, sondern für alle von diesem Problem Betroffenen gefunden werden muß. Durch diese Generalisierung stößt er zu einem allgemeinen Problem vor.

– prüft, ob die als bedrängende Last selbst gespürte Problemlage als gesellschaftliches und von der Politik zu lösendes Problem anerkannt werden soll.

– erkennt das Problem als Aufgabe der Politik an. Er analysiert und beurteilt mit dem Ziel einer eigenen Handlungsorientierung das politische Problem und mögliche Problemlösungen sowie die Konflikte um die Problemlösungen innerhalb des gegebenen politischen Handlungsrahmens.

Die Schritte *vom Alltag zur Politik* sind übertragbar, sind also Methode. Mit ihnen lernen die Schülerinnen und Schüler, wie der Übergang vom alltäglichen Wahrnehmen, Denken und Empfinden zur Analyse und Beurteilung von Politik zu denken und nachzuvollziehen ist. Werden die Schritte bei der Analyse von Fall-Beispielen gelernt und eingeübt, so besteht die Aussicht, daß die Jugendlichen auch nach Beendigung ihrer Schulzeit von sich aus bei der Beschäftigung mit unmittelbar erlebter oder medial vermittelter sozialer Realität nach den sich darin abbildenden politischen Problemen und möglichen Problemlösungen, nach politischen Prozessen und Strukturen fragen. Durch Einübung und Wiederholung dieses Untersuchungsvorganges werden sie befähigt, im Alltag die Bedeutung von Politik zu erkennen.

Literatur: Breit, G. 1992a: Grundzüge eines Planungskonzepts, in: Sander, W. (Hrsg.): Konzepte der Politikdidaktik, Stuttgart, S. 37-54; Breit, G. 1992b: Unterricht im Westen Deutschlands: Unterrichtsplanung zum Thema „Der Streit und das Asylrecht (Art. 16 II GG)" im Herbst 1991", in: Politische Bildung, H. 2, S. 73-87; Breit, G. 1992[2]c: Mit den Augen des anderen sehen – Eine neue Methode zur Fallanalyse, Schwalbach/Ts.; Breit, G. 1996: Lernziel: Politik im Alltag entdecken. Zur Analyse von Fall-Beispielen im Politikunterricht, in: Politische Bildung, H. 1, S. 76-93; Gagel, W. 1983: Einführung in die Didaktik des politischen Unterrichts; Opladen; Gagel, W. 1986: Von der Betroffenheit zur Bedeutsamkeit – Der Zusammenhang zwischen subjektiver und objektiver Betroffenheit, in: Gegenwartskunde, H. 1, S. 31-44; Gagel, W. 1989: Renaissance der Institutionenkunde? Didaktische Ansätze zur Integration von Institutionenkundlichem in den politischen Unterricht, in: Gegenwartskunde, H. 3, S. 387-418; Gagel, W. 1995[2]: Geschichte der politischen Bildung in der Bundesrepublik Deutschland 1945-1989, Opladen; Massing, P. 1995: Wege zum Politischen, in: Massing, P./Weißeno, G. (Hrsg.): Politik als Kern der politischen Bildung, Opladen, S. 61-98; Massing, P./Weißeno, G. 1997 (Hrsg.): Politische Urteilsbildung, Schwalbach/Ts.; Mingerzahn, F. 1992: Kontroverse § 218. Die Auseinandersetzung um die Neuregelung des § 218, in: Bundeszentrale für politische Bildung (Hrsg.): Lernfeld Politik, Bonn, S. 490-520.

Gotthard Breit

↗ Fallstudie; Perspektivenübernahme; *Band 1*: Betroffenheit und Bedeutsamkeit; Fallprinzip; Konfliktdidaktik; Problemorientierung

Fallstudie

Die Fallstudie ist – neben der Fallanalyse – der zweite Lernweg, der einen Fall zum Zentrum hat. Ein *Fall* ist ein ganzheitlicher Vorgang mit Aktionscharakter, er ist ein individuelles Ereignis, er ist konkret und komplex, ist etwas Besonderes, das etwas Allgemeines enthält bzw. repräsentiert und sichtbar machen kann (exemplarisches Prinzip). Der Fall konstituiert das fachdidaktische Fallprinzip als spezifische Inhaltsstruktur des im Unterricht verhandelten Gegenstandes. In der Fallanalyse integriert der Fall den Lehrgang, in dem mit Hilfe der von der Lehrerin bzw. vom Lehrer gewählten *Leitfragen* der Fall analysiert, beurteilt und bewertet sowie in die übergreifenden Politikdimensionen eingeordnet wird (Breit 1993); in der Fallstudie integriert der Fall die Analysen mit dem Ziel von Entscheidungen (Kaiser 1983).

Die Fallstudie gehört in die Rubrik handlungsorientierter Methoden (Reinhardt 1997), speziell in die Kategorie der Simulationsverfahren. Die Lernenden simulieren das Handeln einer Person, deren Fall zur Auseinandersetzung ansteht. Im „Fall Christian" (Reinhardt 1986) versetzen sich die Schülerinnen und Schüler in Person und Situation von Christian, analysieren seine soziale und rechtliche Position in der Familie und suchen nach Handlungsmöglichkeiten, unter denen sie sich entscheiden müssen. Die Rechtfertigung dieser Entscheidung und ihr Vergleich mit der Realität setzen die Simulation unter weiteren Realitätsdruck. Das allgemeine *Ablaufschema* der Fallstudie (Kaiser 1988) sieht so aus (Zusammenfassung von Phasen ist dabei z.T. naheliegend): Konfrontation (Erfassen der Probleme des Falles) – Information (Auswerten von Informationen) – Exploration (Entwickeln von Handlungsalternativen) – Resolution (Treffen der Entscheidung) – Disputation (Begründen der Entscheidung) – Kollation (Vergleich der eigenen Lösung mit der Realität). Der hohe Grad an Identifikation mit einer Person und der Handlungsdruck führen zu einem höheren Grad an Involviertheit der Lernenden und zu einer größeren inneren Dynamik des Geschehens, als dies ein Lehrgang typischerweise leisten kann.

In der Fallanalyse ist – was sie mit der Fallstudie verbindet – ein Wechsel in die Innensicht der Personen im Fall möglich. In der Fallstudie ist – was sie mit der Fallanalyse verbindet – ein Wechsel in die Außensicht durch Urteils- und Reflexionsprozesse möglich, auch sind u.U. vor- oder zwischengeschaltete systematische Orientierungen für die Fallbearbeitung nötig. Beide Varianten realisieren das Fallprinzip mit je eigenen Akzentuierungen.

Literatur: Breit, G. 1993: Untersuchungsfragen als Methode der Problemerschließung, in: Mickel, W. W./Zitzlaff, D. (Hrsg.): Methodenvielfalt im politischen Unterricht, Hannover, S. 93-105; Glass, I./Gagel, W. 1988: Fallprinzip und Fallmethode, in: Gagel, W./Menne, D. (Hrsg.): Politikunterricht. Handbuch zu den Richtlinien NRW, Opladen, S. 175-188; Kaiser, F.-J. (Hrsg.)1983: Die Fallstudie, Bad Heilbrunn; Kaiser, F.-J. 1988: Fallmethode und Fallprinzip, in: Mickel, W. W./Zitzlaff, D. (Hrsg.): Handbuch zur politischen Bildung, Bonn, S. 267-270; Reinhardt, S. 1986: Der Fall Christian. Fallstudie zum Familienrecht, Stuttgart; Reinhardt, S. 1997: Handlungsorientierung, in: Sander, W. (Hrsg.): Handbuch politische Bildung, Schwalbach/Ts., S. 105-114.

Sibylle Reinhardt

↗ Fallanalyse; Perspektivenübernahme; *Band 1:* Entscheidungsorientierung; Exemplarisches Lernen; Fallprinzip

Feature

Der aus der anglo-amerikanischen Publizistik übernommene Begriff (wörtlich übersetzt: Besonderheit, Charakteristikum) bezeichnet im Journalismus (Presse, Hörfunk, Fernsehen) eine Darstellungsart, in der zur Aufbereitung eines zumeist aktuellen Themas unterschiedliche Genres und Stilmittel kombiniert werden können (Reportage, Interview, Dokumente, Kommentar, Ton- und Bildeffekte, szenische Elemente u.a.m.). Das Feature dient dazu, auch einen an sich undramatischen Stoff (z.B. abstrakte Themen) möglichst illustrativ, verständlich und attraktiv zu präsentieren. So hat sich etwa das „politische Feature" als Darstellungsform für bestimmte politische Sachverhalte etabliert.

Die *politische Bildung* sollte einerseits dafür sensibilisieren, die medialen Stilmittel und Präsentationsformen des Features im Hinblick auf den zu erläuternden Sachkontext zu beurteilen; andererseits können dramaturgische Elemente des Features auch als Vermittlungsformen politischer Bildungsinhalte genutzt werden.

Friedrich Hagedorn

↗ Ästhetisches Lernen; Fernsehsendung; Medienwerkstatt; *Band 2:* Medien; Medienkompetenz

Feedback

dt.: Rückmeldung, Rückkopplung. Ein aus der Kybernetik stammender Begriff, der im didaktischen Kontext eine verbale Information einer Person über die Wirkung und Angemessenheit der Handlung einer anderen Person bezeichnet. Ein Feedback wird zum Zwecke *sozialen Lernens* insbesondere nach Rollenspielen, in der Gruppentherapie und im Rahmen von (videounterstützten) Verhaltenstrainings gegeben, um eine Verhaltensänderung beim Adressaten zu erreichen. Feedback ermöglicht dem Empfänger den Vergleich von Selbst- und Fremdbild. Für ein gelungenes Feedback ist gegenseitiges Vertrauen notwendig. Die Beachtung bestimmter Regeln für das Geben und Annehmen eines Feedbacks ist förderlich. Es wurden verschiedene Feedback-Techniken und -Spiele entwickelt.

Literatur: Böttger, G./Reich, A. 1995: Spiele und Übungen zur Förderung von Kreativität und sozialer Kompetenz: Übungen für die Sekundarstufe I. Bd. 2: Selbstwertgefühl, Fähigkeiten und Stärken, Berlin; Toelstede, B. G./Gamber, P. 1993: Video-Training und Feedback, Weinheim u. a.

Thomas Retzmann

↗ *Band 1:* Soziales Lernen

Feldforschung

Die Feldforschung ist eine der ältesten Formen der Datensammlung zum Zwecke empirischer Sozialforschung. Aus deren Frühgeschichte stammen die ethnologisch inspirierten Untersuchungen der Chicago-School zu Bedingungen der Integration polnischer Immigrantinnen und Immigranten in die Gesellschaft der USA. Im Unterschied zu Gedankenexperimenten und systematisch angelegten Laborversuchen ist die Feldforschung davon bestimmt, daß ein Forschungsfeld von der Planung bis zur Auswertung *realitätsnah* untersucht wird. Dabei können theoretisch begründete Annahmen sowie Verfahren zur Erhebung und Analyse von Daten an der Empirie gemessen und weiterentwickelt werden. Für die Feldforschung ist ferner charakteristisch, daß zur Aufklärung komplexer Sachverhalte verschiedene Erhebungstechniken und Analyseverfahren kombiniert und quantitative Erhebungen mit qualitativen Analysen vernetzt werden. *Politische Bildung* schließt die kritische Auseinandersetzung mit Konzepten und Methoden der Feldforschung ein. Wer entscheidet in der Feldforschung auf welcher Legitimationsgrundlage über Forschungsinteressen und -methoden? Wissenschaftspropädeutisch können historische und aktuelle Studien Material abgeben, das die politische Dimension empirischer Sozialforschung thematisiert. Für die pädagogisch-didaktische Grundlegung politischen Unterrichts ist die Feldforschung zu Jugendkulturen als Bedingungsrahmen politischer Sozialisation unverzichtbar. Was Jugendliche als Politisches wahrnehmen, wie sie herkömmliche Politik bewerten und wo sie Lösungen für die Schlüsselprobleme gesellschaftlicher Entwicklungen suchen, sind wichtige Bezugsdaten politischer Bildung als Qualifizierung demokratischer Öffentlichkeit.

Literatur: Jugendwerk der Deutschen Shell 1997: Jugend '97 Zukunftsperspektiven, gesellschaftliches Engagement, Politische Orientierung, Opladen; König, R. (Hrsg.) 1967: Handbuch der empirischen Sozialforschung, Stuttgart.

Hans-Joachim Lißmann

↗ Wissenschaftspropädeutik; *Band 2:* Jugendkultur

Fernsehsendung

Allgemein versteht man unter einer Fernsehsendung einen Sendungsinhalt, der in einem bestimmten Zeitraum über einen bestimmten Fernsehkanal für ein anonymes Publikum ausgestrahlt wird. Doch wer eine Fernsehsendung mit einer bestimmten Absicht nutzen will, hat sich mit einem Angebotsmenü auseinanderzusetzen, in dem so disparate Sendungsinhalte und -formen wie Nachrichten, Dokumentationen, politische Magazine,

Wissenschaftsberichte, Spielfilme, „daily-soaps", Talk-Shows, Sportübertragungen, Musikveranstaltungen oder Werbeblöcke zu einem „Geschehensfluß" (Hickethier 1992) vereinigt sind. In diesem stetigen Fluß von Einzelsendungen soll sich idealtypisch der *Programmauftrag* der öffentlich-rechtlichen wie der privatwirtschaftlichen Fernsehsender spiegeln, nämlich vielfältige Inhalte zur Information, Bildung, Beratung und Unterhaltung zu bieten. Von den „Programm-Machern" in den Sendeanstalten wird dabei angenommen, daß sich die Fernsehnutzerinnen und -nutzer durch regelmäßige Teilnahme an der Fernsehkommunikation eine Orientierungs- und Handlungskompetenz aneignen, die sie befähigt, im Programmfluß Ketten gleicher oder ähnlicher Sendungsformen auszumachen und absichtsvoll in alltägliches Medienhandeln einzubeziehen. Erleichtert wird den Nutzerinnen und Nutzern die Orientierung durch Programmschemata, in denen – ähnlich wie in einem Stundenplan – „feste" Programmbausteine monate- oder auch jahrelang an festen Sendeplätzen auftauchen. Nicht selten führt dies bei einem Teil des Fernsehpublikums zur Bindung an bestimmte Sendungsinhalte und -formen.

Seitdem sich das bundesdeutsche Fernsehsystem zu einem dualen Nebeneinander von öffentlich-rechtlichen und privatwirtschaftlichen Sendern gewandelt hat, hat sich das Angebot an Fernsehsendungen vervielfacht. Im Prinzip hat das Fernsehpublikum heute die Möglichkeit, „rund um die Uhr" Sendungen aller Art zu nutzen. Ein Blick auf die deutschen „Vollprogramme" läßt indessen unterschiedliche *Programmprofile* erkennen (s. Tab.). Bei den „Öffentlich-Rechtlichen" (ARD/ZDF) besteht ein ausgewogenes

49

Programmstruktur von öffentlich-rechtlichen und privatwirtschaftlichen Fernsehsendern in der Gesamtsendezeit 1996 (Angaben in Prozent)

	ARD	ZDF	RTL	SAT 1	PRO 7
Information/ Bildung	42,1	40,5	17,3	12,6	11,6
Fiction	25,7	30,0	33,7	40,6	50,4
Nonfiktionale Unterhaltung	12,7	7,3	16,4	18,5	7,4
Musik	4,3	3,7	0,5	0,2	0,0
Sport	4,1	6,6	6,1	3,8	0,4
Kinder- und Jugendsendungen	7,6	7,8	6,6	1,8	13,6
Sonstige Sparten	2,0	2,7	4,1	4,9	2,8
Werbung	1,5	1,6	15,4	17,6	13,7

(Quelle: Krüger 1997, 359)

Verhältnis zwischen Informations- (z.B. Nachrichten, Regionalberichte, zeitgeschichtliche Sendungen, Kulturjournale, Wissenschaftssendungen, „Ratgeber") und Unterhaltungsangeboten (z.B. Spielfilme, Fernsehserien, Talkshows, Gameshows). Bei den auf Werbeeinnahmen angewiesenen „Privaten" (RTL, SAT 1, PRO 7) überwiegen die Unterhaltungsofferten. Zudem bieten sie außer Nachrichten kaum politische Informationssendungen an. Bei den Kinder- und Jugendsendungen scheinen sich Angleichungen im Angebotsumfang zu zeigen, ja sogar Steigerungen zu ergeben (PRO 7). Eine Untersuchung der Sendungsformen verdeutlicht aber, daß die privaten Sender fast ausschließlich aus dem Ausland importierte Cartoon-Serien für Kinder und Jugendliche anbieten, während ARD und ZDF eine ausgewogene Mischung verschiedener Genres wie Kinder-Sachsendungen/-Nachrichten, Jugend-Talkshows, Kinder- oder Zeichentrickfilme offerieren.

Die grobe Unterscheidung von Programmprofilen sagt nichts darüber aus, wie die Nutzerinnen und Nutzer mit dem Programmangebot umgehen. *Untersuchungen* dazu haben im letzten Jahrzehnt immer deutlicher gezeigt, daß die Fülle der Unterhaltungsangebote die Attraktivität des Fernsehens gesteigert hat und daß das Fernsehpublikum sich zunehmend auf Unterhaltungsofferten „spezialisiert" (Berens u.a. 1997). Dabei ist zu fragen, welche *Funktion* „Fernseh-Unterhaltung" in der Lebenspraxis der Nutzerinnen und Nutzer hat. Regt sie zu „Unterhaltungen" im Sinne von Informationsaustausch und Auseinandersetzung über die soziale Umwelt an, läßt sich der Dualismus von Information und Unterhaltung schwer aufrechterhalten (Klaus 1996). Trägt sie jedoch durch „Aussteigen aus dem Alltag" dazu bei, daß sich ein Großteil des Publikums dem politischen Informationsangebot entzieht, läßt sich vermuten, daß sich soziale Klüfte im Umgang mit politischer Information entwickeln und daß die gesellschaftliche Institution Fernsehen für die politische Meinungs- und Willensbildung an Bedeutung verliert.

Als dominantes Massenmedium beeinflußt „das Fernsehen" die Gefühle, Einstellungen, Verhaltensorientierungen und Wissensbestände seiner Nutzerinnen und Nutzer. Es ist daher auch eine wesentliche Aufgabe politischer Bildung, durch Vermittlung grundlegender Kommunikationsfähigkeiten die Fernsehkompetenz – als Teil einer umfassenderen *Medienkompetenz* (vgl. medien praktisch 1996) – von Kindern und Jugendlichen zu fördern.

Dies kann in verschiedenen Handlungszusammenhängen geschehen:

Unter *mediendidaktischem* Aspekt bietet das Fernsehen eine Fülle von Sendungsinhalten und -formen an (z.B. Nachrichten, politische Magazine, Korrespondentenberichte, Dokumentationen, Schulfernsehsendungen), die sich vor allem unter dem Aktualitätsaspekt nutzen lassen, um politische Themen für Kinder und Jugendliche aufzuschließen, um politisches Wissen zu vermitteln und um problem- und handlungsorientiertes Lernen anzuregen.

Unter *medienerzieherischem* Aspekt geht es vor allem darum,

– daß sich Kinder und Jugendliche nachdenklich mit Fernseherfahrungen und -wirkungen auseinandersetzen (z.B. durch respektvollen Erfahrungsaustausch über die Bedeutung bestimmter Fernsehfiguren und -geschichten für eigenes Fühlen, Denken und Handeln),

– daß sie sich kritisch und sachkundig mit Fernsehinhalten und der gesellschaftlichen Einrichtung Rundfunk beschäftigen (z.B. mit der Darstellung

von Krieg und Frieden in politischen Magazinen, mit Tabubrüchen im Bereich von Sexualität und Gewalt, mit ritualisierter Politikdarstellung oder den Folgen des Wettbewerbs im dualen System) und

– daß sie produktiv mit dem Medium Video arbeiten, um sich an der öffentlichen Diskussion zu beteiligen (z.B. durch Produktion von Beiträgen für „Offene Kanäle" oder Videofilmschauen).

Literatur: Berens, H. u.a. 1997: Spezialisierung der Mediennutzung im dualen Rundfunksystem, in: Media Perspektiven, 2, S. 80-91; Hickethier, K. 1992: Im Fluß der Bilder, in : medien + erziehung, 5, S. 278-286; Klaus, E. 1996: Der Gegensatz von Information ist Desinformation, der Gegensatz von Unterhaltung ist Langeweile, in: Rundfunk und Fernsehen, 3, S. 402-417; Krüger, U. M. 1997: Unterschiede der Programmprofile bleiben bestehen, in: Media Perspektiven, 7, S. 354-366; medien praktisch 1996, 2: Themenheft Medienkompetenz.

Wolfgang Schill

↗ Feature; Film; Videoarbeit; *Band 1:* Aktualität; Medienpädagogik; *Band 2:* Fernsehen; Medien; Medienkompetenz

Film

Film ist der „sichtbare Mensch" (B. Balácz) in seinem Handeln und Verhalten, in seinen Gedanken und Träumen, seinen Ängsten und Illusionen. Der Film vermittelt Erfahrungen und Anschauungen, er dient der Information und Unterhaltung, er ermöglicht Aufklärung und Manipulation. Der Film ist das Massenbeeinflussungsmittel und das Medium der Selbstoffenbarung des Menschen im 20. Jahrhundert. Eine politische Bildung, die den „ganzen Menschen" im Blick hat, kommt am Film nicht vorbei, als Mittel wie als Objekt.

Zunächst: Die bewegten Bilder des Films werden in der politischen Bildung als Mittel der Veranschaulichung genutzt: Sie gewähren Einblick in unzugängliche Gefilde von Politik, Gesellschaft und Wirtschaft, sie führen fremde Länder und Menschen vor, sie lassen auf Menschen und Zustände treffen, mit denen man sonst nicht zusammenkommt.

Darüber hinaus kann der Film zum Gegenstand der Analyse gemacht werden: Jeder Film ist Ausdruck seiner Zeit und kann entsprechend interpretiert werden. Er gibt Auskunft über die Seelenlage des Publikums, die Vorstellungen und Wünsche bestimmter Bevölkerungsschichten, die Hoffnungen und Sorgen von Altersgruppen, sogar über eigene Bedürfnisse. Filme sind gesellschaftlich gemachte und genutzte Produkte, die so den Zustand einer Gesellschaft reflektieren.

Schließlich wird der Film in der politischen Bildung als eigenes *Ausdrucksmittel* genutzt: Mehr noch als der Super-8-Film regt die leicht handhabbare Videotechnik dazu an, die eigenen Aussagen in bewegte Bilder umzusetzen, um auf sich selbst und die eigene Situation aufmerksam zu machen und an der öffentlichen Kommunikation teilzunehmen.

Schon früh wurde beim Film unterschieden zwischen dokumentarischen und inszenierten Formen. Heute ist durch die technischen Möglichkeiten (z.B. computergenerierte Bilder) eine klare Unterscheidung nicht immer möglich. Die besondere Filmsprache – abhängig von der Kameraeinstellung, von der Beleuchtung, den Geräuschen, der Farbe und der Bild-/Tonmontage – wird verantwortlich gemacht für die Wirkung eines Films. Eine Vielzahl von Interessengruppen versucht Einfluß zu nehmen auf Produktion und Vertrieb. Gesellschaftliche Ideologien – offen oder versteckt – sind von Anbeginn der Entwicklung in Filme eingeflossen

und haben seine Ästhetik beeinflußt (z.B. Agitations- und Propagandafilme). Heute versuchen in demokratischen Staaten Gremien die Zulassung zum Fernsehen zu regeln, Auswüchse bei der Filmproduktion zu begrenzen (Freiwillige Selbstkontrolle der Filmwirtschaft und des privaten Fernsehens; FSK und FSF).

Die unterschiedliche Nutzung führt zu unterschiedlichen *Filmgenres*. Man unterscheidet Spielfilme, Dokumentarfilme, Filme für die Bildungsarbeit, Industriefilme, Werbefilme. Die Filme können als Real- oder Trickfilme dargestellt werden.

Filme und Fernsehsendungen sind als Informationsquelle zu nutzen, weil sie anschaulich und aktuell über politische Ereignisse berichten, die meist entfernt stattfinden. Durch die Bildsprache üben sie eine Faszination aus, die in der Bildungsarbeit zu analytischen Zwecken genutzt werden kann.

Eine Analyse der Bildsprache ist vor allem notwendig für die stärker emotional wirkenden Spielfilme, die in der politischen Bildung sowohl als zeitgeschichtliche Quelle genutzt werden können (z.B. bei Ereignissen, die nicht dokumentarisch belegt werden können) sowie auch hinsichtlich ihrer Aussagen (z.B. bei Antikriegsfilmen). Werbefilme (z.B. Wahlspots) sind vor allem Gegenstand von Untersuchungen über Absicht und Wirkung. Ein wichtiges Ziel ist es, Filme zu entmythologisieren. Als ein Hilfsmittel hat sich dabei die aktive Medienarbeit erwiesen. Medienpädagogische Einrichtungen in allen Ländern bieten sowohl bei der Film- als auch bei der Geräteausleihe sowie bei der Gestaltung Hilfen.

Die *Reaktionen* der Pädagoginnen und Pädagogen waren von Beginn an dem Medium Film gegenüber zwiespältig. Zwar wurden die bildenden und informierenden Aspekte durchaus anerkannt, andererseits aber die verrohenden, sittlich gefährdenden und zur Nachahmung auffordernden Elemente des Films kritisiert, Verbote gefordert und auch durchgesetzt. Ein zentraler Gedanke forderte, das „kulturell Minderwertige" aus den Schulen fernzuhalten. In der Zeit des *Nationalsozialismus* wurde der Film als Propagandainstrument gefördert. Einzelne Oppositionelle, wie der Pädagoge Adolf Reichwein, wollten mit einer „Schule des Sehens" die Ziele der Nationalsozialisten unterlaufen.

Nach 1945 wurde verstärkt versucht, Jugendliche über „gute" Filme zu einer kritischen Vergangenheitsbewältigung zu bewegen. Filme wie „Die Mörder sind unter uns" (Wolfgang Staudte) und „Mein Kampf" (Erwin Leiser) wurden in schulischen Kinoveranstaltungen gezeigt. In den *70er Jahren* wurden Filme verstärkt unter ideologiekritischen Ansätzen betrachtet. Auch die scheinbar objektiven Unterrichtsfilme wurden unter dem Gesichtspunkt „Manipulation" behandelt. Mit dem Rückgang der Politisierung der Jugendlichen rückten in den *80er Jahren* wieder verstärkt filmästhetische Aspekte in den Vordergrund: Spielfilme, Kurzfilme, Videoclips spielten auch in der Bildungslandschaft eine große Rolle.

Besonders die *Videoclips* mit der rhythmusbetonten Musik haben Auswirkungen auf die Sehgewohnheiten von Jugendlichen. Die politische Bildung bemüht sich, auf derartige Sehgewohnheiten einzugehen.

Die Nutzung und Verwendung von Filmen in der politischen Bildung kann unter drei Aspekten betrachtet werden:

Funktion: Sie können vorwiegend der Information oder der Motivation dienen. Es zeigt sich, daß mehr und mehr letzte-

re Funktion in den Vordergrund tritt. Angesichts zunehmender Apathie muß politische Bildung für die Beschäftigung mit ihren Themen mehr als früher werben. Hinzu kommt eine zunehmende Fülle an Informationen, die in einem Film (schon gar nicht auf aktuellem Stand) vorgeführt werden kann, für deren Verarbeitung aber das Interesse durch bestimmte Problemstellungen geweckt werden muß. Die Folge sind eher kürzere Filme, die dazu anregen sollen, sich mit Fragen und Standpunkten auseinanderzusetzen.

Methode: Filme können von ihren Inhalten und ihrer Machart her analysiert und reflektiert werden, und das kann jeweils affirmativ oder kritisch erfolgen. Der Überfluß an bewegten Bildern und der Wegfall ideologischer Gegensätze haben zu einer gewissen Beliebigkeit im Umgang mit Medien geführt. Je weniger der Film als „Gegen-Aufklärung" verlangt wird und je mehr Selbstdarstellung das Medienangebot bestimmt, desto notwendiger wird eine Medienerziehung, die dem Vorurteil zu Leibe rückt, Medien bilden die Wirklichkeit maßstabsgerecht ab. Dabei kann auf die langen Erfahrungen der Filmanalyse zurückgegriffen werden.

Inhalte: Im Mittelpunkt stehen die eigens für die politische Bildung produzierten Filme. Am Anfang stand in den 50er Jahren die kritische Aufarbeitung der NS-Vergangenheit auf der Grundlage der reichlich vorhandenen Selbstdarstellungen jener Zeit. Die folgenden Jahrzehnte lieferten Themen für viele Filme: der Aufbau Europas, die Befreiung der Dritten Welt, das Aufeinanderprallen sozialer Gegensätze, die Bewahrung des Friedens, die Rettung der Umwelt, die Bekämpfung des Rechtsextremismus usw. Parallel dazu erschienen zahlreiche institutionenkundliche Filme, die der Ein-

übung in Demokratie ebenso dienen sollten wie solche Filme, die der Systemaus-
einandersetzung den richtigen Standpunkt vermittelten. Da es immer schwie-
riger wird, geeignete Themen zu finden,
fällt der Blick immer mehr auf allgemeine Medien mit politisch relevanten Inhalten: Sie werden durch bestimmte Fragestellungen „aufgeschlossen" für die politische Bildung und vermitteln so ein au-
thentischeres Bild als jene Filme, bei denen der Zweck die Mittel geheiligt hat.

In einer Zeit, in der Information und
Erziehung nur in Verbindung mit enter-
tainment gedacht werden können, steht
die Nutzung des Films in der politischen
Bildung vor neuen Herausforderungen:
Wenig opportun erscheinen Belehrung
und Aufklärung, verlangt wird eher un-
terhaltsame Aktivierung. Das geschieht
immer häufiger durch Spielfilme mit politischen Themen im weitesten Sinne,
durch kurze Spots zu aktuellen Themen
sowie durch die Gestaltung eigener Aussagen in Medien (aktive Videoarbeit, Offene Kanäle). So werden passive und aktive Nutzung des Films zu einem wichtigen Potential politischer Bildung, der
Auseinandersetzung mit der gesellschaftlichen Wirklichkeit und der Bestimmung
des eigenen Standortes in ihr.

Literatur: Dieckmann, E.-G. 1997: Medienerziehung als Aufgabe politischer Bildung, in: Sander, W.
(Hrsg.): Handbuch politische Bildung, Schwalbach/
Ts., S. 373-390; Schill, W. u.a. (Hrsg.) 1992: Medienpädagogisches Handeln in der Schule, Opladen.

Michael Metto, Joachim Paschen

↗ Fernsehsendung; Ideologiekritik; Medienwerkstatt;
Videoarbeit; Visualisierung; *Band 1:* Medienpädagogik; *Band 2:* Medien; Medienkompetenz

Flugblatt

Das Flugblatt bietet die Möglichkeit, ein
Anliegen, das nur für einen bestimmten

Personenkreis (z.B. Schüler, Benutzer öffentlicher Verkehrsmittel oder die Bevölkerung eines bestimmten Wohngebietes)
wichtig ist, zu verbreiten. Dabei müssen
sie von vornherein wissen, von wem das
Flugblatt ausgeht. Auch aus presserecht-
lichen Gründen muß jedes Flugblatt den
Vermerk enthalten: „verantwortlich im
Sinne des Presserechts" mit Namen und
Anschrift einer verantwortlichen Person.
Die Flugblätter müssen plakativ, informa-
tiv und ansprechend aufgemacht werden.
Der Text sollte nicht nur durch eine gezielte Schriftauswahl gestaltet, sondern
eventuell auch durch Symbole und Zeichnungen bildnerisch ergänzt werden.

Literatur: Ackermann, P./Gaßmann, R. 1991: Arbeitstechniken politischen Lernen, Stuttgart; Econ-
Handbuch der Öffentlichkeitsarbeit 1993, Düsseldorf.

Paul Ackermann

↗ Produktorientierung

Forum

Von seiner Wortbedeutung meint Forum
u.a. Markt- und Versammlungsplatz, Öffentlichkeit, sachverständiger Personenkreis, der ein Problem erörtert. Damit ist
das Spezifikum dieser Lern- und Veranstaltungsform benannt. Mit dem Forum
soll der Teilnehmerorientierung und -ak-
tivität entsprochen werden. Gleichzeitig
werden Prinzipien wie demokratische
Öffentlichkeit und diskursive Verständigung in die Bildungspraxis übertragen.

Auf der didaktisch-methodischen Ebene bedeutet es, daß eine Forumsveranstaltung in mehreren Darstellungs-, Präsen-
tations- und Kommunikatiosweisen ein
Thema erörtert. Denkbar sind hier Ex-
pertenvorträge, -anhörungen, Diskussionen und Ausstellungen. Das Forum eignet sich zur intensiven und umfassenden

Bearbeitung eines Sachzusammenhangs sowie zur Lösung eines aktuellen und mit Handlungsperspektiven verbundenen Problems. Forumsveranstaltungen bedürfen einer angemessenen technischen Ausstattung (Podien, Mikrophone, Aufzeichnungsgeräte, Stellwände, Papier, Stifte, Saal, u.U. verschiedene Räume).

Auf der bildungspolitischen Ebene ist gemeint, daß sich die Bildungsstätte als „Forum öffentlicher Kritik und Kontrolle" versteht, das „die Chance zur Kommunikation über verschiedene Deutungen unserer gesellschaftlichen Lage (bietet), ohne zu einseitiger Indoktrination zu führen." So heißt es in einer Selbstverständniserklärung des Deutschen Volkshochschulverbandes.

Literatur: Deutscher Volkshochschulverband (Hrsg.) 1978: Stellung und Aufgabe der Volkshochschule, Bonn; Die Volkshochschule 1968ff.: Handbuch für die Praxis der Leiter und Mitarbeiter, Frankfurt/M.

Klaus-Peter Hufer

↗ Diskursive Verständigung; *Band 2:* Diskurs; Teilnehmerorientierung; Veranstaltungsformen; Volkshochschulen

Foto- und Bildbeschreibung

Wir leben in einem Zeitalter der „Bilderwelten". Schrift und Sprache werden auch in der Bildungsarbeit zunehmend durch bild- und symbolorientierte Darstellungen ergänzt oder gar ersetzt. Bilder wirken unmittelbarer als Worte, bedürfen jedoch stets der Erläuterung und Interpretation, denn sie bilden Wirklichkeit nicht einfach ab, sie interpretieren, spiegeln oder verfälschen sie. Die elektronische Bildbearbeitung hat hier neue Möglichkeiten der Manipulation eröffnet. Herkömmliche Bilder werden zum Rohmaterial für neue Wirklichkeiten.

Christian Doelker hat *fünf Stadien der Bildbedeutung* herausgearbeitet: In der ersten Stufe steht das Abbild für das Wesen (Immanentismus), es herrscht eine magische Einheit von Bild und Wesen.

In der zweiten Stufe entspricht das Bild nicht mehr dem Wesen, gleichwohl hat es Anteil an dem Wesen, wird in dem Bild eine Spur des Wesens gesehen.

In der dritten erfolgt die Ablösung des Wesens von dem Abgebildeten, und das Bild erhält hier die Funktion des Zeichens.

Kreative Prozesse, die eine eigene Dynamik entwickeln, stehen in Beziehung mit der vierten Stufe, dem Eigenwert des Bildes. In dieser Phase meint das Bild sich selbst und hat sich von der referierbaren Wirklichkeit gelöst.

Durch eine sekundäre animistische Belebung kann der Eigenwert des Bildes dazu führen, daß es zu einem Eigenwesen stilisiert wird. Das Bildwesen wird zu einer eigenen Größe (vgl. Doelker 1991).

Die Auseinandersetzung mit Bildern in der *Bildungsarbeit* kann sich in verschiedenen Formen und Intensitätsstufen vollziehen.

Bilder befragen: Was sehe ich? Welche Gefühle löst das Bild bei mir aus? Was ist das Thema des Bildes? Ist die Bildaussage eindeutig oder mehrschichtig? Was ist besonders auffallend (Motivwahl, Farbgebung, Personendarstellung etc.)? Wie ist die Bildaufteilung (Vordergrund, Hintergrund, Spiegelachsen, Tiefendarstellung etc.)? Wie ist die Farbgebung? Welche Elemente des Bildes werden in welcher Reihenfolge wahrgenommen? Gibt es einen offenkundigen Anlaß oder eine Funktion des Bildes? Warum wurde das Bild publiziert (gemalt)? Welche Texte (Gedichte, Zeitungsnachrichten usw.) unterstreichen die Bildaussage, welche konterkarieren sie?

Kontrastbilder suchen: Zu einem vorgegebenen Bild soll ein zweites Bild gesucht werden, dessen Aussage einen Kontrast zum ersten abbildet.

Bildern Worte geben: Das Bildgeschehen und die Bildwirkungen verbalisieren. Zu einem Bild einen Titel suchen. Eine Identifikationsfigur suchen und mit ihr das Bild durchwandern. Die (vermutete) Entstehungsgeschichte des Bildes erzählen. Einzelne Personen (Gegenstände) des Bildes in „Ichform" sprechen lassen.

Die Bildaussage nachstellen: Bilder, auf denen Personen(gruppen) abgebildet sind, eignen sich gut dazu, die Bildszene im Raum nachzustellen: Welche Haltung nehmen die Personen ein? Was empfinde ich, wenn ich diese Haltung eingenommen habe? Wie ist die Beziehung der Personen zueinander? Wodurch wird im Bild diese Beziehung ausgedrückt?

Bilder verfremden: Das Verfremden von Bildern dient dazu, die Grundaussagen besser herauszuarbeiten und verstehen zu können. Bildelemente werden dabei kopiert und in einen neuen Kontext/Hintergrund gesetzt oder historische Bilder (Bildausschnitte) werden in einen aktuellen Bezugsrahmen eingefügt.

Der Umgang mit Bildern in der politischen Bildung hat jedoch nicht nur einen ästhetischen, deutenden oder einfühlenden Aspekt, sondern auch einen machtpolitischen. Fotos und Bilder und die damit verbundenen Rechte sind zu einer Handelsware geworden. 60 Prozent der weltweiten Bildrechte von Fotoarchiven werden inzwischen von Bill Gates kontrolliert.

Literatur: Baacke, D./Röll, F. J. 1995: Weltbilder, Wahrnehmung, Wirklichkeit, Opladen; Deutsches Institut für Fernstudien (Hrsg.) 1990: Medien und Kommunikation. Konstruktionen von Wirklichkeit. Studienbrief 4, Weinheim, Basel; Dilg, C. 1996: Fotografie als Dokument und Fälschung, in:

epd-Entwicklungspolitik, 19/20; Doelker, C. 1991: Kulturtechnik Fernsehen – Analyse eines Mediums, Stuttgart.

Günther Gugel

↗ Ästhetisches Lernen; Fotoroman, -dokumentation; Standbild; *Band 1:* Ästhetik; *Band 2:* Ästhetik

Fotoroman, -dokumentation

Fotografien bilden ab. Beim Fotografieren müssen Entscheidungen bezüglich der Motivauswahl getroffen werden (Selektion). Dies spielt im Hinblick auf die beabsichtigte (politische) Bildaussage eine Rolle und muß auch bei der Fotoanalyse berücksichtigt werden. Die Fotodokumentation ist ein geeignetes Medium, um thematische Fragestellungen aus Gesellschaft und Politik zu visualisieren (z.B. die Verkehrspolitik im Stadtteil). Dem Fotoroman kann eine Geschichte aus dem Alltag zugrunde gelegt werden (z.B. mit dem Fahrrad unterwegs).

Literatur: Brenner, G./Niesyto, H. (Hrsg.) 1993: Handlungsorientierte Medienarbeit, Weinheim, München; Dieckmann, E.-G. 1991: Kreative Medienarbeit am Beispiel Umwelt, in: Bundeszentrale für politische Bildung (Hrsg.): Methoden in der politischen Bildung – Handlungsorientierung, Bonn, S. 150-173.

Carla Schelle

↗ Fahrradfahren, politisches; Foto- und Bildbeschreibung; Visualisierung; *Band 1:* Ästhetik

Fragebogen

Der Fragebogen als Instrument empirischer Sozialforschung ist eine Zusammenfassung mehrerer Fragenkomplexe zur schriftlichen Befragung von Personen.

Fragebögen als Instrumente empirischer Sozialforschung wurden erstmals im England der 1830er Jahre sowie in Deutschland in der Mitte des 19. Jahrhunderts eingesetzt. Diese Befragungen gelten als Vorstufe zur Entwicklung der standardisierten Umfrageforschung, die als Forschungsmethode eine relativ junge Wissenschaftsdisziplin ist. Der Fragebogen gilt als standardisiert, wenn der Wortlaut und die Reihenfolge (Anordnung) der Fragen festgelegt sind (von Alemann). In der Regel handelt es sich um *geschlossene* Fragen und vorgegebene Antworten, aber auch *offene* Fragen sind möglich. Amtliche Formulare und Erhebungsbögen bis zur Steuererklärung wenden das Fragebogenprinzip an (von Alemann/Forndran).

Die geschlossenen Fragen mit ihren vorgegebenen Antworten lassen sich gegenüber den offenen Fragen einfacher auswerten, da die Antwortkategorien bereits feststehen. Sie gehören daher zum dominierenden Fragetyp in der empirischen Sozialforschung. Ohne großen Zeit- und Geldaufwand können große Populationen befragt und sogar Totalerhebungen anstelle einer repräsentativen Stichprobe durchgeführt werden (Bezieher von Publikationen der Bundeszentrale für politische Bildung, Studierende von Hochschulen bei der Rückmeldung oder anläßlich der Immatrikulation).

Inhalt und Anzahl der Fragen orientieren sich im wesentlichen an dem Untersuchungsgegenstand (Problemstellung), über den möglichst vollständige Informationen erhoben werden sollen. Bei der *Fragebogenkonstruktion* sollte darauf geachtet werden, daß Ausstrahlungseffekte (halo effects) zwischen den Fragen vermieden werden. Sie lassen sich durch Pufferfragen bzw. durch eine Änderung in der Reihenfolge der Fragen unterbinden. Weil Anordnung und Formulierung der Fragen die Befragten beeinflussen und zu verzerrten Ergebnissen führen können, sind Manipulationen

nicht ausgeschlossen. Daher wird der Fragebogen auch als „reaktives" Meßinstrument charakterisiert. Durch *Vortests* (Pretests) läßt sich der Einfluß der Frageformulierung auf die Antworten ermitteln.

Sozialwissenschaftliche Methoden sind in der Didaktik aller Schulfächer als die inquiry method oder das „entdeckende bzw. forschende Lernen" anerkannt (Gagel). Sie können bereits 10-14jährigen Schülerinnen und Schülern in elementarisierter Form vermittelt werden (vgl. Lippitt/Fox/Schaible 1977). Sozialwissenschaftliche Methoden lassen sich unter Aktions- und Handlungsforschung subsumieren, d.h., sie zielen auf praktisches Lernen, auf ein Handeln im sozialen Umfeld. Dadurch bildet sich allmählich ein sozialwissenschaftliches Bewußtsein heraus. Im politischen Unterricht werden schriftliche Befragungen mittels Fragebogen z.B. durchgeführt im Zusammenhang mit Projekten, Realbegegnungen, Erkundungen, Fall- und Sozialstudien.

Literatur: Alemann, U. v. (Hrsg.) 1995: Politikwissenschaftliche Methoden. Grundriß für Studierende und Forschung, Opladen; Alemann, U. v./Forndran, E. 1990[4]: Methodik der Politikwissenschaft, Stuttgart; Lipitt, R./Fox, R./Schaible, L. 1977: Detto und andere. Acht Einheiten für Sozialwissenschaften in der Schule, Stuttgart; Mickel, W. W. 1980: Methodik des politischen Unterrichts, Frankfurt/M.; Noelle-Neumann, E./Petersen, T. 1996: Alle, nicht jeder. Einführung in die Methoden der Demoskopie, München.

Hermann Harms

↗ Beobachtung; Experiment; Feldforschung; Straßeninterview; *Band 2:* Evaluation

Ganzheitliches Lernen

Ganzheitliches Lernen umfaßt verschiedene Ansätze.

Unter *ethischer Perspektive* wird die Erziehung des ganzen Menschen (Menschenbildung) gefordert. Unter anthropologischer Perspektive wird darunter ein Lernen mit allen Sinnen, mit Leib, Geist und Seele verstanden. Eine solche Auffassung findet sich beispielsweise in den Erziehungslehren mittelalterlicher Klosterschulen wie in Konzeptionen der Montessori- und Waldorf-Pädagogik. Unter lernpsychologischer Perspektive wird, basierend auf der Leipziger Ganzheitspsychologie, davon ausgegangen, daß Lernen mit einem Sinnganzen zu beginnen hat, das zunächst nur diffus aufgefaßt und in naiver Weise verstanden wird. Erst in einem zweiten Schritt wird das Ganze durch analytische Verfahren durchstrukturiert, bis ein Erfassen des inneren Zusammenhanges erreicht wird.

Ganzheitliches Lernen kann auch darauf zielen, durch Berücksichtigung bisher nicht beachteter Gesichtspunkte (Prinzip der Komplementarität) das Lernen zu optimieren (vgl. Edelmann 1996). Als Teilaspekt des persönlich bedeutsamen Lernens (im Kontext der Humanistischen und Gestaltpädagogik) ist Merkmal des ganzheitlichen Lernens das „Sich-selbst-Erleben als Körper-Seele-Geist-Subjekt" in kreativ-experimentellen Tätigkeiten und die Erfahrung der Unterschiede im Wahrnehmen und Erleben anderer Menschen. Es wird Gelegenheit zu selbstgesteuerter Interaktion (Erzählen, Spielen, Berühren), zur Berücksichtigung der Körperlichkeit (Körperwahrnehmungen, Tast- und Bewegungsübungen) und zur Vertiefung von Erfahrungen durch Transposition in unterschiedliche Ausdrucksmedien (z.B. Umsetzen von Begriffen in Pantomime, Malerei) und durch gelenkte Phantasien gegeben.

Unter *didaktischer Perspektive* wird ganzheitliches Lernen durch eine Orientierung an lebensweltlichen Erfahrungen und durch den Einsatz unterschiedlicher Unterrichtsverfahren (z.B. Lehrgangslernen und Projektunterricht) angestrebt. In reformpädagogischen Traditionen wurde ganzheitliches Lernen im freien (B. Otto) und „gebundenen" Gesamtunterricht (Leipziger Lehrerverein) realisiert. Ganzheitliches Lernen wurde vor allem für den Anfangsunterricht (Lesen, Schreiben, Rechnen; Heimatkunde/Sachunterricht) differenziert ausformuliert (A. und E. Kern; C. Malisch; H. Brückl; J. Wittmann). Die Forderung nach ganzheitlichem Lernen ist oft mit einer *Kritik* an einer (zu frühen) Auffächerung des Unterrichts, manchmal auch an einer Wissenschaftsorientierung verbunden.

In jüngster Zeit wurde die Kontroverse darüber geführt, ob ganzheitliches Lernen überhaupt möglich sei, würden doch (politische) Sachverhalte unter verschiedenen Perspektiven wahrgenommen und konstruiert. Sie würden nach Maßgabe der herangetragenen Dimensionen und nach Art ihrer Verknüpfung immer wieder neu geschaffen. Daher käme es darauf an, die Perspektiven beim Blick auf die Welt auszudifferenzieren und die *Unterscheidungsfähigkeit* zu schärfen. Lernarrangements sollten Fragen anstoßen und Schülerinnen und Schüler darauf hinweisen, daß ihre Sichtweise nicht die einzig mögliche sei. Die Hinführung zu einer *Fragehaltung* bewirke eine permanente Suche nach neuen Einsichten und verhelfe zum Überschreiten von Grenzen, nämlich der von Disziplinen, Kulturen und vertrauten Sichtweisen.

Literatur: Edelmann, W. 1996: Lernpsychologie, Weinheim; Ernst, H. 1993: Humanistische Schulpädagogik, Bad Heilbrunn; Kahlert, J. 1994: Ganzheit oder Perspektivität? Didaktische Risiken des fächerübergreifenden Anspruchs und ein Vorschlag, in: Lauterbach, R. u.a. (Hrsg.): Curriculum Sachunterricht, Kiel, S. 71-85; Rumpf, H. 1987: Belebungsversuche. Ausgrabungen gegen die Verödung der Lernkultur, Weinheim, München.

Hanna Kiper

↗ Ästhetisches Lernen; Gestaltpädagogik; *Band 1:* Fächerübergreifender Unterricht; Handlungsorientierung; Lerntheorien; *Band 2:* Ganzheitlichkeit; Kulturelle und politische Bildung; Psychische Voraussetzungen politischen Lernens; Subjektorientierung

Gedenkstättenbesuch

Gedenkstättenbesuche bedürfen sorgfältiger Vorbereitung und Auswertung. Sie können schulisches historisch-politisches Lernen zum Thema „Nationalsozialistische Gewaltherrschaft" nur ergänzen und anreichern, nicht aber ersetzen (vgl. Rathenow/Weber 1995). Bei Vorbereitung/Auswertung eines Gedenkstättenbesuches sollten sich Schülerinnen und Schüler und Lehrerinnen und Lehrer darüber im klaren sein, daß Gedenkstätten, insbesondere KZ-Gedenkstätten, authentische Relikte vergangener Zeit bergen und deswegen u.a. von der Faszination des Grauens und der Aura des Ortes bestimmt sein können. Sie sind daher erklärungsbedürftig. Insofern kann diese (hier inszenierte) Realität durchaus zu „blinden" Anschauungen und damit falschen, weil der realen geschichtlichen Situation nicht entsprechenden Begriffen führen. Das Authentische spiegelt historische Realität oft nur vor, wo sie, wie alle Erinnerung, lediglich Rekonstruktion ist (vgl. Schmoll 1994). Dabei steht die hier zu leistende pädagogische *Erinnerungsarbeit* in einem Spannungsverhältnis zur Haltung des „ehrenden Gedenkens" (Krause-Vilmar 1992).

Üblicherweise bildet die zwei- bis vierstündige Führung den Mittelpunkt eines Gedenkstättenbesuches von Schulklassen

und Jugendgruppen. Nach allen *empirischen Befunden* (Fischer/Anton 1992) kann diese, die Besucherinnen und Besucher relativ fremdbestimmt lassende Methode nur als begrenzte Möglichkeit zur aktiven Auseinandersetzung mit der NS-Geschichte angesehen werden, so daß sie der Einbettung in einen mit der jeweiligen Besuchergruppe zu erarbeitenden methodischen Kontext bedarf.

Literatur: Fischer, C./Anton, H. 1992: Auswirkungen der Besuche von Gedenkstätten auf Schülerinnen und Schüler. Breitenau – Hadamar – Buchenwald. Bericht über 40 Explorationen in Hessen und Thüringen (Psydata-Studie), Wiesbaden, Erfurt; Krause-Vilmar, D. 1992: Thesen zum Lernen in Gedenkstätten, in: Hessische Landeszentrale für politische Bildung (Hrsg.): Gedenkstättenarbeit mit Jugendlichen – eine Herausforderung für die politische Bildung, Wiesbaden, S. 23-30; Rathenow, H.-F./Weber, N.H. 1995: Gedenkstättenbesuche im historisch-politischen Unterricht, in: Ehmann, A. u.a. (Hrsg.): Praxis der Gedenkstättenpädagogik. Erfahrungen und Perspektiven, Opladen, S. 12-36; Schmoll, F. 1994: Authentizität und Überlieferung. Fragen des Holocaust-Gedenkens in der Denkmalskultur und in Steven Spielbergs „Schindlers Liste", in: Puzzle 3, S. 16-19.

Hanns-Fred Rathenow

↗ *Band 1:* Gedenkstättenpädagogik; *Band 2:* Gedenkstätten; Historisch-politisches Lernen; Jugendbegegnungsstätten

Gedenktag

Jährlich wiederkehrende Gedenktage als Ausdruck des kollektiven öffentlichen Gedenkens und Erinnerns dienen der „Vergegenwärtigung von Vergangenem" im Bewußtsein der Nachlebenden (Steinbach 1997). Ursprünglich der religiössakralen Lebenswelt entstammend, spielen die säkularisierten Formen des gesetzlichen Nationalfeiertages wie des nationalen Gedenktages eine zentrale Rolle für das politische Selbstverständnis und die politische Kultur einer Gesellschaft oder Nation. Die symbolische Erinnerung an positive historische Traditionslinien und die Möglichkeit zur Kontrastierung der Gegenwart mit negativen Bezugspunkten der nationalen Geschichte schreiben ihnen sowohl eine kompensatorische, identitätsstiftende wie auch eine aufklärerisch-kritische Funktion zu. Damit stehen Gedenktage als Orte des kollektiven Gedächtnisses wegen ihrer legitimatorischen und integrativen Wirkungen nicht selten im Zentrum kontroverser Auseinandersetzungen um Geschichte. Sie laufen damit auch Gefahr, als inszenierte Symbole und Riten einer „Politik mit der Erinnerung" (Reichel 1995) instrumentalisiert zu werden.

Literatur: Pellens, K. (Hrsg.) 1992: Historische Gedenkjahre im politischen Bewußtsein. Identitätskritik und Identitätsbildung in Öffentlichkeit und Unterricht, Stuttgart; Reichel, P. 1995: Politik mit der Erinnerung. Gedächtnisorte im Streit um die nationalsozialistische Vergangenheit, München, Wien; Steinbach, P. 1997: Die Vergegenwärtigung von Vergangenem. Zum Spannungsverhältnis zwischen individueller Erinnerung und öffentlichem Gedenken, in: Aus Politik und Zeitgeschichte. Beilage zur Wochenzeitung Das Parlament, B 3-4/97 vom 17. Januar 1997, S. 3-13.

Ute Stiepani

↗ *Band 1:* Aktionstag, politischer; Nationalerziehung; Politische Kultur; Symbol, politisches

Gedicht

In Gedichten werden Form- bzw. Stilmittel wie Vers, Reim, Metapher oder Symbol zur Ausdrucksteigerung (Ästhetik) eingesetzt. Bedeutende Vertreter politischer Lyrik sind Heinrich Heine und Bertolt Brecht. Im Unterricht kann ein Gedicht als Impuls am Beginn einer inhaltlichen Auseinandersetzung stehen oder im Verlauf einer Erarbeitung als Ausdrucksform z.B. einer bestimmten historischen Epoche zur Veranschaulichung hinzugezogen werden. Neben Analyse und Interpretation von Gedichten zu gesellschaftspolitischen Aspekten kann das Schreiben von Gedichten zur Entfaltung von Kreativität und Subjektivität anregen. Der experimentelle Umgang mit Sprache dient dabei der Entwicklung von Formulierungen, mit denen absichtsvoll bestimmte Botschaften transportiert werden sollen.

Literatur: Rinsum, A. v./Rinsum, W. v. 1995: Interpretationen Lyrik, München; Waldmann, G. 1996: Produktiver Umgang mit Lyrik, Baltmannsweiler.

Carla Schelle

↗ Ästhetisches Lernen

Gerichtsbesuch

Gerichtsbesuche als unmittelbare Begegnungen mit der Rechtspflege vermindern die durch „Rechtsfremdheit" ausgelösten Schwellenängste vor juristischen Institutionen. Sie sollen unreflektiertes Mißtrauen gegenüber einer rechtstaatlich-formalisierten Rechtsfindung ebenso wie naive Rechts- und Instanzengläubigkeit abbauen und die pragmatische Sichtweise von Prozessen als Interessenausgleichsverfahren fördern. Bei der Planung sind die *Voraussetzungen* (Lehrplanbezug/notwendige Vorkenntnisse/schulrechtliche Vorgaben – z.B. Verbot der Teilnahme an Strafprozessen bei Sittlichkeitsdelikten, Taten gegen Leib und Leben) –, die methodische *Einordnung* (Exkursion: Einstieg zur Erarbeitung/Praxistest: Wiederholung und Transfer), notwendige *Begleitmaßnahmen* (Beobachtungs-/Protokollaufträge) und die *Nachbereitung* (Aus- und Bewertung von Informationen/Beobachtungen/Empfindungen) zu berücksichtigen. Da Gerichte neben streitentscheidenden auch exekutive Aufgaben haben, kommt außer der Teilnahme an Verhandlungen (Arbeits-, Straf-, Verwaltungsgerichtsbarkeit, u.a.) evtl. auch der Besuch von jedermann zugänglichen Verwaltungsabteilungen beim zuständigen Amtsgericht in Betracht (Mahnverfahren/ Registersachen, z.B. Handels-, Vereins-, Genossenschafts-, Schiffsregister). Wie sonstige Exkursionen und Erkundungen können Gerichtsbesuche Teil eines Projekts sein.

Literatur: Frey, K. 1995: Die Projektmethode, Weinheim, Basel; Giesecke, H. 1993: Politische Bildung, Weinheim, München; Hennings, A. 1984: Methodik des Rechtskundeunterrichts, Kurseinheit 2 der Fernuniversität Hagen, S. 56-63; Schönitz, B. 1977: Recht, S. 112-114, Berlin.

Ursula Wathling

↗ Exkursion; Gesetz; Handlungsorientierung; *Band 1:* Rechtsdidaktik; Rechtswissenschaft

Geschichtswerkstätten

Im Zuge des gegen Ende der 70er Jahre zunehmenden Interesses an alltagsgeschichtlichen Themen schlossen sich vielerorts professionelle und Laienhistoriker zur außeruniversitären Arbeit in lokalen Geschichtswerkstätten zusammen. Im Unterschied zu der bis dahin dominierenden Ereignis- und Strukturgeschichte sollten bei der historischen Spurensuche zumeist vor Ort bislang vernachlässigte Fragestellungen und Themen in den Vordergrund gerückt und mittels neuer Methoden, besonders der Oral History, erforscht werden. Aus der „praktischen Wissenschaftskritik" (Lindenberger/ Wildt 1989) einer „neuen Geschichtsbewegung" entstanden, gelten Geschichtswerkstätten heute nicht zuletzt aufgrund ihrer zunehmenden Professionalisierung als wichtige Akteure und Foren der Alltags-, Regional- und Lokalgeschichte.

Literatur: Frei, A. G. 1994: Die Geschichtswerkstätten in der Krise, in: Alltagskultur, Subjektivität und Geschichte. Zur Theorie und Praxis von Alltagsgeschichte. Hrsg. von der Berliner Geschichtswerkstatt,

Münster, S. 315ff.; Lindenberger, Th./Wildt, M. 1989: Radikale Pluralität. Geschichtswerkstätten als praktische Wissenschaftskritik, in: Archiv für Sozialgeschichte 24, S. 393ff.

Ute Stiepani

↗ Oral history; Werkstätten/Workshops; *Band 2:* Geschichtswerkstätten

Gesetz

Gesetze sind Sammlungen von Regeln des Zusammenlebens. Von anderen (sozialen, ethischen, sittlichen) Normensystemen unterscheiden sie sich insbesondere durch ihre Formalisierung sowie durch das staatliche Monopol bei der Rechtssetzung und -anwendung.

In der *Unterrichtspraxis* werden Gesetze oft in Form der trockenen Paragraphenkunde abgehandelt (z.B. Teile des Grundgesetzes oder auch die Normen der Strafprozeßordnung). Rechtliche Bildung zielt jedoch nicht auf Einzelkenntnisse, sondern auf kategoriale Einsichten in allgemeine Rechtsgrundsätze, die bei Unkenntnis erfahrungsgemäß Verständnisschwierigkeiten und Mißverständnisse – nicht nur bei Jugendlichen – hervorrufen können. Solche Grundsätze sollten induktiv aus konkreten Fällen erarbeitet werden (Fallprinzip, Tageszeitung). Im Rahmen politischer Bildung kommt es weiterhin darauf an, den Entstehungsprozeß und die Veränderbarkeit von Gesetzen deutlich zu machen (genetisches Prinzip), so daß ein Gesetz als verbindliches Ergebnis politischer Auseinandersetzungen und Interessenkämpfe wahrnehmbar wird.

Literatur: Grammes, T. 1998: Lernfeld Recht, in: ders.: Kommunikative Fachdidaktik, S. 443-540, Opladen.

Ari Zühlke, Tilman Grammes

↗ Fallanalyse, Fallstudie; Gerichtsbesuch; *Band 1:* Rechtsdidaktik; Rechtswissenschaft

Gestaltpädagogik

Gestaltpädagogik ist, wie vermutet werden könnte, kein eigenständiger pädagogischer Ansatz, sondern Ausdruck einer Existenzphilosophie im pädagogischen Feld. Mit anderen Worten: Gestaltpädagogik, die sich in Deutschland in den 70er Jahren aus der Gestalttherapie entwickelt hat, bezeichnet keine Pädagogik, sondern eine *Lebenshaltung* und somit eine menschliche Gestalt, die – wie das Leben – permanent in Bewegung (im Fluß) ist (vgl. Sieper/Petzold 1993). Infolgedessen sind Pädagoginnen und Pädagogen, die sich mit dem Gestaltansatz identifizieren, Menschen, die authentischen Kontakt zu ihren Sinnen und zu ihrer Umwelt haben (wollen). Kontakt bedeutet diesbezüglich „in Berührung sein" (Perls/Hefferline/Goodman 1992: 9). Sind Menschen in Kontakt mit sich selbst, können sie ihre schöpferische Kraft und ihre zwischenmenschliche Lebendigkeit spüren. Dementsprechend unterstützen gestaltorientierte Pädagoginnen und Pädagogen dialogische Lernprozesse, in denen die jeweiligen Adressatinnen und Adressaten mehr von sich selbst erfahren und ihre eigene Lebensentwicklung bestimmen können (vgl. Kühn 1991). Jedoch fordert diese Integrationsarbeit mit allen Sinnen verschiedene Wahrnehmungswiderstände heraus (vgl. Wheeler 1993: 123ff.). Sie begleiten ganzheitliche Erfahrungen und das Bewußtsein darüber im Sinne einer „vollständigen Gestalt" (Perls/Hefferline/Goodman ebd.). Der Begriff „Gestalt" zeigt den konzeptionellen Hintergrund von Gestalttherapie. Perls, der letztere in den 50er Jahren in den USA begründete, lehnte sich u.a. mit dem „Figur/Hintergrund-Prinzip" an die deutschen Gestaltpsychologen wie Köhler, Koffka und Wertheimer an (vgl. Wheeler 1993).

Während die mit den Widerständen verbundenen Kontaktunterbrechungen im Mittelpunkt von Gestalttherapien stehen, spiegeln sie den Pädagoginnen und Pädagogen die Wirkungsgrenzen ihrer Beziehungsarbeit wider. Infolgedessen setzen sich diese nicht mit „vergangenen Gestalten" auseinander, sondern zeigen in der Gegenwart, welche Entfremdungen das Selbst des Menschen in seiner Umwelt erfährt (vgl. Becker 1997). Pädagogisches *Ziel* ist dabei die Wahrnehmung der Verantwortung für das eigene Handeln jenseits der gesellschaftlichen Regeln, die dem Individuum eher schaden, als daß sie menschliches Wachstum fördern. Wachstum bedeutet für gestaltorientierte Pädagoginnen und Pädagogen, daß Lernen als Gewahrseins- und Kontaktprozeß geschieht. Dabei wird „der Mensch in seiner Ganzheit (Verstand – Gefühl – Körper)" (Scala 1992: 285f.), in seiner „Bezogenheit (Ich-andere-Umwelt)" (ebd.) und in seiner „Geschichtlichkeit (Vergangenheit – Gegenwart – Zukunft)" (ebd.) einbezogen.

Gesellschaftspolitisch steht der Gestaltansatz veränderungsorientierten Konzepten nahe. Es sollen destruktive Seiten von Gesellschaft aufgedeckt und konstruktiv-humane Gruppenformen gefunden werden.

Literatur: Becker, U. 1997: The Importance of (Recognizing and) Being Recognized. Über Anerkennung/„Recognition" im gestaltpädagogischen Englischunterricht oder Wie ich als Lehrerin ein mir bedeutsames Thema gestalte, in: Gestaltpädagogik, S. 25-36; Kühn, B. 1991: Zeit-Geschichte – Lebensgeschichte – Weiber-Geschichte(n): Oral History praktisch, in: Burow, O.-A./Kaufmann, H. (Hrsg.): Gestaltpädagogik in Praxis und Diskussion, Berlin, S. 75-80; Perls, F. S./Hefferline, R. F./Goodman, P. 1992²: Gestalttherapie. Grundlagen, Stuttgart; Scala, E. 1992: Gestaltpädagogik. Warum gibt es eine Gestaltpädagogik?, in: Krisch, R./Ulbing, M. (Hrsg.): Zum Leben finden: Beiträge zur angewandten Gestalttherapie, Köln, S. 281-303; Sieper, J./Petzold, H. 1993: Integrative Agogik – ein kreativer Weg des Lehrens und Lernens, in: dies. (Hrsg.): Integration und Kreation. Modelle und Konzepte der Integrativen Therapie, Agogik und Arbeit mit kreativen Medien, Paderborn, S. 359-370; Wheeler, G. 1993: Kontakt und Widerstand: ein neuer Zugang zur Gestalttherapie, Köln.

Cornelia Muth

↗ Ganzheitliches Lernen; *Band 1:* Emotionalität; Pädagogik; *Band 2:* Ganzheitlichkeit

Gestaltungslernen

Soll politischer Unterricht im Sinne Hilligens (1986: 362) dazu beitragen, (alle) Lernende für eine menschenwürdige Bewältigung „von und in Situationen" zu befähigen, so erfordert dies auch die Befähigung zur demokratischen (Um-)Gestaltung von Lebenssituationen. Hierunter sind alle individuellen und kollektiven Bestrebungen der Regulation sozialer Verhältnisse zu subsumieren, besonders derjenigen, die als unsachgemäß, entwürdigend, undemokratisch und somit gestaltungsbedürftig erlebt werden. Zielsetzung ist die Befähigung zur autonomieorientierten (Um-)Gestaltung von Lebenssituationen durch reflektierende und handelnde Subjekte (Jung 1993a: 266).

Die pädagogische Umsetzung dieses Anspruches erfordert die Einbeziehung grundlegender lerntheoretischer Erkenntnisse, nach denen sich menschliches Verhalten als Wechselbeziehung zwischen einem Subjekt (bzw. Subjekten) und dessen (deren) Umwelt(en) und Lernen als Änderung von Verhalten (Correll 1983: 11ff.) definiert. Zur Gestaltung von Lebenssituationen sind Einflußnahmen auf beiden Seiten des Qualifizierungsprozesses erforderlich. Objektbezogene Interventionen streben nach einer autonomieorientierten Veränderung von Umwelt, subjektbezogene auf die Aneignung handlungsrelevanter Persönlichkeitsdimensionen.

Die *methodische* Umsetzung des Gestaltungslernens verläuft in fünf sich wechselseitig beeinflussenden und sich gegenseitig bedingenden Stufen (Jung 1993b: 127ff.), die ggf. in konkrete Projektverläufe zu integrieren sind:

1. Fixierung der zu bewältigenden Situation/Zielbestimmung – Offenlegung ihrer Problemhaftigkeit – Definition des angestrebten Zieles/Zielbegründung – Analyse des Handlungsrahmens – Planung der Vorgehensweise
2. Definition der erforderlichen Qualifikationen – Bestimmung der erforderlichen individuellen Lernziele – Bestimmung der erforderlichen systemischen Veränderungsziele
3. Vereinbarung über methodische Vorgehensweisen – Offenlegung und Diskussion verschiedener Möglichkeiten
4. Prozeß der Kompetenzvermittlung – Vermittlung von Einstellungen, Erkenntnissen (Funktionswissen, Strukturwissen, Partizipationswissen und Kontrollbewußtsein) – Einübung von Handlungsweisen
5. Bewertung/Wichtung/Relativierung – kritische Reflexion des Lehr-/Lernprozesses – Verdeutlichung des simultanen und exemplarischen Charakters

Literatur: Correll, W. 1976[6]: Lernen und Verhalten – Grundlagen der Optimierung von Lernen und Lehren, Frankfurt/M.; Hilligen, W. 1986: Politische Bildung, in: Mickel, W. W. (Hrsg.): Handlexikon zur Politikwissenschaft, Bonn, S. 362-369; Jung, E. 1993a: Politische Bildung in Arbeit und Beruf: die Gestaltung von Arbeits- und Lebenssituationen, Frankfurt/M. u.a.; Jung, E. 1993b: Eine Methode zur Gestaltung von Lebens- und Arbeitssituationen, in: Mickel, W. W./Zitzlaff, D. (Hrsg.): Methodenvielfalt im politischen Unterricht, Schwalbach/Ts., S. 121-147.

Eberhard Jung

↗ Unterrichtsarrangement, demokratisches; *Band 1:* Artikulationsschema; Lebenshilfe; Lebensweltorientierung

Gewaltfreiheit

Der Begriff der Gewaltfreiheit wurde 1960 in den deutschen Sprachraum eingeführt (vgl. Wasmuth 1997: 21). Er orientiert sich am Konzept der „non-violence" M. Gandhis und M. L. Kings. Im Unterschied zu „Gewaltlosigkeit", der Abwesenheit von Gewalt und taktischem Verzicht auf Gewalt, versteht sich Gewaltfreiheit als ethisch motiviertes Lebensprinzip, das Gewalt privat und gesellschaftlich grundsätzlich ablehnt. Stattdessen soll das „Festhalten an der Wahrheit" („satyagraha", M. Gandhi), die „Kraft zum Lieben" (M. L. King) oder christliche Nächstenliebe nicht nur aktuelles Unrecht, sondern auch seine Ursachen überwinden (vgl. Gugel 1983: 3). Gewaltfreiheit beinhaltet ein umfassendes Lebensprinzip, eine Methode politischer Veränderung („gewaltfreie Aktion") und eine Didaktik sozialer und individueller Konflikt-Regelung („gewaltfreies Training").

Das Konzept gewaltfreier Aktion entwickelte sich aus dem *Widerstand* der Quäker im 17. Jahrhundert in Massachusetts. Leo Tolstoi greift diese Erfahrungen Anfang dieses Jahrhunderts auf, und unter seinem wie auch H. D. Thoreaus Einfluß verwirklicht M. *Gandhi* die erste große gewaltfreie Aktion in Südafrika. Die Weiterentwicklung im indischen Unabhängigkeitskampf beeinflußte die nordamerikanische Bürgerrechtsbewegung. Der Baptistenprediger *Martin Luther King* setzte sich intensiv mit Philosophie und Praxis M. Gandhis auseinander und formulierte die Grundgedanken aus christlicher Sicht (vgl. Painke 1997: 169f.).

Im deutschen Sprachraum beschrieb *Theodor Ebert* die gewaltfreie Aktion. Sie muß drei Kriterien erfüllen:

– den Gegner nicht verletzen;
– sich durch die konkrete Utopie einer repressionsfreien, sozialen Demokratie legitimieren und
– allen Teilnehmerinnen und Teilnehmern egalitäre Partizipation ermöglichen.

Zentral ist die Verbindung „subversiver Aktionen" (Protest, legale Nichtzusammenarbeit, ziviler Ungehorsam) mit „konstruktiver Aktion" (erste Verwirklichung des neuen sozialen Systems, z.B. Teach-in, alternative Lebens- und Arbeitsformen) (vgl. Ebert 1981: 34ff.).

Die Grundform des „gewaltfreien Trainings" entstand zu Beginn der US-Bürgerrechtsbewegung. In Gesprächen, Plan- und Rollenspielen wurde angemessenes, gewaltfreies Verhalten in unterschiedlichen Situationen reflektiert und trainiert. Dies sollte auf zu erwartende Konfrontationen und Konflikte im Rahmen der gewaltfreien Aktion vorbereiten, die Verhaltensmöglichkeiten erweitern und die Motivation stärken. Die gewaltfreien Trainings der USA (und Europas) betonen die gewaltfreie Methode und Technik, gegenüber der umfassenderen und spirituelleren Sichtweise in Indien (vgl. Painke 1997: 171f.).

In Deutschland wurde das erste gewaltfreie Training 1972 durchgeführt und erlebte in den 80er Jahren eine Hochphase in der Friedensbewegung gegen Atomwaffen. Seit den 90er Jahren werden Trainings vor allem gegen fremdenfeindliche Gewalt angeboten. Es wird eine persönliche Handlungskompetenz gesucht bei einer gleichzeitigen Entpolitisierung gewaltfreier Trainings im Sinne der Gesellschaftsveränderung. Das methodische Wissen wird zur privaten wie beruflichen Gewalt-Deeskalation in verschiedensten Feldern angeboten und genutzt (vgl. ebd.,

Beck/Peters 1995, Kuhn 1994). Eine Gegenbewegung dazu sind Trainingskonzepte für den „Zivilen Friedensdienst". Dazu sollen Personen ausgebildet werden, die gewaltfrei bei internationalen Krisen intervenieren können. Obwohl ermutigende Erfahrungen vorliegen, kann das Konzept bislang nur in kleinen Schritten umgesetzt werden (vgl. Berndt 1997).

Literatur: Beck, D./Peters, A. 1995: Training gegen Gewalt und Rassismus – gewaltfreie Nachbarschaftshilfe, in: Hufer, K.-P. (Hrsg.): Politische Bildung in Bewegung. Neue Lernformen der politischen Jugend- und Erwachsenenbildung, Schwalbach/ Ts., S. 69-118; Berndt, H. 1997: Ausbildung internationaler Friedensfachkräfte für gewaltfreie Einsätze in Konfliktgebieten, in: Büttner, C. W./Jochheim, G./Luer, N./Schramm, T. (Hrsg.): Politik von unten. Zur Geschichte und Gegenwart gewaltfreier Aktion, Sonderband der gewaltfreien aktion, Vierteljahreshefte für Frieden und Gerechtigkeit, H. 11/12, S. 179-188; Ebert, T. 1981[3]: Gewaltfreier Aufstand. Alternative zum Bürgerkrieg, Waldkirch; Gugel, G. 1983: Gewaltfreiheit ein Lebensprinzip, Verein für Friedenspädagogik, Materialien 6, Tübingen; Kuhn, H. 1994: Mit Verstand und Gefühl. Entwurf einer personorientierten politischen Bildung, München; Painke, U. 1997: Trainings für Gewaltfreiheit. Ein historischer Streifzug, in: Büttner, C. W./Jochheim, G./Luer, N./Schramm, T. (Hrsg.): Politik von unten. Zur Geschichte und Gegenwart gewaltfreier Aktion, Sonderband der gewaltfreien aktion, Vierteljahreshefte für Frieden und Gerechtigkeit, S. 167-178; Wasmuth, U. C. 1997: Auf den Spuren Gandhis. Theodor Ebert und die „Soziale Verteidigung", in: Büttner, C. W./Jochheim, G./Luer, N./Schramm, T. (Hrsg.): Politik von unten. Zur Geschichte und Gegenwart gewaltfreier Aktion, Sonderband der gewaltfreien aktion, S. 21-28.

Hubert Kuhn

↗ Gewaltprävention; Kampfkunst; Körperorientierung; Zivilcourage

Gewaltprävention

Gewaltprävention umfaßt alle Maßnahmen, die zur Verringerung bzw. Vermeidung von Gewalt dienen.

Die meisten Arbeiten zur Gewaltprävention beschränken sich auf Maßnah-

men für die potentiellen oder tatsächlichen Gewalttäter und blenden wichtige Aspekte kultureller und struktureller Gewaltursachen aus.

Krafeld (1992) hat zu Recht darauf hingewiesen, daß unser Augenmerk bei der Prävention zunächst den Problemen gelten müsse, die Gewalttäter *haben,* und erst dann den Problemen, die sie der Gesellschaft machen.

Es gilt zwischen der strukturellen und individuellen Ebene der Gewaltprävention zu unterscheiden; zwischen politischen, polizeilichen, (sozial-)pädagogischen und individuellen Maßnahmen.

Wichtig ist dabei zunächst die „Entdramatisierung des Problems". Eine Dramatisierung führt zu Empörung statt zu Erkenntnis, zu Betroffenheit statt zum Nachdenken. Dabei bedeutet die Relativierung der Gewalt nicht deren Verharmlosung oder Leugnung, sondern öffnet vielmehr die Chance für eine besonnene Analyse und damit auch für angemessene Präventions- und Repressionsstrategien.

Es gilt gezielt die strukturellen *Ursachen* der Gewalt zur Kenntnis zu nehmen und zu beseitigen. Hierzu gehört auch das vielschichtige Problem der Gewalt in den und durch die Medien (Pilz 1994).

Dabei wird es Aufgabe künftiger *Forschungsvorhaben* sein, weniger der Frage nach den Ursachen und Bedingungen der Gewalt nachzugehen als vielmehr der Frage nach den Ursachen und Bedingungen, die Menschen (noch) davon abhalten, trotz belastendster Lebens- und Alltagswelten, gewalttätig zu handeln. Es gilt die sozialen und persönlichen Schutzfaktoren herauszuarbeiten, die die negativen Wirkungen von lebensweltlichen Problemen abmildern oder gar aufheben können. Dies scheinen vor allem die gesellschaftlichen Institutionen zu sein, die Menschen Halt, Geborgenheit, Möglichkeiten der Entfaltung geben und sichern, die die vielen alltäglichen psychosozialen Belastungen quasi abfedern und damit für viele Menschen erträglich und verarbeitbar machen (Kolip 1993).

Je häufiger in der Öffentlichkeit das Problem der Gewalt diskutiert wird, desto lauter wird der Ruf nach dem starken Staat und der Ausweitung polizeilicher Befugnisse. Dieser Ruf ist häufig selbst von gewalttätigem Strafbedürfnis gespeist. So etwa sind gerade rechtsextremistische Gewalttäter die heftigsten Verfechter der härteren Bestrafung.

Polizei und Justiz sind nur das letzte Mittel gewaltpräventiver Maßnahmen, wenn alle anderen Instrumente versagen. Sinn und Zweck von Strafe müssen dabei Resozialisierung und erzieherische Wirkung sein. Daraus folgt, daß es nicht um die Verschärfung des Strafrechts gehen kann und darf, sondern um die Erhöhung der Aufklärungsquote bei Straftaten sowie um eine kurze Ermittlungs- und Prozeßdauer. Die präventive Wirkung einer Strafe ist weniger von ihrer Höhe als von der Häufigkeit der Aufklärung und Bestrafung des Täters abhängig und vor allem der zeitlichen Nähe der Bestrafung zur Tat.

Der *pädagogische Handlungsspielraum* ist begrenzt, der Schlüssel zur Gewaltprävention liegt in der Beseitigung gesellschaftlicher Unzulänglichkeiten, struktureller Gewalt, in der Arbeit an einer lebenswerten, sinnstiftenden Gesellschaft, einer Gesellschaft, die Chancen zur Selbst- und zur Identitätsfindung sowie zur Selbstverwirklichung eröffnet.

Sozialarbeit kann zwar keine strukturbedingten Konflikte lösen, sie kann aber in „sozialhygienischer" Absicht vorhandene Bedürfnisse befriedigen und auffällige Verhaltensweisen verarbeiten (Deiters/Pilz 1998). Entsprechend erfordern *pädagogische* Maßnahmen zur Gewaltprävention zum einen die Erhöhung der kommunikativen Kompetenz z.B. durch Konfliktlösungsstrategien, Mediation, aber auch das Anti-Aggressivitäts-Training. Diese Verfahren helfen aber nur bei Gewalt, die bei Konflikten ausgeübt wird. Bei expressiver Gewalt bedarf es anderer Mittel (z.B. Sport als Ventil; Pilz 1998). Es ist deshalb auch wichtig, Empathie und Toleranz, sich selbst zurückzunehmen zu lehren und lernen. Dabei ist vor allem bei Erzieherinnen und Erziehern eine Selbstreflexion des eigenen Verhaltens wichtig.

Für Kinder und Jugendliche kommt der *Schule* eine zentrale Bedeutung zu, der sie momentan nur unzureichend gerecht zu werden scheint. Schule muß zum Zentrum werden, in dem sich die Kinder und Jugendlichen in der Freizeit treffen, Möglichkeiten haben, etwas gemeinsam zu machen. Die Schule muß zum Zentrum des Stadtteils werden. Ganztagsschulen fördern dabei die öffentlichen Tugenden des Miteinander-Auskommens und Zusammenlebens. Vor allem kann und darf sich die Schule nicht weiter auf die reine Wissensvermittlung zurückziehen, sondern muß sich auch den Erziehungsaufgaben stellen.

Darüber hinaus weisen Nicklas/Ostermann/Büttner (1997) in diesem Kontext auf die Bedeutung der sozialen, *nachbarschaftlichen* Kontrolle hin. Das Wegsehen fördert Gewalt. Es ist wichtig, Grenzen zu setzen. Es gilt einen starken öffentlichen Druck gegen die Anwendung von Gewalt in allen gesellschaftlichen Bereichen herzustellen.

Gewaltprävention ist ein gesamtgesellschaftliches Problem, die Zuweisung an einzelne Institutionen wie Familie, Schule, Polizei, Medien, Politik usw. greifen zu kurz: Nur ein Netz verschiedener Maßnahmen verspricht Erfolg bei der Gewaltprävention. Nur durch das aufeinander abgestimmte Handeln von Eltern, Lehrern, Erziehern, Sozialarbeitern, Polizei, Gerichten, Strafvollzug, Medien und Politik kann es gelingen, die Gewalt einzudämmen. Den vielerorts eingerichteten *Präventionsräten* kommt in diesem Kontext eine große Bedeutung zu. Dabei kann Prävention als gesamtgesellschaftliche Aufgabe ihre positive Wirkung nur dann in voller Breite entfalten, wenn sie auf dem Prinzip der *Freiwilligkeit* beruht. Die konkrete Präventionsarbeit könnte sich dabei auf folgende Bereiche beziehen:

– Mitwirkung bei bzw. Forderung nach sozialen Infrastrukturmaßnahmen in Wohngebieten zur Verhinderung von Vandalismus oder Kriminalität

– Planung und Durchführung von Jugendschutzwochen an Schulen

– Entwicklung von Konzepten zur Wiedereingliederung von Straffälligen

– Entwicklung und Initiierung von Konzepten zur Freizeitgestaltung, die in betreffenden Gruppen auch Akzeptanz finden

– Anregung und Förderung von Maßnahmen zur Stärkung der informellen Sozialkontrolle (z.B. Nachbarschaftshilfen)

– Analyse der Tatgelegenheitsstrukturen und Erarbeitung von Verbesserungsvorschlägen (z.B. Ausgestaltung von Grünanlagen, Notrufmöglichkeiten, Frauenparkplätzen, Frauentaxi usw.)

Dabei sind multidimensionale Strategien notwendig, die auf den verschiedenen Ebenen und an den verschiedenen Formen ansetzen. So vielschichtig wie die Ursachen der Gewalt, so vielschichtig müssen auch die Präventionsmaßnahmen sein: Handelt es sich um persönlichkeitsabhängige Gewalt, so erscheint mehr Kontrolle, mehr Regelung notwendig. Ist Gewalt dagegen die Antwort auf gesellschaftliche Struktureffekte – und dies ist überwiegend der Fall –, so sind die Antworten auf die Frage nach der Vorbeugung viel komplizierter, die Frage nach der Schuld trifft viele.

Literatur: Bohn, I./Kreft, D./Segel, G.(Hrsg.) 1997: Kommunale Gewaltprävention. Eine Handreichung für die Praxis. Das Aktionsprogramm gegen Aggression und Gewalt AgAG Bd. 5, Münster; Deiters, F.-W./Pilz, G. A. (Hrsg.) 1998: Aufsuchende, akzeptierende, abenteuer- und bewegungsorientierte, subjektbezogene Sozialarbeit mit rechten, gewaltbereiten jungen Menschen – Aufbruch aus einer Kontroverse, Münster; Faller, K./Kerntke, W./Wackmann, M. 1996: Konflikte selber lösen. Ein Trainingshandbuch für Mediation und Konfliktmanagement in Schule und Jugendarbeit, Mülheim a. d. Ruhr; Kolip, P. 1993: Freundschaften im Jugendalter. Der Beitrag sozialer Netzwerke zur Problembewältigung, Weinheim, München; Krafeld, F.-J. 1992: Eskalation der Gewalt gegen Ausländer – und was tun?, in: deutsche jugend 11, S. 500-502; Limmer, C./Becker, D./Riebl, A. 1996: 88 Impulse zur Gewaltprävention, Kiel; Nicklas, H./Ostermann, Ä./Büttner, C. 1997: Vaterlos, gottlos, arbeitslos? – wertlos? Zum Problem der Jugendgewalt und mögliche Präventivstrategien, Frankfurt/M., HSFK-Report 4/1997; Pilz, G. A. 1994: Jugend, Gewalt und Rechtsextremismus. Möglichkeiten und Notwendigkeiten politischen, polizeilichen, (sozial-)pädagogischen und individuellen Handelns, Münster; Pilz, G. A. 1998: Sport – ein Königsweg in der Gewaltprävention?, in: Zimmer, R. (Hrsg.): Handbuch für Kinder- und Jugendarbeit im Sport, Aachen; Reinbold, K.-J./Jans, B. (Hrsg.) 1996: Handbuch zur Gewaltprävention, Bonn; Schwind, H.-D./Baumann, J. u.a. (Hrsg.) 1990: Ursachen, Prävention und Kontrolle von Gewalt. Analysen und Vorschläge der Unabhängigen Regierungskommission zur Verhinderung und Bekämpfung von Gewalt, 4 Bde., Berlin; Weidner, J./Kilb, R./Kreft, D. (Hrsg.) 1997: Gewalt im Griff. Neue Formen des Anti-Aggressivitäts-Trainings, Weinheim, Basel.

Gunter A. Pilz

⬈ Gewaltfreiheit; *Band 1:* Friedenspädagogik

Gruppenarbeit

Gruppenarbeit ist diejenige Arbeitsform, in der im Rahmen der Sozialform Gruppenunterricht Schülerinnen und Schüler in auf Zeit gebildeten Teilgruppen ein vorgegebenes bzw. gemeinsam mit dem Lehrer bzw. der Lehrerin entwickeltes Thema in einem selbstgesteuerten Lernprozeß ergebnis- und produktorientiert bearbeiten und anschließend einem Plenum präsentieren. Gruppenarbeit ist besonders geeignet, den selbständigen Umgang mit den unterschiedlichsten Methoden und Medien zu schulen, Probleme aus verschiedenen Perspektiven zu betrachten und dabei gleichzeitig in einem gruppendynamischen Prozeß Kommunikationsfähigkeit und eigenes Agieren in Auseinandersetzung mit anderen zu entwickeln. Deshalb vermag Gruppenarbeit im besonderen Maße, den Erwerb zentraler Schlüsselqualifikationen der politischen Bildung wie politische Analyse- und Urteils- sowie Handlungsfähigkeit anzubahnen. Darüber hinaus fördert sie den Erwerb wichtiger sozialer bzw. personaler Kompetenzen wie Flexibilität, Teamfähigkeit, Kommunikationsfähigkeit, Prozeßdenken, Kompromißfähigkeit und Aushalten von gegensätzlichen Positionen und schafft somit eine entscheidende Voraussetzung für die politische Beteiligung des Bürgers.

Die Bildung arbeitsfähiger Gruppen ist eine Grundvoraussetzung für erfolgversprechende Gruppenarbeit. Die Art und Weise der Gruppenzusammensetzung hängt entscheidend von den Intentionen ab, die der Lehrer/die Lehrerin mit der Gruppenarbeit verfolgt. In der Literatur gibt es bisher keine allgemein anerkannte Typologie, nach der Gruppen gebildet werden können. Gruppenbildung kann auf der Grundlage *sozialer* (u.a. leistungshomogen oder -heterogen, geschlechtshomogen oder -heterogen, freiwillig oder lehrergeleitet, freundschafts- oder arbeitsbezogen), *intentional-inhaltlicher* (u.a. arbeitsteilig oder arbeitsgleich), *pragmatischer* (u.a. Größe der Klasse, Sitzordnung, Zeitbudget), *zeitlicher* (kurz- oder langfristig) oder *funktionaler* (u.a. mono- oder multifunktional) Kriterien erfolgen. All diese Unterscheidungen sind nur mehr oder weniger trennscharf, doch helfen sie, sich bewußtzumachen, welcher Typus der Gruppenbildung im eigenen Unterricht vorherrscht und welcher eventuell zu kurz kommt.

Gruppenarbeit gliedert sich idealtypisch in eine Planungs-, eine Durchführungs- und eine Auswertungsphase. Während in der ersten und dritten Phase dem Lehrer/der Lehrerin in der Regel die entscheidende Rolle als Initiator und Lenker des Unterrichtsprozesses zukommt, beschränkt sich seine/ihre Rolle in der Phase der eigentlichen Gruppenarbeit auf die eines Moderators. Wichtig ist, daß bei der Formulierung der Arbeitsaufträge darauf geachtet wird, daß Aufgaben gestellt werden, die nur von der Gruppe gemeinsam gelöst werden können, und daß den Schülerinnen und Schülern vor Beginn der Gruppenarbeit deutlich gemacht wird, daß sie nach Beendigung derselben ihre Ergebnisse dem Plenum präsentieren müssen.

Der Auswertungsphase fällt im Rahmen der Gruppenarbeit eine Schlüsselrolle zu. In ihr müssen die Einzelaspekte des Themas zusammengeführt, systematisiert, gebündelt, kategorial strukturiert und unter Bezugnahme auf die didaktische Perspektive und den gruppendynamischen Prozeß inhaltlich und methodisch reflektiert werden. Damit dies gelingen kann, ist es unverzichtbar, hinreichend Zeit zur Verfügung zu stellen.

Die Entscheidung für Gruppenarbeit bedeutet in der Regel, daß sie im Zentrum des Unterrichts steht und ihn zeitlich und inhaltlich bestimmt. Deshalb sollte bei jeder Entscheidung für oder gegen den Einsatz von Gruppenarbeit sorgfältig geprüft werden, ob diese Arbeitsform geeignet ist, die Intentionen des jeweiligen Unterrichts angemessen zu vermitteln, oder ob es nicht sinnvollere Alternativen gibt. Eines sollte jedoch immer klar sein: Gruppenarbeit ist keine Arbeitsform, die es ermöglicht, viel Stoff in kurzer Zeit zu bewältigen. Eher das Gegenteil ist der Fall.

Literatur: Gudjons, H. (Hrsg.) 1995: Handbuch Gruppenunterricht, Weinheim/Basel; Haubrich, H. 1993[5]: Gruppenarbeit, in: Haubrich, H./Kirchberg, G./Brucker, A./Hausmann, W./Richter, D.: Didaktik der Geographie konkret, München, S. 166-169; Meyer, H. 1994[6]: Unterrichts-Methoden II: Praxisband, Frankfurt/M.; Nonnenmacher, F. 1999: Gruppen- und Partnerarbeit, in: Mickel, W. W. (Hrsg.): Handbuch der politischen Bildung, Bonn, S. 492-496; Schroeder, G./Schroeder, H. 1975: Gruppenunterricht, Didaktische Modelle 4, Berlin.

Kurt Lach

↗ Gruppendynamik; Kommunikation; Sozialformen

Gruppendynamik

Der Begriff Gruppendynamik wird gebraucht im Sinne von (vgl. Geißler/ Hege 1992, 139ff.):

– Gruppendynamik als *Wissenschaft*: Es werden die psycho- und soziodynamischen Vorgänge und Regelmäßigkeiten erforscht innerhalb von Gruppen und zwischen Gruppen verschiedenster Art.

– Gruppendynamik als Wissen über *Gesetzmäßigkeiten* in Gruppen: Die experimentelle Kleingruppenforschung erklärt, wie sich idealtypisch Gruppen

entwickeln, welche Rollen wie bedeutsam werden und was die Lern- und Arbeitsfähigkeit in Gruppen beeinflußt.

– Gruppendynamik als bewußtes *Handeln* in Gruppen: Das Verhalten in einer Gruppe orientiert sich an der wahrgenommenen Dynamik, um gesetzte Ziele zu erreichen.

Kurt *Lewin* entdeckte in den USA der 30er Jahre in den sogenannten Hawthorne-Experimenten, daß die Leistung von Arbeitsgruppen nicht nur beeinflußt wird durch Aufgabe und sachlich-räumliche, sondern auch durch sozial-emotionale Bedingungen. Die Erkenntnisse aus diesen und nachfolgenden Untersuchungen stellten die „Beziehungsebene" und ihre Wechselwirkung mit der „Arbeitsebene" in den Mittelpunkt gruppendynamischen Interesses. Besondere Beachtung fand die Analyse unterschiedlicher *Führungsstile* bei Lehrerinnen und Lehrern. Im sozialpsychologischen Test erwies sich der „freiheitlich-demokratische" gegenüber dem „autoritären" beziehungsweise dem „Laissez-faire"-Führungsstil als eindeutig überlegen. Es wurde sowohl mehr als auch intensiver gelernt, und insbesondere demokratisches Verhalten bei Entscheidungen und Konflikten eingeübt (vgl. Brocher 1981: 31f.).

Diese Erfahrungen mit dem demokratischen Führungsstil förderten in den 70er Jahren hohe emanzipatorische Erwartungen an die Methode Gruppendynamik. Die Ausbildung von demokratischen Leiterinnen und Leitern, besonders in Schule und Pädagogik, sollte auch die Gesellschaft verändern. Diese überhöhten Ansprüche an die gesellschaftliche Wirksamkeit von Gruppendynamik werden heute aufgegeben (vgl. Geißler/Hege 1992: 170). Für die Veränderung und

Entwicklung von Organisationen bietet Gruppendynamik sowohl konzeptionell wie methodisch wirksame Hilfen (vgl. Rechtien 1992: 145ff.).

In *politischer Bildung* kann Gruppendynamik, neben dem didaktisch-pädagogisch notwendigen Wissen, insbesondere genutzt werden für

– sozialpsychologische, politisch wirksame Phänomene, wie Macht in Gruppen und Organisationen, Sündenbock-Mechanismus, Konkurrenz und Kooperation in und zwischen Gruppen, Konformität und Autonomie (zum Beispiel *Zivilcourage*), „group think" bei Entscheidungen unter Streß (vgl. Sader 1991: 218ff.);

– interkulturelles Lernen, die Balance von Sicherheit und Unsicherheit in pluralen Wirklichkeiten, konstruktives Umgehen mit Fremdheit und anderen Kulturen.

Gruppendynamik kann abstrakte Begriffe erfahrbar machen. Über das reflektierende Verstehen hinaus können Teilnehmerinnen und Teilnehmer die eigene Handlungsfähigkeit entwickeln.

Literatur: Brocher, T. 1982[16]: Gruppendynamik und Erwachsenenbildung. Zum Problem der Entwicklung von Konformität oder Autonomie in Arbeitsgruppen, Braunschweig; Geißler, K. A./Hege, M. 1992[6]: Konzepte sozialpädagogischen Handelns. Ein Leitfaden für soziale Berufe, Weinheim, Basel; Rechtien, W. 1992: Angewandte Gruppendynamik. Ein Lehrbuch für Studierende und Praktiker, München; Sader, Manfred 1994[4]: Psychologie der Gruppe, Weinheim, München.

Hubert Kuhn

↗ Gruppenarbeit; Lehrer/innenrolle; *Band 1*: Lehrer/innenrolle

Handlungsmuster

Handlungsmuster „bestimmen die Form, in der sich Lehrer und Schüler die natürliche und gesellschaftliche Wirklichkeit aneignen. Es sind historisch gewachsene, von den Handelnden mehr oder weniger fest verinnerlichte Modelle der Auseinandersetzung mit den Inhalten und Lernaufgaben des Unterrichts" (H. Meyer I: 127). Die tatsächliche, durchaus variable Ausformung und Qualität der Handlungsmuster realisiert sich – ähnlich wie die Umsetzung von Drehbuchanweisungen in Inszenierungen – in konkreten Handlungssituationen sowie in ihrem wechselwirksamen Verhältnis zu der in der jeweiligen Unterrichtsphase praktizierten Sozialform.

Handlungsmuster lassen sich entsprechend der in ihnen geleisteten Tätigkeiten folgendermaßen *klassifizieren*: Gesprächs- und Vortragsformen, Disputationsformen, Simulations- und Spielformen, Formen künstlerischen und technischen Gestaltens, Formen des Meditierens, Formen des Experimentierens, Dokumentationsformen, Demonstrationsformen, Formen der Befragung und Erkundung, Formen der Evaluation, Produktionsformen, vielfältige Formen von Arbeitstechniken etc.

Als mehr oder weniger *Synonyme* für Handlungsmuster finden Begriffe wie (Unterrichts-)Methoden, Unterrichtsformen, Arbeitsformen und Aktionsformen Verwendung.

Literatur: Bundeszentrale für politische Bildung (Hrsg.) 1991:Methoden der politischen Bildung – Handlungsorientierung, Bonn; Meyer, H. 1994[6]: Unterrichts-Methoden, I: Theorieband, II: Praxisband, Frankfurt/M.; Mickel, W. W./Zitzlaff D. (Hrsg.) 1993: Methodenvielfalt im politischen Unterricht, Hannover.

Klaus Koopmann

↗ Aktionsformen; Arbeitsformen; Sozialformen

Handlungsorientierung

Handlungsorientierung ist ein pädagogischer Leitbegriff, der verschiedene didaktisch-methodische Prinzipien integriert. Das Prinzip stammt aus der demokratischen Reformpädagogik der Jahrhundertwende: Die Arbeitsschulbewegung betont die Aktivität des Schülers gegen die traditionelle Buchschule des 19. Jahrhunderts und versucht dadurch auf die neuen Anforderungen von Gesellschaft und Politik vorzubereiten. Handlungsorientierung hat sich seit den 70er Jahren erneut zu einem „kategorischen Imperativ" auch in den Fachdidaktiken entwickelt. Handlungsorientierte Unterrichtsmethoden sollen die Selbstbestimmung und Mündigkeit (Lernziel Emanzipation) der Lernenden fördern. Das Konzept handlungsorientierten Unterrichts wird von Lehrenden aus einem unmittelbaren Praxiszusammenhang heraus entwickelt und dann erst im nachhinein mit Hilfe bestimmter sozialwissenschaftlicher oder philosophischer Positionen zu begründen versucht. Guter handlungsorientierter Unterricht umfaßt heterogene reformpädagogische Prinzipien (Grammes 1997 in Anlehnung an Hilbert Meyer). Sie sind jeweils motiviert aus einer *Kritik* am herkömmlichen Unterricht:

1. Das Prinzip *Produktorientierung* (Vergegenständlichung der Lernergebnisse) betont Primärerfahrungen gegenüber medialen Erfahrungen „aus zweiter Hand" (originale Begegnung) und kritisiert eine „verkopfte" Buchschule, in der Textauslegung nach dem Frage-Antwort-Schema als methodische Monostruktur vorherrscht;

2. das Prinzip *Schüleraktivität* kritisiert die Dominanz rezeptiver und lehrerzentrierter Lehrformen;

3. das Prinzip *Öffnung der Schule* (z.B. durch Methoden wie Erkundung, Hearing) kritisiert die Realitätsferne und Folgenlosigkeit künstlichen Schulwissens;

4. das Prinzip *Lernen mit Kopf, Herz und Hand* verbindet kognitives mit emotionalem Lernen und kritisiert eindimensionale Rationalitätsformen;

5. das Prinzip *Ganzheitlichkeit* fordert Projekte und kritisiert die Zersplitterung von Erfahrungen zu „Häppchenkost" in Schulfächern;

6. das Prinzip Anknüpfen an *Schülerinteressen* versucht die Schülerinnen und Schüler abzuholen, wo sie stehen, und wendet sich gegen starre Stoffsystematiken und Abbilddidaktik;

7. das Prinzip *Beteiligung* der Schülerinnen und Schüler an Planung, Durchführung und Auswertung des Unterrichts wendet sich gegen die lehrplan- und lehrerzentrierte Fremdbestimmung der Unterrichtsziele, -inhalte und -methoden.

Da diese Prinzipien zunächst additiv nebeneinanderstehen, gestaltet sich die Praxis handlungsorientierten Unterrichts sehr heterogen. Das *Spektrum* reicht vom „schüleraktiven" Ausfüllen vorgegebener Rahmen in Kreuzworträtseln, Puzzlen oder Arbeitsbögen bis hin zu klassenübergreifenden, mehrwöchigen Projekten, die verändernd in das kommunale Leben eingreifen. Systematisch-kritische Evaluationen handlungsorientierter Methodik politischen Lernens im Vergleich mit herkömmlichen Unterrichtsformen fehlen bislang.

Literatur: Breit, G./Schiele, S. (Hrsg.) 1998: Handlungsorientierung im Politikunterricht, Schwalbach/Ts.; Grammes, T. 1997[2]: Handlungsorientierung im Politikunterricht, Hannover.

Tilman Grammes

↗ Arbeitsplanung; Ganzheitliches Lernen; Handlungsmuster; Produktorientierung; *Band 1:* Handlungsorientierung; Handlungswissen; *Band 2:* Handlungsorientierung

Hausaufgaben

„Hausaufgaben" können als schulische Arbeitsaufträge verstanden werden, die in der Regel im häuslichen Bereich zu erledigen sind. Während der Hauptakzent der Arbeit in der Schule liegt, haben Hausaufgaben vor allem ergänzende Funktionen, die je nach dem realisierten Unterrichtskonzept in erheblichem Maße differieren können.

Empirische Untersuchungen über die Effektivität von Hausaufgaben ergeben oft ein diffuses und auch widersprüchliches Bild. Während ihre Bedeutung für höhere Lernleistungen kontrovers diskutiert wird, sind offenbar Disziplinierungseffekte durch das regelmäßige, fremdbestimmte Arbeiten eher nachzuweisen (Meyer 1995: 175).

Im Bereich der *Wissensvermittlung* können Hausaufgaben mit vorwiegend reproduzierendem Charakter vor allem der Ergebnissicherung und/oder einem übenden Wiederholen dienen. Stehen Qualifikationsziele des Urteilens und Handelns im Vordergrund, so bieten sich produkt- und handlungsorientierte Möglichkeiten an, die themen- und gruppendifferenziert, aber auch freiwillig sein können. In Abhängigkeit von der jeweiligen Unterrichtssituation empfiehlt sich ein kontextspezifisches Vorgehen, bei dem schriftliche, mündliche sowie produkt- oder projektbezogene Hausaufgaben in einem ausgewogenen Verhältnis stehen sollten. Entsprechend einer demokratischen Unterrichtsgestaltung sollten Hausaufgaben für die Lerngruppe nicht nur subjektiv sinnvoll sein, sondern auch *Rückmeldungen* über den Unterrichtsverlauf einschließen, die eine Bestätigung, aber auch notwendige Korrekturen beinhalten können.

Literatur: Becker, G. E./Kohler, B. 1996: Hausaufgaben. Kritisch sehen und die Praxis sinnvoll gestalten, Weinheim; Meyer, H. 1995: Unterrichts-Methoden, Frankfurt/M.

Fritz Marz

⬈ Erfolgskontrolle; Feedback

Hearing

Ein Hearing ist eine spezifische Form der Sachverständigenbefragung, die vor allem im parlamentarisch-politischen Raum genutzt wird, um zu einem bestimmten (meist strittigen) Thema die notwendigen Informationen und die verschiedenen Positionen zu erfahren.

Eine Sachverständigenbefragung ist weder ein Expertenvortrag noch eine Diskussion. Im Rahmen der politischen Bildungsarbeit sollen die Teilnehmerinnen und Teilnehmer durch diese Methode mehr über die Hintergründe für unterschiedliche Sichtweisen und Bewertungen eines Sachverhaltes erfahren, um so zu einer fundierten eigenen Meinung kommen zu können.

Die Expertinnen und Experten können zu Beginn des Hearings durch ein kurzes Statement (oder durch die Beantwortung vorab gestellter Leitfragen) den eigenen Standpunkt darlegen. Danach sollten diese Äußerungen befragt, vertieft und mit anderen Sichtweisen konfrontiert werden.

Bereits im Vorfeld muß geklärt werden, zu welchem Bereich des Problemfeldes spezielle Informationen oder Beurteilungen eingeholt werden sollen, worin die eigenen Unsicherheiten und die *öffentlichen Kontroversen* im Umgang mit dem Thema liegen und was von einer Expertin bzw. einem Experten realistischerweise erwartet werden kann.

Die Teilnehmerinnen und Teilnehmer müssen in einer Vorbereitungsphase ihr Vorverständnis zum Problem geklärt und möglichst einen (schriftlich ausgearbeiteten) *Fragenkatalog* bzw. einen Interviewleitfaden erarbeitet haben. Daneben muß jedoch auch Platz für spontane, unvorbereitete Fragen bleiben. Geklärt werden muß auch, wer die Befragung durchführt und wann die Diskussion für alle geöffnet wird.

Unter Bildungsaspekten ist entscheidend, wie die Befragung ausgewertet und wie mit den Ergebnissen weitergearbeitet wird. Die erhaltene Information sollten nochmals im Teilnehmerkreis kritisch beleuchtet werden. Verbleibende Unklarheiten müssen u.U. zu neuen Recherchen führen.

Günther Gugel

↗ Expertenbefragung; Fragebogen; *Band 2:* Veranstaltungsformen

Heimlicher Lehrplan

Der Begriff wurde von dem Psychoanalytiker und Marxisten *Bernfeld* (1925) geprägt, dann in der amerikanischen Curriculumforschung (hidden curriculum) der 60er und 70er Jahre aufgenommen und von dort in die bundesrepublikanische Didaktik reimportiert. Die (polemische) *Kernthese* lautet, daß die Schule als Institution politisch im Sinne einer Einpassung in das gegebene gesellschaftliche System erzieht. Diese Funktionswirkung der Institution sei unabhängig von normativ-idealistischen Lehrplanzielen oder didaktisch-methodisch guten Absichten. Das gegliederte Schulsystem erzeugt eine „Illusion der Chancengleichheit", denn formale Gleichbehandlung bei vorhandener sozialer Ungleichheit bedeutet faktische Ungleichbehandlung. Das Zensurensystem als „geheimer Miterzieher" fördert Konkurrenzverhalten und eine strategische Einstellung gegen-

über den Lerninhalten. In neuerer Zeit sind der heimliche Lehrplan der Geschlechtererziehung oder der monolingualen Schule in der de facto multikulturellen und mehrsprachigen Schülerschaft kritisiert worden.

Auf mikrodidaktischer Ebene der Interaktions- und Kommunikationsmuster im Unterricht kann der Begriff kritisch auf den Denkfehler des Lehr-Lern-Kurzschlusses aufmerksam machen: Wie bei allem menschlichen Handeln in systemischen Kontexten muß auch bei didaktischem Handeln die Handlungsabsicht des Lehrenden nicht mit der Handlungswirkung beim Lernenden übereinstimmen (Kritik normativer Didaktik). Was gelernt wird, bestimmen letztlich die Schülerinnen und Schüler. Drei Auswirkungen des heimlichen Lehrplans sind politikdidaktisch thematisiert worden:

1. *Sozialcharakter.* In herkömmlichen Unterrichtsmustern würden sogenannte Sekundärtugenden wie Sauberkeit, Ordnung, Pünktlichkeit, Disziplin etc. mitgelernt. Dies fördere einseitig Verhaltensweisen unhinterfragter Norm- und Aufgabenerfüllung (außengeleiteter Charakter, affirmative politische Sozialisation).

2. *Lernerdidaktiken:* Qualitative Lernprozeßanalysen zeigen, daß Schülerinnen und Schüler in der Schulzeit vor allem lernen, die Handlungen des Lehrenden zu beobachten und auf verborgene Absichten hin auszudeuten. Schülerinnen und Schüler werden dadurch unfreiwillig zu „didaktischen Rekonstrukteuren" (Jürgen Diederich) ausgebildet: sie lernen zu sagen, was der Lehrende (vermutlich) hören will (Förderung von konformem Denken im sogenannten Erarbeitungsmuster).

3. *Unterrichtsinhalte:* Auf der Inhaltsebene führe dies häufig zu Zweisprachigkeit (double talk): in offiziellen Lernsituationen äußern die Lernenden zwar gesellschaftlich erwünschte Meinungen (z.B. Normen wie Toleranz oder Umweltschutz); in informellen Situationen, z.B. der Gleichaltrigengruppe oder am Stammtisch, bleiben Vorurteile und Verhaltensmuster resistent. Dies fördert eine selbstgerechte und moralisierende Haltung gegenüber gesellschaftlichen Problemen.

Literatur: Bernfeld, S. 1967: Sisyphos oder die Grenzen der Erziehung (1925), Frankfurt/M.; Zinnecker, J. (Hrsg.) 1975: Der heimliche Lehrplan, Weinheim, Basel.

Tilman Grammes

↗ *Band 1:* Geschlechterdifferenz; Lernerdidaktik

Hermeneutische Methoden

Hermeneutik ist die Kunstlehre der Auslegung von Sinngebilden, die in allen Textwissenschaften Anwendung findet und bereits in der Antike entwickelt worden ist. Die vom griech. hermeneutike (techné) abstammende Kategorie verweist auf das methodische Element verstehender Verfahren der (Text-)Interpretation, die gleichwohl in Prozeduren alltäglicher Verständigung begründet sind (Gadamer 1965).

Gleich ob in der Theologie, in der Jurisprudenz, der Linguistik, den Sprach- und Sozialwissenschaften, den Geisteswissenschaften oder der Kulturanthropologie angewandt, eint alle hermeneutischen Verfahren die Arbeit „am Fall", die exemplarische, nicht repräsentative Geltung der Fallanalyse und ihre Geltung „bis auf weiteres".

Grundfrage der Hermeneutik ist, wie Sinnverstehen angesichts einer fremden,

und sozial vorgängig konstituierten Lebenspraxis oder des Ausdrucks einer „inneren Wirklichkeit", die nicht der unmittelbaren Beobachtung und Beschreibung zugänglich ist, überhaupt möglich sein kann.

Prämissen der Hermeneutik bzw. methodisch geleiteter Verfahren des Fremdverstehens sind die folgenden Annahmen:

1. Ausgegangen wird von einer *Strukturhomologie* des Erkenntnisgegenstandes (vorsprachlicher oder sprachvermittelter Sinnstrukturen, Handlungsschemata, Deutungsmuster und Weltbilder sowie kultureller Artefakte) und der Methode des Fremdverstehens. Diese gründet in der strukturellen Homologie zwischen sinnverstehenden Alltagspraktiken der Verständigung und hermeneutischen Verfahren der rekonstruktiven Sinninterpretation: In beiden Fällen ist der Umgang mit Deutungsmöglichkeiten (oder „Lesarten"), nicht die Feststellung von Tatsachen, die Basisoperation. Nur weil Forscherinnen und Forscher ebenso wie Informantinnen und Informanten und die im Alltag Handelnden immer schon an einer sinn- und sprachvermittelten sozialen Welt teilhaben, ist auch das Verstehen einer Fremdkultur möglich: Die Teilhabe an einer Lebenspraxis ist die Bedingung der Möglichkeit hermeneutischer Operationen (Schütz 1974).

2. Doch anders als im Alltag, in dem sich Verständigung auf Basis von Vertrauen und von Handlungsroutinen quasi „abgekürzt" vollzieht, ist die Hermeneutik darauf angewiesen, das implizite „*Vorverständnis*", auf dessen Grundlage gehandelt wird, systematisch zu explizieren. Auch der Forscher ist dabei auf „lebenspraktische Vorannahmen" angewiesen, um einen Zugang zu einer fremden Sinnwelt zu finden und die unhinterfragte

Geltung „selbstverständlicher" Vorannahmen einer gemeinsam geteilten sozialen Welt zu rekonstruieren.

3. In einem „*hermeneutischen Zirkel*" (Dilthey 1970) werden lebenspraktische Vorannahmen des Forschers an den „Fall" bzw. Text angelegt und dieser in einem schrittweisen Auslegungsvorgang durch den ständigen Wechsel zwischen dem individuell Besonderen des Einzelfalls bzw. einer Aussage und dem gesellschaftlich Allgemeinen bzw. dem Kontext im Text überprüft und korrigiert. Die fall- und textimmanente Logik erschließt ein Vergleichswissen, das „in der Sprache des Falls" gewonnen und rekonstruiert wird. Die Interpretation des Falls zielt auf eine exemplarische Strukturanalyse ab, die die „Einlagerung" des Falls in eine sozialhistorische Konstellation oder die „Familienähnlichkeit" (Wittgenstein) des Falls mit anderen Vergleichsfällen als eine im Text sich reproduzierende sinnhafte Struktur sozialen Handelns erschließt.

Doch blieb die Prämisse der Strukturhomologie von Fall und Welt, von Alltags- und Fremdverstehen nicht unhinterfragt: Mit dem Zerfall von Tradition und einheitsstiftenden Weltbildern in der Moderne verschärfte sich objektiv das Verstehensproblem im Alltag wie in der Wissenschaft, auf das L. Wittgenstein hinwies, aufgrund der Möglichkeit „inkommensurabler Sprachspiel-Horizonte", die Fremdverstehen verhindern können. Eine Antwort der Hermeneutik darauf ist die Rückversicherung der Geltungsprüfung von Fallanalysen in der „Interpretationsgemeinschaft" (Flick u.a. 1995), in der man die Fallen des Subjektivismus oder des Ideologieverdachts zu überwinden hofft.

Eben die Krise der Tradition ist nun andererseits Impuls wie Ausgangspunkt

des Fortschritts hermeneutischer Verfahren gewesen – eine Voraussetzung, die aufgrund des permanenten sozialen Wandels heute gewissermaßen auf Dauer gestellt ist und Fremdverstehen zu einer Daueraufgabe macht.

Mit der Anknüpfung der *politischen Bildung* an die gegenüber Massendaten und Meinungsumfragen empirisch aussagekräftigeren Alltagsorientierungen sozialer Milieus nahm auch für diese die Bedeutung hermeneutischer Verfahren zu. Die Suche nach gegenstandsadäquaten Verstehens- und Interpretationsverfahren durch Bildung ist eine Antwort auf „Fremdheit" und „Entfremdung" in der modernen Lebenswelt, durch die alltägliches wie wissenschaftliches Fremdverstehen permanent in Frage gestellt sind und die eben deshalb zum genuinen thematischen Feld politischer Bildung avancierten. Hermeneutische Methoden sind ein Schlüssel, um Fremdheit zu überwinden.

Literatur: Dilthey, W. 1970: Gesammelte Schriften. Bd. V, Göttingen; Flick, M. u.a. (Hrsg.) 1995: Handbuch für Qualitative Sozialforschung, Weinheim; Gadamer, H. G. 1965: Wahrheit und Methode. Grundzüge einer philosophischen Hermeneutik, Tübingen; Schütz, A. 1974: Der sinnhafte Aufbau der sozialen Welt, Frankfurt/M.; Wittgenstein, L. 1977: Philosophische Untersuchungen, Frankfurt/M.

Sylvia Kade

↗ Perspektivenübernahme; Sokratisches Gespräch; Textanalyse; Wissenschaftspropädeutik; *Band 2:* Alltagsorientierung; Deutungsmuster; Lebensweltorientierung; Soziale Milieus

Hörspiel

Das Hörspiel ist aus der akustischen Umsetzung von Schauspielen für den Rundfunk hervorgegangen (frühe Theorien daher von Literaten wie Brecht, Döblin), später folgte das Neue Hörspiel als eigene Kunstform. Das Hörspiel geht über den verlesenen Hörtext hinaus, da durch Dramaturgie von Tonproduktion (Geräusche, O-Ton, Überblendung u.a.) Hörräume erzielt werden. Politikunterricht kann Hörspiele zur konzentrationsfördernden, emotional unterstützten Wissensvermittlung einsetzen (Mediendidaktik), ihre Gestaltung ideologiekritisch analysieren (Medienerziehung) oder zur handlungsorientierten Interessenartikulation Hörspiele produzieren (aktive Medienarbeit).

Literatur: Everling, E. 1988: Ein Hörspiel produzieren, Frankfurt/M.; Schill, W. 1979: Auditive Medien im Unterricht, Köln; Schill, W./Tulodziecki, G./Wagner, W.-R. (Hrsg.) 1992: Medienpädagogisches Handeln in der Schule, Opladen.

Ursula Wathling

↗ Feature; Videoarbeit; *Band 1:* Medienpädagogik

Hypothesenbildung

Hypothesen sind Aussagen, deren Richtigkeit (noch) nicht feststeht, für die weitere wissenschaftliche Arbeit aber vorausgesetzt wird. Eine Hypothese muß widerspruchsfrei sein und einen empirischen Gehalt haben. Die Aussage „Gott lebt" hat keinen empirischen Gehalt, weil sie nicht überprüfbar ist. Hat eine Hypothese einer Reihe solcher Überprüfungen standgehalten, wird sie als „bewährt" bezeichnet.

Obwohl Hypothesen *unbewiesene Annahmen* sind, sind sie für die wissenschaftliche Beschäftigung mit einem Gegenstand unverzichtbar. Selbst wenn eine Hypothese nicht ausdrücklich formuliert wird, besteht immer eine bestimmte Erwartung über das Ergebnis einer Untersuchung. So macht die Fragestellung „Ursachen für die steigende Gewaltbereitschaft bei Jugendlichen" die Erwartung deutlich, daß es eine steigende Gewalt-

bereitschaft gibt, die nicht selbst, sondern deren Ursachen nachgewiesen werden soll. Grundsätzlich gilt aber, daß man sich seiner Hypothesen bewußt ist. Sie helfen dabei, die Fragestellung einzugrenzen und in Richtung auf ihr Erkenntnisinteresse zu leiten. Würde der Anspruch darin bestehen, jede Hypothese nachweisen zu wollen, würde sich die Arbeit ins Uferlose verlieren.

Literatur: Alemann, U. v./Forndran, E. 1995[5]: Methodik der Politikwissenschaft. Eine Einführung in Arbeitstechnik und Forschungspraxis, Stuttgart u.a.

Stefan Schieren

↗ Wissenschaftspropädeutik; *Band 1:* Erkenntnisinteresse

Ideenwand

Die Ideenwand ist eine Kreativitätstechnik, die in ihrer Zielsetzung der „KJ-Kartentechnik" (vgl. Rehm 1995) und dem „morphologischen Kasten" (ebd.) ähnelt. Alle drei Techniken dienen als Methoden der Ideenfindung. Bei der Ideenwand geschieht dies durch Plazierung von Ideen an einer ausgesuchten Wand. Diese Methode wird nicht direkt als Problemlösung genutzt, sondern organisiert und rahmt Assoziationen zu einer bewußt offen gewählten Fragestellung oder Thematik. Die Ideenwand ist deswegen zum Strukturieren pädagogischer Anfangssituationen und zur motivationalen Teilnahme geeignet.

Literatur: Lehner, M./Ziep, K.-D. 1992: Phantastische Lernwelt: vom „Wissensvermittler" zum „Lernhelfer"; Anregungen für die Seminar-Praxis; eine Ideensammlung für Dozenten, Trainer und Lehrer in der Weiterbildung, Weinheim; Rehm, S. 1995[2]: Gruppenarbeit: Ideenfindung im Team, Frankfurt/M.

Cornelia Muth

↗ CNB-Methode; Ideenwerkstatt; Kartenabfrage; Kreativität; Mindmapping

Ideenwerkstatt

Mit dem Werkstatt-Begriff verbinden sich neue Lern- und Arbeitsformen. Entwickelt, erprobt und umgesetzt wurden Ideenwerkstätten in Industriebetrieben, bei Bürgerinitiativen und in Bildungs- und Kultureinrichtungen. Sie beinhalten ein methodisch-didaktisches Arrangement, das die Partizipation der zu Beteiligenden ernst nimmt, auf kreatives Miteinander hin angelegt und auf ein konkretes Ziel bzw. Ergebnis zentriert ist. In herausgehobenen gesellschaftlichen Konfliktfeldern wie z.B. Umweltzerstörung, Aufrüstung haben sie sich herausgebildet und fungieren als Orte gesellschaftlichen Diskurses.

In einer Ideenwerkstatt wird unter Einbezug von Moderations- und Visualisierungsmethoden und unter Zuhilfenahme von Kreativitätstechniken für ein bestimmtes Problem(feld) nach neuen *Lösungswegen* gesucht. Durch die Sammlung, Strukturierung und Kombination von Lösungsideen kommt es oftmals zu veränderten Sichtweisen und neuartigen Lösungsansätzen. Ideenwerkstätten lassen sich wegen ihrer klaren und einfachen Struktur in unterschiedlichen Arbeits- und Lebensbereichen und je nach Erfordernis in kleinerem oder größerem Rahmen umsetzen. Die Ideenwerkstatt ist ein geeigneter Raum, im Team „gedankliche Spaziergänge" zu veranstalten. Daß es dazu kommt, bedarf eines bestimmten Arrangements. Der vermeintliche Widersinn liegt darin, daß in der Werkstatt bestimmte Suchbewegungen mit einer eher strengen Abfolge methodischer Schritte verbunden werden. Das *Grundprinzip* der Ideenwerkstatt lautet: „Den Gedanken in einem festen Rahmen freien Lauf lassen."

Die Ideenwerkstatt durchläuft i.d.R. die folgenden *Phasen*:

Die Werkstatt braucht einen Vorlauf: Ein zu lösendes Problem wird von einer Einzelperson, einer Bürgerinitiative oder einer Institution eingebracht.

Die Werkstatt konstituiert sich: Die Werkstatt-Leitung stellt sich vor und erklärt die Vorgehens- und Arbeitsweise. Die Leitung zeichnet für die Moderation der Veranstaltung, für Ablauf und Regeleinhaltung in der Werkstatt verantwortlich. Zu Beginn stellt der Ideengeber alle zur Lösung des Problems erforderlichen Informationen zur Verfügung.

Die kreative Phase läuft: Die Anwesenden werden gebeten, in Stillarbeit zum Problemgegenstand auf vorbereiteten Karten ihre Ideen stichwortartig zu notieren. Diese Karten werden von dem Moderator eingesammelt und auf einer Pinnwand befestigt. Dabei wird jede einzelne Karte vorgestellt und im Plenum ggf. erläutert. In dieser kritiklosen Phase werden die Teilnehmenden zu weiterer Assoziationen aufgefordert. Die neuen Ideen werden sukzessive den anderen Karten zugeordnet.

Vom Ideenstrom zur Problemlösung: Aufgabe dieser Phase ist es, die Ideen zu ordnen, zu bewerten und zu präzisieren. Die Teilnehmenden werden demgemäß durch den Moderator aufgefordert, die Lösungskarten nach thematischen Gesichtspunkten zu gruppieren (Klumpen). Hiermit endet die Werkstatt. Gemäß den Hinweisen aus der Werkstatt erarbeitet eine zu berufende Arbeitsgruppe ein Problemlösungskonzept.

Präsentation der Ergebnisse: Dem Ideen- bzw. Auftraggeber werden die Werkstatt-Ergebnisse vorgestellt. In dieser Phase wird das Problemlösungskonzept nochmals einer kritischen Überprüfung unterzogen.

Literatur: Habjanic, R./Rogge, K. I. u.a. 1995: Projektwerkstatt Von der Projektidee bis zum Projekt-design, hrsg. vom Landesinstitut für Schule und Weiterbildung, Soest; Hameyer, U. 1997: Portfolio einer Ideenwerkstatt. Impulse zum professionellen Handeln in der Schule, in: se 1/97, S. 80-85; Rogge, K. I. 1993: Kultur Projekt Management, hrsg. von FernUni Hagen, Hagen.

Klaus I. Rogge

↗ Diskursive Verständigung; Ideenwand; Kreativität; Projektmanagement; Werkstätten/Workshops; Zukunftswerkstatt; *Band 2:* Diskurs; Veranstaltungsformen

Ideologiekritik

Ursprünglich, im 18. und bis ins 19. Jahrhundert hinein, war Ideologie als „Lehre von den Ideen" eine philosophische Richtung, die die Regeln für Erziehung, Ethik und Politik systematisieren wollte.

Heute wird der Begriff negativ verstanden. Demzufolge ist ein Kriterium von Ideologie eine „Inad äquatheit des Denkens zur Realität" (Lenk 1984: 44). Ein daraus entstehendes falsches Bewußtsein dient der Sanktionierung bestehender Zustände und gesellschaftlicher Herrschaft. Ideologisches Denken ist begrenzt, starr, einseitig, doktrinär. Ideologien entfalten sich in allen sozialen und kulturellen Feldern, bestimmen die in Zeiten und Gesellschaften vorherrschenden Vorstellungen, Anschauungen, Bewertungen, Meinungen und Ziele.

Klassisch waren zunächst Mythologie- und Religionskritik (Bacon, von Holbach, Feuerbach). Dezidierte Ideologiekritik gibt es darüber hinaus in drei Varianten: einer marxistisch (Marx, Lukácz, Bloch), positivistisch (Comte, Durkheim, Geiger) und wissenssoziologisch (Scheler, Mannheim) orientierten Position.

Eine radikal-aufklärerische Ideologiekritik analysiert jene „gesellschaftlichen Prozesse, die für das Zustandekommen der ideologischen Gebilde von Bedeutung sind. Die Kritik an der Unwahrheit herrschender Ideologien führt somit zum Zweifel an der Legitimation des Absolutheitsanspruches der bestehenden Machtverhältnisse" (Lenk 1984: 35).

Ideologiekritik war in den Konzeptionen emanzipatorischer politischer Bildung der 70er und beginnenden 80er Jahre (Hilligen, Schmiederer, Giesecke, Claußen) ein Bestandteil didaktischer und methodischer Bearbeitungen; ihr Anspruch bestimmte Themenwahl und Herangehensweise. Es ging um rationales Urteilsvermögen, Befreiung von Fremdbestimmung und Manipulationen, Entdeckung und Aufdeckung des Zusammenhangs von Gesellschaft und Individuum, Interessenwahrnehmung und -vertretung, vernunftgesteuerte soziale Handlungsbereitschaft.

In der *politischen Erwachsenenbildung,* speziell in der Arbeiterbildung, sollte – entgegen kleinbürgerlichen Bildungsideologien – ein soziologisch neuformuliertes „exemplarisches Lernen" (Negt) auf die unmittelbare Interessenlage der Arbeitenden bezogen sein und handlungsmotivierende Strukturen in die ansonsten fragmentierte und unübersichtliche Fülle von Informationen und Lehrstoffen bringen.

In den letzten Jahren ist Ideologiekritik als Inhalt und Methode politischer Bildungsarbeit in den Hintergrund getreten. Dennoch ist ideologiekritisches Arbeiten bei Themen wie Rechtsextremismus, Massenmedien, Politik und Sprache, Anspruch und Wirklichkeit der Bundesrepublik etc. unverzichtbar.

Literatur: Lenk, K. (Hrsg.) 1984⁹: Ideologie. Ideologiekritik und Wissenssoziologie, Frankfurt/M., New York.

Klaus-Peter Hufer

↗ Hermeneutische Methoden; Wissenschaftspropädeutik; *Band 1:* Affirmation; Aufklärung; Begriff/Begriffsbildung; Ideologie; Indoktrination; Kritikfähigkeit; Kritische Politikdidaktik; Vorurteil; *Band 2:* Aufklärung; Vorurteile

Informationsbeschaffung

Die Massenmedien wie auch das durch die Entwicklung der Informations- und Kommunikationstechnologien rasant angestiegene Informationsangebot machen eine gezielte Informationsbeschaffung zum allgemeinen Erziehungsziel der Schule und, sofern es sich um politische Informationen handelt, zu einem Lernziel des Politikunterrichts. Zu vermittelnde Fähigkeiten sind das Benutzen von Stichwort- und Personenregistern in Büchern, die Handhabung von Nachschlagewerken, das Auswerten von Bibliographien, das Arbeiten mit dem Schlagwort-, Autoren- und systematischen Katalog in Bibliotheken und das Heranziehen von Informationen aus dem Internet. Geübt werden sollte die Inanspruchnahme der verschiedenen Dienstleistungen von Bibliotheken. Sinnvoll ist auch, die Lernenden auf Bezugsquellen für Gratisinformationen hinzuweisen. Hierzu gehören die Bundeszentrale und die jeweilige Landeszentrale für politische Bildung, die Referate für Öffentlichkeitsarbeit bzw. Pressestellen der Verfassungsorgane auf Bundes- und Landesebene, die Abteilungen für Öffentlichkeitsarbeit von Verbänden und Unternehmen sowie die deutschen Informationsbüros von supranationalen Organisationen (EU, NATO, UNO).

Joachim Detjen

↗ Bibliographieren; Datenerhebung; Exzerpieren; Internet; Nachschlagen

Inhaltsanalyse

Die Inhaltsanalyse ist eine spezifische sozialwissenschaftliche Methode, die im Zusammenhang mit der Entwicklung der Zeitung zum Massenmedium an Bedeutung gewann. Sie war das zentrale sozialwissenschaftliche Verfahren innerhalb der Massenkommunikationsforschung. Impulse erhielt sie in den 40er Jahren vor allem von den Arbeiten H. Lasswells und seinen Mitarbeitern zur politischen Propaganda und Kriegsberichterstattung (vgl. Lasswell, Leiters 1952; 1965; vgl. auch Berelson 1971). Zwar sind die Grenzen zur *Textanalyse* fließend, doch geht es bei der Inhaltsanalyse vor allem darum, den Inhalt oder die Bedeutung im Text erscheinender sprachlicher Konfigurationen – Worte, Wortkombinationen, Sätze oder längere Argumente – zu erkennen und sie entsprechend zu klassifizieren (vgl. ebd.: 152). Die möglichen Forschungsfragen lassen sich noch immer mit der klassischen Umschreibung des Massenkommunikationsprozesses durch Lasswell „Wer sagt was zu wem, warum, wie und mit welchem Effekt?" zusammenfassen.

Die einzelnen *Schritte* bei der Durchführung einer Inhaltsanalyse entsprechen den üblichen Schritten bei der Analyse empirischer Erhebungen: die präzise Formulierung von leitenden Hypothesen, die Bestimmung des relevanten Textmaterials, die Festlegung der sprachlichen Einheiten der Analyse (z.B. Worte, Satzteile, ganze Sätze, ganze Texte). Der wichtigste Schritt bei der Inhaltsanalyse ist jedoch die Aufstellung eines detaillierten inhaltsanalytischen Kategoriensystems, unter das die sprachlichen Einheiten des Textmaterials subsumiert werden sollen. Als Kriterium gilt, daß die damit erhobenen

Daten bei der Auswertung eine klare Beantwortung des gestellten Problems ermöglichen müssen. Weitere Schritte sind: Verschlüsselung der Kommunikationsinhalte; Prüfung der Zuverlässigkeit der Verschlüsselung; statistische Analyse der so gewonnenen Daten und Interpretation der Ergebnisse (Mochmann 1994: 185). Der wissenschaftliche Anspruch, der an eine Inhaltsanalyse gestellt wird, ist, daß sie nach expliziten Regeln und anhand eines standardisierten Verfahrens erfolgt. Daraus resultiert, daß quantifizierende Verfahren bei der Inhaltsanalyse überwiegen, in jüngster Zeit auch zunehmend computerunterstützt. Eine qualitative Inhaltsanalyse eignet sich zu explorativen und deskriptiven Zwecken. Die Inhaltsanalyse als *sozialwissenschaftliches Untersuchungsverfahren* läßt sich kaum im Politikunterricht durchführen. Sie kann jedoch Gegenstand des Politikunterrichts in der Sekundarstufe II sein, da sich an ihr exemplarisch grundlegende Probleme der empirischen Sozialforschung verdeutlichen lassen. Darüber hinaus können kleinere Übungen mit einem inhaltsanalytischen Vorgehen für die Wahrnehmung von politischen, ideologischen oder wertenden Gehalten in Texten sensibilisieren.

Literatur: Berelson, B. 1971: Content Analysis in Communication Research, New York (zuerst 1952); Lasswell, H. D./Leiters, N. u.a. 1968: Language of Politics, Cambridge, Mass.; Lasswell, H. D. 1948: The Structure and Function of Communication in Society, in: Lyman Bryson, (ed.), The Communication of Ideas, New York; Mayntz, R./Holm K./Hübner, P. 1974⁴: Einführung in die Methoden der empirischen Soziologie, Köln u. Opladen, S. 149-167; Mochmann, E. 1994: Inhaltsanalyse, in: Nohlen, D. (Hrsg.): Lexikon der Politik, Bd. 2, Politikwissenschaftliche Methoden, München, S. 184-187; Müller, G. 1984: Die Inhaltsanalyse (Methoden der empirischen Sozialforschung V), in: Gegenwartskunde, H. 4, S. 457-469; Scheuch, E. K./Roghmann, K. 1969: Inhaltsanalyse, in: Bernsdorf, W. (Hrsg.): Wör-

terbuch der Soziologie, Stuttgart, S. 459-463; Silbermann, A. 1974: Systematische Inhaltsanalyse, in: König, R. (Hrsg.): Handbuch der empirischen Sozialforschung, Bd. 4, Stuttgart.

Peter Massing

↗ Datenerhebung; Ideologiekritik; Textanalyse; Zeitung; *Band 1:* Ideologie; Wissenschaftstheorien

Innere Differenzierung

Unter Innerer Differenzierung wird allgemein das Prinzip verstanden, bei der Planung und Implementation von Unterricht davon auszugehen, daß eine Schulklasse eine relativ heterogene Lerngruppe darstellt, in der die Fähigkeiten und Fertigkeiten zum Umgang mit einem Thema bzw. zur Lösung von Aufgaben ebenso wie das Interesse daran unterschiedlich entwickelt und verteilt sein können. Vor dem Hintergrund, daß Schule als gesellschaftliche Institution individuelle Förderung zum einen mit dem Ziel der Auslese, zum anderen mit dem sozialer Integration betreiben soll, entfaltet Innere Differenzierung als pädagogisches Handlungskonzept seine besondere Qualität. Sie ist darauf angelegt, Individualisierung und soziales Lernen als komplementäre Elemente der Persönlichkeitsentwicklung zu fördern.

In der *Reformpädagogik* zunächst als Orientierungshilfe für Lehrerinnen und Lehrer entwickelt (Jena-Plan), ist Innere Differenzierung heute als sozialer Lernprozeß zu verstehen, in dem Lehrerinnen und Lehrer und Schülerinnen und Schüler gemeinsam Unterricht planen, realisieren, auswerten und implementieren und dabei Arbeitsprozesse differenzieren. Dabei sind Interessen und Fähigkeiten aufzuklären und Differenzen nicht nur auszuhalten, sondern produktiv zu machen. Die Klärung gemeinsamer Aufgaben und Handlungspotentiale im Prozeß der Inneren Differenzierung verweist auf die politische Dimension des pädagogisch-didaktischen Ansatzes, der *fächerübergreifend* gedacht ist. Indem Transparenz über unterschiedliche gesellschaftliche Erfahrungen und Lernbedingungen hergestellt wird, können Disparitäten daraufhin befragt werden, wie sie verursacht sind und ggf. abgebaut werden können. Die Muster, nach denen im Unterricht kommuniziert und dabei differenzierte Beiträge aggregiert werden, können selbst zum Gegenstand kritischer Auseinandersetzungen gemacht werden.

Innere Differenzierung als selbstorganisierter Lernprozeß einer heterogenen Lerngruppe ist *mehrdimensional* zu denken: Individuelle Lernvoraussetzungen sind mit adäquat differenziertem Stoff und passenden Methoden zu vernetzen. Integrierendes Moment ist die kontinuierliche Verständigung über die gemeinsame Aufgabe.

Für die Analyse der Lernvoraussetzungen und die Entwicklung eines binnendifferenzierten Unterrichts haben Wolfgang Klafki und Hermann Stöcker ein *Kriterienraster* entwickelt und in einem dreidimensionalen Modell dargestellt. Danach können individuelle Kompetenzen und Qualifikationen, Entwicklungsstufen der Wahrnehmung und Bearbeitung gesellschaftlicher Aufgaben und Phasen des Unterrichts differenziert und aufeinander bezogen werden (Klafki 1995).

In der *Praxis* wird Innere Differenzierung vornehmlich in zwei Grundformen realisiert. Im einen Fall werden Komplexitätsgrad der Aufgaben und Zeitaufwand zu ihrer Bewältigung als Kriterien zur Differenzierung herangezogen. Martin Bönsch spricht von „didaktischer Differenzierung" (Bönsch 1997). Im anderen Fall wird auf der Ebene von Methoden und Medien unter dem Aspekt differenziert, daß verschiedene Sozial- und Arbeitsformen Voraussetzung sind, daß „in heterogenen Gruppen unterschiedliche Qualitäten einzelner Schüler im gemeinsam zu bewältigenden Lernprozeß wirksam werden können" (Klafki 1995).

Die Erfahrung, daß unterschiedliche Kompetenzen zu gemeinsamer Qualifizierung genutzt werden können, ist auch bei fortbestehenden Unterschieden und Disparitäten in den Lebens- und Erfahrungswelten der Schülerinnen und Schüler Grundlage dafür, daß demokratische und gewaltfreie Umgangsformen, Kooperation und Solidarität in der Schule entfaltet werden können.

Literatur: Bönsch, M. 1997: Differenzierung als Optimierung von Lernprozessen – Didaktische – diagnostische – dialogische Gestaltung des Unterrichts, in: Die Deutsche Schule, H. 3, S. 335-352; Demmer-Dieckmann, I. 1991: Innere Differenzierung als wesentlicher Aspekt einer integrativen Didaktik. Beispiele aus dem projektorientierten Unterricht einer Integrationsklasse in der Primarstufe, Bremen; Klafki, W. 1995[3]: Neue Studien zur Bildungstheorie und Didaktik. Beiträge zur Kritisch-konstruktiven Didaktik, Weinheim; Negt, O. 1997: Kindheit und Schule in einer Welt der Umbrüche, Hannover; Seibert, N. 1992: Innere Differenzierung, in: Seibert, N./Serve, H. J. 1992: Prinzipien guten Unterrichts – Kriterien einer zeitgemäßen Unterrichtsgestaltung, Paderborn; Weiland, D. 1989: Differenzierung und gemeinsames Lernen. Wie Schüler eine differenzierte Einstellung zum Lernen gewinnen, in: Die Deutsche Schule, S. 297-306.

Hans-Joachim Lißmann

↗ *Band 1:* Erfahrungsorientierung; Schülerorientierung; *Band 2:* Teilnehmerorientierung

Internet

Das Internet ist aus einem Projekt namens ARPANET entstanden, das 1969 im amerikanischen Verteidigungsministerium entwickelt wurde. Ziel war der Aufbau eines Netzwerks, das im Kriegsfall eine partielle Zerstörung überstehen und weiter den Austausch von Informationen gewährleisten kann. Hierzu müssen die angeschlossenen Computer, also die Knoten des Netzes, gleichberechtigt sein und dürfen nicht von einem leicht angreifbaren Zentralcomputer abhängen. Diese Architektur hat zur Folge, daß das Internet kaum kontrolliert werden kann. Es hat keinen einzelnen Betreiber, der es organisiert, finanziert, wirtschaftliche Interessen verfolgt oder das Netz abschaltet, wenn es keinen Gewinn mehr abwirft. Es besteht aus zahlreichen verschiedenen Computernetzwerken. Diese Struktur hat in den 80er Jahren dazu geführt, daß immer mehr Universitäten und Forschungseinrichtungen dieses System zum Informationsaustausch nutzen. Das populärste Datennetz ist das Internet. Es wird auch als „Netz der Netze" bezeichnet. Mittlerweile hat – insbesondere in den USA, aber auch in Europa – eine verstärkte Kommerzialisierung des Internets begonnen.

Das Internet als *neues Medium* eröffnet den Zugriff auf Informationen jeder Art in Text-, Ton-, Bild- und Filmformat. Hierzu zählen aktuelle Nachrichten und Artikel aus internationalen Zeitungen und Magazinen, Projekte an Schulen in der ganzen Welt, Angebote zur Zusammenarbeit, nationale und internationale Zeitungsarchive, Online-Bibliotheken und Universitäts-Datenbänke. Das Internet ermöglicht außerdem die weltweite Kommunikation im „globalen Dorf" (global village). Als hochkommunikatives und hochinformatives Medium kann das Internet in allen Fächern genutzt werden.

Zur *didaktischen Kompetenz* im Umgang mit diesem Medium zählen:
– grundlegende Kenntnisse über das Medium,

– bewußte Nutzung und Reflexion der Risiken
– und die Befähigung der Schülerinnen und Schüler zu selbständigem, kritischem und kreativem Umgang.

Die Auseinandersetzung mit dem Internet gibt Lehrerinnen und Lehrern und Schülerinnen und Schülern weiten Raum für Gruppen- und Teamarbeit sowie für Projekte, die wiederum Chancen für fächerübergreifenden Unterricht bieten.

Zu den *Gefahren* zählt – wie bei allen anderen Medien auch – die Tatsache, daß die Selektion von Informationen, insbesondere aber deren Präsentation, die Meinungsbildung des Rezipienten beeinflussen kann. Gerade dies macht schulische Bildungsprozesse notwendig, die das Internet (und die neuen Medien insgesamt) nicht nur zu einem Werkzeug, sondern auch zum Gegenstand des Unterrichts werden lassen.

Schülerinnen und Schüler können sich hilfreiche Informationen verschaffen, wenn sie an Hausaufgaben oder Referaten arbeiten, sie können Kontakte zu anderen Schülerinnen und Schülern knüpfen und Erfahrungen austauschen. Lehrerinnen und Lehrer können die Datennetze zur Unterrichtsvorbereitung und zum Entwurf von Unterrichtsreihen mit hohem Gegenwarts- und Zukunftsbezug nutzen. Sie können sich mit anderen austauschen, Kontakt zur aktuellen Forschung halten oder auf ausgewählte Zeitungsartikel aus aller Welt zugreifen (Beispiele für sozialkundliche Unterrichtsprojekte im Internet s. Wadel 1997: 29-35).

Die wichtigste Art von Informationen, die man als Lehrerin oder Lehrer immer wieder sucht, sind *Texte*, insbesondere im Politikunterricht. Diese lassen sich „herunterladen" und im eigenen Textprogramm am PC weiterverarbeiten und didaktisch aufbereiten. Die Angebote im Internet betreffen – neben Archiven – immer auch (tages-)aktuelle Themen, die in keinem Schulbuch oder in keiner einzelnen Tageszeitung umfassend dokumentiert werden (können). Oft aber finden sich zu diesen Themen kontroverse Materialien in den Web-Seiten verschiedener (Tages- und Wochen-)Zeitungen, Parteien und Interessengruppen.

Praktisch alle *politischen Parteien und Institutionen* des Bundes, aber auch die Landeszentralen für politische Bildung haben mittlerweile eine eigene Homepage im Internet und bieten dort Informationen über ihre Tätigkeit an. Wer sich beispielsweise über die neuesten Aktionen von amnesty international zu Menschenrechtsverletzungen informieren will, kann sich im Internet informieren. Allerdings geht es den Parteien und Institutionen meist um Selbstdarstellung und Werbung. Die Möglichkeit zu gleichberechtigter Kommunikation oder zur Partizipation an politischer Willensbildung und Entscheidung wird noch wenig genutzt.

Als Medium ist das Internet im doppelten Sinne *politisch:* Es ist Gegenstand politischer Auseinandersetzung und gleichzeitig Medium zur Kommunikation mit und über Politik (Wadel 1997: 27).

Die weltweite Datenkommunikation über das Internet bietet mehrere Dienste an, die unterrichtlich genutzt werden können: u.a.

– E-Mail (elektronische Post),
– Usenet, das ist ein Verbund öffentlicher Diskussions- und Nachrichtenbretter,
– Dateitransfer und das
– World Wide Web (WWW oder Web), der modernste Dienst, der es erlaubt, weltweit Daten als Text, Bild, Ton oder Videosequenz abzurufen.

Das Internet stellt ein neues Medium auch für den Politikunterricht dar, denn es ermöglicht ortsunabhängige, weltweite, jederzeit zugängliche Informationsrecherche und Kommunikation. Es dient somit sowohl der Unterrichtsvorbereitung als auch der Kommunikation über Unterrichtsfragen und -inhalte und der Organisation einer neuen Form des Lernens, der „virtuellen Lerngemeinschaft" (Wadel 1997: 29).

Jeder Teilnehmer im Internet hat Zugang auf das gesamte weltweite elektronisch gespeicherte und zugänglich gemachte Wissen der Menschheit, das „Netz" ist damit ein virtueller *Wissensspeicher* von unglaublichem Umfang und in noch nie dagewesener Verfügbarkeit.

Um nicht in der Informationsflut zu versinken, sind Suchstrategien erforderlich, die auf relevante Adressen verweisen; hier helfen Suchmaschinen weiter. Voraussetzung ist allerdings, daß man eine klare Fragestellung hat und nicht nur ziellos im Netz surft.

Befürworter sehen in der Fähigkeit des Internets zu weltweiter Kommunikation und Informationsrecherche eine Erhöhung des Realitätsbezugs von Schule insgesamt und von Politikunterricht im besonderen. – *Skeptiker* befürchten ein „Leben in künstlichen Welten" (Buddemeier 1993), das wenig dazu helfe, gegenwärtige Probleme zu lösen.

Trotz der technologischen Fortschritte in den letzten Jahren, die den Umgang mit Computer und Internet immer mehr vereinfachen, beschränken sich Unterrichtsprojekte und Erfahrungsberichte überwiegend auf die Werkzeugdimension des Computers (z.B. bei der Aufarbeitung von Wahlen), während der mediale Einsatz des Computers eher vernachlässigt wird.

Die Möglichkeiten „elektronischer Demokratie" oder „Multi-Media-Demokratie" sind noch nicht ausgelotet. Eine erste Voraussetzung wäre der freie, ungehinderte elektronische Zugang zu allen relevanten Informationen eines politischen Gemeinwesens.

Inzwischen liegen Erfahrungsberichte (etwa über erfolgreiche Community Networks aus Übersee) und Projektbeschreibungen vor, die Ansatzpunkte für „mehr Demokratie" und neue Partizipationsformen (Televoting) durch das Internet aufzeigen (Leggewie/Maar 1998). Allerdings bleiben die meisten Fachleute skeptisch, denn trotz der Möglichkeiten und Ansätze des Internets kann auf politisches Gestalten und politisches Engagement nicht verzichtet werden (ebd.).

Literatur: Buddemeier, H. 1993: Leben in künstlichen Welten. Cyberspace, Videoclips und das tägliche Fernsehen, Stuttgart; Hildebrand, J.: 1996[2]: Internet: Ratgeber für Lehrer, Köln; Internet und Demokratie, Themenheft Politische Bildung 4/1999; Leggewie, C./Maar, C. (Hrsg.) 1998: Internet und Politik. Von der Zuschauer- zur Beteiligungsdemokratie, Köln; Prechtl, Ch. 1999: Das Internet. Kritische Reflexion und Nutzung des Mediums im Politikunterricht. Von der wissenschaftlichen Diskussion zur praktischen Umsetzung, Schwalbach/Ts.; Total vernetzt – Datennetze und Multimedia in der politischen Bildung, Themenheft: *kursiv*, Journal für politische Bildung, H. 3/1997; Viechtbauer, H.-P. 1996: Der Computer in der politischen Bildung. Konzeptionen – Unterrichtspraxis, Schwalbach/Ts.; Wadel, R. 1997: Computer und Internet als Medium der politischen Bildung, in: Politisches Lernen 1-2/97, S. 24-53.

Hans-Werner Kuhn

↗ Informationsbeschaffung; Kommunikation; Recherche-Training; Textanalyse; *Band 1*: Aktualität; *Band 2*: Medienkompetenz; Neue Medien

Kampfkunst

Eine Kampfkunst verbindet eine besondere Kampftechnik mit und ohne Waffen mit einer philosophisch-spirituellen Haltung. Am weitesten verbreitet und bekannt sind die klassischen asiatischen Kampfkünste Karatedo, Judo, Taekwondo, Aikido, neben einigen modernen Formen. Tai Chi Chuan kann auch als Kampfkunst praktiziert werden, wobei heute meist die Aspekte der Gesundheitsförderung, Entspannung und Bewegungsschulung im Vordergrund stehen.

Die *Anfänge* der Kampfkunst reichen bis ins 5. Jahrhundert v. Chr. zurück. Kampfkunst war ursprünglich eng verknüpft mit dem geistesgeschichtlichen Hintergrund, d.h. Taoismus, Konfuzianismus und insbesondere in Japan mit dem Zen-Buddhismus (Dolin 1988). Kampfkunst galt als ein Weg der Selbstverwirklichung. Durch intensives Training und Studium sollte ein harmonischer, humaner und kreativer Charakter verwirklicht werden. Kampfkunst oder „der Weg des Kriegers (Budo)" sollte „den Kampf anhalten" und Konflikte friedlich lösen durch die Überwindung persönlicher Destruktivität. Diese „philosophisch-spirituelle" Zielorientierung wird in den heutigen Kampfsportarten fast ausschließlich der Wettkampforientierung geopfert (Kuhn 1994).

Kampfkunst gewann als *Methode* politischer Bildung an Bedeutung insbesondere in Projekten gewaltfreier Selbstbehauptung, Gewaltprävention und Resozialisierung straffälliger Jugendlicher (Kuhn 1994b, Wolters 1992).

Kampfkunst ist für Jugendliche aus verschiedenen Gründen *attraktiv*: körperliche Aktivität und Fitneß, Selbstbewußtsein durch Stärke und Technik, Raum für das Erleben und Ausleben eigener Aggressionen, Stabilisierung männlicher Identität, Sicherheit und Orientierung durch klare Werte und Strukturen, Fähigkeit zu Selbstverteidigung oder Angriff. Jugendliche erleben in ihrem Alltag zunehmend Gewalt, insbesondere von Gleichaltrigen, und viele wollen sich mit Kampfkunst schützen.

Kampfkunst kann diese Interessen aufgreifen, weil

– sie an den Stärken Jugendlicher ansetzt, ihrem Bewegungsdrang und Erlebniswunsch,
– Jugendliche direkte, spürbare, Erfahrungen mit sich und anderen machen,
– Kampfkunst einen klaren sozialen und äußeren Rahmen gibt, in dem auch „schwierige" Gefühle zugelassen und neue Verhaltensweisen erprobt werden können,
– Kampfkunst direkte Erfolgserlebnisse über Körper- und Technikbeherrschung ermöglicht,
– das Lernen am Vorbild des Kampfkunst-Lehrers oder der -Lehrerin sowie die „Etikette" soziales Verhalten und Lernen (Rücksichtnahme, Verantwortung, Respekt) fördern,
– Kampfkunst eine vertrauensvolle Beziehung zu Autorität ermöglicht.

Grenzen und Gefahren von Kampfkunst-Angeboten können entstehen

– durch die Qualifikation des Kampfkunst-Lehrers oder der -Lehrerin, wenn diese Kampfkunst auf Kampfsport reduzieren, die persönliche und/oder pädagogische Kompetenz fehlt, mit (schwierigen) Jugendlichen zu arbeiten,
– durch eine Schädigung des Rufs des Veranstalters aufgrund des Kampfkunst-Angebotes,
– falls Jugendliche nur „besser zuschlagen" lernen, Kampfkunst mißbrauchen, wie Einzelfälle von rechtsextremen Jugendlichen zeigen.

Diese Risiken können nicht völlig ausgeschlossen, mit einer verantwortlichen Gestaltung der personellen und sachlichen Rahmenbedingungen aber auf ein tragbares Maß reduziert werden (Kuhn 1994).

Im Rahmen politischer Bildung wurde mit Erfolg Kampfkunst verbunden mit Inhalten und Methoden des gewaltfreien Trainings (Kuhn 1994). Ausführlich untersucht wurde ein langfristiges Kampfkunst-Projekt mit gewalttätigen, inhaftierten Jugendlichen (Wolters 1992). Zur Beurteilung der Wirkung(en) der Methode Kampfkunst in politischer Bildung, Resozialisierung und Jugendarbeit bedarf es weiterer Forschung.

Kampfkunst kann Zielgruppen ansprechen, die mit traditionellen Arbeitsformen nicht erreicht wurden, und inhaltlich ein wichtiges, bisher vernachlässigtes Gebiet politischer Bildung erschließen: Körperlichkeit und Sinnlichkeit (May 1997).

Literatur: Dolin, A. 1988: Kempo, Die Kunst des Kampfes, Leipzig; Kuhn, H. 1994: Mit Verstand und Gefühl. Entwurf einer personorientierten politischen Bildung, München; Kuhn, H. 1998: Kampfkunst in der Jugendarbeit? Konzeption und Umsetzung am Beispiel „Aikido und Selbsterfahrung", in: Institut für Jugendarbeit Gauting: Fit für die Risikogesellschaft? Körperorientierte Ansätze in der Arbeit mit Kindern und Jugendlichen, Gauting, S. 22-35; May, M. 1997: Politische Bildung, Körper und Bewegung, in: Hafenegger, B. (Hrsg.): Handbuch politische Jugendbildung, Schwalbach/Ts., S. 280-299; Wolters, J.-M. 1992: Kampfkunst als Therapie, Frankfurt/M.

Hubert Kuhn

↗ Gewaltfreiheit; Gewaltprävention; *Band 2:* Zielgruppenarbeit

Karikatur

Karikaturen (ital. caricare = überladen) sind satirische Darstellungen von Menschen oder gesellschaftlichen Zuständen. Um anschaulich und gelegentlich auch schockierend zu wirken, überzeichnen, übertreiben und deformieren sie die Wirklichkeit. So entsteht eine inhaltlich stark verdichtete und auf das Wesentliche konzentrierte Aussage. Die meisten Karikaturen haben einen sozialen oder politischen Hintergrund. Man findet sie in Zeitungen, Illustrierten, Büchern, satirischen Zeitschriften, auf Plakaten, Postkarten u.a.m.

Politisch-gesellschaftliche Karikaturen verstehen sich als ein *kritisches Medium*, das Probleme offenlegt, ohne dafür Lösungen anzubieten. Den politisch Handelnden (dies kann alle Gruppen der Gesellschaft betreffen) wird in pointierter Form ein Spiegel vorgehalten, der mehr Wahrheit enthalten mag als eine lange Rede. Oft genügt ein flüchtiger Blick, um die Aussage der Karikatur zu erfassen, und aufgrund ihrer Bildhaftigkeit prägt sie sich leichter ein als geschriebene oder gesprochene Worte. Karikaturen sind agitierend und polemisch, kommentierend, aber auch haßerfüllt.

Aus Sicht des Zeichners oder der Zeichnerin ist die Karikatur ein subjektiver politischer Kommentar. Sie ist parteilich und versucht, das Bekannte, Vertraute in Frage zu ziehen und neue Sehweisen zu erreichen. Die Veränderung des gewohnten Wirklichkeitsbildes schafft Distanz und eröffnet eine Chance zum Denken von politisch-gesellschaftlichen Alternativen.

Im *politischen Unterricht* können Karikaturen als Medium der Motivation und der Veranschaulichung dienen: viele Schulbücher enthalten Karikaturen. Ein aktiver Gebrauch ist insbesondere dann gegeben, wenn Karikaturen der eigenen politischen Willensäußerung der Schülerinnen und Schüler dienen. Es reicht dann nicht, Karikaturen zu analysieren, sondern sie müssen *selbst produziert* wer-

den. Ein Weg zu ihrer Herstellung kann die Verfremdung vorgefundenen Bildmaterials sein: z.B. politisch Handelnde als Tiere darstellen; mit Hilfe von Sprechblasen Unmutsäußerungen jugendlicher Demonstranten dokumentieren; neue Textunterschriften zu Bildern und Karikaturen finden. Dabei mag deutlich werden, daß Karikaturen nicht Selbstzweck sind, sondern in ihrer satirischen Kritik die Lernenden nachdenklich und günstigenfalls politisch aktiv machen möchten.

Literatur: Ackermann, P./Gassmann, R. 1991: Arbeitstechniken in der politischen Bildung, in: Bundeszentrale für politische Bildung (Hrsg.): Methoden der politischen Bildung – Handlungsorientierung, Bonn; Grünewald, D. 1979: Karikatur im Unterricht, Weinheim, Basel; Krüger, W. 1969: Die Karikatur als Medium der politischen Bildung, Opladen; Loch, W./Görres, K. 1985: Politische Karikatur und ihr Einsatz im Unterricht, Limburg; Schneider, F. 1988: Die politische Karikatur, München; Uppendahl, H. u.a. 1978: Die Karikatur im historisch-politischen Unterricht, Freiburg, Würzburg.

Siegfried George

↗ Ästhetisches Lernen; Comic; Produktorientierung; Visualisierung

Karte

Unter einer Karte versteht man die verkleinerte, verebnete und generalisierte Abbildung der Erdoberfläche oder eines Teils davon. Dabei bedient man sich einer besonderen Symbolik, um die durch Raumraffung und Raumverzerrung erzwungene Unübersichtlichkeit zu beheben. Karten können nach verschiedenen Kriterien geordnet werden (z.B. Maßstab, Inhalt, Darstellungsart). Eine in der Fachwissenschaft gebräuchliche Gliederung ist die Unterteilung in „Topographische bzw. Physische Karten" und „Thematische Karten". *Topographische Karten* werden nach dem Maßstab gegliedert und dienen vornehmlich der räumlichen Orientierung. *Thematische Karten* dagegen stellen mehr oder weniger komplexe Sachverhalte kartographisch dar (z.B. Wirtschaftskarten, politische Karten, Bevölkerungskarten) und dienen vornehmlich der raumbezogenen inhaltlichen Orientierung.

Da Politik neben der inhaltlichen und zeitlichen auch immer eine räumliche Dimension hat, kommt der Karte in der politischen Bildung und im Alltag eine besondere Bedeutung zu, die jedoch im politischen Unterricht nicht immer hinreichend berücksichtigt wird. Die Einsatzmöglichkeiten im Politikunterricht sind vielfältig. Je nach Einsatzort (Einstieg, Informations-, Anwendungs- oder Problematisierungsphase) können mit dem Medium Karte unterschiedliche Funktionen und inhaltliche wie methodische Ziele verfolgt werden. Hinzu kommt, daß räumliche Größen- und Ordnungsvorstellungen nur mit Hilfe der Karte adäquat entwickelt werden können. Die *Auswertung* von Karten erfolgt in der Regel in vier Schritten:

1. Untersuchung der Karten unter formalen Gesichtspunkten (einschließlich Entschlüsselung der Kartensymbolik)
2. Strukturierte Beschreibung des Karteninhalts
3. Einordnung und Erklärung der ermittelten Sachverhalte
4. Bewertung von Karte und Inhalt

Infolge ihrer breiten Einsatzmöglichkeiten und ihrer Einzigartigkeit im Spektrum der Medien ist der regelmäßige und systematische Gebrauch von Karten in der politischen Bildung eine wichtige Voraussetzung zum Erwerb unverzichtbarer Qualifikationen wie Methoden- und Handlungskompetenz.

Literatur: Claaßen, K. 1997: Arbeit mit Karten, in: Praxis Geographie 11, S. 4-9; Hüttermann, A. (Hrsg.): Beiträge zur Kartennutzung in der Schule, (Materialien zur Didaktik der Geographie, H. 17), Trier; Wallert, W. 1993: Geomethoden. Neue Übungen mit geographischen Arbeitsmaterialien, Stuttgart.

Kurt Lach

↗ Auswertung

Kartenabfrage

Kartenabfrage ist eine offene Abfrage innerhalb einer Gruppe. Die Teilnehmerinnen und Teilnehmer erhalten im Gegensatz zum Metaplan keine Karten, sondern die jeweiligen Moderatorinnen und Moderatoren, Pädagoginnen und Pädagogen oder Lehrerinnen und Lehrer etc. Sie stellen direkte Fragen an die Gruppe, deren Äußerungen durch Zuruf dann von der Moderatorin/vom Moderator, von der Lehrerin/vom Lehrer etc. auf Karten festgehalten und an die Pinnwand gebracht werden. Das Besondere dieser Kartentechnik liegt darin, daß *Aussage und Person* verbunden bleiben und direkt wahrnehmbar sind.

Literatur: Gudjons, H. 1990[4]: Spielbuch Interaktionserziehung: 185 Spiele und Übungen zum Gruppentraining in Schule, Jugendarbeit und Erwachsenenbildung, Bad Heilbrunn/Obb.; Rehm, S. 1995[2]: Gruppenarbeit: Ideenfindung im Team, Frankfurt/M.

Cornelia Muth

↗ Bienenkorb; CNB-Methode; Ideenwand; Metaplan; Visualisierung

Katechisieren

Katechisieren ist eine aus dem Mittelalter stammende (durch Luthers Katechismus) mitgeprägte Methode, bei der es im fragend-entwickelnden Unterricht auf die Darstellung – nicht Suche – der (für den Lehrenden) definitiv festgelegten Wahrheit geht. Katechisieren bedeutet also

Üben, Wiederholen und Prüfen von Lerninhalten in Frage-und-Antwort-Form.

Die starke *Lehrerlenkung* in dieser Art Prüfungsgespräch kann zumeist nur punktuell zurückgedrängt werden, aber auch selbst dort, wo ein für beide Seiten interessantes Gespräch entsteht, bleiben eindeutig geregelte Herrschaftsverhältnisse bestehen.

Die *empirischen Befunde* zum Handlungsrepertoire der Lehrerinnen und Lehrer zeigen, daß „Katechisieren" mit 6,98 Prozent der gesamten Unterrichtszeit eine relativ hohe Bedeutung – quer über die repräsentativen Fächer Deutsch, Gesellschaftslehre und Naturlehre betrachtet – einnimmt.

Bezogen auf politische Bildung kann Katechisieren als Teil der Gesprächserziehung in der Schule betrachtet werden, muß aber in seiner Bedeutung für politisches Lernen stark relativiert und als Fehlform angesehen werden.

Literatur: Hage, K. u.a. 1985: Das Methoden-Repertoire von Lehrern. Eine Untersuchung zum Schulalltag der Sekundarstufe I, Opladen; Meyer, H. 1987: Unterrichts-Methoden, II: Praxisband, Frankfurt/M.

Hans-Werner Kuhn

↗ Diskursive Verständigung; Kommunikation; Unterrichtsgespräch

Körperorientierung

Körperorientierung in politischer Bildung meint die ausdrückliche theoretische und/oder praktische Ausrichtung politischer Bildung auf die Körperlichkeit des Menschen.

Körperbezogene Konzepte politischer Bildung sind noch ungewöhnlich, ambivalent und umstritten.

Orientierung am Körper kann in Theorie und Praxis politischer Bildung folgendes bedeuten:

– Körper als Medium des Selbst-Ausdrucks und der Selbst-Inszenierung, insbesondere in der Jugend-Kultur
– Körper als Mittel politischer Bildung, beispielsweise im Rahmen erlebnispädagogischer Angebote oder in körperorientierter Gewaltprävention
– Körper als gesellschaftlich erzeugter „Habitus" (Bourdieu), der grundlegende kulturelle und gesellschaftliche (Macht-)Prinzipien stabilisiert (vgl. May 1997, 285f.)
– Körper(lichkeit) ergänzt die rationale Sicht des Menschen zu einer „personalen Dimension" in der Spannung von Geist und Leib (vgl. Kuhn 1994: 73f.)
– Körper als Medium sinnlicher, „ganzheitlicher" Erkenntnis von Wirklichkeit. Politische Bildung fußt hier auf dem klassischen Begriff der „Ästhetik" als „Wissenschaft sinnlicher Erkenntnis". Dementsprechend werden sowohl Gegenstände politischer Bildung (auch) sinnlich erschlossen, als auch ästhetische Handlungsformen verwendet (vgl. ebd. 75ff.).

Literatur: Kuhn, H. 1994: Mit Verstand und Gefühl. Entwurf einer personorientierten politischen Bildung, München; May, M. 1997: Politische Bildung, Körper und Bewegung, in: Hafeneger, B. (Hrsg.): Handbuch politische Jugendbildung, Schwalbach/Ts., S. 280-299.

Hubert Kuhn

↗ Ästhetisches Lernen; Ganzheitliches Lernen; Gewaltprävention; Kampfkunst; *Band 1:* Rationalität

Kommentar

Etwas kommentieren heißt seine Meinung dazu sagen und die Gründe dafür angeben. In den Massenmedien steht ein Kommentar meistens im Zusammenhang mit einer Nachricht. Verantwortungsvolle Medien versuchen daher bewußt, Nachricht und Kommentar durch Überschrift, Schriftbild, Platz oder beim Fernsehen durch Personenwechsel auseinanderzuhalten.

Bei der Formulierung eines Kommentars ist es notwendig, sich vorher in einen Sachverhalt gründlich einzuarbeiten, die notwendigen Informationen und unterschiedlichen Stellungnahmen zu ordnen und zu bewerten, um dann die eigene Schlußfolgerung – eventuell mit einer zum Nachdenken provozierenden Überschrift – möglichst kurz auf den Punkt zu bringen.

Literatur: Akademie für Publizistik 1995: Kleines 1x1 des Journalismus, Hamburg; Wittwen, A. 1995: Infotainment. Fernsehnachrichten zwischen Information und Unterhaltung, Frankfurt/M.

Paul Ackermann

↗ Fernsehsendung; Recherche-Training; Textanalyse; Zeitung

Kommunikation

Kommunikation ist ein sozialer, menschenbezogener Vorgang, in dessen Verlauf im günstigen Fall Verständigung organisiert und hergestellt werden kann. Jede Kommunikation, ob gelungen oder mißlungen, beeinflußt das Verhalten aller Teilnehmerinnen und Teilnehmer. Selbst das Schweigen oder ausschließlich Körpersprache besitzen Mitteilungscharakter und wirken auf andere. Man kann nicht nicht kommunizieren. Meist jedoch ist Kommunikation an Bedeutungszusammenhänge gebunden. Diese inhaltlichen Auswahlentscheidungen führen zur Dynamik kommunikativer Prozesse. Der Begriff Kommunikation stellt zwei wesentliche Bezüge zur *politischen Bildung* her.

1. Der Gegenstand des Faches, die Politik, ist ohne Gespräche, (öffentliche) Auseinandersetzungen und Beratungen nicht denkbar. Die Diskussion, das Überzeugen, das Überreden, die öffentliche Verständigung gelten als Lebenselixier demokratischer Herrschaft.

2. Das Verstehen, Nachvollziehen, Problematisieren vergangener und gegenwärtiger politischer Prozesse und Entscheidungen ist angewiesen auf gelingende Kommunikation zwischen den Lernenden und zwischen Lehrenden und Lernenden.

In der Natur des zu bearbeitenden Inhalts liegt die Vielschichtigkeit und Multiperspektivität, die eine hohe kommunikative Kompetenz und Methodenvarianz von allen am politischen Lernprozeß Beteiligten erfordert. Lehrzielorientierter Unterricht und handlungsorientierte Methoden wie z.B. Rollen- und Planspiele sind geeignet, Lernende nicht nur aktiv am Unterricht zu beteiligen, sondern die Methoden selbst verknüpfen Interaktion und Kommunikation mit dem Ziel, soziale, ökonomische und politische Probleme aus unterschiedlichen Positionen zu betrachten, zu analysieren und in der Akteurrolle zu simulieren. Die zentrale Aufgabe von Politik, für relevante gesellschaftliche Probleme Lösungen zu finden, wird während des Agierens und Debattierens erlebbar und dadurch verständlich gemacht. Das Kennen und Üben von Moderationsmethoden ist für die Durchführung dieser Simulationen hilfreich. Die Auswertungsphase kann ganz oder teilweise als Metakommunikation gestaltet werden.

Die interpretative Fachunterrichtsforschung bietet in ihren Publikationen Anregungen und konkrete Beispiele, Interaktions- und Kommunikationsprozesse in *Lerngruppen* zu analysieren und für die Reflexion des eigenen Unterrichtes zu nutzen. Die geschlechtstypischen Unterschiede in der Kommunikation werden oft erst durch die Dokumentation von Politikunterricht erkennbar. In der Zukunft stellen die neuen Medien und Technologien für den Politikunterricht eine Herausforderung dar. Die Mediensozialisation Jugendlicher verändert die Wahrnehmung, die eng mit der Kommunikation verknüpft ist. Die kulturelle Praxis des Surfens im Internet verwischt die Grenzen von Fiktion und Wirklichkeit und verschiebt Raum und Zeit. Die Chance der politischen Bildung besteht darin, Auswahlkriterien und Orientierung gegen die Informationsflut zu bieten.

Literatur: Faßler, M. 1997: Was ist Kommunikation?, München; Flusser, V. 1998: Kommunikologie, Frankfurt/M.; Gagel, W./Grammes, T./Unger, A. (Hrsg.) 1992: Politikdidaktik praktisch. Mehrperspektivische Unterrichtsanalysen, Schwalbach/Ts; Giegel, H.-J. (Hrsg.) 1992: Kommunikation und Konsens in modernen Gesellschaften, Frankfurt/M.; Kroll, K. 1998: Mary – oder das Argument des unvollständigen Wissens. Das Problem, Kommunikation und Interaktion im Politikunterricht wahrzunehmen und zu deuten, in: Henkenborg, P./Kuhn, H.-W. (Hrsg.): Der alltägliche Politikunterricht, Opladen, S. 71-88; Kuhn, H.-W. 1997: Urteilsbildung im Politikunterricht. Fachdidaktische Analyse, in: Massing, P./Weißeno, G. (Hrsg.): Politische Urteilsbildung, Bonn, S. 202-220; Schelle, C. 1995: Schülerdiskurse über Gesellschaft, Schwalbach/Ts.

Karin Kroll

↗ Diskursive Verständigung; Handlungsorientierung; Metakommunikation; Unterrichtsgespräch; *Band 1:* Geschlechtsspezifische Kommunikationsbarrieren; Unterrichtsforschung; *Band 2:* Diskurs

Konfliktanalyse

Im politik-didaktisch konzeptionellen Verständnis (vgl. Giesecke 1976) ist der Konflikt die *Definition des Politischen*, das

Prinzip der Inhaltsauswahl, die Kategorie der Erkenntnis und die Konfliktanalyse der Transmissionsriemen, der den Praxisbezug des Gelernten herstellen soll.

Lerntheoretisch gehören Konfliktanalysen zum problemlösenden und entdeckenden Lernen; sie sind – propädeutische – Übungen in sozialwissenschaftlicher Denk- und Arbeitsweise und bedingen einen weitgehend offenen Unterricht.

Kategorien der Konfliktanalyse – mit Blick auf Fragestellungen in der Unterrichtspraxis:

1. *Inhalt(e)* des Konflikts: Worum geht es? Erscheinungsformen und Ursachen

2. *Interessen* (konstellationen): Welche Interessen werden wie begründet?

3. *Öffentlichkeit* (Öffentliche Resonanz): z.B. Greenpeace und Shell/Brent Spar. Wie agiert/reagiert die Öffentlichkeit auf den Konflikt?

4. *Macht* und *Recht*: Im Konflikt – regional oder global – entwickeln sich Konstellationen von Sach- und Machtkoalitionen (z.B. Streik und Aussperrung/Greenpeace und Shell). Zu fragen ist: Wer hat die größeren Chancen, seine Interessen durchzusetzen, und wie dauerhaft ist der gefundene Kompromiß/die Konfliktregelung, und welche Folgen hat diese?

5. *Normen* und *Werte*: In welcher Weise werden die ethischen und moralischen Überzeugungen betroffen – z.B. Tierversuche, genetisch veränderte Pflanzen- und Tierprodukte?

6. *Kommunikation*: Wie kompatibel/inkompatibel sind die jeweiligen „Forderungen"? Wie ausgeprägt/rituell ist der Antagonismus – als „Streitform"? Wie groß ist der Entscheidungsdruck der am Konflikt Beteiligten nach innen (gegenüber der eigenen Klientel)

90

und nach außen (gegenüber dem Gegner)?

7. *Methoden* der Konfliktanalyse: Der Konflikt ist eine sozialwissenschaftliche und didaktische (pädagogische) Kategorie. Die sozialwissenschaftlichen Dimensionen des Konflikts werden mit empirischen (qualitativen und quantitativen) Methoden theoriegeleitet erfaßt und interpretiert. Die hermeneutischen Interpretationsmethoden vermitteln die soziologische Dimension (Inwieweit bildet der für den Unterricht ausgewählte Konflikt reale gesellschaftliche Verhältnisse exemplarisch ab?); die komparatistische Dimension, indem verschiedene Auffassungen miteinander verglichen werden; die ideologiekritische Dimension, die nach den weltanschaulichen Positionen fragt; die hermeneutische Dimension, die den Sinn der Argumentationen erfassen und im historischen, systemischen Kontext interpretieren und verstehen will.

8. *Dokumentation*: Konflikte sind in der Regel durch Printmedien (Sekundärquellen) belegt. Primärquellen sind häufig „argumentative Texte", d.h. Verlautbarungen aus der Sicht der Kontrahenten. Sind die Lernenden mit komparatistischer, ideologiekritischer und hermeneutischer Textarbeit vertraut? Sollen sie diese methodischen Fähigkeiten am konkreten Konflikt – gleichsam implizit – erlernen?

9. *Intentionen* der Konfliktanalyse: Konfliktanalysen erlauben eine Verallgemeinerung der Methoden, Einsichten und Erkenntnisse und ermöglichen deren Übertragung auf ähnliche oder analoge Konflikte. Sie erlauben eine Generalisierung des Allgemeinen im exemplarischen Konflikt.

Literatur: Gagel, W. 1979: Politik – Didaktik – Unterricht, Stuttgart; Giesecke, H. 1976[10]: Didaktik der politischen Bildung, München.

Adolf Noll

↗ Fallanalyse; Wissenschaftspropädeutik; *Band 1:* Konflikt; Konfliktdidaktik; Problemorientierung

Kooperation

Kooperation bezeichnet das geordnete Zusammenwirken von Individuen oder auch sozialen Systemen als existentiell notwendiges Grundverhältnis der Lebensbewältigung. Wesentliche Voraussetzungen sind gemeinsame Kommunikationssysteme, Ziele, Normen und Institutionen. Kooperation schließt Konflikt nicht aus, so können Akteure (wie Gewerkschaften und Arbeitgeberverbände) antagonistisch kooperieren, weil sie ihre Interessenkonflikte im Rahmen gemeinsamer Regeln und übergreifender Interessen austragen. Die gesellschaftliche Notwendigkeit von Kooperation wird pädagogisch u.a. in der Arbeitsform der Gruppenarbeit repräsentiert, wobei arbeitsgleiche und arbeitsteilige Gruppenarbeit unterschieden werden.

Literatur: Oetinger, F. 1953: Partnerschaft, Stuttgart, S. 107-125; Stichwort „Kooperation", in: Hillmann, K.-H. (Hrsg.) 1994: Wörterbuch der Soziologie, Stuttgart, S. 447-448.

Sibylle Reinhardt

↗ Diskursive Verständigung; Gruppenarbeit; Sozialformen

Kreativität

Kreativität ist die Fähigkeit, etwas Neues, Innovatives hervorzubringen, das ideenreich im Entstehungsprozeß entwickelt wird und nicht produktorientiert sein muß. Kreativität ist bei der Entwicklung von Lösungen und Perspektiven gefragt und hängt nicht unbedingt mit Intelligenz zusammen. Kreativität kann geübt und gelernt werden (Bugdahl 1995). Beobachtungen in Schule und Unterricht deuten darauf hin, daß Kreativität eine eher untergeordnete Rolle spielt, obschon sie für die Entfaltung von Individualität und Selbstbewußtsein als Voraussetzungen politischen Lernens wichtig ist. Bestimmte methodische Arrangements sind geeignet, um Phantasie und Ideenvielfalt bei der Auseinandersetzung mit gesellschaftspolitischen Fragestellungen zu ermöglichen und zu fördern. Zu den kreativen *Methoden* gehören neben eher mentalen Übungen, wie z.B. das Brainstorming, ästhetische Zugänge wie Gedichte schreiben, Collagen und Phantasieprodukte herstellen. „Methoden kreativen Lernens unterliegen einem Widerspruch: Einerseits ist Spontaneität gefragt [...] Andererseits ist in der Kreativitätsforschung und Kreativitätserziehung das Bemühen sichtbar, spontanes Denken mit systematischen Zugängen zu verknüpfen" (George 1993: 39).

Literatur: Bugdahl, V. 1995: Kreatives Problemlösen im Unterricht, Frankfurt/M.; George, Siegfried 1993: Erschließendes Denken: Selbstreflexion, Meditation, Intuition, Kreativität als Methoden des politischen Unterrichts, Schwalbach/Ts.

Carla Schelle

↗ Brainstorming; Collage; Gedicht; Ideenwerkstatt; Phantasiereise

Kurzreferat

Das Kurzreferat beinhaltet die schriftliche Bearbeitung einer politisch-gesellschaftlichen Themenstellung mit anschließender Vermittlung an eine Bezugsgruppe, aber im Gegensatz zum „Normalreferat" mit geringeren Anforderungen hinsichtlich des Themenkomplexes, des Umfanges wie auch der zeitlichen Vorgaben. Diese Voraussetzungen schaffen für die Strukturierung und Abgrenzung der Thematik hinsichtlich der zentralen Ziele und Inhalte wie auch der Zeitplanung Rahmenbedingungen, bei denen besonders folgende Aufgaben relevant werden:

Welche Fragestellungen und Themenaspekte müssen auf jeden Fall bearbeitet werden? Sind verschiedene Gliederungsentwürfe nach der jeweiligen Informationsbearbeitung zur Präzisierung der Fragestellungen notwendig und hilfreich? Wie können die zentralen Aussagen und Ergebnisse in eine sachlogische Struktur gebracht werden, ohne den Zielgruppenbezug zu vernachlässigen und ohne wichtige Thementeile auszuklammern? Sind die spezifischen politischen Bezüge tatsächlich erfaßt? Welche Fragen müssen im Blick auf die Bezugsgruppe und die anschließende Präsentation einbezogen werden und welche können möglicherweise erst in der nachfolgenden Diskussion vertieft werden?

Literatur: Eggeling, V. 1996: Vom Arbeitsplan zur Reinschrift, Bielefeld; Kruse, O. 1995: Keine Angst vor dem leeren Blatt, Frankfurt/M.

Fritz Marz

↗ Referat; Rhetorik; Thesenpapier

Laienexperte

In verschiedenen realen oder simulativen handlungsorientierten Methoden für den Politikunterricht wie z.B. der Expertenbefragung oder der Pro-Contra-Debatte benötigt man Experten. Im Gegensatz zum Experten im engeren Sinne, der in der Regel ein fachlich qualifizierter und zumeist wissenschaftlich ausgebildeter Spezialist ist, kann als Laienexperte jeder gelten, der in einem politisch-gesellschaftlichen Konflikt usw. Partei, Betroffener oder Beteiligter und damit Experte seiner eigenen Lebenssituation und einer auch andere betreffenden Sache ist (vgl. Claußen 1981: 302). In simulativen Unterrichtsmethoden, in denen unterschiedliche Rollen von Arbeitsgruppen intensiv vorbereitet werden, können diejenigen Schülerinnen und Schüler, die die Rollen später spielen, aufgrund ihres erarbeiteten Sachverstandes als Laienexperten gelten.

Literatur: Claußen, B. 1981: Methodik der politischen Bildung, Opladen.

Peter Massing

↗ Erkundung; Expertenbefragung

Learning by doing

Als pädagogisch-didaktisches Konzept wird Learning by doing dem amerikanischen Erziehungswissenschaftler John Dewey (1859-1952) zugeschrieben. Danach ist die Erziehung und Bildung mündiger Bürgerinnen und Bürger als Selbstqualifizierung zu sehen, die sie im Kontext praktischen Tuns und dessen Reflexion vollziehen. Politisches wird in den eigenen sozialen Erfahrungswelten ausgemacht und auf eigenen Handlungsbedarf hin untersucht. Dabei werden Ziele und Formen der Beteiligung an der politischen Willensbildung thematisiert. Deweys Konzept des Erfahrungslernens ist für Walter Gagel die weitgehend übersehene Bezugstheorie politischer Bildung in der Bundesrepublik. Sie steht für die Abkehr von einem Bildungsverständnis, das von Wissenspositivismus geprägt ist. Vor dem Hintergrund nachhaltiger Veränderungen der Gesellschaft und des Politischen sowie der Erfahrungshorizonte von Kindern und Jugendlichen ist das historische Konzept von Learning by doing zu modernisieren: Wie läßt sich eine durch globalisierten Wettbewerb und den Einsatz risikenbehafteter Technologien räum-

lich und zeitlich erweiterte soziale und politische Verantwortung des einzelnen erfahrbar machen, und wie ist sie im Blick auf die Qualifizierung mündiger Bürgerinnen und Bürger pädagogisch-didaktisch zu bearbeiten?

Literatur: Dewey, J. 1986: Erziehung durch und für Erfahrung. Eingeleitet, ausgewählt und kommentiert von H. Schreier, Stuttgart; Gagel, W. 1995: Der Pragmatismus als verborgene Bezugstheorie der politischen Bildung, in: Ballestrem, K. Graf/Buchheim, H./Hättich, M./Hürten, H. 1995: Sozialethik und Politische Bildung. Festschrift für Bernhard Sutor zum 65. Geburtstag, Paderborn.

Hans-Joachim Lißmann

↗ Erfahrungsorientierung

Lehrer/innenrolle

Der Lehrerrolle ist eine dreifache Konfliktstruktur zentral (Reinhardt 1995):

1. Wer ist der Klient der Lehrerin bzw. des Lehrers? (Gesellschaft/Selektionsfunktion versus Schülerin bzw. Schüler/Funktion der Förderung): Im Unterschied zu anderen Professionen (wie i.d.R. beim Arzt, beim Rechtsanwalt) ist nicht nur ein Klient gegeben. Der Förderung des Lernenden steht die gesellschaftliche Funktion von Selektion und Allokation zur Seite und oft genug gegenüber – die Beurteilung von Leistungen kann der Förderung zuwiderlaufen. Die „Kunst" der Lehrerin bzw. des Lehrers besteht darin, negative Beurteilungen von Leistungen nicht zur Beschädigung der Person werden zu lassen, also die widersprüchlichen Ansprüche zu balancieren.

2. Was will der Klient Schülerin bzw. Schüler? (Schülerin bzw. Schüler – Zukunft versus Schülerin bzw. Schüler – Gegenwart): Der Lehrende soll den Lernenden auf ein Leben vorbereiten, das dieser nicht kennen kann, aber als Erwachsener sinnvoll bewältigen soll und

will. Die „Kunst" der Lehrerin bzw. des Lehrers besteht darin, den heutigen Lerner abzuholen für den Weg in seine Zukunft, also die widersprüchlichen Ansprüche zu balancieren.

3. Wie lebt der Klient Schülerin bzw. Schüler? (Schülerin bzw. Schüler – Gruppe versus Schülerin bzw. Schüler – Individuum): Die Konfliktlage kompliziert sich weiter dadurch, daß nicht einzelne Schüler und Schülerinnen unterrichtet werden, sondern Gruppen. Die „Kunst" der Lehrerin bzw. des Lehrers besteht darin, zwar zu individualisieren, aber zugleich einen Gruppenbezug herzustellen, der auch die jeweils anderen Individuen in der Gruppe noch erreicht.

Die Widersprüche in seiner Profession kann die Lehrerin bzw. der Lehrer nicht bereinigen, sondern er muß situativ entscheiden, wie er die Widersprüche balanciert, also nach welcher Norm er gerade handelt – und wie er die Gegennorm dabei bewahrt.

Das Handeln in der Konfliktstruktur realisiert sich in der Bearbeitung von Gegenständen, an die die Gesellschaft Zielvorstellungen für das Lernen geknüpft hat (z.B. in Richtlinien).

Die Konfliktstruktur der Lehrerrolle ist eine funktional zu erklärende Struktur, die dem Handeln eine Daueraufgabe stellt, der nur flexibles Interagieren genügt.

Literatur: Helsper, W. 1996: Antinomien des Lehrerhandelns in modernisierten pädagogischen Kulturen. Paradoxe Verwendungsweisen von Autonomie und Selbstverantwortlichkeit, in: Combe, A./Helsper, W. (Hrsg.): Pädagogische Professionalität. Untersuchungen zum Typus pädagogischen Handelns, Frankfurt/M., S. 521–569; Reinhardt, S. 1995: Die Profession des Politiklehrers, in: Gegenwartskunde 1995, S. 45–57; Terhart, E. 1995: Lehrerbiographien, in: König, E./Zedler, P. (Hrsg.): Bilanz qualitativer Forschung, Bd. II, Weinheim, S. 225–264.

Sibylle Reinhardt

⬈ *Band 1:* Lehrer/innenrolle; Professionalisierung

Lehrervortrag

Der Lehrervortrag in der politischen Bildung kann charakterisiert werden als vorbereitete, fünf bis zehn Minuten dauernde mündliche Erklärung eines sozialwissenschaftlichen Grundbegriffs oder Zusammenhangs.

In der derzeitigen Lehrerausbildung wird diese Methode weitgehend abgelehnt, da sie gängigen didaktischen Standards widerspricht und als einseitig und lehrerzentriert gilt. Dennoch kommt es häufig vor, daß die Lehrerin oder der Lehrer im Politikunterricht kompakt mit Hilfe eines Lehrervortrages informieren möchte.

Nach den empirischen Befunden sollte eine „guter" Lehrervortrag folgende *Eigenschaften* besitzen:
– der Lehrervortrag sollte möglichst einfach sein,
– er sollte übersichtlich gegliedert und geordnet sein,
– er sollte ein mittleres Ausmaß an Kürze und Prägnanz haben,
– er darf nicht zu weitschweifig, aber auch nicht zu knapp sein,
– er soll ein mittleres Ausmaß an zusätzlicher Stimulanz haben: er soll lebendig, anregend, humorvoll usw. sein, aber dies alles natürlich in Maßen.

Im Fach Sozialkunde/Politik dürfte es – bezogen auf das Kriterium der Einfachheit – tendenziell so sein, daß nur eine Minderheit von Lehrerinnen und Lehrern zu stark vereinfacht und damit die Schülerinnen und Schüler unterfordert.

Das mittlere Maß an Redundanz („nicht zu weitschweifig, nicht zu knapp") bedeutet, daß eine angemessene Informationsdichte erst erreicht ist, wenn in verschiedenen Kanälen und mit mehr Worten etwas mitgeteilt wird als bei einem schriftlichen Text, den man nachlesen kann. Beim Vortrag besteht ein *Ablaufzwang*, der nicht unmittelbar zu stoppen ist; hier ist also eine gewisse Ausführlichkeit, die Arbeit mit Beispielen, mit Bezügen zur Lebenswelt der Schülerinnen und Schüler notwendig.

Sogenannte Rezepte, also Erfahrungskürzel ohne Begründungshintergrund, verweisen auf weitere *Merkmale* des Lehrervortrags:

a) Nach einer Karikatur soll ein „guter" Lehrervortrag sein „wie mein neuer Badeanzug: knapp, ansprechend und das Wesentliche abdeckend" (Grell/Grell 1979: 208).

b) das Zeitrezept: „Der Lehrer/die Lehrerin darf über alles reden, nur nicht über 10 Minuten."

c) Packe nicht mehr als 3 bis 5 unterschiedliche Gedankengänge in einen Kurzvortrag von 5 Minuten (Ergebnis der Kommunikationsforschung).

d) das Phantasierezept: „Mache aus dem Lehrervortrag etwas Eigenes."

Nach einem *Grundmuster* besteht ein Lehrervortrag für einen einfachen Begriff aus drei Bestandteilen: der Charakterisierung, dem veranschaulichenden Beispiel und der genauen Definition. Ein zweites Grundmuster, mit dem eine komplexe sozialwissenschaftliche Kategorie erläutert wird, kann folgende Teile enthalten: Gliederung, Bedeutung, Herkunft, Advanced Organizer, Bedeutsamkeitssignale, Zusammenfassung, Bedeutung für die Unterrichtseinheit usw.

Unterrichts- und Ausbildungserfahrungen mit Lehrervorträgen verdeutlichen, daß folgende Aspekte bedeutsam sind:

– Grundlage für die Auswertung von Lehrervorträgen bilden die „Verständlichkeitskriterien", die in der Rezep-

tionsforschung für Texte und Vorträge ermittelt wurden. Diese helfen, dem Lehrervortrag eine innere Struktur, aber auch zusätzliche Impulse zu verleihen.

– Darüber hinaus gilt es, einige als „Rezepte" verkürzte Ergebnisse der Kommunikations- und Unterrichtsforschung sowie der Erfahrungen im Unterricht zu beachten; auch diese helfen, typische „Fehler" zu vermeiden.

– Wichtigste Erkenntnis dieser Mikromethode bleibt aber die Einsicht, daß die Themen der Lehrervorträge in einen *fachdidaktischen Zusammenhang* gestellt werden, d.h., es muß für die Lehrerin/den Lehrer sowohl bewußt sein, welchen Stellenwert der Begriff, das Ereignis, der Zusammenhang in der Fachwissenschaft als auch welche Funktion er im unterrichtlichen Kontext hat. Dabei verweist auch diese Mikrostruktur auf das eigene Politikbild, das sich aus der Transkriptanalyse rekonstruieren läßt.

– Letztlich kann auch die Mikromethode „Lehrervortrag" selbst methodisch und inhaltlich so transparent gemacht werden, um als Modell für Schülervorträge zu dienen.

– Als weiterführende Erkenntnis läßt sich folgern, daß Lehrervorträge ausgeweitet werden können in Richtung „Visualisierung", denn das flüchtige Medium Sprache verliert sich schnell im Klassenraum, die Weiterverarbeitung als Tafelbild oder in Form von Schülernotizen als Grundlage eines nächsten Unterrichtsschrittes erhöht nicht nur die Konzentration, sondern kann auch im Nach-Denken des Gesagten und in Transformationsleistungen die Aneignung verstärken.

Literatur: Bünting, K.-D./Bitterlich, A./Pospiech, U. 1996: Schreiben im Unterricht. Ein Trainingsprogramm, Berlin; Grell, J. u. M. 1979: Unterrichtsrezepte, München; Kuhn, H.-W./Massing, P. 1998: Lehrertraining im Hauptstudium – Am Beispiel: Mikromethoden, in: Henkenborg, P./Kuhn, H.-W. (Hrsg.): Der alltägliche Politikunterricht. Beispiele qualitativer Unterrichtsforschung zur politischen Bildung in der Schule, Opladen, S. 217-232; Langer, I./Schulz von Thun, F./Tausch, R. 1981: Sich verständlich ausdrücken, München; Meyer, H. 1980: Unterrichts-Methoden, Bd. 2: Praxisband, Frankfurt/M.; Pabst-Weinschenk, M. 1995: Reden im Studium. Ein Trainingsprogramm, Berlin; Weißeno, G. 1992: Forschungsfelder und Methoden einer empirisch arbeitenden Politikdidaktik, in: Sander, W. (Hrsg.): Konzepte der Politikdidaktik. Aktueller Stand, neue Ansätze und Perspektiven, Hannover, S. 239-256.

Hans-Werner Kuhn

⤳ Referat; Referentenvortrag; Schülervortrag; Tafelbild; Visualisierung

Lehrformen

Lehrformen sind Handlungs- und Inszenierungsmuster des Unterrichts. Sie enthalten die Modalitäten, die bei der Erarbeitung oder Bearbeitung eines politischen Themas zur Anwendung kommen. Andere Bezeichnungen für die Lehrform sind Methodenkonzeption, Makromethode oder Lehrmodell. Eine Lehrform faßt Lehraktivitäten, Sozial- und Aktionsformen, Verlaufsformen und Arbeitsweisen der Lernenden begrifflich zusammen und drückt so die Komplexität des Lehrens aus. Als typologischer Gesamtentwurf dient die Lehrform bei der Unterrichtsplanung als Entscheidungshilfe insbesondere für die Wahl der Arbeitsweisen und die Gliederung des Lehr- und Lernprozesses.

Die im *Politikunterricht* einsetzbaren Lehrformen ergeben sich aus der Verbindung allgemeindidaktischer Handlungsmuster des Unterrichts mit fachdidaktischen Zielsetzungen. Unterricht kann in allgemeiner didaktischer Perspektive die Gestalt der Wissensvermittlung, des Untersuchens und Entdeckens, der sozialen Interaktion, der Selbsterfahrung und Selbstorganisation, des Urteilens und Entscheidens und des simulierenden Nachstellens annehmen. Die Fachdidaktik betont das Erfordernis der Eignung der unterrichtlichen Handlungsmuster für die spezifischen Aufgaben, Inhalte und Interaktionsformen des Politikunterrichts. Die unterrichtlichen Handlungsmuster müssen dementsprechend die Fähigkeit zur rationalen politischen Urteilsbildung fördern, dürfen sich nicht gegen die sachstrukturellen Gegebenheiten der Politik und die Normen politischer Beteiligung im demokratischen Staat sperren und sollen nach Möglichkeit eine Entsprechung zu Handlungsmustern demokratischer Politik (symmetrische Kommunikation, Partizipation, Sachorientierung, problemlösendes Denken) aufweisen. Das bedeutet, daß Lernfortschritte sich nicht nur auf das Wissen beziehen dürfen, sondern sich auch auf Selbständigkeit und Urteilsvermögen erstrecken.

Die Lehrformen lassen sich nach verschiedenen Gesichtspunkten *klassifizieren*. So kann man sie danach unterscheiden, ob sie einen linearen oder einen konzentrischen Unterricht begründen. Eine lineare Lehrform liegt vor, wenn der Lehrprozeß nach einem kognitiv festen Schema von Sachverhalt zu Sachverhalt schreitet. In der konzentrischen Lehrform steht ein Problem oder eine Aufgabe im Mittelpunkt, zu deren Lösung man auf jeweils geeignete Instrumente und Informationen zurückgreift. Mit Ausnahme des Lehrganges etablieren alle Lehrformen einen konzentrischen Unterricht.

Eine andere Unterscheidung ist die

zwischen denkorientierten und handlungsorientierten Lehrformen. *Denkorientiert* sind diejenigen unterrichtlichen Inszenierungen, die ausschließlich auf Kopfarbeit setzen. Der Lehrgang und die Politikanalyse lassen sich dieser Lehrform zuordnen. *Handlungsorientiert* sind Lehrformen, die ein „Learning by doing" der Schülerinnen und Schüler veranlassen. In ihnen wird agiert, aber auch reflektiert. Sozialstudie, Produktion und Spiel sind in diesem Sinne handlungsorientiert.

Eine wiederum andere Zuordnung der Lehrformen ergibt sich, wenn als Kriterium die *Kommunikationsbeziehung* zwischen Lehrendem und Lernenden angelegt wird. Aufgrund des Wissensvorsprunges des Lehrers ist die Beziehung beim Lehrgang asymmetrisch. In der Politikanalyse und der Sozialstudie wechseln Asymmetrie (Aufgabenstellung, Hilfeleistung) und Symmetrie (Datenerhebung, Beurteilung, Auswertung). Bei den übrigen Lehrformen sind symmetrische Interaktionen möglich und wünschbar.

Jede Lehrform ist gekennzeichnet durch ein unverwechselbares Profil aus Lernmodus, fachspezifischer Aufgabenerfüllung und Strukturierung des Lehr- und Lernprozesses.

1. Der *Lehrgang* entspricht dem darbietend-rezeptiven Lernmodus. Diese Lehrform dient der Wissensvermittlung, d.h. dem Lernen systematisch erfaßbarer Zusammenhänge. Die Schülerinnen und Schüler erfahren, daß politisches Handeln Informiertheit voraussetzt. Der Lehrgang ist das Grundmodell des Politikunterrichts. Kennzeichnend ist die kontinuierliche Lenkung durch die Lehrerin bzw. den Lehrer, die bzw. der als fachliche Expertin bzw. als fachlicher Experte auftritt. Dominant ist das gebundene Unterrichtsgespräch.

2. Der Lernmodus einer *Politikanalyse* ist erarbeitend-problemlösend. Die didaktische Aufgabe der Politikanalyse liegt im sachgemäßen Urteilen und Bewerten. Die Besonderheit der Politikanalyse liegt darin, daß sie die Dimensionen des Politischen ausdrücklich zum Gegenstand des Lernens macht. Daher ist sie die den Intentionen des Politikunterrichts am meisten entsprechende Lehrform. In der Politikanalyse werden politische Problemkonstellationen unterschiedlicher *Reichweite* zunächst in ihren Aspekten erarbeitet, danach Lösungs- und Handlungsmöglichkeiten entworfen und diese schließlich unter den Gesichtspunkten Wünschbarkeit, Verfassungsmäßigkeit und Folgewirkungen (Risiken, Benachteiligungen, mögliche Reaktionen) bewertet und beurteilt. Das Ergebnis einer Politikanalyse steht nicht von vornherein fest.

3. Die *Sozialstudie* wird durch das forschend-entdeckende Lernen geprägt. Im Mittelpunkt steht das Untersuchen. Diese Tätigkeit ist wissenschaftspropädeutischer Natur. Sie qualifiziert zusätzlich für das politische Handeln, insofern sie auf das selbständige Recherchieren und Sichern von Tatsachen aus dem Bereich von Gesellschaft und Politik vorbereitet. Die Tätigkeit des Lehrers reduziert sich hier auf beratende Begleitung. Das Ergebnis einer Sozialstudie ist offen.

4. In der *Produktion* kommt der kooperierend-produzierende Lernmodus zum Tragen. Die dieser Lehrform eigentümlichen vielfältigen Schülerinnen- und Schüleraktivitäten (Planen, Organisieren, Kommunizieren, Herstellen) haben mit politischem Handeln insofern zu tun, als die Lernenden sich in Selbständigkeit, Selbstbestimmung und Selbstverantwortung üben, aber auch Erfahrungen in sachbezogenem Konfliktaustrag und

solidarischer Zusammenarbeit sammeln.

5. Das *Spiel* entspricht dem situativ-simulierenden Lernmodus. Es stellt modellhaft soziale Interaktions- oder politische Planungs-, Entscheidungs- und Konfliktregelungsprozesse nach oder fordert auf, zukünftige Entwicklungen modellhaft zu skizzieren. Das Spiel fördert das soziale Lernen, da durch Rollenübernahme Perspektivenwechsel und Empathie ermöglicht werden. Diese Lehrform legt auf die kreative Aktivität der Spieler größeres Gewicht als auf das Spielergebnis. Daher darf die programmierte Steuerung des Spielverlaufs nicht so weit gehen, daß die Selbsttätigkeit der Lernenden sich in Pseudohandlungen erschöpft.

Literatur: Bastian, J. 1995: Unterricht, darstellender, in: Enzyklopädie Erziehungswissenschaft, Bd. 4, hrsg. v. Otto, G./Schulz, W., Stuttgart, Dresden, S. 640-643; Bönsch, M. 1995²: Variable Lernwege. Ein Lehrbuch der Unterrichtsmethoden, Paderborn, München, Wien, Zürich; Gagel, W. 1986: Unterrichtsplanung: Politik/Sozialkunde. Studienbuch politische Didaktik II, Opladen; Giesecke, H. 1993: Politische Bildung. Didaktik und Methodik für Schule und Jugendarbeit, Weinheim, München; Janssen, B. 1992: Methodenorientierter Politikunterricht. Perspektiven für eine kritische und kreative politische Bildung, Düsseldorf; Klippert, H. 1991: Handlungsorientierter Politikunterricht. Anregungen für ein verändertes Lehr-/Lernverständnis, in: Methoden in der politischen Bildung – Handlungsorientierung, Bonn, S. 9-30; Lange, O. 1995: Unterricht, problemlösender, in: Enzyklopädie Erziehungswissenschaft, Bd. 3, hrsg. v. Haller, H.-D./Meyer, H., Stuttgart, Dresden, S. 616-621; Nitzschke, V. 1988: Zum methodischen Handeln im politischen Unterricht, in: Erfahrungsorientierte Methoden der politischen Bildung, Bonn, S. 47-61.

Joachim Detjen

↗ Lehrgang; Planspiel; Produktorientierung; Simulation; Sozialstudie; *Band 1:* Dimensionen des Politischen; Unterrichtsplanung; *Band 2:* Unterricht

Lehrgang

Der Lehrgang ist eine grundsätzliche Form der Organisation und des Ablaufs von Lehr-Lern-Prozessen, wahrscheinlich die in Schulen am häufigsten anzutreffende und am meisten verbreitete Form. Sie sollte nicht mit methodisch einseitigen Formen eines bloßen Frontalunterrichts mit einlinig einseitiger Lehrer-Schüler-Kommunikation verwechselt werden.

Der Lehrgang ist gekennzeichnet durch ein klar beschreibbares gewünschtes Ergebnis, durch vorherbestimmte, vom Lehrer *vorgegebene Inhalte,* durch ein deutliches Kompetenz- und Wissensgefälle zwischen Lehrendem und Lernenden und durch eine starke direkte oder indirekte Lenkung aller Lernschritte durch den Lehrenden. Giesecke charakterisierte dies in der Kurzform: „Der Lehrgang – Oder: Man kann sich durch einen Fachmann belehren lassen" (1973: 46). Und wenn dieser Fachmann seine Sache didaktisch und methodisch gut macht, dann lernt man auch etwas Wesentliches dabei. Der Lehrgang ist sehr gut geeignet zur Wissensvermittlung, in vielen Situationen, besonders im schulischen Alltag, erweist er sich zur lehrendbelehrenden Informationsgewinnung als die effizienteste Form.

Ihm stehen als grundsätzlich andere, schüleraktive Formen solche des Erfahrungslernens (Erkundung, Projekt, Sozialstudie) und des spielenden Lernens (Planspiel, Rollen- und Interaktionsspiele, kreative Gestaltung von Bildern und Plakaten) gegenüber. Auch diese Formen können dem Erwerb von Wissen dienen, zugleich und mehr aber noch dem sozial-kommunikativen Lernen, der Entfaltung sozialer Phantasie, der Festigung instrumenteller Fertigkeiten und der Vermittlung affektiver Werthaltungen.

Man sollte bei aller Anerkennung der grundsätzlichen Verschiedenheit solcher

Ansätze aber dennoch keine falschen Trennungen und Gegensätze konstruieren. Ackermann und andere rücken den Lehrgang allzusehr in die Nähe bloßer „Instruktionspädagogik" (1992: 358f.). Gagel unterscheidet den Lehrgang als „Lehrmodell der Wissensvermittlung" von der „Sozialstudie" als „Lehrmodell der Untersuchung und Entdeckung" und vom „Politikmodell" als „Lehrmodell der Urteilsfindung und Entscheidung" (1986: 191f.). Zugleich wird dabei deutlich, daß es im einzelnen viele gemeinsame Punkte dieser Modelle gibt. Auch der Lehrgang gliedert sich in unterschiedliche *Phasen* und *Artikulationsstufen*, in denen im einzelnen sehr vielfältige schüler- und teilnehmeraktivierende, erfahrungs- und kreativitätsbezogene Methoden zum Einsatz kommen können, ebenso wie unterschiedliche Sozialformen des Unterrichts, die von Partner- und Gruppenarbeit bis zu Kurzrollenspielen und Referaten reichen.

Lehrgänge können kurze, präzise Ziele und Inhalte haben, wie z.B. das „Kennenlernen und Verstehen des konstruktiven Mißtrauensvotums", oder sie können umfassende Themen zum Inhalt haben, wie z.B. das „Verstehen von Sinn, Formen und Problemen des Föderalismus in der Bundesrepublik Deutschland und der Europäischen Union". Sie bieten sich insbesondere an zur Vermittlung von politischer *Institutionenkunde* im engeren und weiteren Sinne einschließlich des Verständnisses des Sinnes und der Prozeßformen von Institutionen.

In Kurzform finden Lehrgänge in allen Unterrichtsformen statt, nämlich immer dann, wenn kurzfristig sachliche Informationen vermittelt werden sollen. Die gängigen Formen hierfür sind der Lehrervortrag mit anschließenden Fragen zum Verständnis, sowie das fragend-entwikkelnde Unterrichtsgespräch. Seine belebenden, denkanregenden, teilnehmeraktivierenden und lernmotivierenden Wirkungen sollten nicht unterschätzt werden. Hierbei hängt alles ab von der sokratisch-mäeutischen Fragekunst des Lehrers, seiner Fähigkeit, interessante Problemaspekte anzusprechen, seiner Ruhe und Geduld, hinreichend Zeit für Antworten und Überlegungen der Teilnehmer einzuräumen, seiner Akzeptanz von unterschiedlichen Gesichtspunkten und seiner Fähigkeit, diese zwanglos zielbezogen wieder zusammenzulenken.

In längerer Form können und sollen Lehrgänge, auch wenn sie sich institutionenkundlichen Themen widmen, von konkreten politischen Fällen und Problemen ausgehen, denn nur so können sie den lebendigen Sinn und Wert von Institutionen im politischen Prozeß vermitteln. Sie müssen dabei für das jeweilige Thema ergiebige Fälle auswählen und dürfen diese dann weder als bloße Aufhänger noch als nur illustrative Beispiele behandeln. Ein solcher Lehrgang hat *Phasen* des Einstiegs, der Motivationsweckung, der Problemerörterung, der wertenden Abwägung möglicher Entscheidungsalternativen, der sachlichen Erarbeitung und der vertiefenden Zusammenfassung mit Anbahnung von Transfermöglichkeiten des Gelernten auf andere Fälle.

Hierbei können im einzelnen sehr unterschiedliche *Arbeitsformen* wie Brainstorming, Text- und Bildarbeit, offene Hypothesenbildung und Entwicklung möglicher Alternativen oder Gruppenarbeit mit arbeitsteiliger Ergebnissicherung eingesetzt und zugleich wesentliche instrumentelle Fertigkeiten und Arbeitstechniken eingeübt sowie Werthaltungen angebahnt und verstärkt werden. Der Lehrgang schließt dies nicht aus, er darf nicht auf Instruktion von abfragbarem Wissen verengt gesehen werden. Was ihn allerdings wesentlich bestimmt, ist der Sachverhalt, daß es in ihm weitgehend um ein Lernen geht, dessen erwünschtes Ergebnis vom Lehrenden vorher schon gewußt wird und beschrieben werden kann, während andere Formen wie Erkundungen, Projektarbeit und Planspiele ergebnisoffener sind.

Literatur: Ackermann, P./Moritz, P./Kendschek, H. 1992: Methoden in der politischen Bildung, in: Lernfeld Politik, Bonn, S. 355-380; Gagel, W. 1986: Unterrichtsplanung Politik/Sozialkunde, Opladen, S. 191f.; Giesecke, H. 1973: Methodik des politischen Unterrichts, München; Kaßner, P. 1978: Der Lehrgang, in: Northemann, W. (Hrsg.): Politisch-gesellschaftlicher Unterricht in der Bundesrepublik, Opladen; Nitzschke, V./Sandmann, F. (Hrsg.) 1982: Neue Ansätze zur Methodik des politischen Unterrichts, Stuttgart; Terhart, E. 1989: Lehr- und Lernmethoden, Weinheim.

Klaus Rothe

↗ Arbeitsformen; Lehrervortrag; Lehrformen; Unterrichtsgespräch; *Band 1*: Institutionenkunde

Lernebenen

Politikunterricht kann auf mehreren Lernebenen (Ackermann u.a. 1994: 128ff.; Breit 1994: 94ff.) bzw. Erkenntnisebenen (Gagel 1983: 46ff.) stattfinden:

1. Auf der *konkreten* Lernebene werden Ereignisse aus der Alltags- und Vorstellungswelt der Jugendlichen untersucht. Lerngegenstände sind „Fälle", zu denen Heranwachsende mit ihren Erfahrungen leicht Zugang finden.

2. In einem Schritt der Verallgemeinerung („Inhaltsgeneralisierung") arbeiten die Unterrichtsteilnehmer den politischen Sachverhalt heraus, der sich in dem Fall abbildet. Auf der *abstrakten* oder politischen Lernebene untersuchen die Schülerinnen und Schüler als Lerngegenstän-

de politische Probleme, politische Konflikte und politische Strukturzusammenhänge oder einzelne Phasen aus einem Politikzyklus. Sie gehen dabei zumeist in dem Dreischritt vor: „Sehen – Beurteilen – Handeln" (Hilligen).

3. In dem politischen Sachverhalt bildet sich häufig eine weltweite Herausforderung bzw. ein Schlüsselproblem ab, das die Jugendlichen beim *globalen* Lernen herausarbeiten und analysieren. Auf der dritten Lernebene lernen die Heranwachsenden Probleme unserer Zeit kennen, die weltweit für das Dasein aller Menschen und damit auch für sie selbst grundlegende Bedeutung besitzen (Hilligen 1985: 32). Für diese *Perspektivenerweiterung* setzt sich schon seit Jahrzehnten Wolfgang Hilligen ein.

Findet der Politikunterricht auf diesen drei Lernebenen statt, dann wird das politische Denken der Jugendlichen (Lernebene 2) auf den Menschen und damit auch auf den Art. 1 GG (Lernebene 1) bezogen. Zugleich wird dank der Einbeziehung der dritten Lernebene eine Horizontverengung auf nationale oder europäische Vorgänge vermieden.

Literatur: Ackermann, P. u.a. 1994: Politikdidaktik kurzgefaßt. 13 Planungsfragen für den Politikunterricht, Schwalbach/Ts.; Breit, G. 1995: Untersuchungsfragen als Methode der Problemerschließung, in: Mickel, W. W./Zitzlaff, D. (Hrsg.): Methodenvielfalt im politischen Unterricht, Schwalbach/Ts., S. 93-105; Gagel, W. 1983: Einführung in die Didaktik des politischen Unterrichts, Opladen; Hilligen, W. 1985[4]: Zur Didaktik des politischen Unterrichts, Opladen.

Gotthard Breit

↗ Dreischritt; *Band 1*: Abstraktion und Konkretion; Globales Lernen; Politikzyklus; Schlüsselprobleme

Lernmarkt

Der Begriff „Lernmarkt" wird erst in der letzten Zeit verstärkt verwendet und hat noch keine klaren Konturen gewinnen können. Im konventionellen Verständnis geht es um das organisierte Arrangement von Lehr- und Lernmitteln. So verkörpert z.b. die *Didacta* einen bekannten und bedeutsamen Lernmarkt, der starke Beachtung im pädagogischen Bereich hat und auch für die politische Bildung interessant ist.

In einem engeren Verständnis wird von Lernmarkt gesprochen, wenn es um Angebote zur *beruflichen Qualifizierung* und Weiterbildung geht. In neuester Zeit trägt der Lernmarkt vor allem ein elektronisches Gesicht. Computergestützte Aus- und Weiterbildungsmaßnahmen schießen wie Pilze aus dem Boden und finden Eingang in den privaten und öffentlichen Bildungsbereich. Dieser riesige Lernmarkt kommt dem immer stärker werdenden Bedürfnis nach lebenslangem Lernen entgegen. Im Januar 1996 haben sich die 25 Erziehungsminister der OECD-Länder auf das lebenslange Lernen als wichtigstes Leitziel ihrer Bildungspolitik verständigt, da nur eine Lerngesellschaft die globalen Umbruchphasen bewältigen kann. Diese Lerngesellschaft benötigt eine Fülle von z.T. noch kaum vorstellbaren Lerngelegenheiten und Lernangeboten. Günther Dohmen entwirft folgendes Szenario: „Es gibt Bahnhöfe, in deren Hallen und Warteräumen Videofilme über Verkehrsentwicklungen und -probleme oder über besondere Reisemöglichkeiten, lohnende Reiseziele etc. gezeigt oder besondere Lernmärkte eingerichtet werden mit Informationsständen, freundlichen Beraterinnen, PC-Plätzen, meist auch mit Imbiß- und Getränkeständen und Stehtischen zum Plaudern" (Dohmen 1997).

Da sich die politische Bildung nicht nur als enge Fachdisziplin verstehen kann,

kommen auf sie im Hinblick auf den Aufbau und die Nutzung der neuen Lernmärkte neue und wichtige Aufgaben zu.

Literatur: Dohmen, G. 1997: Weiterbildung muß alle erreichen. Zauberformel LLL: Lebenslanges Lernen, in: Der Bürger im Staat, 3/97; Nacke, B./Dohmen, G. (Hrsg.) 1996: Lebenslanges Lernen, Bonn.

Siegfried Schiele

⤢ *Band 2:* Neue Medien

Lernzielorientierter Test

Lernzielorientierte Tests dienen der Erfolgskontrolle zielgerichteter Lehrprozesse und damit der Beurteilung des Lernerfolgs (Orientierungs- und Kontrollfunktion). Es sind Verfahren zur Untersuchung und Evaluation der durch die Lernziele determinierten Sachverhalte mit dem Ziel einer quantitativen und/ oder qualitativen Aussage über den relativen Grad der individuellen Lernleistung. Als Voraussetzung sind klar definierte Lernziele unabdingbar. Für die Erstellung sind drei Schritte maßgeblich:

1. *Planung:* Auswahl des angemessenen Testtyps (z.B. Tests mit Alternativantworten i.S.v. richtig – falsch, Multiple-choice-Verfahren, Zuordnungs- und Umordnungsaufgaben, Lückentexte, informelle Tests mit freier Beantwortung)
2. *Testentwurf:* Gestaltung (inhaltlich und strukturell) der Aufgaben, Testinstruktion und Fragen der Bewertung
3. *Analyse* des Testentwurfs: Überprüfung der Aufgaben im Hinblick auf ihre Praktikabilität (insb. Validität, Reliabilität, Objektivität der Bewertung, Angemessenheit und Schwierigkeitsgrad)

Inwieweit lernzielorientierte Tests (z.B. reine Wissensaufgaben) den allgemeinen

Intentionen politischer Bildung nicht zuwiderlaufen, muß in der jeweiligen konkreten Testsituation problematisiert werden.

Literatur: Hoberg, G./Wanner, B. 1993: Lernzielkontrollen, in: Politisches Lernen mit PZ, Bonn; Wendeler, J. 1981: Lernzieltest im Unterricht, Weinheim.

Lothar A. Ungerer

↗ Erfolgskontrolle; *Band 1:* Ziele/Zielarten; *Band 2:* Evaluation

Leserbrief

Der Leserbrief bietet dem einzelnen oder mehreren Bürgern die Möglichkeit, ihre Meinungen zu bestimmten Problemen einem größeren Publikum kundzutun und auf diese Weise auf die politische Willensbildung Einfluß zu nehmen. Auch wenn die Zeitungen rechtlich nicht dazu verpflichtet sind, drucken sie in der Regel die Leserbriefe ab, können diese aber kürzen. Der Brief muß mit der Anschrift und der handschriftlichen Unterschrift des Absenders gekennzeichnet werden.

Bei der Abfassung eines Leserbriefs sollte man sich auf wenige gut begründete und gegliederte Argumente konzentrieren. Man kann selbst die Überschrift vorschlagen. Wenn man sich auf einen Zeitungsartikel bezieht, sollte man dessen Erscheinungsdatum angeben.

Literatur: Ackermann, P./Gaßmann, R. 1991: Arbeitstechniken politischen Lernens, Stuttgart; Akademie für Publizistik 1995: Kleines 1x1 des Journalismus, Hamburg.

Paul Ackermann

↗ Kommentar; Produktorientierung; Zeitung

Lied

Lieder sind ein ästhetisches Ausdrucksmittel innerer Befindlichkeiten, die sich auf Liebe, Kummer, Natur, aber auch auf historische und politische Zustände und Ereignisse beziehen können. Zur Stärkung des Gemeinschaftsgefühls haben alle Staaten eine Nationalhymne, die bei feierlichen Anlässen gesungen/gespielt wird. Sofern Lieder gesellschaftliche Zustände kritisieren, sind sie in autoritären Staaten der Zensur ausgesetzt. Diese Staaten nutzen ihrerseits Lieder, um ihre Führer und deren Leistungen zu verherrlichen.

Da Lieder Lebensgefühl ausdrücken, ändern sie sich mit den Generationen. So finden Jugendliche ihr Leben heute nicht mehr in Volks- oder Arbeiterliedern repräsentiert, sondern eher in der Rock/Pop-Musik. Sie drückt heutiges, teilweise sehr kritisches Lebensgefühl aus: Sie singt von Aufbruch und Ausbruch aus versteinerten Lebensverhältnissen, von Widerstand gegen Krieg, gegen undemokratische gesellschaftliche Strukturen, vom Einsatz für Freiheit und Menschenrechte.

Literatur: Kandel, J. 1997: Rockmusik, Politik und politische Bildung, in: *kursiv* 2/1997, S. 24-31; Wimmer, F. 1994: Das historisch-politische Lied im Geschichtsunterricht, Frankfurt/M.

Siegfried George

↗ Ästhetisches Lernen; Kreativität; *Band 1:* Nationalerziehung; Symbol, politisches; *Band 2:* Jugendkultur

Lückentext

Der Lückentext stellt ein zusammenhängendes Lehrmaterial mit Lücken dar, die jeweils richtig ergänzt werden sollen. Die „lückenhaften" Lehrmaterialien beziehen sich in der Regel auf Textabschnitte, Graphiken, Tabellen und Abbildungen, wobei Einfach- und Mehrfachergänzungen unterschieden werden können. Im ersteren Fall ist nur eine Lücke vorgesehen, die als Anfangs-, Zwischen- und Endlükke konzipiert sein kann, wobei die letzte-re den Lernenden besonders entgegen-kommt, da eine fast vollständige Lektüre vorausgeht.

Mehrfachergänzungen finden sich häu-figer bei Lückentests, wobei Inhaltswor-te in festen Abständen ausgelassen wer-den. In der *politischen Bildungsarbeit* werden Lückentexte häufiger bei der Er-arbeitung von Zusammenfassungen und zur Erfolgskontrolle eingesetzt. Sie er-möglichen vor allem die Sicherung von zentralen Begriffen und Ergebnissen bei gleichzeitiger Zeitersparnis.

Literatur: Beltz Weiterbildung 1996: Lernen mit Bildmedien und Printmedien, Weinheim; Gugel, G. 1997: Methoden-Manual I: „Neues Lernen", Wein-heim.

Fritz Marz

↗ Arbeitsblatt; Erfolgskontrolle; *Band 1:* Begriff/Begriffsbildung; *Band 2:* Evaluation

Mäeutik

Mäeutik bezeichnet im Griechischen die „Hebammenkunst". Übertragen auf Lehr-Lern-Prozesse ist es eine Lehrkunst, die dem Lernenden hilft, das Problembe-wußtsein, über das er/sie selbst bereits ver-fügt, aus sich selbst herauszuentwickeln. Die Rolle des Lehrenden ist die eines „Geburtshelfers". Mäeutik umfaßt zwei *Phasen* (Hanke 1986: 95):

1. Der Lernende wird durch Aufzeigen von Widersprüchen (kognitive Disso-nanz) in die Aporie, das Gewahrwer-den des eigenen Nichtwissens, geführt („negativ" widerlegende elenktische Phase).

2. Im Bewußtsein des Nichtwissens ent-steht die Sehnsucht nach neuem Wis-sen (fruchtbarer Moment). Der Leh-rende leistet eine aufbauende Hilfe-stellung, indem er einen Lösungs-

ansatz so weit zeigt, daß der Lernen-de die Antwort selbst finden kann. Ein bloßes Meinen/Scheinwissen (doxa) kann vom Lernenden zu begründe-tem Wissen (episteme) weiterentwik-kelt werden (protreptische Phase).

Grundlagentext mäeutischer Didaktik ist der Lehr-Dialog Menon (Sokrates/Pla-ton). Verhandelt wird die Frage, ob Tu-gend lehrbar sei: Ob Wissen Haltungen hervorzubringen vermag und die Men-schen bessert und zum rechten Tun mo-tiviert (Prange 1986: 26-35). Zwei me-thodische Grundsatzprobleme stellen sich, um die Produktivität der Mäeutik zu erklären:

1. Umstritten ist die Erkenntnismetho-de, der Weg zur Einsicht: Kommt der Ler-nende wirklich „von selbst" auf die Lö-sung der Aufgabe, weil er sie innerlich schon weiß? Oder wird ihm die notwen-dige Einsicht durch die Frage des Lehren-den nur geschickt in den Mund gelegt, so daß die Methode im wesentlichen auf einem lehrtaktischen Trick beruht?

2. Anamnesis (Vorerinnerung): In der ursprünglichen platonischen Konzeption erinnert sich der Lernende wieder an Ide-en und Konzepte, die ihm bereits einge-boren sind (Anamnesis-Theorie). Offen ist, woher das Neue der Erkenntnis kommt: aus bereits gewußtem Vorbewuß-tem (z.B. Prinzipien und Universalien wie „Du sollst nicht töten" oder die Goldene Regel) oder aus äußeren Erfahrungen in politischen Sozialisationsprozessen. Ler-nende bringen aus der Familie oder den Medien bereits Vorwissen über Gesell-schaft und Politik mit, das in einem mä-eutischen Lernprozeß freigelegt, „ausge-wickelt" und erkundet wird. Der Lehren-de strukturiert die Auseinandersetzung der Schülerinnen und Schüler mit dem Sinn, den sie selbst konstituiert haben.

Mäeutisches Lernen ist in den Lern-prozeß verlagerte, gemeinsame Reflexion von Sozialisationsprozessen. *Ziel* ist es, die eigene politische Biographie, das eigene Gewordensein, zu bearbeiten.

Literatur: Dahms, G. 1979: Nachdenken im Unterricht. Fragemethode und Anleitung zum argumentierenden Gespräch, Königstein; Flügge, J. 1965: Die alte Fragemethode. Ihre Ursprünge und ihre Auflösung, in: Neue Sammlung, S. 23-45; Hanke, M. 1986: Der maieutische Dialog, Aachen; Prange, K. 1986²: Bauformen des Unterrichts. Eine Didaktik für Lehrer, Bad Heilbrunn.

Tilman Grammes

↗ Sokratisches Gespräch; *Band 2:* Philosophie und politische Bildung

Medienwerkstatt

Medienwerkstätten sind Einrichtungen, in denen Kinder, Jugendliche und/oder Erwachsene personell und gerätemäßig bei produktiver Medienarbeit unterstützt werden. Der Begriff produktive Medienarbeit meint dabei die ziel-, adressaten- und beziehungsorientierte Nutzung handhabbarer technischer Medien (Audio-, Foto-, Druck-, Film-, Video- und Computer-Hardware) zur Eigenproduktion von Kommunikaten in projektorientierter Gruppenarbeit.

Eine mächtige Antriebsfeder für die Entwicklung der Medienwerkstätten lag im alten Traum vom *Rollenwechsel* im (Massen-)Kommunikationsprozeß begründet. Erinnert sei hier an die Brechtschen Überlegungen von 1932 – heute oft als „Radiotheorie" bezeichnet, in denen gefordert wurde, den Rundfunk aus einem Distributionsapparat in einen Kommunikationsapparat zu verwandeln. Enzensberger griff diese Gedanken 1969/70 in seinem „Baukasten zu einer Theorie der Medien" wieder auf und entwickelte sie. Erinnert sei ferner an das in der frühen Sowjetunion von Tretjakov erprobte „operative" Konzept, das in den 70er Jahren zur theoretischen Begründung der „alternativen Medienarbeit" des Medienpädagogik-Zentrums Hamburg und der Medienoperative Berlin beitrug. Solche *Konzepte* und Realisierungsansätze alternativer Medienarbeit wurden auf dem Hintergrund der damaligen gesellschaftspolitischen Diskussion entwickelt, damit die Bürgerinnen und Bürger selbst aktiv ihre Belange vertreten und publizieren können. Erhofft wurde damit, ein Gegengewicht gegen die „Manipulationsmacht" der Massenmedien schaffen zu können.

In der Diskussion um produktive Medienarbeit, um Funktion von Medienwerkstätten und Offenen Kanälen waren von Anfang an vier sich nahestehende Zielsetzungen erkennbar, die in der Praxis allerdings deutlich unterschiedliche Schwerpunktsetzungen bewirkten:

– Qualifizierung der lokalen Kommunikation: Bereicherung des lokalen Lebens

– soziale Qualifizierung von Bürgerinnen und Bürgern: Erlernen von sozialen Verhaltensweisen

– kommunikative Qualifizierung von Rezipienten: Erhöhung der kommunikativen Kompetenz

– Schaffung von Öffentlichkeit für sonst öffentlich nicht berücksichtigte Themen

Für die Ideengeschichte der Medienwerkstätten läßt sich ein zweiter Zusammenhang herstellen mit Konzepten, die sich realisierten

– in der sich Mitte der 70er Jahre ausweitenden Selbsthilfegruppenbewegung,

– in den von Jungk und Müllert propagierten Zukunftswerkstätten,

– in dezentraler Kulturarbeit, wie sie von H. Glaser in Nürnberg richtungsweisend forciert wurde.

Ein weiterer Anstoß kam durch die Entwicklung der *Videotechnik*.

Ende der 80er Jahre wurde außerdem deutlich, daß zahlreiche Institutionen und Verbände, die an bürgernaher Kultur- und Bildungsarbeit interessiert sind, eine Ausweitung ihrer Tätigkeiten in den Medienbereich konzeptionierten. Der 1985 eingerichtete Offene Kanal in Dortmund war von Anfang an über neu gegründete Medienwerkstätten in öffentlich geförderten Institutionen und Einrichtungen stark mit seinem Umfeld verbunden.

Literatur: Baacke, D. 1973: Kommunikation und Kompetenz – Grundlegung einer Didaktik der Kommunikation und ihrer Medien, München; Köhler, M. 1984: Anspruch und Realität der alternativen Videoarbeit, in: medien + erziehung, H. 1, S. 3ff.; Thiele, G./Zurstraßen, D., u.a. 1987: Weiterbildungskonzept für die Qualifizierung von Mitarbeitern in Medienwerkstätten, Berlin.

Günter Thiele

↗ Fernsehsendung; Film; Handlungsorientierung; Videoarbeit; *Band 1:* Medienpädagogik; *Band 2:* Medien; Medienkompetenz; Zielgruppenarbeit

Memorandum

Unter einem Memorandum versteht man in der Politik eine Denkschrift bzw. eine längere, aber dennoch pointierte politische Stellungnahme. Im Politikunterricht kann ein Memorandum Gegenstand einer Inhaltsanalyse sein, in deren Mittelpunkt vor allem ideologiekritische Aspekte stehen sollten. Memoranden werden nach Interessen, Vorurteilen, Halbwahrheiten, fehlerhaftem Denken usw. befragt sowie als Instrument der Herrschaftsausübung, der Interessenverschleierung, der Manipulation untersucht. In der Arbeit mit Memoranden können Schülerinnen und Schüler auch für die besondere politische Sprache sensibilisiert werden. Ein Memorandum kann von Schülerinnen und Schülern im Politikunterricht selbst hergestellt werden, indem sie ihre politische Position zu einem Problem in Form einer Denkschrift formulieren. Dabei lernen sie u.a. politische Fragen sprachlich präzise zu fassen, aber auch, um andere von ihrem Standpunkt zu überzeugen, strategisch und taktisch zu formulieren.

Peter Massing

↗ Dokument; Produktorientierung

Metakommunikation

Unter Metakommunikation versteht man den expliziten Versuch der interpersonellen Verständigung zweier oder mehrerer Kommunikationsteilnehmer über die verbale und nonverbale Kommunikation, insbesondere über die jeweils subjektiv unterlegten Interpretationen und Bedeutungsebenen; kurz: Metakommunikation ist Kommunikation *über* die Kommunikation.

Um auf der Metaebene kommunizieren zu können, sind vor allem die beiden ersten „pragmatischen Axiome" Watzlawicks zu berücksichtigen, wonach es erstens unmöglich ist, nicht zu kommunizieren, und zweitens jede Kommunikation einen Inhalts- und einen Beziehungsaspekt enthält (vgl. Watzlawick 1969: 50ff.).

Neben dem Austausch von mit Sinn unterlegten Worten und Sätzen berücksichtigt Metakommunikation *verbale* (Satzbau, Lautstärke, Wortwahl, Tonfall, Redepausen, Lachen, Seufzen, Schweigen) sowie *nonverbale* Konnotationen (Bewegung, Körperhaltung, Gestik, Mimik) im Verstehensprozeß. Schulz von Thun hat die „Anatomie" einer jeden

Nachricht seziert und dabei *vier Ebenen* herausgearbeitet, die in ihr enthalten sind: die „Inhaltsebene", die „Selbstoffenbarungsebene", die „Beziehungsebene" und die „Appellebene" (vgl. Schulz von Thun 1981: 25ff.). „Störungen" sind ernst zu nehmen und durch Rückmeldungen („feedback") über Wahrnehmungen und Interpretationen zu bearbeiten.

Das Konzept der themenzentrierten Interaktion (TZI) nach Ruth Cohn (vgl. Langmaack 1991) stellt einen „Beitrag zur Umsetzung einer gesellschaftsbezogenen Subjektstärkung durch psychopolitisches Lernen" (Ballhausen 1995: 60) dar, weil hier das jeweilige Thema (ES), das Individuum (ICH), die Lerngruppe (WIR) und die gesellschaftliche Bedingtheit (GLOBE) immer in ihrer Wechselwirkung gesehen werden.

Für die *politische Bildung* hat Paul Akkermann versucht, das TZI-Konzept fruchtbar zu machen und so „mehrdimensionale Zugänge zur politischen Wirklichkeit" (Ackermann 1991: 86) zu eröffnen. Es kann aber auch ein Element von Planungskonzeptionen sein (vgl. Nonnenmacher 1996: 26ff. und 182ff.).

Kritisch kann gegen Metakommunikation im Unterricht eingewandt werden, daß Lehrerinnen und Lehrer zur Initiierung von Prozessen, für die therapeutische Fachkompetenz benötigt wird, in der Regel nicht ausgebildet sind. In der Tat ist hier vor Grenzüberschreitungen zu warnen. In der politischen Bildung, wie in der Pädagogik überhaupt, geht es um die Autonomie der Subjekte und um die Optimierung ihrer psychosozialen Integrität, nicht aber um die Provokation intimer Persönlichkeitsanteile, die die Notwendigkeit einer (dann therapeutisch motivierten) Rekonstruktion eventuell beschädigter Integrität evoziert. Sowohl in der Aus- als auch in der Fortbildung der Lehrerinnen und Lehrer sind zunehmend Elemente enthalten (z.B. nach Tennstädt u.a. 1990), die unter Beachtung dieser Grenze die Initiierung von Selbstreflexions- und Metakommunikationsprozessen erleichtern.

Literatur: Ackermann, P. 1991: Überlegungen zu einem mehrdimensionalen oder gar ganzheitlichen politischen Lernen, in: Schiele, S./Schneider, H. (Hrsg.): Rationalität und Emotionalität in der politischen Bildung, Stuttgart, S. 79-91; Ballhausen, H. 1995: Psychopolitisches Lernen als Beitrag zu einer kritischen Ethik- und Moralorientierung in der politischen Bildung, in: Landesinstitut für Schule und Weiterbildung in NRW (Hrsg.): Beiträge zur politischen Psychologie in der politischen Bildung, Soest; Langmaack, B. 1991: Themenzentrierte Interaktion. Einführende Texte rund ums Dreieck, Weinheim; Nonnenmacher, F. (Hrsg.) 1996: Das Ganze sehen. Schule als Ort politischen und sozialen Lernens, Schwalbach/Ts.; Schulz von Thun, F. 1981: Miteinander reden. Störungen und Klärungen. Allgemeine Psychologie der Kommunikation, Reinbek; Tennstädt, K.-C. u.a. 1990: Das Konstanzer Trainingsmodell (KTM), Bern; Watzlawick, P. u.a. 1969: Menschliche Kommunikation. Formen, Störungen, Paradoxien, Bern, Stuttgart, Wien.

Frank Nonnenmacher

↗ Arbeitsschritte/Lernschritte; Auswertung; Diskursive Verständigung; Kommunikation; TZI; *Band 2: Diskurs*

Metaplan

Metaplan, auch *Pinnwand-Karten-Technik* genannt, ist ein Visualisierungsverfahren, um das Wissen einer Gruppe bzw. ein *Meta-Wissen* zu erfassen und gleichzeitig zu zerlegen. Praktisch werden dazu benötigt eine oder mehrere Stellwände, Karten verschiedener Größen, Formen und Farben, Stecknadeln, Filzschreiber und Klebepunkte. Jede Person erhält eine bestimmte Anzahl von Karten und schreibt auf diese entsprechend der gestellten Aufgabe ihre Ideen. Die Stellwand dient dazu, die Ergebnisse zu visualisieren.

Zunächst zeigt sich dadurch die Vielfältigkeit von Ideen, Meinungen oder Argumenten. Sie sind infolgedessen konkret wahrnehmbar und dienen als Ausgangspunkte für weitere Gruppenschritte: Die Karten können dann dem jeweiligen Sachkontext zugeordnet werden. Das systematische Vorgehen ist abhängig von der Aufgabenstellung oder Problemherausforderung. Praktisch könnten die gesammelten Ideen in eine Reihenfolge von Tagesordnungspunkten gebracht werden. Es ist ebenso möglich, mit dem Meta-Plan Ergebnisse am Ende einer Diskussion darzustellen und zusammenzufassen. Schließlich unterstützt der Meta-Plan die Auswahl von geeigneten Verfahren in Hinblick auf ein vorgegebenes Ziel (vgl. Sauer 1993). Mit den einzelnen Karten erkennt die Gruppe die Vielfalt möglicher *Strategien* und Ressourcen. Die mit dem Meta-Plan entstehende *Kartengraphik* läßt ein Planskelett entstehen, auf dem geeignete Wege erkannt, ausgewertet und danach angewendet werden können.

Literatur: Mehrmann, E. 1994: Moderierte Gruppenarbeit mit Metaplan-Technik, Düsseldorf; Rehm, S. 1995²: Gruppenarbeit: Ideenfindung im Team, Frankfurt/M.; Sauer, J. 1993: Meta-Ablaufplanung mit dynamischem Ablaufplanungswissen, in: Horz, A. (Hrsg.): Beiträge zum 7. Workshop Planen und Konfigurieren, Arbeitsberichte der GMD 723, o.O.

Cornelia Muth

↗ CNB-Methode; Ergebnispräsentation; Ideenwand; Kartenabfrage; Visualisierung; *Band 2:* Medien; Medienkompetenz

Methodenbegriff

„Methode" bezieht sich auf die Reflexion des Verhältnisses von Gegenstand und Erkenntnis (bzw. Begriff); (Unterrichts-) Methodik stellt dagegen die Frage nach den Schritten, Formen, Phasen der Vermittlung durch den Lehrenden bzw. der Aneignung durch den Lernenden. Methode ist folglich der Weg (griech. hodós) nach etwas hin (griech. metá), der *zielbestimmte Weg* (der Erkenntnis). Die methodische Strukturierung muß – unabhängig von den sonstigen Verfahrensweisen – die individuell-subjektiven (anthropogenen) und situativen Voraussetzungen der Lernenden mit dem objektiven, sozialkulturell bedingten Sachanspruch vereinigen.

Unterrichtsmethode leistet die Vermittlung von Zielen unter konkreten Bedingungen, indem sie die Thematik des Gegenstandes strukturiert und die Techniken integriert. Unterrichtsmethode konstituiert also ihren Gegenstand als Prozeß und in seinem Ergebnis. Vorgaben für Unterrichtsmethode und technische Arrangements sind Selbsttätigkeit, Kreativität, Selbstbestimmung, (politische) Beteiligung, demokratisches Verhalten, Teamarbeit und dgl. Methode ist demnach kein bloßes Mittel, sondern leitender Aspekt zur Strukturierung unterrichtlicher Interaktionen (z.B. exemplarisches Lernen).

„Methode" wird in der *wissenschaftstheoretischen* Diskussion gebraucht als

1. Inbegriff der „Spielregeln des Spiels ,empirische Wissenschaft'" (K. R. Popper) und

2. als Sammelbegriff für wissenschaftliche Verfahren der Begriffsbildung, der Gestaltung von Forschungsplänen und der Interpretation von wissenschaftlich erheblichen Quellen.

Die wissenschaftliche Methodendiskussion dreht sich deshalb um die Reliabilität (Verläßlichkeit) und Validität (Gültigkeit) des jeweils zugrunde gelegten Paradigmas. Methodologie macht demnach – als Metaposition – die Qualität einer Theorie aus, ihrer Leistungsfähigkeit im Lern- und

Erkenntnisprozeß. Methoden dagegen machen die Inhalte anwendbar und die Theorie praktikabel.

Methoden der Erkenntnisgewinnung und Unterrichtsmethoden sind angenähert. In praxi kommt ein *Methodenmix* in Frage, d.h. die Anwendung mehrerer Methoden. Generell gehören zur Methodenkenntnis das Erörtern und Begründen möglicher Schritte zur Lösung einer Aufgabe, das Überprüfen von Methoden auf die Leistung(sfähigkeit), der Umgang mit Texten, Statistiken, Schaubildern, Karten usw., die Form des Analysierens, Strukturierens, Ordnens, Abstrahierens, Konkretisierens, Generalisierens, das Beurteilen von (Augenzeugen-)Berichten, wissenschaftlichen Darstellungen, Dokumenten, Kommentaren, Texten, Informationen, das Übertragen in andere Darstellungsweisen (Perspektivenwechsel) usw.

Entscheidend ist die Wissenschaftsorientierung der Methoden. Daher gibt es prinzipiell keine separaten Schul- und Wissenschaftsmethoden. Der Lernende (als Nichtwissenschaftler) soll zumindest auf solche Fragen antworten können wie: Wie gehe ich an ein Thema/Problem heran, was benötige ich zu seiner Aufschlüsselung/Differenzierung, welche Medien leisten einen Beitrag, welche konkreten (Arbeits-)Schritte muß ich vollziehen (Analyse), wie werte ich die (Zwischen-)Ergebnisse aus (synthetische Abstraktion), wo kann ich mich weiter orientieren/informieren, was haben andere zum Thema beigetragen, worin stimme ich mit ihnen überein/nicht überein, welche Auffassung hat die größere Plausibilität, wo muß ich meine Meinung korrigieren, modifizieren, wie ist mein Resultat begründet?

Methode ist nicht nur Form, sondern auch Inhalt des Arbeitsprozesses. Daher gehören zum Wesen der Methode Klarheit über Ziele und Verfahrensweisen, Begründung des Vorgehens, Überzeugung von der Richtigkeit des eingeschlagenen Weges, Planmäßigkeit und Systematik des Disponierens und Ausführens, Übersichtlichkeit und Rationalität. Des weiteren hängt die Methode von dem zugrunde gelegten Begriff des Lehrens und Lernens ab. Wie soll gelernt werden (rezeptiv, aktiv, kritisch usw.)? Ferner ist Methode vom Lernziel abhängig. Sie macht einen vielschichtigen Inhalt (Thematik) erst zu einer definierten und strukturierten Aufgabe. Damit ist Methode sowohl gegenstands- wie zielverbunden.

Ohne die Methodisierung und Systematisierung von Themen und Gegenständen bleiben diese diffus, ist ihre erkenntnisgerichtete Bearbeitung, gedankliche Durchdringung und ihre ergebnisbezogene Konturierung unmöglich. Ohne ausgefeilte(s) Methoden(verständnis) gibt es keine zuverlässigen Ergebnisse/Erkenntnisse.

Für die konkrete *Unterrichtsarbeit* ist der aus der amerikanischen Soziologie stammende Begriff des „interpretierenden Paradigmas" (Wilson) in Gebrauch gelangt. Das heißt, fast niemand interpretiert einen Text, ein Bild, eine Tabelle usw. mit Hilfe nur einer einzigen Methode. Der Methodenverbund (Klafki) kann im realgeschichtlichen (Problem-)Zusammenhang eine Kombination etwa aus folgenden Interpretationsmethoden darstellen: der hermeneutischen Methode (geistesgeschichtlich-sinnhaftes „Verstehen", kontrollierte Auslegung, Deutung, Interpretation, Übersetzung, Exegese), der empirischen Methode (auf Daten, Fakten beruhend), der genetischen Methode (Nachvollzug der Gedankenentstehung, -führung, -entwicklung), der (ideologie-)

kritischen Methode (Herausarbeitung von gesellschaftlichen Widersprüchen), der phänomenologisch-deskriptiven Methode (Beschreibung von Erscheinungen), der analytischen Methode (Analyse und Synthese von Begriffen usw.), der dialektischen Methode (Trias von Hypothese – Analyse – Synthese), der kritisch-analytischen Methode (Falsifizierung von Sätzen).

Der Methodenbegriff wird in seiner allgemeinen Form als Chiffre für methodische Konstrukte, Unterrichts-, Arbeits-, Kommunikations-, Interaktions-, Sozial- und Aktionsformen (Organisationsformen der Lernbedingungen) und zur Durchführung des Erkenntnisprozesses gebraucht.

Die Methoden des *politischen Unterrichts* hängen davon ab, welche der vier metatheoretischen Positionen, und zwar a) normativ-ontologische, b) empirisch-analytische, c) kritisch-rationale oder d) dialektisch-kritische Position, man als Ausgangspunkt wählt. Sie führen zu einer Praxis, die sich an den zugehörenden Gesellschaftsmodellen orientiert. Im Rahmen politischer Bildung mit ihren verschiedenartig strukturierten Themen und Problemen ist Methodenvielfalt angemessen. Die Mehrdimensionalität des Politischen und der Gesellschaft erfordert eine multiperspektivische Betrachtung der Inhalte. Die Wahrheitserkenntnis in den Sozialwissenschaften – als den Bezugswissenschaften des politischen Unterrichts wie politischer Bildung – ist immer perspektivisch, standort- bzw. standpunktbedingt. So gelangen Lernende zur Verarbeitung, Aneignung und Einschätzung unterschiedlicher Zugänge und Perspektiven.

Die freie Verfügbarkeit über ein Methodenrepertoire schafft zuverlässige Erkenntnis und Selbständigkeit im Urteil,

schützt vor intellektueller Überwältigung und Indoktrinierung.

„Methode haben" bedeutet demnach kompetent und emanzipiert sein, Prozesse selbständig und produktiv in Gang setzten und zielgerichtet durchführen können.

Literatur: Ald-Amini, B. u.a. (Hrsg.) 1993: Unterrichtsmethode in Theorie und Forschung, Weinheim; Bundeszentrale für politische Bildung (Hrsg.) 1988: Erfahrungsorientierte Methoden der politischen Bildung, Bonn; Bundeszentrale für politische Bildung (Hrsg.): 1991: Methoden in der politischen Bildung – Handlungsorientierung, Bonn; Mickel, W. W. 1996: MethodenLeitfaden durch die politische Bildung, Schwalbach/Ts.; Zitzlaff, D. 1995: 300x lernen und lehren. Methodik und Methoden. Ausführliche Bibliographie zu den Methoden in der politischen Bildung, in: Mickel, W. W./Zitzlaff, D. (Hrsg.): Methodenvielfalt im politischen Unterricht, Schwalbach/Ts.

Wolfgang W. Mickel

↗ Arbeitstechniken; Arbeitsweisen; Methodenlernen; Wissenschaftspropädeutik; *Band 1:* Wissenschaftstheorien; Ziele/Zielarten

Methodenlernen

Methodenlernen ist eine der Bedingungen für die Möglichkeit, daß Lernende im Unterricht nicht nur gebildet werden, sondern sich bilden können.

Diese *These* ist vielfach empirisch belegt, z.B.: Nach einer Untersuchung an der Universität Saarbrücken führen 60% aller Lernenden ihre Lernschwierigkeiten darauf zurück, daß sie nicht über Methoden zur selbsttätigen Bearbeitung eines Gegenstandes und zur Planung des Unterrichts verfügen; das Max-Planck-Institut für psychologische Forschung hat 1997 nachgewiesen, daß die möglichst schon in der Grundschule erlernte selbsttätige Bearbeitung von Unterrichtsgegenständen die weitere schulische Entwicklung steuert. Indirekt bestätigt wird die These auch durch übereinstimmende Untersuchungen über vorwiegende Aktions- und Unterrichtsformen. Danach nimmt das Unterrichtsgespräch im „Frage(Lehrende)-und-Antwort-Betrieb" (Lehrende – Lernende) durchschnittlich etwa zwei Drittel der Unterrichtszeit ein. Nur etwa 2% aller Aussagen sind Schülerfragen. Empirische Hinweise wie diese sind ein Indiz dafür, daß die Schülerinnen und Schüler die Anwendung von Methoden im Unterricht lernen müssen.

Möglichkeiten dafür hat die in den 20er Jahren gipfelnde, 1933 beendete Arbeitsschulbewegung eröffnet. „Der Schüler habe Methode" (Hugo Gaudig), lautete ein Schlüsselwort. Gaudig wollte die Lernenden „vom Passivum ins Aktivum übersetzen", indem er ihnen durch Denkanstöße und sachadäquate Arbeitsaufträge zur Selbsttätigkeit verhalf.

Für die Entwicklung der Selbsttätigkeit und Urteilsfähigkeit kommt es darauf an, die Lernenden spiralig mit einem Bestand von *Fragen* und Denkanstößen auszustatten. Diese werden als Kern des Methodenlernens verstanden. Sie sollen dazu dienen, zu erkennen, was bei gesellschaftlichen und politischen Problemen und Konflikten von allgemeiner Bedeutung für menschenwürdiges Überleben ist; sie sollen die Lernenden in den Stand setzen, sich im Hinblick auf Rahmenbedingungen an wünschenswerten Lösungen zu beteiligen; und sie sollen sie befähigen, das Erkannte im Pulsschlag von Allgemeinem und Besonderem auf Anderes, Vergleichbares anzuwenden.

Insbesondere durch zwei *Voraussetzungen* wird das Methodenlernen erleichtert und gefördert: 1. dadurch, daß die Lernenden überhaupt zu Worte kommen und vor allem zu fragen lernen, zuerst nach Unverstandenem, nach anderen Meinungen, nach dem WARUM und

WOZU des Lernens; 2. durch sprachliche Bildung, schon am Ende der Grundschule, spätestens am Beginn der Sekundarstufe I. Ohne Arbeit am Wort (Wortfamilie, Wortfeld), ohne Umgang mit doppeldeutigen Begriffen (verhören, vernehmen) finden Lernende schwer Gelegenheiten, zu sprechen und die Angst vor einer „falschen" Antwort zu verlieren.

Dazu kann auch die Einführung von Methoden der Unterrichtsbeobachtung dienen: Wieviel Sätze sprechen die Lehrenden, wieviel – oder nur Wortantworten – sprechen die Lernenden? Wieviel Fragen stellen sie? An die Lehrenden oder Mitlernenden usw.

Für Methoden und Formen der Kommunikation, für die Erschließung und Bearbeitung von Texten, für Formen des Gesprächs liegen neuere erprobte Vorschläge vor, z.B. für ein „Kleines ABC des Fragens" (Klippert 1994).

Politische Verhaltensweisen können gelernt werden, wenn der Unterschied zwischen der eigenen Sicht und der der anderen mit dem Ziel des Verstehens durch Rollentausch und „Soziale Perspektivenübernahme" geübt wird (Breit 1991), durch die Gewöhnung, nach alternativen Gedanken und Vorschlägen zu fragen.

Um politische Probleme, Konflikte und Sachverhalte zu erschließen, haben sich drei analytische Grundfragen bewährt: Welche Aufgaben müssen hier gelöst, welche notwendigen Regelungen getroffen werden? Welche Bedingungen bestehen dafür in der Demokratie des Grundgesetzes? Auf welche Weise kann/soll politisches Handeln je vor sich gehen? – kurz: Aufgaben – Bedingungen – Prozesse.

Die Globalisierung der Politik hat dazu geführt, daß darüber hinaus anhand von *Schlüsselproblemen* (Armut, Krieg, Umwelt) weitere Grundfragen gestellt werden können. Die Frage: „Welche Fortschritte haben neue, vorher unbekannte Gefahren zur Folge gehabt", kann dazu dienen, die neuen Herausforderungen wahrzunehmen.

Eine Gefahr besteht darin, die Thematisierung der Schlüsselprobleme in Untergangsszenarios einmünden zu lassen. Krise sei als Chance zu nutzen, indem die Probleme als die Herausforderung begriffen werden, wünschbare Zukünfte für ein menschenwürdiges Überleben durch politische Beteiligung zu ermöglichen (Gagel 1994).

Für die Suche nach konkreten politischen Antworten müssen Lernende in den Umgang mit Quellen (Schulbücher, Grundgesetz, Medien, Lexika, zunehmend das Internet, auch wenn Methoden für die Beherrschung der Informationsfülle noch nicht ausgereift sind) eingeübt werden. Mehr zu nutzen sind Vorschläge, die die Lernenden in den Unterricht mitbringen, auch wenn sie lückenhaft und vorurteilsbeladen sind: Vorurteile können nur geradegerückt werden, wenn sie sanktionsfrei geäußert werden dürfen (Grammes 1998).

Für eine Annäherung an Möglichkeiten politischen Handelns werden u.a. folgende Fragen vorgeschlagen: Welche Akteure sind hier möglich (einzelne – informelle Gruppen – Gewerkschaften/Verbände – Medien – Parlamente)? Welche Argumente werden für die „direkte", für die parlamentarische Demokratie vorgebracht? Welche Felder (Aufklärung/ Propaganda – positive/negative Sanktionen – Gewalt, legal/illegal)?

Für die *Beteiligung der Lernenden* an der Unterrichtsplanung können Artikulationsschemata dienen, die sich, orientiert an der Problemlösungsmethode, heraus-

gebildet haben. In kürzester Form sind es die Schritte:

1. Um welches Problem handelt es sich?
2. Wie ist es entstanden?
3. Möglichkeiten der Lösung und ihre Folgen für die Betroffenen

Im wesentlichen handelt es sich um einen methodischen Dreischritt. Allerdings wird davor gewarnt, die Schritte der Problemlösungsmethode als perfektes Rezept anzubieten. Vielmehr ver-langen die einzelnen Fragen je neue Planungsschritte bzw. Methoden (Claußen 1981).

Einen methodischen Zugang für die Zusammenarbeit von Politik- und Geschichtsunterricht können Vergleiche zwischen Damals und Heute eröffnen: Welche Probleme, Gefahren von damals spielen heute noch eine Rolle? Welche sind überholt? Welche gab es damals noch nicht? Wie kamen/kommen Entscheidungen zustande? Mit welchen Mitteln wurden/werden Konflikte ausgetragen? Welche Regelungen dafür gab/gibt es? Wie wurde/wird der Lebensunterhalt erarbeitet und gesichert? usw.

Die Einführung in *sozialwissenschaftliche Methoden* in der Oberstufe kann anknüpfen an die Unterscheidung von „Bericht" und „Kommentar" in den Medien oder an die drei Schritte bei der Lösung von Konflikten. Eine „Darbietung" der drei Hauptfragen der Wissenschaften – kurz: Was ist? Wie ist es zu erklären? Wie zu beurteilen ? – trägt nicht weit, wenn nicht an einem überschaubaren Projekt, z.B. einer Sozialstudie, die drei Hauptfragen durchgespielt werden. Bei der Durchführung geht es dann um das Lernen der Methoden einer Erhebung (Interviews, Befragungen, Auswertung von Statistiken, Vergleiche usw.), um Erklärung der Ursachen und Beurteilung der Ergebnisse usw.

Auf eine weitere Ebene wissenschaftlicher Methoden zielt die Frage, wie wahr, wie zutreffend Ergebnisse der Forschung sind. Antworten darauf erfordern eine Einführung (kein Lernen, sondern ein Kennenlernen) in Grundzüge der Erkenntnistheorie.

Angesichts der Umbrüche in den Industriegesellschaften, des rapiden Wandels der politischen, gesellschaftlichen, wirtschaftlichen, technischen Bedingungen, besonders aber auch wegen der immer kürzer werdenden Halbwertzeit des Wissens, wird Methodenlernen im Politikunterricht als eine der Voraussetzungen dafür angesehen, daß sich Heranwachsende selbsttätig orientieren, politische Alternativen beurteilen und sich an Lösungen beteiligen können.

Literatur: Beyme, K. v. 1984: Entwicklungstendenzen von Theorie der Politik, in: Aus Politik und Zeitgeschichte, B 38; Breit, G. 1991: Mit den Augen der anderen sehen – Eine neue Methode zur Fallanalyse, Schwalbach/Ts.; Claußen, B. 1981: Methodik der politischen Bildung, Opladen; Gagel, W. 1994: Geschichte der politischen Bildung in der Bundesrepublik Deutschland 1945-1989, Opladen; Gaudig, H. 1963: Die Schule der Selbsttätigkeit, Heilbrunn; Gaudig, H. 1961: Die Arbeitsschule, in: Geissler, G.: Das Problem der Unterrichtsmethode, Weinheim; Grammes, T. 1998: Kommunikative Fachdidaktik. Politik. Geschichte. Recht. Wirtschaft, Opladen; Hilligen, W. 1985: Zur Didaktik des Politischen Unterrichts, Frankfurt/M.; Hilligen, W. 1998: Methodenlernen, ein Vehikel zu selbständiger politischer Bildung, in: Hufer, K.-P./Wellie, B. (Hrsg.): Sozialwissenschaftliche und Bildungstheoretische Reflexionen, Festschrift für B. Claußen, Glienicke/Berlin; Klafki, W. 1990: Allgemeinbildung für eine humane, fundamentaldemokratisch gestaltete Gesellschaft, in: Umbrüche in der Industriegesellschaft. Herausforderungen für die politische Bildung, Bonn 1990, S. 297-310; Klippert, H. 1994: Methodentraining; Kommunikationstraining, Übungsbausteine I u. II, Weinheim, Basel.

Wolfgang Hilligen

↗ Arbeitstechniken; Dreischritt; Methodenbegriff; Quellen, historische; Vergleich; Wissenschaftspropädeutik; *Band 1:* Abstraktion und Konkretion; Artikulationsschema; Wissenschaftstheorien

Mindmapping

Mindmapping ist eine kreative Schreibtechnik, die dem assoziativen Denken eine konkrete Rahmung gibt. Sie regt an, Verbindungen zwischen verschiedenen Gedanken „unlogisch", d.h. wider ein logisches Ordnungssystem, zu erfassen, und zwar in Hinblick auf eine Problemstellung, bei der sich Gefühle mit mentalen Prozessen verbinden. Praktisch geschieht Mindmapping folgendermaßen: In der Mitte eines Blattes steht das Problem oder auch nur ein Begriff, das oder der gemalt oder wörtlich ausgeschrieben sein kann. Danach werden alle weiteren Einfälle in Form von *Abzweigungen* hinzugefügt. So entsteht ein *Zentrum,* von dem Striche als Verbindungen in verschiedene Richtungen ausgehen. Jeder neue Begriff kann durch einen weiteren eine gedankliche Fortführung erhalten. Auf diese Weise werden Gedanken- und Gefühlsgänge organisch gesammelt, d.h. dem *kreativen Denken* wird kein logisches Korsett angelegt. Dieses Vorgehen läßt Ideen schneller entstehen, weil kein innerer Zensor Lösungen, die auf den ersten Blick unbrauchbar erscheinen, verwirft. Organisch ist Mindmapping insbesondere durch die Ähnlichkeit zum menschlichen Ordnen von Geschehnissen. Denn der Mensch verarbeitet seine Eindrücke nur selten nach ausschließlich rationalen und hierarchisch geordneten Kriterien (vgl. Buzan 1993).

Anwendung findet Mindmapping beispielsweise bei der Vorbereitung von Vorträgen und Artikeln oder bei Aufzeichnungen von Vorlesungen oder in der Teamarbeit beim Planen und Problemlösen.

Literatur: Buzan, T. 1993[10]: Kopftraining: Anleitung zum kreativen Denken. Tests und Übungen, München; Buzan, T./Buzan, B. 1998: Das Mind-Map-

Buch, Landsberg am Lech; Gudjons, H. 1997: Didaktik zum Anfassen: Lehrer/in-Persönlichkeit und lebendiger Unterricht, Bad Heilbrunn/Obb.; Thanhoffer, M./Reichel, R./Rabenstein, R. 1992: Kreativ unterrichten. Möglichkeiten ganzheitlichen Lernens. Ein Handbuch mit Gedanken und Methoden, Münster.

Cornelia Muth

↗ Bienenkrob; CNB-Methode; Metaplan; Reizwortanalyse; Schreibwerkstatt; Schülervortrag

Moderation

Unter der Moderationsmethode wird ein umfassendes handlungs- und teilnehmerorientiertes *Lernkonzept* verstanden, in dessen Mittelpunkt die gemeinsame Erarbeitung eines Themas oder die Lösung eines Problems steht und die Moderatorin bzw. der Moderator begleitend und unterstützend tätig ist. Eine Moderatorin bzw. ein Moderator ist ein Klärungshelfer, ein Katalysator, die bzw. der die Eigenkräfte der Gruppe mobilisiert und in den Dienst der gemeinsamen Arbeit zu stellen versteht. Eigenschaften wie motivieren, Neugierde entwickeln, offen sein für die Anliegen der Gruppe umschreiben die Grundhaltung, die von einer prinzipiellen Akzeptanz der Teilnehmerinnen und Teilnehmer geprägt ist. Moderatorinnen und Moderatoren werden häufig als Expertinnen und Experten für die Technik, nicht für den Inhalt beschrieben. Sie sind Methodenspezialisten, die die Gruppe arbeitsfähig machen und die vorhandenen Möglichkeiten der Gruppe optimal ausschöpfen. Sie tragen die *Prozeßverantwortung*, nicht die Inhaltsverantwortung.

Die grundlegenden *Aufgaben* der Moderation sind im organisatorischen Bereich die Klärung der Räumlichkeiten, Bereitstellung von Geräten, Beachtung der Rahmenzeiten. Auf die einzelnen Teilnehmerinnen und Teilnehmer bezogen, muß die Moderatorin/der Moderator u.a. ein Kennenlernen ermöglichen, Vorerfahrungen und Kompetenzen einbeziehen, Schutz oder Unterstützung gewähren. Auf die Gruppe bezogen, ist der Zusammenhalt zu fördern, sind kooperative Arbeitsformen zu ermöglichen und Entscheidungsprozesse zu unterstützen.

Die zielgerichtete Arbeit am Thema wird durch Motivationstechniken, durch sachbezogenes Nachfragen, Strukturieren und Zusammenfassen vorangetrieben. Konzentration und Präsenz der Moderatorin/des Moderator stimulieren dabei den *Gruppenprozeß* ebenso stark wie die vielfältigen spezifischen methodischen Anregungen.

Diese speziellen Lenkungstechniken, kombiniert mit besonderen Fragetechniken und der Visualisierung des Geschehens werden häufig als *methodischer Kern* der Moderation angesehen. Die Visualisierung und Präsentation orientieren sich dabei häufig an der Metaplan-Technik.

Umstritten ist, wieweit der Rückzug der Moderatorin bzw. des Moderators aus der Inhaltsverantwortung gehen darf. Auch die Interventionen und Hilfen einer Moderatorin bzw. eines Moderators beruhen auf weltanschaulichen Prinzipien und vermitteln Werte und Bewertungen, die für einen Diskurs offen sein müssen.

Literatur: Heidelberger Institut für Beruf und Arbeit (Hrsg.) 1991: Das Handwerk der Moderation, Heidelberg; Klebert, K./Schrader, R./Straub, W. 1991[5]: Moderationsmethode: Gestaltung der Meinungs- und Willensbildung in Gruppen, die miteinander lernen und leben, arbeiten und spielen, Hamburg; Nitor 1997: Moderation. CD-ROM, Rellingen; Seifert, J. W. 1992: Visualisieren – Präsentieren – Moderieren, Speyer.

Günther Gugel

↗ Diskursive Verständigung; Metaplan; Motivation; Pro-Contra-Debatte; Talkshow; *Band 2:* Diskurs

Motivation

Der psychologische Begriff Motivation kommt von lat. movere „bewegen" und mlat. motivum „Beweggrund" und bezeichnet die aus beobachtbarem Verhalten erschlossene Handlungsbereitschaft, welche das menschliche Verhalten in Richtung, Intensität und Dauer mitbestimmt. Motivation ist ein theoretisches Konstrukt, das auf die Klärung der Frage zielt, warum Subjekte so und nicht anders handeln, was sie antreibt oder – mit den Worten der Willenspsychologie des 19. Jahrhunderts ausgedrückt – was sie wollen. Für die pädagogische Praxis zentral ist die Problematik der Lernmotivation und wie man motivieren bzw. Motivation didaktisch-methodisch fördern kann.

In der Didaktik ist aus der Motivationspsychologie während der 70er Jahre vor allem auf die begriffliche Unterscheidung von *intrinsischer* (primärer) Motivation, die aus den Lerninhalten selbst erwächst, und *extrinsischer* (sekundärer) Motivation, die auf dem Wunsch nach Anerkennung durch andere oder Vermeidung von Strafe beruht, zurückgegriffen worden.

Der Suche nach Möglichkeiten didaktischer Steuerung der Motivation z.B. durch Einschaltung einer Motivationsphase in den Anfang der Verlaufsplanung von Unterricht (Heinrich Roth) stand der Gedanke entgegen, daß Motive immer Ausdruck ganz persönlicher Entscheidungen und Wertungen der Lernenden seien und deshalb primär der selbsttätigen Entwicklung unterlägen.

Für die pädagogische Praxis wie Unterrichtsmethodik hat sich das dreischrittige *Selbstbewertungsmodell* der Leistungsmotivation höchst fruchtbar erwiesen. Förderlich sind für die Entwicklung von Motivation in Lernprozessen demnach 1. eine realistische, mittelschwere Aufgabendefinition, 2. eine Ursachenzuschreibung, die für den Erfolg vornehmlich die eigenen Fähigkeiten respektive für den Mißerfolg mangelnde Anstrengungen verantwortlich macht, 3. eine Selbstbewertung der eigenen Leistung vornehmlich am individuellen Lernfortschritt, nicht aber an der sozialen Bezugsnorm des Durchschnitts der Lerngruppe.

In den letzten Jahren tritt die Verwendung des Begriffs Motivation hinter den Begriff „Interesse" zurück. Man spricht mehr von Methoden, die das politische Interesse von Lernenden wecken sollen, oder von aktivierendem Lernen. *Empirische Befunde* zum abnehmenden politischen Interesse von Jugendlichen und Veränderungen ihres politischen Engagements spielen dabei ein wichtige Rolle. Die Shell-Studie von 1997 hat bei der Analyse der Motivation zum Engagement bei den jüngeren unter den 12–24jährigen eher eine „Nutzenorientierung" und bei den älteren häufiger eine „Zielorientierung" konstatiert. Diese Forschungsergebnisse verweisen auf einen Erklärungsbedarf zur Genese politischer Motiventwicklung im geschichtlich-gesellschaftlichen Zusammenhang, der fortbesteht.

Literatur: Claußen, B. 1997: Politische Bildung. Lernen für die ökologische Demokratie, Darmstadt; Hilligen, W. 1985[4]: Zur Didaktik des politischen Unterrichts, Opladen; Jugendwerk der Deutschen Shell (Hrsg.) 1997: Jugend '97, Opladen; Rheinberg, F. 1997[2]: Motivation (Grundriß der Psychologie, Bd. 6), Stuttgart, Berlin, Köln; Siebert, H. 1994: Lerneinheit „Lernmotivation", in: Brokmann-Nooren, C./ Grieb, I./Raapke, H.-D. (Hrsg.): Handreichungen für die nebenberufliche Qualifizierung (NQ) in der Erwachsenenbildung (Arbeitshilfen für die politische Bildung der Bundeszentrale für politische Bildung), Weinheim, Basel.

Hans-Joachim von Olberg

↗ Arbeitsschritte/Lernschritte; Einstieg; *Band 1:* Lerntheorien; *Band 2:* Jugendforschung

Multimedia

Im Bildungsbereich bezeichnet der Begriff Multimedia die Kombination verschiedener *digitaler Medien* (Text, Bild, Film und Ton), die über den PC (CD-ROM/DVD) für Unterrichtszwecke eingesetzt werden können. Mit dem Einsatz multimedialer Systeme in der politischen Bildung wird die Erwartung verbunden, daß durch sogenannte Synergieeffekte von Multimedia ein höherer Lernerfolg möglich ist als beim isolierten Einsatz einzelner Medien. Hierbei wird die Interaktivität, d.h. die Eingriffs- und Steuerungsmöglichkeiten des Lernenden, als herausragende Eigenschaft multimedialer Systeme betrachtet. Hinzu kommen die didaktischen Funktionen der Motivation, Instruktion, Visualisierung und Strukturierung von Multimedia.

Literatur: Hedtke, R. 1998: Politikdidaktik zwischen Netzeuphorie und Medienkritik, in: Gegenwartskunde H. 4, S. 519-530; Prechtl, C. 1999: Das Internet. Kritische Reflexion und Nutzung des Mediums im Politikunterricht. Von der wissenschaftlichen Diskussion zur praktischen Umsetzung, Schwalbach/Ts.; Total vernetzt – Datennetze und Multimedia in der politischen Bildung, in: *kursiv* – Journal für politische Bildung, Nr. 3/1997; Viechtbauer, H. P. 1996: Der Computer in der politischen Bildung. Schwalbach/Ts.

Peter Weinbrenner

↗ Computersimulation; Internet; *Band 2:* Medienkompetenz; Neue Medien

Museum

Aus den privaten „Schatzkammern" der weltlichen und kirchlichen Fürsten mit ihren Sammlungen unterschiedlichster Vergangenheitszeugnisse entwickelte sich seit dem 18. Jahrhundert im Zuge der Aufklärung die öffentliche Institution „Museum". Ziel dieser Einrichtung ist bis heute das Erforschen, Sammeln und Bewahren von Objekten. Neben der Wiederherstellung und Konservierung überlieferten Kulturgutes steht die Aufgabe, diese „Sachzeugen" aus Geschichte und Gegenwart einem möglichst breiten öffentlichen Publikum zu präsentieren und zu erläutern. Dem bildungspolitischen Auftrag, Vergangenes zu veranschaulichen und in seinen Bezügen zur Gegenwart zu vermitteln, dienen neben Dauer- und Sonderausstellungen als zentrale Präsentationselementen sämtliche Medien der Bildungsarbeit. Ein museumspädagogischer Dienst unterstützt im Regelfall die didaktische Konzeption und Besucherbetreuung. Im Zuge der inhaltlichen Spezialisierung und Schwerpunktsetzung zeigt sich mittlerweile eine äußerst breitgefächerte Museumslandschaft, die von Kunst- und Kunstgewerbemuseen sowie Gemäldegalerien über (kultur-)historische, archäologische, Naturkunde-, Technik- und naturwissenschaftliche Museen bis hin zu Heimat-, Regional- oder Freilichtmuseen reicht. Das moderne Museum begreift sich dabei zunehmend als *Ort des sozialen und kulturellen Gedächtnisses* und als Lernort, der, über die Präsentation von Sammlungen hinausgehend, durch die Vermittlung historischer Inhalte und Wissensbestände ein Bewußtsein für die Probleme der Gegenwart erzeugen soll und Denkanstöße zu deren Bewältigung geben kann.

Literatur: Andraschko, F. M./Link, A./Schmitz, H.-J. 1992: Geschichte erleben im Museum. Anregungen und Beispiele für den Geschichtsunterricht, Frankfurt/M.; Fliedl, G. (Hrsg.) 1988: Museum als soziales Gedächtnis? Kritische Beiträge zu Museumswissenschaft und Museumspädagogik, Klagenfurt; Korff, G./Roth, M. (Hrsg.) 1990: Das historische Museum. Labor, Schaubühne, Identitätsfabrik, Frankfurt/M., New York; Weschenfelder, K./Zacharias, W. 1981: Handbuch Museumspädagogik. Orientierungen und Methoden für die Praxis, Düsseldorf.

Ute Stiepani

↗ Ausstellung; Ergebnispräsentation; *Band 2:* Lernorte

Nachbereitung

Während in der Unterrichtsplanung didaktische Entscheidungen vorab gefällt werden, geht es in der Nachbereitung um das Verstehen der erlebten Situationen bzw. das rückerinnernde Hineindenken in Unterrichtsabläufe und -planungen. Sie erfüllt zwei Funktionen: zum einen die fachliche *Evaluation* und Planung der Weiterarbeit, zum anderen die *Selbstreflexion*. Dies kann individuell oder in Praxisseminaren an ausgesuchten Beispielen gemeinsam mit Kolleginnen und Kollegen sowie gegebenenfalls mit Fachdidaktikerinnen und -didaktikern erfolgen. Die Nachbesprechung des Unterrichts durch Fachleiterinnen und Fachleiter oder Schulaufsichtsbeamte ist eine Sonderform der Nachbereitung (Weißeno 1998).

In der *individuellen* Nachbereitung kann der Unterricht aus der Distanz, emotional entspannter, Zusammenhänge aufsuchend, erkennend reflektiert werden. Dies setzt die Kenntnis prinzipieller Möglichkeiten der Unterrichtsplanung und der Entscheidung im Unterricht voraus. Ziel der Selbstreflexion ist es, den latenten Sinngehalt des eigenen Unterrichts zu erschließen, die eigene Praxis gedanklich einzuholen und dadurch veränderbar zu machen. Denn die Handlungskompetenz wächst mit dem Reflexionsvermögen. Die Einschätzung des eigenen Unterrichts bringt weniger Selbstillusionierung hervor und stärkt das professionelle Selbstbewußtsein bei der Bewältigung unvorhergesehener Interaktionssituationen. Des weiteren kann die individuelle Nachbereitung auch als „heimliche" Evaluation angesehen werden, in der die Erwartungen mit den Ergebnissen auf der Basis von Beobachtung, Analyse und Reflexion abgeglichen werden.

In *Praxisseminaren* kann die Wahrnehmung im Kontakt mit Kolleginnen und Kollegen erweitert werden (Weißeno 1993; Kuhn/Massing 1999). Die Erfahrungsfähigkeit steht im Mittelpunkt, um Situationen differenzierter aufzufassen und genauer diagnostizieren zu können. Übungen für zukünftige Handlungsmöglichkeiten z.B. auf der Basis von Fallerzählungen bieten die Chance, die Tendenz zum Typisieren aufzubrechen und die suboptimalen Handlungsweisen zu korrigieren. Ziel dieser Art von Nachbereitung muß es sein, sich auf die Mehrdeutigkeit pädagogischer Situationen einzulassen und dabei die Handlungssicherheit zu erhöhen. Die Generierung von Deutungspotentialen ist ein zentrales Anliegen gemeinsamer handlungshermeneutischer Fallarbeit.

Literatur: Kuhn, H.-W./Massing, P. 1998: Lehrertraining im Hauptstudium – Am Beispiel: Mikromethoden, in: Henkenborg, P./Kuhn, H.-W. (Hrsg.): Der alltägliche Politikunterricht. Beispiele qualitativer Unterrichtsforschung zur politischen Bildung in der Schule, Opladen, S. 217-232; Kuhn, H.-W./Massing, P. 1999: Trainingsvorschläge für die Aus- und Fortbildung von Sozialkunde-Lehrer/innen, in: Kuhn, H.-W./Massing, P. (Hrsg.): Politikunterricht. Kategorial und handlungsorientiert, Schwalbach/Ts, S. 216-242; Schelle, C. 1998: Langfristige Unterrichtshospitationen. Fachdidaktische Kriterien und methodische Probleme, in: Henkenborg/Kuhn, a.a.O., S. 233-253; Weißeno, Georg 1993: Interpretative Unterrichtsforschung und handlungshermeneutische Fallarbeit, in: Claußen, B. (Hrsg.): Bewältigungen, Hamburg, S. 944-964; Weißeno, G. 1998: Politikdidaktik aus der Perspektive von Fachleitern. Ein Beitrag zum Austausch von Profession und Wissenschaft, in: Henkenborg/Kuhn, a.a.O., S. 201-216.

Georg Weißeno

Band 1: Bedingungsanalyse; Didaktische Analyse; Professionalisierung; Unterrichtsplanung; *Band 2*: Evaluation

Nachschlagen

Mittels Nachschlagen kann man sich Auskunft über einen Sachverhalt, einen

Begriff, eine Person etc. verschaffen. Der leichteste Zugriff läßt sich dabei über Nachschlagewerke wie Lexika oder Handwörterbücher verschaffen, die in der Regel alphabetisch sortiert sind. Neben allgemeinen Konversationslexika gibt es eine Fülle von Speziallexika (z.b. Sander, Wolfgang (Hrsg.) 1997: Handbuch der politischen Bildung, Schwalbach/Ts.) zu allen Bereichen der Bildung und Wissenschaft (Schieren 1996: 32ff.).

Ist der zu klärende Sachverhalt zu speziell für ein Lexikon, läßt sich über die Register der einschlägigen Literatur in der Regel eine Information nachschlagen.

Literatur: Schieren, S. 1996: Propädeutikum der Politikwissenschaft. Eine Einführung, Schwalbach/Ts.

Stefan Schieren

↗ Recherche-Training

Neugier

Sobald Kinder über einen reicheren Begriffsvorrat verfügen, beginnen sie reflexive, abstrakte und fundamentale Fragen zu stellen, sie sind neugierig (Freese 1994). Wer neugierig ist, möchte etwas erfahren bzw. in Erfahrung bringen und ist motiviert, sich mit einer Sache auseinanderzusetzen. Neugier ist eine notwendige Voraussetzung für die Entwicklung von Erkenntnissen und den Erwerb von Wissen. Kinder und Jugendliche haben in Hinblick auf die abstrakten Zusammenhänge von Gesellschaft und Politik Klärungsbedarf (Freese 1989). Unklarheiten und Deutungen z.B. hinsichtlich moralischer Urteile können im Unterricht aufgegriffen werden, um die inhaltliche Auseinandersetzung zu strukturieren. In einem fragend-entwickelnden Unterrichtsgespräch kann der Lehrer als „Katalysator" die „natürliche" Neugier sowie die Vorkenntnisse der Schülerinnen und

Schüler nutzen, „um sie zum einsichtigen Nachvollziehen der im Gesprächsgegenstand enthaltenen Fragen oder Probleme zu bewegen" (Meyer 1989: 288).

Literatur: Freese, H.-L. 1989: Kinder sind Philosophen, Weinheim, Berlin; Freese, H.-L. 1994: Fragen – Staunen – Philosophieren, in: Fatke, R. (Hrsg.): Ausdrucksformen des Kinderlebens, Bad Heilbrunn, S. 97-105; Meyer, H. 1989: Unterrichts-Methoden, Opladen.

Carla Schelle

↗ Motivation; *Band 1:* Lerntheorien

Niederschrift – Protokoll – Sitzungsbericht

Gremien der Politik, Wirtschaft oder Gesellschaft legen entsprechend ihrer Geschäftsordnung Niederschriften an – entweder als wörtliches Verlaufsprotokoll oder als zusammenfassenden Ergebnisbericht. Anträge und Beschlüsse werden wörtlich, Abstimmungsergebnisse in Zahlen festgehalten. Es wird eine Dokumentation der Arbeit erstellt, die spätestens im Streitfall mehr als nur historischen Wert hat. Also muß sowohl die Analyse als auch das Schreiben von Protokollen Gegenstand der politischen Bildung sein.

Das Verfassen solcher Berichte ist eine anspruchsvolle Aufgabe. Sie erfordert volle Aufmerksamkeit und die Fähigkeit, Wesentliches von Unwesentlichem zu unterscheiden. Die persönliche Sicht muß außen vor bleiben. Bereits die Sitzungseinladung enthält die formalen Angaben.

Monika Greiner, Reinhard Gaßmann

↗ Antrag; Bericht; Beschluß

Offener Brief

Mit einem „offenen Brief" wenden sich ein oder mehrere Bürger an die Öffentlichkeit oder an politische Gremien wie z.B. Gemeinderat, Bundestag oder an Persönlichkeiten des öffentlichen Lebens. „Offen" wird der Brief deswegen genannt, weil dessen Text allen zugänglich gemacht werden soll, also auch den Massenmedien, vor allem der Presse. Dadurch wird einmal „öffentlicher Druck" auf den Adressaten des Briefes ausgeübt, zum anderen wird die Öffentlichkeit, z.B. die Leserschaft einer Zeitung, zur Solidarität mit dem Unterzeichner aufgefordert. Oft steht daher ein „offener Brief" am Anfang einer Bürgerinitiative.

In der Regel enthält er folgende *Elemente*: Anlaß des Briefes, Darstellung der Dringlichkeit des angesprochenen Problems, Stellungnahme bzw. Kritik am bisherigen Vorgehen, Vorschläge zur Problemlösung, konkrete Forderungen der Unterzeichner mit einem Appell an die Öffentlichkeit. Wichtig ist, daß der Brief von möglichst vielen Bürgerinnen und Bürgern mit Namen, Anschrift und Adresse unterzeichnet wird. Dabei kann es nützlich sein, wenn auch der Beruf und die öffentlichen Ämter der Unterzeichner angegeben werden.

Literatur: Ackermann, P. 1998: Bürgerhandbuch, Schwalbach/Ts.; Econ-Handbuch der Öffentlichkeitsarbeit 1993, Düsseldorf.

Paul Ackermann

↗ Flugblatt

Offener Unterricht

Ursprünglich in der amerikanischen und deutschen Reformpädagogik entworfen, in den 60er und 70er Jahren in den USA und England wieder aufgegriffen unter Begriffen wie „Open Education", „The Open Classroom", bezeichnete der Offene Unterricht zunächst ein „Offenwerden" gegenüber den Interessen der Lernenden: Der Prozeß des Lernens steht im Blickpunkt; die Förderung von Selbständigkeit und Mündigkeit der einzelnen sowie die Förderung ihrer Handlungsfähigkeiten und sozialen Kompetenzen sind wesentliche Ziele. Inhaltliche Offenheit soll die Möglichkeit der Mitentscheidung der Lernenden ermöglichen. Auslöser für die Neuentdeckung waren lerntheoretische Erkenntnisse, die dafür sprachen, Lernende als Subjekte ihrer eigenen Lernprozesse anzusehen: Lernen ist ein aktiver Prozeß, in dem selbsttätig Differenzierungen und Diversifizierungen von je schon vorhandenen Erfahrungen, Gedanken, Fertigkeiten und Strukturen stattfinden.

Veränderte Bildungsvorstellungen, eine gewandelte Gesellschaft mit Prozessen zunehmender Individualisierung und eine schwerer zu bewältigende Heterogenität zwischen den Lernenden im Unterricht führten dazu, daß sich Offener Unterricht zu einem Sammelbegriff wandelte, der sich über seine ursprüngliche Bedeutung hinaus auch auf den Rahmen der Klasse (Planung und Gestaltung von Unterricht) und den der Schule bezieht: Schulgebäude und -gelände werden zur Förderung des Schullebens einbezogen sowie außerschulische Lernorte aufgesucht. Daher wäre diese Makromethode heute treffender durch einen dynamischen Begriff wie „Öffnung des Unterrichts" zu beschreiben; mittlerweile findet diese Unterrichtsform Unterstützung auch durch konstruktivistische Ansätze oder veränderte Berufsprofile.

Für *politische Bildung* gibt es kein eigenes klares didaktisches Konzept. Als Vorläufer läßt sich Schmiederer mit der Betonung der Schülerorientierung nennen; Frenz bezieht sich als einer der wenigen im Bereich politischer Bildung ausdrücklich auf Offenen Unterricht. Ansonsten hat Prote ihn für den Sachunterricht mit der sogenannten Veränderten Kindheit begründet und Konsequenzen für die Dimensionen von Offenheit ausgeführt; Sander plädiert für ihn aufgrund der vermeintlichen Modernisierungskrise der Institution Schule, in der sich Politikunterricht demzufolge u.a. als fächerübergreifend, methodenplural, an Schlüsselproblemen orientiert und mit beratenden Funktionen von Lehrenden weiterzuentwickeln habe. Darüber hinaus existieren nur zu einzelnen Feldern des Offenen Unterrichts didaktische Vorschläge. Zu den wichtigsten *Zielen* gehören das Einüben von Entscheidungskompetenzen, indem Lernende u.a. verstärkt Anhörungs-, Mitsprache-, Einspruchs- und Mitentscheidungsrechte bezüglich der Lerninhalte, der Unterrichtsgestaltung oder auch bezüglich konkreter Unterrichtsziele erhalten. Des weiteren: Lernen des Lernens durch Reflexion der Lernentwicklungen; Lernen als ganzheitliche Erfahrung gestalten in Lernumgebungen mit Werkstattprinzip; Aufbau von Lernstrategien, insbesondere von Problemlöseverhalten; kognitive Strukturierung und Passung von Lernangeboten; Selbstkonzept- und Persönlichkeitsentwicklung durch Gestaltung von Schule als Lebensraum.

Methodisch wird Offener Unterricht auch mit projektorientiertem Unterricht, rhythmisiertem Stundenplan oder Freier Arbeit verbunden; didaktische Prinzipien wie Schülerorientierung, Selbsttätigkeit, Prozeßorientierung oder entdeckendes Lernen sind ihm nahe. Vielfach knüpfen sich Hoffnungen an diese Unterrichtsform, hier innovative Elemente des Unterrichtens entwickeln zu können.

Literatur: Frenz, W. 1988: Offener Unterricht und offenes Curriculum, in: Mickel, W. W./Zitzlaff, D. (Hrsg.): Handbuch zur politischen Bildung, Bonn, S. 333-337; Prote, I. 1996: Veränderte Lebensbedingungen von Kindern, in: George, S./Prote, I. (Hrsg.):

Handbuch zur politischen Bildung in der Grundschule, Schwalbach/Ts., S. 17-48; Sander, W. 1997: Offener Unterricht und die Perspektiven der politischen Bildung in der Schule, in: Breit, G./ Massing, P. (Hrsg.): Schule in der Demokratie, Schwalbach/ Ts., S. 40-49; Wallrabenstein, W. 1992: Offene Schule – Offener Unterricht, Reinbek.

Dagmar Richter

↗ Arbeitsplanung; Entdeckendes Lernen; Ganzheitliches Lernen; Innere Differenzierung; *Band 1:* Lerntheorien; Schülerorientierung; *Band 2:* Partizipation

Open-space-Konferenz

In der von Harrison Owen, einem amerikanischen Organisationsberater, entwickelten Open-space-Technologie machen die unstrukturierten wie auch übersprudelnden „Kaffeepausen" bei Tagungen den Kern aus. Wie immer wenn man Kreativität fördern will, bedarf es jedoch eines festen Rahmens (Konferenz-Design), um Ansprüche nach einer effektiveren Lernatmosphäre Wirklichkeit werden zu lassen. Den festen Rahmen versinnbildlicht die „Konferenzleitung". Während der Open-space-Konferenz bilden die Teilnehmer und Teilnehmerinnen eine Gemeinschaft auf Zeit, um an unkonventionellen Problemlösungen zu arbeiten. Die Teilnehmerinnen und Teilnehmer sind dabei Impulsgeber, Problemgeber und -löser, Berater, Zuhörer, (Mit-) Gestalter und Gesprächspartner. Damit die Konferenzgespräche nicht ins Uferlose abgleiten, braucht jede Konferenz ihren „Aufhänger", d.h. ihr Leitthema. Open-space heißt „offener Raum", und diesen müssen die Teilnehmerinnen und Teilnehmer mit ihren Fragen und Problemen füllen. Diese Veranstaltungsart setzt somit auf die Selbstorganisation ihrer Konferenzteilnehmer, die Verantwortung „für sich" und die „Gemeinschaft auf Zeit" zu übernehmen. Die Gemeinschaft konstituiert sich durch Eröffnungs- und Abschlußkreise. Damit die Konferenz nicht in Disharmonie und Chaos mündet, bedarf es Vereinbarungen (= Spielregeln) zwischen Konferenzeinladern („Leitung"), Teilnehmerinnen und Teilnehmern. Neben den Spielregeln gibt es eine sich sukzessiv entwickelnde Konferenz-Agenda, auf der sich Thema, Ort und Zeitraum des von einzelnen Teilnehmern vorgeschlagenen und verantworteten Workshop-Angebots wiederfinden. Für die Ergebnissicherung sorgt der Impulsgeber. Für die Verschriftlichung und die damit verbundene Tagungsdokumentation ist das Tagungssekretariat verantwortlich.

In der *Vorbereitungsphase* wird im Planungsteam über die zentrale Fragestellung der umzusetzenden Open-space-Konferenz nachgedacht.

In der Einladung finden sich dann Hinweise über Zweck, Verantwortlichkeiten, Ablauf und Rahmen der Konferenz. Um falschen Erwartungshaltungen entgegenzuwirken, wird ausdrücklich darauf verwiesen, daß die Konferenz sich nicht an Personen richtet, die einen „fertigen" Tagungsplan erwarten. Auf die Freiwilligkeit des Zugangs zur Konferenz wird außerdem Wert gelegt. Open-space-Konferenzen lassen sich in ein- bis dreitägiger Form durchführen und sind bis zu einer Teilnehmerzahl von ca. 700 möglich. Bei den weiteren Ausführungen wird von einer 2,5tägigen Veranstaltungsdauer und einer Gruppengröße von ca. 80 Personen ausgegangen. Die Konferenz ist ausgeschrieben, und genügend Interessenten haben sich nachmittags am Konferenzort eingefunden. Nach dem Einchecken beginnt die Konferenz mit einem Gesamtmeeting in der Großrunde. Die Leitung umreißt das Konferenzziel und führt kurz in die Konferenzmethode ein. Danach beginnt ein „Warming-up" im Hinblick auf das Konferenzthema. Dieses schließt erste Annäherungen an das Konferenzthema sowie ein Kennenlernen von Teilnehmerinnen und Teilnehmern mit ein. Die erste Phase schließt mit einem informellen Treffen der Teilnehmer („open end") ab.

Am nächsten Morgen startet die Konferenz mit einem Meeting in der Großgruppe. Diese verfährt im weiteren nach den folgenden Arbeitsprinzipien:

Zeig dich.

Sei präsent.

Sei ehrlich.

Laß es laufen.

Es wird das *Verfahren* „Agenda entwickeln" erläutert und das Regelwerk für die Open-space-Arbeit bekanntgemacht. Jede Teilnehmerin und jeder Teilnehmer kann ab sofort das Thema benennen, zu dem er/sie andere zum Mitdenken und -spinnen einlädt. Er/Sie plaziert das Workshop-Angebot auf der Agenda-Tafel. Zu Beginn entwickelt sich die Konferenz-Agenda eher zögerlich. Ist jedoch der Bann erst einmal gebrochen, so füllt sich die Agenda merklich. Das Start-Meeting wird beendet, und alle Teilnehmerinnen und Teilnehmer versammeln sich vor der Agenda-Tafel. Man trägt sich als Mitstreiter ein, koaliert möglicherweise mit einem anderen Impulsgeber und faßt Mut zur Entwicklung eines eigenen Themas. So kreiert die Gruppe ihre ureigene Agenda, die sich im Verlauf der zwei folgenden Konferenztage permanent verändern wird.

Danach beginnt die Workshop-Phase. Die Workshop-Teilnehmerinnen und -Teilnehmer setzen sich aus zwei Typen zusammen: „Hummeln" und „Schmetterlingen". Die Hummeln wandern nach Beendigung eines Workshops zum nächsten. Sie verweilen dort und sind um Vertiefung bemüht. Die Schmetterlinge dagegen können und wollen sich nicht festlegen. Sie finden vieles interessant und schnuppern mal hier und da. Beide Verhaltensweisen sind durchaus erwünscht. Der „offene Raum" bleibt so erhalten. Die Workshop-Arbeit orientiert sich dabei an folgenden *Grundregeln*:

Jede/r der hier Anwesenden ist die richtige Person.

Wann immer es anfängt, ist es die richtige Zeit.

Wenn es vorbei ist, ist es vorbei.

Was auch immer geschieht, es ist das einzige, was passieren konnte.

Vorgaben für die Arbeitsweisen der einzelnen Workshops gibt es nicht. Künstlerische Verarbeitungsformen sind genauso willkommen wie der verbale Dialog. Gewünscht wird, daß die einzelnen Workshops dokumentiert werden. Dies erfolgt nach dem KuV-Prinzip: knapp und verständlich. Im Rahmen einer 2,5tägigen Konferenz kann die einzelne Teilnehmerin bzw. der einzelne Teilnehmer sich an mindestens fünf Workshops beteiligen. Mit bis zu zwanzig Workshop-Angeboten ist zu rechnen. Neben der Morgenrunde, die hauptsächlich der Ergänzung der Agenda dient, gibt es die Abendrunde im Plenum. Letztere dient dem allgemeinem Austausch über individuelle Erfahrungen. Niemand macht jedoch Vorgaben. Stille in der Runde ist genauso willkommen wie die Mitteilung einer Teilnehmerin bzw. eines Teilnehmers.

Nach der Morgenrunde des letzten Konferenztages findet eine *Abschlußrunde* im Plenum statt. Diese dient der Reflexion der Gesamtveranstaltung. Jede/r Teilnehmer/in kann sich u.a. zu den verhandelten Inhalten, zum Konferenz-Prozeß, seinem/ihrem persönlichen Erleben

äußern. Er/Sie kann z.B. auf Versäumtes, Erkenntnisgewinne, Störungen wie auch noch auf offene Fragen eingehen. Das Plenum wird aufgelöst.

Die *Offenheit* der Open-space-Technologie verwirrt sichtlich Teilnehmerinnen und Teilnehmer ohne Vorerfahrung. Mit zunehmender Dauer der Konferenz nimmt die Angst vor dem großen Loch („Ich weiß nicht, was ich hier machen soll?!") ab, und die Bereitschaft, sich aktiv einzubringen, nimmt zu („Was auch immer passiert, ist für mich o.k.!"). Zwischenzeitlich stellt sich eine Kultur des Trauens und Vertrauens bei den Teilnehmern ein. Die Schwierigkeit des Umgangs mit dem „offenen Raum" bei den Teilnehmern korrespondiert mit der Versuchung der Leitung, die Kontrolle über das Geschehen zu behalten. Letzteres würde garantiert einen Mißerfolg der Konferenz herbeiführen. Die Aufgabe der Leitung ist vielmehr, den „offenen Raum" zu halten, d.h. präsent zu sein, ohne zu lenken. Denn jedwede Einflußnahme erstickt das kreative Potential der Teilnehmer. Nicht geeignet ist die Open-space-Technologie jedoch für Themen- und Fragestellungen, von denen die Beteiligten bereits wissen, daß sie weitestgehend ausgelotet sind. Die Open-space-Konferenz ist außerdem ergebnisorientiert angelegt. Die umfangreiche Workshop-Dokumentation ist Beleg dafür.

Literatur: Ebeling, I. 1998: Open Space, in: Grundlagen der Weiterbildung – Praxishilfen, Loseblattsammlung 7.30.10.3, Neuwied 27. Februar 1998, S. 1-11; Harrison, O. 1992: Open Space Technology – A User's Guide, Abbott Publishing; Petri, K. 1996: Let's Meet in Open Space! Die Story von Kaffeepausen, Chaotischen Attraktoren und Organisationstransformation, in: Organisationsentwicklung, H. 2, S. 56-65.

Klaus I. Rogge

↗ Werkstätten/Workshops; *Band 2:* Tagung; Tagungsdidaktik

Oral history

Die Methode Oral history basiert auf der Arbeit mit Zeitzeugen. Diese werden im Rahmen von zeitgeschichtlichen Projekten von Laien- wie auch professionellen Historikern und Historikerinnen in bezug auf ihre Erinnerungen in bestimmten Lebensabschnitten befragt („mündliche Geschichtsschreibung"). Beabsichtigt war, über Zeitzeugenbefragungen geschichtliche Ereignisse und Abläufe („Was und wie geschah das damals?") zu rekonstruieren, um damit Lücken in der (lokalen) Geschichtsforschung schließen zu können.

Dieses Anliegen erwies sich in der Praxis oftmals als Fiktion. Denn die Befragungen hinterließen bei den Interviewern zwiespältige Gefühle, weil ihr Informationsgehalt durch Rechtfertigungswie auch Verdrängungsmechanismen seitens der Befragten und auch durch später hinzugewonnene Informationen oftmals relativiert wurde. Trotz Vergleiche von Quellenmaterial mit den subjektiv eingefärbten Interviews können diese Nachteile nur bedingt ausgeglichen werden. Außerdem wurde der Oral history von der etablierten Geschichtswissenschaft vorgeworfen, daß Zeitzeugen – in unterschiedlichen Lebenssituationen zum selben Zeitabschnitt befragt – diesen unterschiedlich interpretieren.

Oral-history-Projekte lassen sich in *drei* *Phasen* gliedern: 1. *Anfangsphase:* Um Interviews durchführen zu können, bedarf es bestimmter Vorklärungen wie z.B.: Was ist das Ziel des Forschungsvorhabens, wer sind die zu Befragenden und welche Fragestellungen stehen im Vordergrund? Zur Klärung des Fragenfeldes findet parallel eine mehr oder minder umfangreiche Exploration des Themenfeldes statt.

2. *Durchführungsphase:* Das Projektteam verabredet die Interviewreihe und setzt sie gemäß den getroffenen Prämissen um. Das einzelne Interview wiederum wird mit einem Statement eingeleitet, in dem der Zeitrahmen sowie der thematische Schwerpunkt des Oral-history-Projektes umschrieben wird. Der Interviewpartner stellt idealiter dann selbst eine Verbindung her zwischen Projektthema und seiner Lebensgeschichte. Erst gegen Ende der Erzählgeschichte erfolgen die gemäß einem offen strukturierten Interviewleitfaden formulierten Nachfragen.

Von den Interviews werden (Tonband-) Protokolle erstellt, die anschließend transkribiert werden. 3. *Auswertungsphase:* Mit Hilfe biographischer Daten wird die zurückliegende Lebensphase als ein Stück gelebter Geschichte annäherungsweise rekonstruiert. Aus dem Vergleich mehrerer Interviews mit den recherchierten zeitgeschichtlichen Ereignissen (Dokumenten) ergeben sich erste Einschätzungen und Bewertungen hinsichtlich des „Gehaltes" des Ermittelten. Diese werden textkritisch analysiert und im Hinblick auf ein Produktinteresse bearbeitet.

Angewandt wurde die Oral-history-Methode im europäischen Kontext zunehmend durch die alternative Geschichtsbewegung (Geschichtswerkstätten). Mit der von ihr propagierten „Geschichte von unten" verband sich ein Perspektivenwechsel hin zur Erarbeitung der Geschichte der „kleinen Leute". Zu Motoren einer „Geschichte von unten" wurden die „Enkel", die sich der „Aufarbeitung" der „blinden Flecken" der offiziösen Geschichtsschreibung widmeten.

Träger von Oral-history-Projekten wurden neben den Geschichtswerkstätten zunehmend Volkshochschulen, Kulturämter, Schulen, Universitäten, Archive wie auch Heimat- und Geschichtsvereine. Als Produkte ihrer Arbeit präsentierten die „Grabe-Gruppen" in der Öffentlichkeit u.a. Bücher, Ausstellungen, Videoproduktionen und alternative Stadtrundgänge. Die im Rahmen der „Grabe-Tätigkeiten" erhobenen Vorwürfe der Nestbeschmutzung, der „linken" Umtriebe, der Gesinnungsschnüffelei sind heute weitgehend verstummt.

Literatur: Berliner Geschichtswerkstatt (Hrsg.) 1994: Alltagskultur, Subjektivität und Geschichte. Zur Theorie und Praxis von Alltagsgeschichte, Münster; Vorländer, H. (Hrsg.) 1990: Oral History. Mündlich erfragte Geschichte, Göttingen.

Klaus I. Rogge

↗ Geschichtswerkstätten; Recherche-Training; Schreibwerkstatt; Spurensuche; Zeitzeuge; *Band 1:* Geschichte und politische Bildung; *Band 2:* Biographisches Lernen; Geschichtswerkstätten; Historisch-politisches Lernen

Parlamentsbesuch

Das Parlament (Bundestag und Landtage) gehört zu den „klassischen" außerschulischen Lernorten der politischen Bildung. Durch direkte Anmeldung beim Besucherdienst oder im Rahmen kontingentierter Besuchergruppen, vermittelt durch Abgeordnete, wird schulischen oder außerschulischen Besuchergruppen die Gelegenheit zur Wahrnehmung eines mehr oder weniger pädagogischen Kurzprogramms gegeben. *Kernstück* des auf wenige Stunden konzentrierten Parlamentsbesuchs ist die beobachtende Teilnahme an einer Plenarsitzung, die Begegnung mit Wahlkreisabgeordneten sowie eine einführende Information über Zusammensetzung, Aufgaben und Arbeitsweise des jeweiligen Parlaments. Neuerdings sind einige Parlamente bemüht, auch neue didaktische Akzente zu setzen

(Rollenspiele, adressatengerechtes Material, multimediale Angebote wie CD-ROM etc.).

Angesichts der Singularität, die einem Parlamentsbesuch für die überwiegende Anzahl von schulischen oder außerschulischen Besuchergruppen zukommt, bedarf der Parlamentsbesuch einer sorgfältigen Vor- und Nachbereitung, zumal unvorbereitete Plenarbesuche vielfach nur das eher negativ geprägte Medienbild parlamentarischer Realität verstärken. Dazu gehört die Auseinandersetzung mit der Funktionslogik eines parlamentarischen Regierungssystems ebenso wie die Beschäftigung mit der Realität des Arbeitsalltags von Abgeordneten. In den wenigen bisherigen *Untersuchungen* und Projekterfahrungen im Zusammenhang mit Parlamentsbesuchen wird folgendes evident: ein geringer Informationsstand der meisten Besuchergruppen, ein hohes personales Interesse (z.B. am persönlichen und politischen Lebensweg sowie am Arbeitsalltag von Abgeordneten) sowie eine Bezugnahme auf aktuelle politische Ereignisse im Rahmen von Gesprächen mit Parlamentsvertretern. Für die Auseinandersetzung mit parlamentarischer Wirklichkeit im Rahmen von Parlamentsbesuchen empfiehlt sich daher über die Berücksichtigung bewährter fachdidaktischer Prinzipien wie Aktualitätsorientierung, Problemorientierung, Schülerorientierung etc. hinaus insbesondere die Beschäftigung mit dem *Arbeitsalltag von Abgeordneten* (im Parlament und außerhalb des Parlaments). Zu wenig wird bisher bei der Organisation von Parlamentsbesuchen die Möglichkeit zur intensiven personalen Begegnung mit Abgeordneten gegeben. Die auf Ausgewogenheit bedachten Besucherdienste konfrontieren statt dessen regelmäßig Schülergruppen mit Vertretern der Fraktionen mit der Folge, daß diese „Gespräche" vielfach ritualisiert ablaufen.

Angesichts des nachlassenden Interesses an Parlamentsbesuchen wird es für die Zukunft darauf ankommen, im Rahmen des schulischen Unterrichts wie auch im „hohen Haus" selbst Spielräume für eine verstärkt handlungs- und erlebnisorientierte, selbsttätige und authentische Begegnung mit einem zentralen Ort der Politik („Lernort Parlament") zu schaffen, an dem Politik zwar nicht immer entschieden wird, aber an dem sie abschließend öffentlich verhandelt und verbindlich gemacht wird.

Literatur: Ackermann, P. (Hrsg.) 1988: Politisches Lernen vor Ort. Außerschulische Lernorte im Politikunterricht, Stuttgart; Bundestag, Bundesrat, Landesparlamente. Parlamentarismus und Föderalismus im Unterricht und in der politischen Bildung, mit Beiträgen von Böhringer, A. u.a., Darmstadt 1991; Sarcinelli, U. 1993: Parlamentsbesuche: Wege und Hindernisse bei der Auseinandersetzung mit parlamentarischer Wirklichkeit, in: Gegenwartskunde, S. 449-459; Sarcinelli, U. 1994: Parlamentarische Wirklichkeit als Politikvermittlungsaufgabe: Zwischen medienadressierter Öffentlichkeitsarbeit und Parlamentsdidaktik, in: Furtak, R. (Hrsg.): Politik und Bildung als Zukunftsgestaltung. Festschrift für Günter Bals zum 65. Geburtstag, Landau, S. 197-220.

Ulrich Sarcinelli

↗ Beobachtung; Erkundung; Handlungsorientierung; *Band 1:* Parlamentsdidaktik; Politische Wirklichkeit; *Band 2:* Lernorte

Partnerinterview

Partnerinterviews werden häufig als Vorstellungsübung verwendet, um ein erstes *Kennenlernen* zu ermöglichen. Die Teilnehmerinnen und Teilnehmer befragen sich dabei gegenseitig in Zweiergruppen. Die Befragung kann frei oder nach einem zuvor ausgeteilten (oder an die Wand projizierten) Raster geschehen. Die Inter-

views finden gleichzeitig und im selben Raum statt. Bei Partnerinterviews sollten nicht nur formale biographische Daten gegenseitig abgefragt werden (Alter, Wohnort, Beruf), sondern auch Meinungen und Einstellungen zu seminarrelevanten Aspekten. Für die Interviews sollten etwa 10–15 Minuten zur Verfügung stehen. Nach der Interviewphase werden die Teilnehmerinnen und Teilnehmer im Plenum von ihrer jeweiligen Partnerin/ihrem Partner vorgestellt.

Werden Partnerinterviews in einer späteren Seminarphase eingesetzt, so geht es vor allem um Sichtweisen zum Seminarverlauf (als Auswertungshilfe) oder um Erfahrungen oder Meinungen zu verschiedenen thematischen Bereichen.

Steht viel Zeit zur Verfügung, kann ein ausführliches Partnerinterview auch in Form eines ausführlichen Gespräches während eines Partnerspazierganges stattfinden.

Günther Gugel

↗ Befragung; Straßeninterview

Perspektivenübernahme

Ein Fall kann von außen, aus der Sicht eines unbeteiligten Beobachters, untersucht werden. Ein Fall kann aber auch mit den Augen der daran beteiligten Personen gesehen werden. Die Fähigkeit dazu bringen die Jugendlichen in den Unterricht mit. Im Alter von acht Jahren beginnt der Heranwachsende, sich in die Gedanken und Gefühle anderer Personen hineinzudenken (Selman 1982). Er fragt sich: Wie sieht der andere das Ereignis? Was denkt er über die daran beteiligten Personen? Erkennt er deren Interessen und Vorgehensweisen zur Durchsetzung an? Eng verbunden mit der Denkoperation der sozialen Perspektivenübernahme ist die Entwicklung von *Empathie*, die sich in Anteilnahme bzw. Mitgefühl oder Empörung aus gestörtem Gerechtigkeitsempfinden heraus äußert.

Bei der Untersuchung von Fall-Beispielen schlüpfen die Lernenden häufig ohne besondere Aufforderung in die Schuhe der daran beteiligten Personen und übernehmen deren Sichtweise. Lehrerinnen und Lehrer können die Fähigkeit zur Perspektivenübernahme aber auch mit Fragen aktivieren: Wie hättest du den Vorgang gesehen? Was hättest du empfunden? Kannst du die Gefühle des anderen verstehen und nachempfinden? Im Unterricht zeigen nach einer sozialen Perspektivenübernahme zumindest einige Schülerinnen und Schüler *Betroffenheit* (Breit 1991).

Eine soziale Perspektivenübernahme fördert das soziale und das politische Lernen. Mit dieser Denkoperation werden Jugendliche dazu gebracht, ihre Mitmenschen wahrzunehmen und sich mit deren Situation auseinanderzusetzen. Dabei wird ihnen die – im Politikunterricht seltene – Gelegenheit geboten, ihre Gefühle zu äußern. Ihre Anteilnahme und ihr Gerechtigkeitsempfinden führen sie dazu, das Schicksal der Einzelpersonen aus dem Fall zu einem Problem einer gesellschaftlichen Gruppe und damit – möglicherweise – zu einem politischen Problem zu verallgemeinern (Breit 1997: 79ff.). So fragen Schülerinnen und Schüler nach einer gründlichen Beschäftigung mit den Lebensverhältnissen der kurdischen Flüchtlingsfamilie Madat im Harzer Luftkurort Walkenried (Breit 1992) von sich aus nach der Lage der Asylbewerber in der Bundesrepublik und finden sich zur Analyse des Asylbewerberproblems bereit ("Walkenried ist über-

all"). Je gründlicher sich die Unterrichtsteilnehmer in die Gedanken und Gefühle gegnerischer Personen oder Gruppen (in unserem Fallbeispiel der Bürgerinnen und Bürger von Walkenried und der Familie Madat) hineindenken und -fühlen, desto schwerer fällt ihnen eine Urteilsbildung. Ein spontanes Urteil "aus dem Bauch heraus" geht nicht mehr. Um unparteiisch zu urteilen und allen an dem Fall beteiligten Personen gerecht zu werden, benötigen sie *Urteilskriterien*. Die Durchführung einer sozialen Perspektivenübernahme fördert so die Bereitschaft zur politischen Urteilsbildung.

Literatur: Breit, G. 1991: Mit den Augen des anderen sehen – Eine neue Methode zur Fallanalyse, Schwalbach/Ts.; Breit, G. 1992: Unterricht im Westen Deutschlands: Unterrichtsplanung zum Thema „Der Streit um das Asylrecht (Art 16 II 2 GG) im Herbst 1991", in: Politische Bildung, H. 2, S. 73-87; Breit, G. 1997: Lernziel: Politik im Alltag entdecken. Zur Analyse von Fall-Beispielen im Politikunterricht, in: Breit, G./Massing, P. (Hrsg.): Lebenswelt und Politik, Schwalbach/Ts., S. 76-108; Garz, D. 1989: Sozialpsychologische Entwicklungstheorien. Von Mead, Piaget und Kohlberg bis zur Gegenwart, Opladen; Massing, P./Weißeno, G. (Hrsg.) 1997: Politische Urteilsbildung – Aufgabe und Wege für den Politikunterricht, Schwalbach/Ts. (erschienen auch in der Schriftenreihe der Bundeszentrale für politische Bildung, Bd. 344); Selman, R. L. 1982: Sozial-kognitives Verständnis, in: Geulen, D. (Hrsg.): Perspektivenübernahme und soziales Handeln, Frankfurt/M., S. 223-256.

Gotthard Breit

↗ Fallanalyse; Fallstudie; Planspiel; Pro-Contra-Debatte; Rollenspiel; *Band 1:* Betroffenheit und Bedeutsamkeit; Politische Urteilsbildung; Politisches Lernen

Phantasiereise

Phantasiereisen sind geistige Kreativitätsspiele, die zur „visionären Anthropologie" gehören (Masters 1984). Dementsprechend wird davon ausgegangen, daß das Individuum durch seine Phantasie bestimmt wird und durch diese auch sein Leben verändern kann. Infolgedessen sind Phantasiereisen *Bewußtseinsübungen,* die im idealen Fall kreatives Denken und das Visualisierungsvermögen der Menschen fördern (vgl. Mass/Ritschl 1996). Im Rahmen politischer Bildungsprozesse unterstützen Phantasiereisen Konzentration und Entspannung, um subjektorientierte Entscheidungen zu finden (vgl. Satir/Englander-Golden 1994).

Phantasiereisen erleichtern den Zugriff zu einer intuitiven Wissensquelle. Durch diese Perspektive können sich die Übungsteilnehmerinnen und -teilnehmer in ihrer Ganzheit als handelnde, fühlende und denkende Menschen erleben. Durch ihren meditativen Charakter bieten Phantasiereisen die Chance, daß beispielsweise Jungen durch Konzentration auf sich selbst ruhiger werden und den Unterricht weniger stören (vgl. Reich 1995). Wenn Pädagoginnen und Pädagogen visualisierte Bilder deuten, müssen sie sich darüber bewußt sein, daß der Umgang mit fremden Phantasien ein *Einfühlungsvermögen* verlangt, das über pädagogische Kompetenz hinausgeht und therapeutische Kenntnisse erfordert, denn in Phantasiereisen werden biographische Projektionen frei, die als Selbsterfahrung der Person vertraulich behandelt werden sollten.

Literatur: Mass, E./Ritschl, K. 1996: Phantasiereisen leicht gemacht. Die Macht der Phantasie, Paderborn; Masters, R. 1984: Phantasie-Reisen. Zu neuen Stufen des Bewußtseins: ein Führer durch unsere inneren Räume, München; Reich, A. 1995: Alle sind sie ganze Kerle! Jungenarbeit in der Schule, in: Pädagogik, S. 50-54; Satir, V./Englander-Golden, P. 1994: Sei direkt. Der Weg zur freien Entscheidung, Paderborn.

Cornelia Muth

↗ Ganzheitliches Lernen, Ideenwerkstatt; Open-space-Konferenz; Zukunftswerkstatt; *Band 2:* Biographisches Lernen

Plädoyer

Plädoyer ist der Schlußvortrag von Beteiligten vor Gericht, insbesondere von Staatsanwalt und Verteidiger im Strafprozess (vgl. § 258 StPO). Die antike Rhetorik ordnet Gerichtsreden der Überzeugungsrede zu (andere Formen: Gesellschafts-/Lobrede und Beratungsrede). Methodisch können Plädoyers u.a. bei einem Moot court (Simulation einer Gerichtsverhandlung im Rollenspiel) oder in Debatten (z.B. amerikanische Debatte; Pro-Contra-Debatte) eingesetzt werden. Hauptziele: Förderung der Kommunikationsfähigkeit (da Rechtsdurchsetzung Rechtskenntnis und Artikulationsvermögen voraussetzt) sowie „spielerischer" Abbau der Befangenheit gegenüber juristischen Institutionen.

Literatur: Gast, W. 1992: Juristische Rhetorik, Heidelberg; Geißner, H. 1981: Rhetorik und politische Bildung, Königstein/Ts.; Göttert, K.-H. 1994: Einführung in die Rhetorik, München; Haft, F. 1990: Juristische Rhetorik, Freiburg, München; Langhammer, R. 1997: Debattenwettbewerb, in: Pädagogik 1, S. 32-39; Ott, E. E. 1995: Juristische Dialektik, Basel, Frankfurt/M.; Schönitz, B. 1994: Vor Gericht. Ein didaktisches Spiel in der Sekundarstufe I, in: Mikkel, W. W./Zitzlaff, D. (Hrsg.): Methodenvielfalt im politischen Unterricht, Schwalbach/Ts, S. 15-27.

Ursula Wathling

↗ Debatte; Gerichtsbesuch; Kommunikation; Pro-Contra-Debatte; Rhetorik; Rollenspiel; *Band 1:* Rechtsdidaktik; *Band 2:* Rhetorik und politische Bildung

Plakat

Plakate werden großflächig für die Öffentlichkeit sichtbar angebracht. Sie enthalten pointierte Botschaften (Kernaussagen), zielen auf Wirkung und sind mit ästhetischen Mitteln ansprechend gestaltet. Plakate werden in unterschiedlichen Bereichen (Wahlen, Werbung, Kunst) eingesetzt. Für politisches Lernen insbe-

Kontakt auf, verhandeln miteinander, suchen Bündnispartner, treffen Vorabsprachen, diskutieren die Ergebnisse wieder mit der eigenen Gruppe, modifizieren die eigene Gruppenstrategie im Lichte der Verhandlungen, verhandeln erneut usw. Die Interaktionsphase ist sehr zeitaufwendig, und es ist sinnvoll, wenn dafür eine Doppelstunde zur Verfügung steht. Lehrerinnen und Lehrer haben in dieser Phase vor allem einen Beobachterstatus. Sie können allerdings auch mit Ereigniskarten steuernd in den Prozeß eingreifen, sollte deutlich werden, daß die Gruppen allzuschnell Kompromisse eingehen oder realitätsferne Lösungen anstreben. 3. Anwendungsphase: In dieser Phase werden, häufig in der Form einer Konferenz, die Positionen, Argumente, Lösungsvorschläge durch die jeweils von den Gruppen benannten Gruppensprecher vorgetragen mit dem Ziel, einen Kompromiß zu finden oder eine Mehrheitsentscheidung zu treffen. Die Gruppenmitglieder, die nicht mitspielen, erhalten Beobachtungsaufgaben, die später die inhaltlichen Anknüpfungspunkte für die Auswertung bilden. In dieser Sequenz des Planspiels werden zwei Phasen zeitlich miteinander verknüpft: die Anwendungsphase als wichtiger Bestandteil der Spielphase und die dritte Großphase, die Reflexion. Diese beiden Phasen dürfen auf keinen Fall getrennt werden, daher ist eine Doppelstunde für diesen Teil des Planspiels unabdingbar.

Der Übergang von der Spielphase zur Reflexionsphase ist besonders schwierig. Die Umstellung vom Handeln zum Denken fällt Schülerinnen und Schülern ebensoschwer wie Lehrerinnen und Lehrern. Erleichtert wird dies durch eine längere Rollendistanzierung. In der eigentlichen *Reflexionsphase* erfolgt vor allem

eine inhaltliche Problematisierung des Planspiels: Was waren die wichtigsten Ergebnisse, welche zentralen politischen Kategorien waren von Bedeutung, welche Erkenntnisse lassen si erallgemeinern und auf andere Bereich Politik übertragen. Nach der inhaltl Problematisierung kann sich in der undarstufe II auch noch eine *methodi e Reflexion* anschließen. Ob das Planspiel wirklich einen Beitrag zum politischen Lernen geleistet hat, entscheidet sich vor allem in der Reflexionsphase. Für diese ist daher mindestens eine Stunde anzusetzen.

Das Planspiel kann eine der wichtigsten handlungsorientierten Methoden für den Politikunterricht sein, auch wenn die schulischen Rahmenbedingungen enge Grenzen setzen. Darüber hinaus ist eine Reihe von Gefahren zu berücksichtigen: Dazu gehören u.a. die Verfälschung politischer Wirklichkeit durch zu große Vereinfachung, vorschnelle Harmonisierungen und unrealistische Lösungen, die insgesamt ein falsches Bild von Politik erzeugen. Planspiele im Politikunterricht können auch dazu führen, daß bei den Schülerinnen und Schülern statt Kritikfähigkeit und Bereitschaft zum Engagement genau das Gegenteil erreicht wird, nämlich Anpassung an und Resignation vor scheinbar unvermeidlichen Systemzwängen. Die Qualität von Planspielen und ihre Bedeutung für den Politikunterricht hängen im wesentlichen von der Sorgfalt ihrer Vorbereitung ab, von der Art ihrer Durchführung und vor allem von dem Gewicht der abschließenden Auswertung.

Neue Dimensionen erhält das Planspiel in letzter Zeit durch PC, Multimedia und Internet. Doch das „Planspiel im virtuellen Raum", in dem der Mensch Teil der Simulation wird, seine Umwelt hinter sich läßt, eintaucht und sich bewegt in einer virtuellen Welt (Ungerer 1999: 368), wird noch Zeit benötigen, um sich als gängige Unterrichtsmethode durchzusetzen.

Literatur: Kaiser, F. J. 1973: Entscheidungstraining, Bad Heilbrunn; Keim, H. (Hrsg.) 1992: ... Planspiel, Rollenspiel, Fallstudie, Köln; Klippert, H. 1992: Planspiel in Schule und Lehrerfortbildung – Überlegungen zur Implementation des Planspiels in der Schule, in: Keim, H. (Hrsg.) a.a.O., S. 219-250; Massing, P. 1998: Handlungsorientierter Politikunterricht. Ausgewählte Methoden, Schwalbach/Ts.; Meyer, H. 1987: Unterrichts-Methoden II: Praxisband, Frankfurt/M.; Rieck, W. 1975: Planspiele im Hochschulunterricht, Göttingen; Ungerer, L. A. 1999: Planspiel, in: Mickel; W. W. (Hrsg.): Handbuch zur politischen Bildung, Bonn, S. 363-369.

Peter Massing

↗ Computersimulation; Entscheidungsspiel; Handlungsorientierung; Internet; Rollenspiel

Podiumsdiskussion

Die Podiumsdiskussion ist eine Veranstaltungsform, bei der ein aspektreiches oder konträres Thema dargestellt und von möglichst vielen Seiten beleuchtet werden soll. Bei einer Podiumsdiskussion werden Experten oder Protagonisten unterschiedlicher Standorte und Sichtweisen versammelt, um gemeinsam ein Thema bzw. eine Fragestellung zu diskutieren. Geleitet wird die Veranstaltung von einem Moderator/einer Moderatorin.

Nach dessen/deren Einführung zu Beginn kommt es zum Gespräch zwischen den Teilnehmerinnen und Teilnehmern, wobei es das Ziel ist, zunächst die Differenzen herauszuarbeiten. Das erfordert von der *Diskussionsleitung* a) eine gute sachliche Vorbereitung, b) Recherche über die Mitdiskutanten und deren Positionen, c) Kenntnis der Bedeutung des Themas vor Ort und d) Einfühlungsvermögen für Stimmung (evtl. Spannungen) auf dem Podium und bei den Zuhörerinnen und Zuhörern. Die erste Runde

verläuft auf dem Podium (ca. 30 Minuten), danach wird das Publikum durch die Möglichkeit, Fragen zu stellen und weitere Aspekte einzubringen, mitbeteiligt.

Die Gesprächsteilnehmerzahl sollte 5 (einschl. Leitung) nicht überschreiten. Bei der Auswahl der Diskutanten sollte auf deren „Gleichgewichtigkeit" (Bekanntheit, verbale Fähigkeiten, Status) geachtet werden. Eine Podiumsdiskussion endet mit einer Zusammenfassung des Moderators/der Moderatorin, wobei vor allem mögliche Problemlösungen herausgestellt werden.

Literatur: Knoll, J. 1986: Kurs- und Seminarmethoden. Ein Arbeitsbuch zur Gestaltung von Kursen und Seminaren, Arbeits- und Gesprächskreisen, München.

Klaus-Peter Hufer

↗ Expertenbefragung, Forum; Moderation; *Band 2:* Veranstaltungsformen

Praktikum (Betriebs-)

Allgemein wird unter Praktikum eine praktische Tätigkeit verstanden, die im Rahmen eines Bildungsganges, aber außerhalb des primären Lernortes (Hoch-) Schule in der Arbeitswelt abgeleistet wird. Der Begriff Praktikum geht auf griech. praktikos „tätig, auf das Handeln gerichtet" zurück und steht dem Begriff griech. theoría „Betrachtung, wissenschaftliche Erkenntnis" gegenüber. Betriebspraktika sind verwandt mit *Betriebsbesichtigungen* und *Betriebserkundungen*, aber in bezug auf Dauer und Eigentätigkeit deutlich extensiver.

Neben den Praktika, wie sie in vielen Studiengängen des Hochschulbereichs (z.B. Medizin, Ingenieurwissenschaften und Lehramt) und der beruflichen Bildung (z.B. während der Fachoberschule oder der Erzieherinnenausbildung) verlangt werden, gibt es im allgemeinbildenden Schulwesen ein Betriebspraktikum für Schülerinnen und Schüler. Es wird didaktisch begleitet und soll während 2–4 Wochen gegen Ende der Sekundarstufe I oder zu Beginn der gymnasialen Oberstufe durch *Mitarbeit* in realen Handlungssituationen eines Betriebs, einer Verwaltung oder eines Verbandes exemplarische Erfahrungen über die Wirtschafts- und Berufswelt vermitteln. Eine Variante des Betriebspraktikums, das in einem Wirtschaftsunternehmen vor allem mit dem Zweck der ökonomischen Grundorientierung durchgeführt wird, ist das Sozial-Praktikum oder politische Praktikum, welches in einer sozialen Einrichtung in staatlicher oder freier Trägerschaft (z.B. Altenheim, Jugendamt, Bürgerinitiative) unter dem Aspekt der Konfrontation mit politisch-zwischenmenschlichen Aufgaben stattfindet.

Historisch kann paradoxerweise von Praktika als pädagogisch-didaktischen Veranstaltungen erst sinnvollerweise gesprochen werden, seitdem sich ein eigener gesellschaftlicher Bereich institutionalisierter Schulbildung ausdifferenziert und von der Praxis des Erwerbslebens separiert hat. Zuvor war das Lernen in „Praktika" die *dominante Form* der Ausbildung (z.B. Mitwirkung Heranwachsender in der vorindustriellen Familienarbeit bzw. Qualifikation durch Handwerkslehre). Bereits seit dem 18. Jahrhundert in der Industrieschulpädagogik, bei Heinrich Pestalozzi und massiv in der Reformpädagogik taucht das Motiv der Bildung und Erziehung in und durch Arbeit auf. Aber die Konzepte von Arbeitsschule (Hugo Gaudig), Produktionsschule (Paul Petrowitsch Blonski) und Berufsbildung (Georg Kerschensteiner) sind durchgängige pädagogische Konzepte und meinen nicht den zeitlich begrenz-

ten Wechsel vom primären Lernort Schule zum kurzfristigen, zwischenzeitlichen Lernort Betrieb wie beim Betriebspraktikum.

Der grundlegende pädagogische Vorteil des Lernens in Praktika liegt in den Möglichkeiten des wechselseitigen *Lernortverbundes* von Schule und Betrieb.

Der gegenseitige Ergänzungsbezug von Schule und Betrieb darf aber nicht als eine „Überwindung der Trennung von Leben und Lernen" idealisiert werden und den Blick auf diejenigen Einschränkungen verstellen, denen das „unmittelbare" Lernen in der Betriebspraxis unterworfen ist: Auch die Praktikumssituationen sind in Auswahl und Gestaltung pädagogisiert, sie stellen eine zeitlich, räumlich und sachlich segmentierte Wahrnehmung der betrieblichen Wirklichkeit dar, und die Mitarbeit der Praktikantinnen und Praktikanten wird häufig auf Hilfsfunktionen reduziert. Außerdem stehen die Bildungsziele der Betriebspraktika nicht selten in einem Spannungsverhältnis zu den Eigeninteressen der Praktikumsbetriebe (z.B. Vorselektion von Personal).

Werden überhöhte Erwartungen an den Praxisbezug vermieden und die affirmativen Aspekte betrieblicher Erfahrungen nicht ausgeblendet, so bieten sich doch im Ablauf von schulischer Vorbereitung, betrieblicher Durchführung und wiederum schulischer Auswertung des Betriebspraktikums (Bönsch 1991: 220-222) eben wegen des zeitlichen und perspektivischen Lernortwechsels didaktisch hervorragende Chancen für ein Lernen, das Theorie und Praxis miteinander verbindet.

Die *Funktionen* von Betriebspraktika werden unter drei verschiedenen fachlichen Aspekten diskutiert. *Wirtschaftskundlich* steht das Kennenlernen des ökonomischen Systems der Leistungserstellung in betrieblichen Strukturen im Zentrum. *Berufskundlich* soll mit der beruflichen Form von Erwerbsarbeit prinzipiell vertraut gemacht und zur individuellen Berufswahl beigetragen werden. *Sozialkundlich* steht das Erleben arbeitsteiliger Prozesse und sozialer Beziehungen im Wirtschaftsleben im Vordergrund.

Trotz vielfältiger *empirischer Untersuchungen* hierzu (Überblick: Beinke/Richter/Schuld 1996), die einerseits immer wieder die hohe Zufriedenheit von Schülerinnen und Schülern sowie Lehrerinnen und Lehrern mit dieser Methodenkonzeption konstatierten, bleibt andererseits eine Unsicherheit über die positiven Wirkungen der Betriebspraktika auf die Berufsentscheidungen bestehen. Diese Bewertungsschwierigkeit wird dadurch verstärkt, daß sich offensichtlich in den vergangenen dreißig Jahren ein *Funktionswandel* der Betriebspraktika ergeben hat. Mit den wachsenden Problemen beim Übergang der Schulabsolventen vom Bildungs- ins Beschäftigungssystem (Arbeitslosigkeit, Lehrstellenmangel usw.) verschoben sich pädagogische Funktionszuschreibungen von der kritischen Auseinandersetzung mit sozio-ökonomischen Betriebsstrukturen („kapitalistische Herrschaft") zu individualisierten Strategien der Optimierung von Einmündungsprozessen ins Erwerbsleben („erste connections"). Einen neuerlichen Schub erhält die didaktische Wertschätzung von Betriebspraktika allerdings aus den allgemeinen schulpädagogischen Tendenzen zur Öffnung der Schule gegenüber vielfältigen Lernorten in ihrer Umwelt.

Politikdidaktisch konnte gezeigt werden (Uhl 1988), daß in den Dimensionen
– der politischen Verfassung der *Arbeit* (Betriebsverfassung, Tarifverhandlungen, staatliche Interventionen),
– der gesellschaftlichen Organisation von *Erwerbsarbeit* (lokale Arbeitsmarktpolitik, Arbeitsförderung, regionale Strukturpolitik) und
– der betrieblichen Arbeit als *Lebenswelt* (Wahrnehmung und Bewertung der Arbeitssituation durch die Beteiligten, Entfremdungserfahrungen und Handlungsspielräume)
unverzichtbare politische Lernpotentiale der betrieblichen Realerfahrungen von Schülerinnen und Schülern liegen.

Literatur: Beinke, L. 1978[2]: Das Betriebspraktikum, Bad Heilbrunn; Beinke; L./Richter, H./Schuld, E. 1996: Bedeutsamkeit der Betriebspraktika für die Berufsentscheidung, Bad Honnef; Bönsch, M. 1991: Variable Lernwege, Paderborn; Bundesarbeitsgemeinschaft Schule/Wirtschaft (Hrsg.) 1989: Betriebspraktikum, Köln; Fauser, P. u.a. 1989: Lern-Arbeit, Weinheim, Basel; Feldhoff, J. u.a. 1987[2]: Projekt Betriebspraktikum, Düsseldorf; Franzinger, B. 1994: Die Gymnasiallehrer und das Betriebspraktikum, Hohengehren; Greving, J. 1993: Schüler präsentieren Erfahrungen. Neue Formen der Auswertung des Betriebspraktikums, in: Pädagogik, H. 5, S. 28-31; Klafki, W. 1967[2]: Die Einführung in die Arbeits- und Wirtschaftswelt und ihre gesellschaftlich-politische Bedeutung als Aufgabe der Volksschuloberstufe, in: ders. u.a.: Die Wirtschafts- und Arbeitswelt im Unterricht der Volksschule und des Gymnasiums, Heidelberg; Klippert, H. 1992: Betriebspraktika in Gymnasien, in: arbeiten und lernen – Wirtschaft, H. 5, S. 4-5; Mossy, Z. 1986: Learning and Working, UNESCO Paris; Uhl, H. 1988: Betriebserkundungen – Arbeitswelt und Arbeitserfahrungen als Element politischen Lernens, in: Ackermann, P. (Hrsg.): Politisches Lernen vor Ort. Außerschulische Lernorte im Politikunterricht, Stuttgart, S. 72-83.

Hans-Joachim von Olberg

↗ Erfahrungsorientierung; Handlungsorientierung; *Band 1:* Arbeitslehre; Berufswahlorientierung; Ökonomisch-politische Bildung

Praktikum, kommunalpolitisches

Das kommunalpolitische Praktikum ist eine mehrtägige Weiterbildungsmaßnahme für Schüler und Schülerinnen.

Am Beispiel der Kommunalpolitik soll Politik- und Politikerverdrossenheit entgegengewirkt, sollen Ängste, sich aktiv an politischen Prozessen zu beteiligen, abgebaut werden.

Zielgruppe sind Teilnehmerinnen und Teilnehmer zwischen 14 und 18 Jahren aller Schulformen mit unterschiedlichen Unterrichtserfahrungen ohne kommunalpolitische Vorkenntnisse mit vielfachen (Vor-)Urteilen gegenüber Politik und Politikern. Sie gehören keiner politischen Organisation an.

Es werden juristische und praktische Grundlagen der Kommunalpolitik vermittelt. Die Auseinandersetzung mit Verwaltungsangehörigen und Politikern fördert den Abbau von Unkenntnis und Vorurteilen über Politik und motiviert, selbst die Initiative zu ergreifen und/oder sich in den politischen Prozeß einzuschalten. Weitere Themen sind: Besprechung und Besuch eines Fachausschusses, kommunale Finanzpolitik, Planspiel „Ratssitzung". Verschiedene inhaltlich detailliertere Bausteine werden nach gewünschtem Schwerpunkt und Aktualität eingefügt.

Das kommunalpolitische Praktikum läuft idealerweise als gebrochene Wochenveranstaltung über vier Tage mit jeweils fünf bis acht Unterrichtsstunden. Drei Tage in der Freizeit der Zielgruppe, ein Tag mit Freistellung vom Schulunterricht. Politiknah wird es in Sitzungsräumen unter üblichen Sitzungsbedingungen und einer angemessenen Methodenvielfalt veranstaltet.

Literatur: Stockschläger, H. J. 1995: Politik hautnah einmal anders – Das kommunalpolitische Praktikum, in: Hufer, K.-P. (Hrsg.): Politische Bildung in Bewegung, Schwalbach/Ts., S. 137-162.

Hans Joachim Stockschläger

↗ Handlungsorientierung; *Band 1:* Politische Wirklichkeit; *Band 2:* Handlungsorientierung; Lernorte; Veranstaltungsformen

Problemstudie

Die Problemstudie stellt eine Herangehensweise an gesellschaftlich-politische Phänomene dar, die durch zwei *Merkmale* gekennzeichnet ist:
- Sie orientiert sich an gesellschaftlichen und/oder politischen Problemen und hebt damit die Problemorientierung als didaktisches Prinzip der politischen Bildung hervor.
- Sie favorisiert als Lernmodus entdeckendes Lernen, systematische Recherchen und sozialwissenschaftliche Methoden, ihre Ergebnisse sind offen.

Politische Probleme werden verschieden begrifflich gefaßt. Zwei Merkmale sind in politischen Problemen enthalten: *Dringlichkeit* und *Ungewißheit*. Das erste meint, daß ein Sachverhalt (z.B. Wasserverschmutzung) Gefährdungen für Gruppen oder die gesamte Gesellschaft in sich birgt. Das zweite bedeutet, daß neue Lösungswege zu suchen sind, bei denen noch offen ist, ob sie in der Lage sind, das Problem zu regeln und ob sich dafür politische Mehrheiten finden.

Von einem *politischen* Problem wird erst dann gesprochen, wenn zum einen die Formulierung des Problems Gegenstand politischer Auseinandersetzung ist, und wenn zum anderen das Problem zum Thema eines politischen Entscheidungsprozesses gemacht wird. Mit diesem Zugang wird problemlösendes Lernen intendiert.

Als „Studie" verweist diese methodische Konzeption (ähnlich wie die Sozialstudie) darauf, daß es um eine weitgehend selbständige Analyse eines Problems geht, bei der unterschiedliche Quellen, Materialien usw. herangezogen werden. In einem ersten Schritt kann die genaue Bestimmung des Problems selbst erfolgen;

hierzu zählt auch die Analyse der unterschiedlichen Problembeschreibungen der beteiligten Akteure. Dabei wird zugleich die jeweilige *Definitionsmacht* deutlich.

Problemstudien bieten sich an sowohl bei komplexen Ursachenanalysen als auch bei der Diskussion von Entscheidungs- und Handlungsmöglichkeiten. In ihr werden entweder defizitäre Zustände in der Gesellschaft aufgegriffen oder unklare Ursachenbündel für politische Auseinandersetzungen behandelt (z.B. Ex-Jugoslawien). Problemstudien zielen auf *wissenschaftspropädeutische Qualifikationen,* insofern von den Schülerinnen und Schülern die selbständige Beschaffung, Verarbeitung und Verwertung von notwendigen Informationen ebenso gefordert wird wie die Kontaktaufnahme, Zusammenarbeit, Überzeugungsfähigkeit und Schaffung von Verständnis.

Veröffentlichte Unterrichtsbeispiele thematisieren die Frage: „Friede – notfalls mit Gewalt?! Friedenssicherung als Aufgabe internationaler Politik" als Problemstudie.

Das Wissen über internationale Konflikte erhalten wir aus den Medien. Vielfach erscheinen sie schwer durchschaubar, eindeutige Ursachen und Lösungen lassen sich kaum bestimmen. In solch einer Situation kann die Methode der Problemstudie weiterhelfen. Sie legt ein systematisches Vorgehen nahe, um zumindest zu einem begründeten eigenen Urteil zu gelangen. Daß es sich bei internationalen Konflikten um „Probleme" handelt, muß nicht eigens erläutert werden: Die Zahlen der Opfer und Verletzten, die Mißachtung der Menschenrechte, die Gefahren für die Nachbarstaaten usw. sprechen eine deutliche Sprache. Wenn aber nach politischen Möglichkeiten der Verminderung oder Lösung gefragt wird,

fällt die Antwort schon schwerer. Da verschiedene Akteure (Gruppen, Parteien, Staaten usw.) an internationalen Konflikten beteiligt sind, wird das „Problem" unterschiedlich wahrgenommen, auch die Lösungsvorschläge sind kontrovers. Das hängt damit zusammen, daß bestimmte Lösungsalternativen nur gegen den Widerstand anderer Gruppen durchgesetzt werden können. Jede Lösung schafft neue Probleme, hinterläßt Gewinner und Verlierer.

Phasen einer Problemstudie

1. Worin besteht das Problem, und welche Aufgaben ergeben sich daraus für die Politik?
2. Was sind mögliche Ursachen?
3. Welche tragfähigen Lösungen werden politisch ausgehandelt?

Literatur: Breit, G. 1997: Problemorientierung, in: Sander, W. (Hrsg.): Handbuch politische Bildung, Schwalbach/Ts., S. 63-79; Gagel, W. 1983: Einführung in die Didaktik des politischen Unterrichts. Studienbuch politische Didaktik I, Opladen; Massing, P. 1995: Wege zum Politischen, in: Massing, P./Weißeno, G. (Hrsg.): Politik als Kern der politischen Bildung. Wege zur Überwindung unpolitischen Politikunterrichts, Opladen S. 61-98.

Hans-Werner Kuhn

↗ Recherche-Training; Sozialstudie; Wissenschaftspropädeutik; *Band 1:* Politikzyklus; Politische Urteilsbildung; Problemorientierung

Pro-Contra-Debatte

„Die Pro-Contra-Debatte ist eine hoch formalisierte, an strengen Regeln orientierte Methode für den Politikunterricht, die vor allem einen Beitrag zur rationalen politischen Urteilsbildung leisten soll" (Massing 1999: 403).

Historisch entstammt sie den angelsächsischen „Debating Clubs", ihre aktuelle Form hat sie weitgehend den Pro-Contra-Debatten des Fernsehens entnommen. In der Pro-Contra-Debatte geht es darum, unterschiedliche Positionen zu einer Fragestellung klar herauszuarbeiten, vor allem aber plausibel zu begründen, vergleichend gegenüberzustellen und durch eine Abstimmung im Publikum eine Mehrheit für die eine oder die andere Position zu gewinnen. Die Pro-Contra-Debatte kann sowohl zu den nicht simulativen Unterrichtsmethoden gehören, wenn Schülerinnen und Schüler ihre eigene Position begründet vorstellen und nach bestimmten Regeln darüber debattieren; sie kann aber auch zum simulativen Handeln gerechnet werden, wenn Schülerinnen und Schüler in der Debatte gleichzeitig Rollen übernehmen und die Positionen der Rollenträger versuchen zu rechtfertigen. Die Pro-Contra-Debatte endet mit einer Abstimmung. Im Mittelpunkt stehen aber die Begründungen der Positionen und die Begründungsargumente, die das Abstimmungsverhalten des Publikums beeinflußt haben. Die Pro-Contra-Debatte ist immer auf Urteilsbildung angelegt. Sie sollte daher auch in der letzten Phase (Problematisierungsphase) einer Unterrichtseinheit eingesetzt werden. Die Schülerinnen und Schüler müssen vorher das Problem analysiert, die beiden gegensätzlichen Positionen herausgearbeitet, sich eine eigene Meinung gebildet, ein vorläufiges Urteil gefällt haben, erst dann können die Begründungen des Urteils in den Vordergrund rücken (vgl. Massing 1998: 46).

Sinn der Pro-Contra-Debatte *im Politikunterricht* ist es, Schülerinnen und Schüler mit möglichst vielen Begründungsmöglichkeiten und Argumenten vertraut zu machen, mit denen Urteile gerechtfertigt werden können, um zu zeigen, daß sie sich im Dialog erörtern lassen. Über diese Urteilskompetenz hinaus lernen Schülerinnen und Schüler mit dieser Methode, genau zuzuhören, abzuwarten, Aussagen der Gesprächspartner präzise wiederzugeben, sie zu kommentieren, Gegenthesen zu bilden oder stützende Argumente zu finden (Meyer 1987: 296). Auch ist die Debatte eine gute Übung für die Praxis politischen Redens (Mickel 1969: 75), da sie sich auch der Mittel des Humors, der Ironie oder des Spottes bedienen darf (Sutor1984: 102).

Debatten lassen sich in der Regel erst am Ende der Sekundarstufe I einsetzen, da sie einen hohen Kenntnisstand voraussetzen und erhebliche Fähigkeiten im Ausdruck, in der Argumentation sowie im raschen Erfassen und Kombinieren von Gedankengängen erfordern.

Die Pro-Contra-Debatte nach dem *Fernsehmodell* und als simulative Methode ist erst für die Sekundarstufe II geeignet. Ihr Verlauf läßt sich in folgende *Phasen* gliedern (vgl. zum folgenden Massing 1999: 405): 1. Eröffnung: Der Moderator eröffnet die Veranstaltung, begrüßt die Teilnehmerinnen und Teilnehmer, verweist auf die Spielregeln, die zur Verfügung stehende Zeit und nennt das Thema der Debatte. 2. Abstimmung des Publikums vor der Debatte: Der Moderator führt bei den Zuschauern eine Abstimmung durch. Die Pro- und Contra-Stimmen werden ausgezählt und an die Tafel geschrieben. 3. Plädoyer der Anwälte: Der Pro- bzw. Contra-Anwalt begründet in einem kurzen Eingangsstatement seine Position und wirbt um Zustimmung. 4. Abwechselnde Befragung der Sachverständigen: Die Anwälte befragen abwechselnd die Sachverständigen. Diese geben keine eigenen Statements ab, sondern antworten nur auf die Fragen der Anwälte. Die Zahl der Sachverständigen kann zwischen zwei und vier variieren. 5. Schlußplädoyer der Anwälte: Die Anwälte verdeutlichen nochmals ihre Position und versuchen bei ihren Begründungen, die Aussagen der Sachverständigen einzubeziehen. 6. Abstimmung des Publikums nach der Debatte: Zum Schluß läßt der Moderator oder die Moderatorin noch einmal abstimmen. Wichtig ist, daß sie dabei auch feststellen, ob jemand aus dem Publikum seine Meinung geändert hat. 7. Auswertungsgespräch: Nach einer kurzen Pause, die zur Rollendistanzierung genutzt werden sollte, ist Gegenstand der inhaltlichen Auswertung die Plausibilität und Überzeugungskraft der Argumente. Ansatzpunkt können die Zuschauer sein, die ihre Meinung geändert haben.

Als simulative Methode handlungsorientierten Politikunterrichts enthält die Pro-Contra-Debatte formal immer die gleichen Rollen. Der *Moderator* führt die Abstimmung durch und achtet darauf, daß Spielregeln und Zeitvorgaben eingehalten werden. Er benötigt dazu Geschick und die nötige Autorität. Da die Moderatoren der Pro-Contra-Debatte darüber hinaus keine Möglichkeit haben, den Verlauf der Debatte zu beeinflussen oder sich inhaltlich einzubringen, kann diese Rolle auch von der Lehrerin oder dem Lehrer wahrgenommen werden.

Die beiden *Anwälte* haben die Aufgabe, neben dem vorbereiteten Eingangsplädoyer das Abschlußplädoyer zu halten und die Sachverständigen zu befragen. Dabei sollten sie die Befragung so anlegen, daß die eigene Position gestützt wird und sie die Antworten in Pro- oder Contra-Argumente umwandeln können. Die Rolle der Anwälte ist die schwierigste. Das fängt mit den Eingangsplädoyers an, setzt sich über die gezielte Befragung der Sachverständigen fort und endet mit den Schlußplädoyers, in denen sie reaktions-

schnell und kreativ die Aussagen der Sachverständigen und Kontrahenten in ihre Argumentation mit einbeziehen müssen. Dies kann nur gelingen, wenn leistungsstarke Lernende diese Rollen übernehmen und wenn sie in den Arbeitsgruppen sorgfältig vorbereitet werden. In der Unterrichtspraxis hat es sich als hilfreich erwiesen, vor den Schlußplädoyers die Debatte kurz zu unterbrechen und die Plädoyers von den Anwälten und ihrer Arbeitsgruppe gemeinsam vorbereiten zu lassen.

Die Rollen der *Sachverständigen* werden ähnlich wie in anderen handlungsorientierten Methoden in Arbeitsgruppen intensiv vorbereitet. Die Vorbereitung der Rollen sollte durch Rollenkarten und zusätzliches Material gestützt werden. Dabei ist bei der Auswahl des Materials darauf zu achten, daß es ausreichend Argumente und Begründungen für die Positionen enthält. Die Sachverständigen (Experten) artikulieren keine eigene Position, sondern liefern durch Informationen, Erfahrungen und Wissen Begründungen für die jeweiligen Positionen. Dabei ist es nicht erforderlich, daß sie von vornherein und eindeutig der Pro- oder der Contra-Seite zuzuordnen sind. Sachverständige haben sich in der Regel auf Grund ihrer beruflichen Tätigkeit mit einem Problem besonders intensiv beschäftigt. Sachverständige können Wissenschaftler sein, aber auch Mitglieder von gesellschaftlichen Gruppierungen, z.B. Parteien, Verbänden, Kirchen, aber auch Betroffene.

Das *Publikum* ist nicht nur Zuschauer oder Beobachter, sondern es ist der Adressat der Pro-Contra-Debatte. Es wird direkt angesprochen und entscheidet durch sein Abstimmungsverhalten über die Qualität der Argumente und über die Überzeugungsfähigkeit und die rhetorische Kompetenz der Debattierenden (vgl. Massing 1999: 406).

Erste Ansatzpunkte für die *Auswertung* gibt das Abstimmungsverhalten des Publikums. Die Auswertungsfragen können an den vorgetragenen Argumenten ansetzen, die einige veranlaßt haben, ihre Meinung zu ändern, oder auch an den Gründen, die manche oder alle dazu gebracht haben, bei ihrer ursprünglichen Meinung zu bleiben. Weitere Auswertungsmöglichkeiten bietet die Frage nach der Verallgemeinerungsfähigkeit von Begründungen bzw. nach wichtigen Argumenten, die nicht genannt wurden, usw. Die Klasse/ Gruppe kann auch gemeinsam darüber nachdenken, was überzeugender war, die Argumente selbst oder die Art und das Geschick, mit dem sie vorgetragen wurden.

Pro-Contra-Debatten können vor allem aus zwei Gründen scheitern. Zum einen wird bei der Auswahl des Themas nicht genügend darauf geachtet, daß es ein echtes Pro-Contra-Thema ist, also tatsächlich auch Ja-Nein-Antworten zuläßt (z.B. „Soll der Bundespräsident direkt vom Volk gewählt werden?" oder: „Sonntagsarbeit ja oder nein?"). Zum anderen werden die formalen Spielregeln häufig nicht streng genug beachtet, und die Debatte entwickelt sich zu einer allgemeinen, ausufernden Diskussion. Gerade aber die strengen Regeln sollen bei emotionalen oder mit Vorurteilen behafteten Themen disziplinierend wirken und ein rationales politisches Urteil ermöglichen.

Literatur: Massing, P. 1998: Handlungsorientierter Politikunterricht. Ausgewählte Methoden, Schwalbach/Ts.; Massing, P. 1999: Pro-Contra-Debatte, in: Mickel, W. W. (Hrsg.): Handbuch zur politischen Bildung, Bonn, S. 403-407; Meyer, H. 1987: Unterrichts-Methoden II, Praxisband, Frankfurt/M.; Mickel, W. W. 1969: Methodik des politischen Unterrichts, Frankfurt/M.; Sutor, B. 1984: Neue Grundlegung politischer Bildung, Bd. II, Paderborn u.a.

Peter Massing

↗ Debatte; Expertenbefragung; Laienexperte; Podiumsdiskussion; Simulation; *Band 1:* Politische Urteilsbildung

Produktlinienanalyse

Die Produktlinienanalyse ist ein neues Instrument zur umfassenden Analyse und Beurteilung von Produkten des alltäglichen Konsums nach ökonomischen, gesellschaftlichen und ökologischen Kategorien. Dabei wird der gesamte Lebenslauf eines Produktes von der Gewinnung der Rohstoffe bis zur Verwertung oder Beseitigung der Verpackung in den Blick genommen. Die *Ergebnisse* der Produktlinienanalyse können sowohl von Verbrauchern als auch von Betrieben als Sach- und Wertorientierung für ihre Konsum- und Produktionsentscheidungen genutzt werden. Produktlinienanalysen entstanden im Kontext der umweltpolitischen Debatte der 80er Jahre, wurden zuerst vom Öko-Institut entwickelt (vgl. Projektgruppe 1987 und Eberle/Grießhammer 1996) und dann in diversen Forschungsprogrammen des Umweltbundesamtes sowie anderer Institutionen angewandt.

In der *politischen Bildungsarbeit* können mittels der Produktlinienanalyse grundlegende Einsichten sowohl in die prinzipielle Konflikthaftigkeit als auch in die partielle Vereinbarkeit ökonomischer, gesellschaftlicher und ökologischer Ansprüche an Produkte und Produktionsverfahren vermittelt werden. Indem Produkte nach Kriterien der Umwelt- und Sozialverträglichkeit sowie der Wirtschaftlichkeit umfassend analysiert und bewertet werden, werden zugleich fundamentale Prinzipien unseres Wirtschafts-, Arbeits- und Lebensstils deutlich. Außerdem wird an einem konkreten Beispiel der unauflösbare *Rationalitätskonflikt* zwi-

Die Produktlinienmatrix

	Rohstoff-gewinnung	Produktion	Handel	Ge- und Verbrauch	Entsorgung Recycling	Transport
Dimension Natur Energieverbrauch Abfallstoffe ...						
Dimension Gesellschaft Arbeitsbedingungen Gesundheit ...						
Dimension Wirtschaft Kosten Preise ...						

schen ökonomischen, ökologischen und sozialen Ansprüchen an ein Produkt bzw. letztlich an das Wirtschafts- und Gesellschaftssystem insgesamt aufgedeckt sowie der kommunikative Charakter der Rationalitätskriterien „Umwelt- und Sozialverträglichkeit" bewußtgemacht. Dadurch wird ein auf Verständigung orientierter kollektiver Lernprozeß ermöglicht (vgl. Müller-Witt 1985) und ein wichtiger Anknüpfungspunkt für politisches, ökologisches und soziales Lernen gewonnen. Die Lernenden können im Anschluß an die Erstellung einer sogenannten Produktlinienmatrix (vgl. Abbildung) individuelle, kollektive und politische Handlungsmöglichkeiten zur Verbesserung des Wirtschafts-, Arbeits- und Lebensstils in Richtung auf das politische Leitprinzip der „Zukunftsfähigkeit" entwickeln und als Maxime ihres persönlichen Lebensstils reflektieren.

Literatur: Bendel, R./Färber, R. 1993: Was die Milch macht. Produktlinienanalyse als didaktisches Konzept, Mössingen-Talheim; Eberle, U./Grießhammer, R. 1996: Ökobilanzen und Produktlinienanalysen, Freiburg; Müller-Witt, H. 1985: Produktfolgenabschätzung als kollektiver Lernprozeß, in: Öko-Institut/Projektgruppe ökologische Wirtschaft (Hrsg.): Arbeiten im Einklang mit der Natur, Freiburg, S. 282-307; Projektgruppe Ökologische Wirtschaft 1987: Produktlinienanalyse. Bedürfnisse, Produkte und ihre Folgen, Köln; Rubik, F./Teichert, V. 1997: Ökologische Produktpolitik. Von der Beseitigung von Stoffen und Materialien zur Rückgewinnung in Kreisläufen, Stuttgart; Weinbrenner, P. 1996: Wege zu einem globalen umwelt- und sozialverträglichen Konsum. Aufgezeigt an der Produktlinienanalyse eines Lebensmittels, Bonn.

Peter Weinbrenner

↗ Szenariotechnik; *Band 1:* Ökologie und politische Bildung; Ökonomisch-politische Bildung; Rationalität; Zukunftsdidaktik

Produktorientierung

Produktorientierung läßt sich begreifen als Bestandteil eines handlungsorientierten Unterrichts. Sie wird erreicht, indem die Unterrichtsarbeit sich zum einen auf ein Ergebnis richtet, ein Produkt, das bewußt ist und auf das hin der Unterricht geplant und ausgeführt wird, zum zweiten entsteht aus dem Produkt Motivation und Sinnhaftigkeit der Unterrichtsarbeit, zumal wenn es wirklich verwendet, benutzt und von anderen anerkannt wird. Damit wird eine Alternative zu abstraktem, verselbständigtem Lernen angeboten, die als produktorientierte Tätigkeit und Kooperation, als Auseinandersetzung mit dem zu veröffentlichenden Ergebnis Lernprozesse erfordert, die im Unterricht angebahnt werden. Der produktorientierte Ansatz läßt sich historisch verorten in der Reformpädagogik, im Projektunterricht und auch in der polytechnischen Bildung.

Als Vergegenständlichung eigener Lernprozesse stellt jede Schülerin und jeder Schüler einzeln oder in Gruppen Teile des Produktes eigenverantwortlich her. Eigene Betroffenheit, Identifikation und Kritik können formuliert und veröffentlicht werden. Die Rückmeldungen der Außenstehenden verstärken die Auseinandersetzung mit dem Problem und können in Einzelfällen berufliche Perspektiven oder privates Engagement hervorrufen.

Der didaktischen Phantasie bei der Auswahl von Produkten sind keine Grenzen gesetzt. Das *Spektrum* reicht von der Herstellung verkäuflicher Produkte über Dienstleistungen und Ausstellungen bis hin zu Aufführungen und Aktionen. Aus der möglichen Vielfalt von denkbaren Produkten, die im Politikunterricht erarbeitet werden können, sollen einige *Beispiele* aufgezählt werden.

– Produkt: Kurszeitung Jugendstrafvollzug. In Analogie zu „Gefangenenzeitungen" können Schülerinnen und Schüler eine Kurszeitung erstellen, die u.a. folgende Artikel enthält: Zeitungsanalysen zur Jugendkriminalität, Tagesabläufe von Straftätern in Jugendgefängnissen, eine Passantenbefragung, ein Experteninterview, Filmanalysen, Buchbesprechungen.

– Produkt: Schulinterne Ausstellung von Ergebnissen empirischer Untersuchungen (z.B. Wahlanalysen, Einstellungsanalysen usw.)

– Produkt: E-mail-Projekt. Austausch über die Lebensverhältnisse Jugendlicher in verschiedenen Ländern/Kulturen

Produkte in der politischen Bildung bilden häufig eine Brücke vom Unterricht zur *Öffentlichkeit*, mit ihrer Verbreitung sollen Problembewußtsein geschaffen, Initiativen unterstützt oder Entscheidungsprozesse beeinflußt werden.

Innerhalb der Politikdidaktik hat sich Produktorientierung (noch) nicht zu einem eigenständigen Grundprinzip entwickelt.

Literatur: Kuhn, H.-W.: Kurszeitung: Jugendstrafvollzug – Eine produktorientierte Unterrichtssequenz, in: Pädagogikunterricht. Projekt- und erlebnisorientierte Unterrichtsreihen, H. 2/3, Juni 1986, S. 21–37; Meyer, H. 1980: Leitfaden zur Unterrichtsvorbereitung, Königstein/Ts.; Mickel, W. W./Zitzlaff, D. (Hrsg.) 1988: Handbuch zur politischen Bildung, Bonn; Sander, W. (Hrsg.) 1997: Handbuch politische Bildung, Schwalbach/Ts.

Hans-Werner Kuhn

↗ Ausstellung; Feedback; Handlungsorientierung; Motivation; Offener Unterricht

Projektmanagement

Projektorientierte Bildungsarbeit findet sich in den unterschiedlichsten Arbeitsfeldern wie z.B. Schule, Erwachsenenbildung und Sozialarbeit wieder. Sie hat als Projektmethode (Frey 1996) einerseits im schulischen Alltag eine längere Tradition. Andererseits sind im Bereich der politischen Bildung (hier: Erwachsenenbildung) seit den 70er Jahren eine Vielzahl von Projekten (Oelschlägel u.a. 1989) initiiert und durchgeführt worden. Oftmals wird dabei projektorientierte Bildungsarbeit in Verbindung mit gemeinwesenorientierten Bildungsanstrengungen (Lernen vor Ort) gebracht oder mit ihr gleichgesetzt. Befördert wurde Projektarbeit außerdem durch die zunehmende Praxis der öffentlichen Hand, statt auf eine mögliche Ausweitung von Regelförderung auf die Einrichtung von Projektfördertöpfen zu setzen. Mit der zunehmenden Praxis von Projektarbeit und der wachsenden Größenordnung von Projekten bedurfte es der Klärung in bezug auf deren institutionelle Verankerung sowie deren professionelle Handhabung (Rogge 1993). Liebald weist auf die

folgenden drei *Dimensionen* bei Projekten hin:
- Projekt als Arbeitsmethode
- Projekt als Förderungsform
- Projekt als Organisationsform

Von Projekt kann immer dann gesprochen werden, wenn das anstehende Vorhaben:
- *zeitlich begrenzt* ist (Das Projekt besitzt einen definierten Startzeitpunkt und ein anvisiertes Ende.);
- *sachbereichsübergreifend* angelegt ist (Das Geschichtsprojekt integriert beispielsweise Zeitgeschichte, pädagogische Methoden und Ausstellungsdesign.);
- auf ein bestimmtes *Produkt* hin orientiert ist (Das Ergebnis kann die Erstellung einer Ausstellung, einer Dokumentation, eines Theaterstückes, einer Aktion beinhalten.);
- *außerplanmäßig* erfolgt (Das Projekt gehört nicht zur Routineaufgabe des Bildungsbetriebes.);
- *komplex strukturiert* ist (Das Projekt umfaßt i.d.R. eine größere Anzahl von Einzelaktivitäten, durchläuft mehrere Phasen und bedarf der Koordination.);
- *innovativ* ist (Gefördert wird nur das, was „einmalig" und auf Übertragbarkeit angelegt ist.).

Bildungsmanagement versteht sich als professionelles Handeln von Pädagoginnen und Pädagogen mit der Maßgabe, einer Zielgruppe den Zugang zu Lernangeboten zu verschaffen bzw. das Erleben von Lernprozessen zu ermöglichen.

Projektbezogenes Bildungsmanagement beinhaltet demnach professionelles Handeln von Pädagoginnen und Pädagogen mit der Maßgabe, die Initiierung und Umsetzung einmaliger, zeitlich und finanziell begrenzter Bildungsvorhaben zu gewährleisten.

Das Bildungsmanagement umfaßt die Steuerung und Koordination der folgenden *Projektphasen:*
- Projektvorlauf (Eine vorläufige Projektidee kursiert und das Projektumfeld wird eruiert.)
- Projektplanung (Die Projektidee konkretisiert sich, ein Projektträger wird gesucht, das Projekt durchgeplant und ein Projektantrag gestellt.)
- Projektorganisation (Die institutionelle Einbindung, die personellen und sachlichen Ressourcen und die Projektleitung und -abläufe werden geklärt.)
- Projektdurchführung (Die Projektarbeit beginnt und endet mit der Abschlußpräsentation der Projektergebnisse.)
- Projektevaluation (Die Auswertung beinhaltet auch die Abfassung des Abschlußberichts mit Verwendungsnachweis an den Geldgeber.)

Literatur: Frey, K. 1996[7]: Die Projektmethode. Der Weg zum bildenden Tun, Weinheim, Basel; Liebald, C. 1993: Projektmanagement. Praxisnahe Anleitung zur Realisation komplexer Kulturprojekte mit begrenzten Ressourcen, in: Handbuch Kulturmanagement B 4.2, Düsseldorf, S. 1-28; Oelschlägel, D./ Rogge, K. I./Zimmermann, M. 1989[2]: Lokalgeschichte und Weiterbildung, Soest; Rogge, K. I. 1993: Kultur Projekt Management, hrsg. v. FernUni Hagen, Hagen.

Klaus I. Rogge

↗ Ideenwerkstatt; Produktorientierung; Projektmethode; Projektwoche; *Band 2:* Evaluation; Lernen vor Ort

Projektmethode

Im ursprünglichen Sinn ist die Projektmethode keine einzelne Methode, weil sie die Summe aller bekannten handlungsorientierten Methoden darstellt. Neben dem Methodenpluralismus beansprucht sie Interdisziplinarität, Gesellschafts-,

Problem- und Praxisbezug. Bastian bezeichnet die Projektmethode als die Reinform handlungsorientierten Unterrichts. Die Konzeption des Projektunterrichts geht auf eine radikaldemokratische Idee des amerikanischen Philosophen und Pädagogen *John Dewey* (1859-1952) zurück, Sozialität und Öffentlichkeit als demokratische Mittel zur Durchsetzung von Interessen zu organisieren. Der Projektunterricht wurde in der Chicagoer Laborschule entwickelt und erprobt. Seitdem wurden weltweit heftige Kontroversen darüber geführt, ob die Konzeption des Lernens in Projekten eine Didaktik oder eine Methode progressiver Erziehung sei.

Eine Renaissance erlebte das Projektverfahren in den Studenten- und Protestbewegungen der *60er Jahre*. Die Projekterziehung fördere emanzipatorisches und solidarisches Handeln. In den *80er Jahren* wurde der inflatorische Gebrauch des Begriffes Projektmethode beklagt. Der Name „Projekt" stünde eo ipso für Progressivität, und seine Verbreitung bewirke die Verwässerung der Idee. Die traditionelle Rollenverteilung zwischen Lehrerinnen und Lehrern und Schülerinnen und Schülern als Subjekt und Objekt des Lernprozesses werde kaum durchbrochen. In den *90er Jahren* wird die Integration von Projekten in den Fachunterricht befürwortet und damit das Prinzip der Interdisziplinarität gelockert. Der Notwendigkeit von Sachkompetenz bei der Lehrerin bzw. beim Lehrer wird mehr Beachtung geschenkt (Bastian/Gudjons 1990: 12).

Voraussetzung für die Durchführung von Projekten sind Kenntnisse und Erfahrungen mit Arbeitstechniken und Methoden. Soziales Lernen, Kommunikation zwischen Kleingruppen und selbständiges Austragen von Konflikten gehören zur Projektarbeit.

Charakteristische Merkmale sind:

1. Die Projektmethode orientiert sich an den *Interessen* der Beteiligten. Der Lehrende hilft, diese Interessen zu entwickeln und zu artikulieren.
2. Das gewählte Thema enthält konkrete Aufgaben und Probleme, die gelöst werden sollen.
3. Die Aufgabe des Lehrenden bezieht sich auf Hilfestellungen zur Strukturierung des Planungsprozesses.
4. Das Projektthema soll *gesellschaftliche Relevanz* besitzen. Es zielt darauf, nicht nur Informationen über das Leben zu erhalten, sondern Wirklichkeit zu schaffen, im Idealfall in soziale Prozesse einzugreifen. Das Projektergebnis sollte für einen Adressatenkreis nützlich, anregend und brauchbar sein.
5. Die Lernenden bestimmen die detaillierte schriftliche Projektplanung mit und entscheiden über die Ziele und zu erwerbenden Qualifikationen.
6. Der Lernerfolg wird durch *Produkte* dokumentiert. Als Produkte gelten z.B. Collagen, graphisch oder künstlerisch gestaltete Stelltafeln, Simulationsspiele oder Expertengespräche. Die Möglichkeiten der Produkte sind weit gefächert und vom Thema abhängig.
7. Der Lernprozeß ist *ganzheitlich* gestaltet, möglichst viele Sinne sind einzubeziehen.
8. Es werden komplexe Lebenszusammenhänge berücksichtigt, die oft die Grenzen einzelner Schulfächer und Wissenschaftsdisziplinen überschreiten.
9. Die Projektmethode grenzt sich bewußt vom Lehrgang ab, kann aber durch Elemente des Lehrgangs ergänzt werden, wenn Informationen von den

Lernenden im gegebenen Zeitrahmen nicht selbst recherchiert und erarbeitet werden können.

Die *politische Bildung* ist wegen ihres gesellschaftlichen Bezuges prädestiniert, in interdisziplinären Projektverfahren die politischen Dimensionen eines konkreten Problems zu verdeutlichen. Jedes gesellschaftlich relevante Problem läßt sich mit den zentralen politischen Kategorien, z.B. Interessen, Macht, Recht, Werte und Ideologien analysieren. Die *Vernetzung* mit wirtschaftlichen, sozialen und politischen Problemfeldern kann als Thema eines Projektes des Fachunterrichtes Politik bearbeitet werden. Grundsätzlich besteht in der Schule die Schwierigkeit darin, daß Fachunterrichtsprojekte den Zeitrahmen sprengen. Es ist organisatorisch aufwendig, aber nicht generell unmöglich, sich Zeit für eine Projektwoche oder einen Projekttag zu schaffen. Die *außerschulische politische Bildung* verfügt über deutlich größere Spielräume und Freiheiten der Aktionen. In der Schule sind schulrechtliche Fragen zu berücksichtigen.

Da projektorientierter Unterricht in der Schule zu der Ausnahme und nicht zum Alltag gehört, sind Erfahrungen, die Schüler in dieser Methode erleben, sehr einprägsam. Angenehme wie unangenehme Erlebnisse wirken in den üblichen Unterricht hinein. Das tendenzielle Gelingen des Projektes beeinflußt die Ablehnung oder Zustimmung für die unterschiedlichen angewendeten Methoden nachhaltig. Aus diesem Grund ist die gemeinsame *Planung* mit Kolleginnen und Kollegen sowie Lernenden sorgfältig abzuwägen. Lernprozesse verlaufen nicht gradlinig. Deshalb reicht es nicht, nur am Anfang des Projektes zu planen. Es bedarf der „rollenden" Planung, die auf das Feedback der Beteiligten flexibel reagiert und diese am permanenten Planungsprozeß beteiligt. Es ist erlaubt, Fehler zu machen. Kinder und Jugendliche haben Gelegenheit, Teilmißerfolge und das Scheitern als innovative Schritte des Lernens zu erleben. Der großzügige Zeitrahmen eines Projektes ermöglicht nicht nur, Probleme bis in die Tiefe zu erforschen, sondern auch Umwege auf der Suche nach Lösungen zu gehen und Durchhaltevermögen bei auftretenden Schwierigkeiten und Frustrationen zu üben. Die Projektmethode benötigt als Rahmen eine lernfreundliche Atmosphäre, in der Ordnung und Chaos gleichzeitig zugelassen werden sollten. Zu große Ordnung übt Zwang aus, zu großes Chaos führt zur Orientierungslosigkeit. Die Projektmethode verlangt von den Leiterinnen bzw. Leitern eines Projektes

– sich selbst,
– den Gruppenprozeß,
– den Lernprozeß
– und die äußeren Rahmenbedingungen

zu balancieren. Die Kunst des Balancierens kann im Schonraum einer Fort- oder Weiterbildung praktisch geübt werden. In jedem Fall hilft die Kooperation mit Kollegen und Kolleginnen, die Erfahrungen mit der Projektmethode gesammelt haben. Die Projektmethode erfordert besondere Geschicklichkeit, Sensibilität und kommunikative Kompetenz.

Literatur: Bastian, J./Gudjons, H. (Hrsg.) 1988: Das Projektbuch, Theorie – Praxisbeispiele – Erfahrungen, Hamburg; Bastian, J./Gudjons, H. (Hrsg.) 1991: Das Projektbuch II. Über die Projektwoche hinaus, Projektlernen im Fachunterricht, Hamburg; Grammes, T. 1997: Handlungsorientierung im Politikunterricht, Hannover; Gudjons, H. 1997: Handlungsorientierter Unterricht. Begriffskürzel mit Theoriedefizit?, in: Pädagogik, H. 1, S. 6-10; Hackl, B. 1994: Projektunterricht in der Praxis. Utopien, Frustrationen, Lösungswege. Ein Arbeitsbericht, Innsbruck;

Kaiser, F.-J./Kaminski, H. 1994: Methodik des Öko-
nomie-Unterrichts, Bad Heilbrunn; Klippert, H.
1996: Methoden-Training. Übungsbausteine für den
Unterricht, Weinheim, Basel; Meyer, H. 1989: Unterrichts-Methoden, Frankfurt/M.; Nalepa, C. 1994:
Aus der Praxis für die Praxis. Projekte in der Grundschule, Berlin; Otto, G. 1977: Das Projekt. Merkmale und Realisationsschwierigkeiten einer Lehr- und
Lern-Form, in: Kaiser, F.-J. (Hrsg.): Projektstudium
und Projektarbeit in der Schule, Bad Heilbronn,
S. 163; Schweer, M. K. W. 1991: Bewältigungsstra-
tegien in problematischen Interaktionssituationen,
Frankfurt/M.

Karin Kroll

↗ Ganzheitliches Lernen; Produktorientierung; Projektmanagement; Projektwerkstatt; Projektwoche;
Band 1: Unterrichtsplanung; *Band 2:* Ganzheitlichkeit

Projektwerkstatt

Eine Projektwerkstatt ist der Lernort, an
dem politische Bildnerinnen und Bildner,
Weiterbildnerinnen und Weiterbildner
und Kulturarbeiterinnen und Kulturar-
beiter in einem möglichst herrschaftsfrei-
en Raum sich um Innovationen (hier:
Projekte) in ihrem jeweiligen Arbeitsfeld
bemühen. Die *Werkstatt* zeichnet sich
dadurch aus, daß in ihr das Produkt Projekt in möglichst wirklichkeitsnaher Form
simuliert wird. Dies erfolgt durch die
Betonung des Aspektes eines freien, kreativen Lernens und Übens in und mit einer Gruppe von Menschen, die gewillt
ist, sich auf den festen Rahmen einer Projektwerkstatt auf Zeit einzulassen. Die
Projektwerkstatt wird von einer Fortbil-
dungsinstitution bzw. einem entsprechend qualifizierten Fortbildungsteam
verantwortet und umgesetzt. Diese kann
in offener (als „reines" Fortbildungsan-
gebot) oder in gebundener Form (gemäß
einem Auftrag) angeboten und konzipiert
werden. Bei ersterem steht dann der me-
thodisch-didaktische, beim zweiten der
thematisch-inhaltliche Aspekt im Vordergrund.

Mit der Arbeitsform „Projektwerkstatt"
verbinden sich die folgenden *Zielsetzungen:*
1. Im Rahmen der Werkstatt werden
   Grundlagen in bezug auf Projektmanagement, Projektförderung und
   -finanzierung vermittelt;
2. für das jeweilige Berufsfeld werden
   exemplarisch innovative Projektideen
   unter Einsatz kreativer Methoden entwickelt;
3. diese Projektideen werden im Rahmen
   der Werkstattarbeit in miteinander kon-
   kurrierenden Projektgruppen kreativ
   ausgefaltet und zu Projektkonzeptio-
   nen verdichtet;
4. die Konzeptionen werden gemäß den
   Vorgaben der Förderinstanzen sowie
   deren Förderrichtlinien in den Gruppen zu Projektdesigns verarbeitet, die
   entsprechende Finanzierungspläne
   beinhalten;
5. die Projektdesigns werden vorgestellt
   und einer Fachjury zur Begutachtung
   vorgelegt.

In der aktiven Werkstattzeit können die
Projektgruppen in einem festgelegten
Rahmen sich fachlichen Rat einholen.

Die Werkstatt setzt sich aus folgenden
Personengruppen zusammen.

– Werkstattleitung: Diese zeichnet für
  den Gesamtablauf der Werkstatt verantwortlich und fungiert somit als
  Steuerungsgruppe.
– Beraterteam: Über Beraterverträge
  kann von den einzelnen Projektgruppen phasenweise und auf Zeit Expertenwissen eingeworben werden.
– Projektgruppen: Auf Grundlage der
  zur Wahl gestellten Themenfelder
  werden von den Teilnehmern und
  Teilnehmerinnen der Werkstatt die
  Projektgruppen gebildet.
– Projektjury: Experten beraten über die
  Projektanträge und begutachten diese.

143

– Beobachter: In ihrer beratungsfreien Zeit gehen die Berater in einzelne Projektgruppen und übernehmen dort Beobachtungsaufgaben.

Um den personellen Aufwand der Werkstatt zu minimieren, sollte darauf geachtet werden, daß die Aufgaben der Werkstattleitung, der Beratung, der Beobachtung wie auch der Projektjury möglichst vom selben Personenkreis wahrgenommen werden können.

Damit die Werkstatt arbeitsfähig bleibt, bedarf es weiterer *Abmachungen* zwischen den Projektgruppen und der Werkstattleitung:

– Die einzelnen Projektgruppen bestimmen je eine Person, die für die jeweiligen Außenkontakte zuständig ist;
– die Projektteams klären ihre Leitungsstruktur und ihre Rollen- und Aufgabenverteilung;
– die Kontaktperson verhandelt im Auftrag der Projektgruppenleitung mit dem Beratungsteam über die Vereinbarung von Beraterverträgen (Beratungsgegenstand und -zeit);
– den einzelnen Projektteams stehen jeweils vier Beraterverträge zu zwanzig Minuten Beratungszeit zur Verfügung. Über deren Einsatz müssen sie sich gemäß Angebot und Nachfrage mit dem Beratungsteam verständigen;
– die im Werkstattprogramm ausgedruckten Zeitangaben verstehen sich als Arbeitszeiten, die strikt einzuhalten sind;
– die Beobachter stehen während der Arbeitszeit der Teams nicht für Nachfragen zur Verfügung. Die Klärung offener Fragen hat über die Werkstattleitung zu erfolgen;
– in etwaigen Konfliktfällen kann die Werkstattleitung als letzte Instanz angerufen werden.

Die Aufgabe des jeweiligen *Projektteams* ist es,

– Projektideen zum jeweiligen Themenschwerpunkt zu sammeln und zu sichten;
– aus einer oder mehreren Ideen eine für die Gesamtgruppe zur Weiterarbeit geeignete Projektidee herauszufiltern;
– diese Projektidee dann im Team kreativ anzureichern, auszufeilen und in eine Projektkonzeption einmünden zu lassen;
– über die Projektkonzeption hinaus dann ein Projektdesign einschließlich des zu stellenden Förderungsantrags zu erarbeiten.

Während der gesamten Teamarbeitszeit können diese über die Kontaktpersonen mit dem Beratungsteam gemäß ihrem Bedarf einen *Beratungsvertrag* abschließen. Die Projektberatung bietet i.d.R. die folgenden Beratungsleistungen an:

– Finanzberatung: Kostenplanung/Förderrichtlinien/Trägerverantwortlichkeiten
– Organisationsberatung und Controlling: Zielfindung/Projektorganisation/Stellen- und Personalplanung/Zeit- und Arbeitsplanung
– Projektförderung: Fachliche Aufgaben/Vertragsabschlüsse/Sponsoring/Marketing
– Kollegiale Praxisberatung: Bundes-/Landespolitik/Konzeptentwicklung/Kreativmethoden

Die *Projektjury* sichtet die abgegebenen Projektanträge, unterzieht sie zusammen mit der Präsentation im Plenum einer Bewertung und begründet gegenüber den Teams ihre Entscheidung. Die Anträge werden seitens der Jury nach folgenden Kriterien gewichtet und bewertet:

– bildungspolitische Relevanz
– formal-inhaltliche Aspekte

– Art und Weise der Präsentation
– Selbsteinschätzung des Teams
Die Jury teilt den Teams ihre Entscheidung in bezug auf eine im „Ernstfall" tatsächlich zu gewährende Zuwendung und deren Höhe im Plenum mit.

Literatur: Habjanic, R./Rogge, K. I. u.a. 1993: Projektwerkstatt. Von der Projektidee bis zum Projektdesign, Soest; Rogge, K. I. 1993: KulturProjektManagement FernUniversität Hagen, Hagen.

Klaus I. Rogge

↗ Projektmanagement; Projektmethode; Projektwoche; Werkstätten/Workshops; Zukunftswerkstatt

Projektwoche

Die Projektwoche wird auf der Basis der Projektmethode durchgeführt. Sie stellt eine Ausnahme vom alltäglichen Unterricht dar. An der Planung, Durchführung und Auswertung der Projektwoche sind in der Regel alle Lehrerinnen und Lehrer und alle Schülerinnen und Schüler beteiligt. Die Organisation erfordert einen erheblichen *Vorlauf,* damit alle Beteiligten ihre Lerninteressen entwickeln und artikulieren können. Die Mitbestimmung über Themen und Verfahren sind ein wesentliches Merkmal. Die Projektwoche wird entweder *interdisziplinär* angelegt, so daß übergreifende Themen von verschiedenen Fachlehrern betreut werden, oder als *Fachprojekt,* in dem Lehrerinnen und Lehrer eines Faches den Lernenden als Berater ihrer selbständigen Lernprozesse zur Verfügung stehen. Die Aktivitäten der Lehrenden und Lernenden sind auf problemlösendes Handeln gerichtet. Während der Planung und Durchführung der Projekte besteht die Chance, politischer Bildung als Grundprinzip aller Fächer einen zentralen Stellenwert zuzuweisen, indem die Politiklehrerinnen und -lehrer im Projekt program-matisch beratend tätig sind. Die Komplexität der Projektwoche bedingt, daß nicht eine einzelne Person als Leiterin oder Leiter der Projektwoche fungiert, sondern ein Team von Kolleginnen und Kollegen.

Literatur: Detjen, J. 1998: Handlungsorientierung – Praktische Anwendungen im Politikunterricht. Schule als Staat – Schüler „machen" Politik – Aktive Rathauserkundung, in: Breit, G./Schiele, S. (Hrsg.): Handlungsorientierung im Politikunterricht, Schwalbach/Ts. S. 227-257; Mühlhausen, U./Schattmann, M. 1993: Die Projektwoche. Ein Kooperationsanlaß für das Lehrerkollegium, in: Grundschule, H. 4, S. 54-57; Schäffel, H. 1997: Projekte verändern Lehrer und Schüler, in: Schulmagazin, H. 4, S. 53-56.

Karin Kroll

↗ Kooperation; Projektmanagement; Projektmethode; Projektwerkstatt

Provokation

Ein politischer Unterricht, in dem es darum geht, verschiedene Meinungen, verschiedene Interessen, verschiedene Einstellungen in die Diskussion zu bringen, zu reflektieren, zu befestigen oder zu verunsichern, setzt voraus, daß die unterschiedlichen Positionen, Richtungen, Bewertungen, Alternativen in den Fragehorizont, die Diskussion bei den Schülerinnen und Schülern kommen, insbesondere wenn vorhandene Voreinstellungen so verfestigt oder verinnerlicht sind, daß sie auch nicht geäußert werden, ja sogar nicht gedacht werden. Die Provokation kann Denkhemmungen aufbrechen.

Eine Provokation bedeutet, daß durch den Lehrer/die Lehrerin, einen Text, einen Film, eine öffentliche Provokation oder ein gespieltes Verhalten die Schülerinnen und Schüler angeregt werden, ihre Meinung, ihre Haltung, ihre Wertung mitzuteilen und evtl. zu begründen, oder daß Reaktionen der Provozierten erfolgen.

145

Eine Provokation – im Regelfall am *Anfang des Unterrichts* – ist ein Anstoß, um Positionen von den Schülerinnen und Schülern erkennen zu lassen. Sie ist nicht das Ziel, sondern ein Einstieg in ein Problem, das dann anschließend mit anderen Unterrichtsverfahren bearbeitet werden muß. Die Äußerungen auf eine Provokation müssen auf geeignete Weise festgehalten werden. Die Weiterarbeit kann auf unterschiedliche Weise geschehen, ob in einer Reflexionsphase, ob in Form eines Streitgesprächs, ob in Teilgruppen, die die Ansichten vertiefen, ob in einem Planungsgespräch, wie insgesamt das Problem bearbeitet werden kann.

Provokationen als Verfahren im Unterricht haben keine lange Tradition. Sie sind für politische Lernprozesse in den 60er Jahren entwickelt worden, nachdem klar wurde, daß es im politischen Unterricht um das Umstrittene gehen muß, um das, worüber es Auseinandersetzungen und verfestigte Einstellungen gibt und zu dem evtl. eine Entscheidung zu treffen ist.

Empirische Befunde zu Provokationen gibt es in der psychologischen, sozialpsychologischen und psychoanalytischen Literatur. Sie werden in Protokollen dokumentiert. Überall jedoch wird deutlich, daß Provokationen nur einen Anstoß bieten können. Nur die Äußerungen zur Provokation, ohne Bearbeitung dieser Äußerungen, tragen nicht zu politischem Lernen bei.

Literatur: Giesecke, H. 1973: Methodik des politischen Unterrichts, München.

Volker Nitzschke

↗ Einstieg; *Band 1:* Kontroversität

Puzzle

Der besondere Reiz von Puzzles liegt darin, daß sie in der Klasse/im Seminar für alle sichtbar geordnet werden können. Ein Puzzle soll das Verstehen fördern, kann in Einzel- oder Gruppenarbeit gelöst werden. Als *Impulsmedium* soll es für die Weiterarbeit motivieren.

In einem Satz-Puzzle sollen Satzteile zu einem Satz oder Textbausteine zu einem Text sinnvoll zusammengefügt werden; in einem Frage-Antwort-Puzzle werden Fragen und Antworten richtig zugeordnet; in einem Info-Puzzle werden Zitate, Texte oder Bilder mit bestimmten Begriffen, Personen, Quellen, Schaubildern verbunden.

Ein Puzzle kann ein erster Schritt zur kommunikativen Bearbeitung von politischen Inhalten sein. Es ist eine *Arbeitstechnik*, die auf die Arbeitshaltung der Lernenden zielt, weniger auf politisches Handeln oder politische Urteilsbildung. Das Puzzle allein bewirkt noch kein tiefer gehendes Verständnis politischer Begriffe oder Texte, sondern es ist lediglich ein Medium, das durch Anordnung und Visualisierung Lernprozesse unterstützen kann.

Literatur: Bundeszentrale für politische Bildung (Hrsg.) 1998: Politik-Kiste, Bonn; Gugel, G. 1997: Methoden-Manual I und II: Neues Lernen, Weinheim u. Basel; Landeszentrale für politische Bildung Baden-Württemberg (Hrsg.) 1995: Welt-Puzzle. Deutschland-Puzzle. Europa-Puzzle, Stuttgart.

Georg Weißeno

↗ Arbeitstechniken; Lückentext; Quiz; Rätsel

Quellen, historische

Quellen sind alle historischen Materialien, die eine Rekonstruktion der Vergangenheit ermöglichen. Historische Materialien sind Spuren und Zeugnisse vergangenen menschlichen Handelns; durch Fragen werden sie zu Quellen unseres gegenwärtigen Wissens. Quellen sprechen nicht von sich aus, sie müssen erst zum Sprechen gebracht werden. Ebenso gehen komplexe historische Prozesse nicht einfach aus den Quellen hervor, sie müssen vielmehr aus einer Menge von Quellen kombiniert und rekonstruiert werden. Die erzählte Geschichte ist eine Konstruktion der Historiker (oder anderer Zeitgenossen), die notwendig immer über die Quellen hinausgeht. „Eine Geschichte ist nie identisch mit der Quelle, die von dieser Geschichte zeugt." Doch anders als bei der literarischen Produktion ist die Freiheit des Fabulierens bei der geschichtswissenschaftlichen durch das „Vetorecht" der Quellen beschränkt. „Sie verbieten uns, Deutungen zu wagen oder zuzulassen, die aufgrund eines Quellenbefundes schlichtweg als falsch oder als nicht zulässig durchschaut werden können. Falsche Daten, falsche Zahlenreihen, falsche Motiverklärungen, falsche Bewußtseinsanalysen: all das und vieles mehr läßt sich durch Quellenkritik aufdecken" (Koselleck 1979: 206).

Den Gegenpol zu den Quellen bilden unter erkenntnistheoretischem Aspekt die *Darstellungen*, die in der Regel von der Fachliteratur geliefert werden. Das darin repräsentierte historische Wissen kann „durch Rückgang auf die Quellen auf seine Stichhaltigkeit untersucht werden" (Pandel 1997: 431).

Traditionell wird unterschieden zwischen *Gegenständen* (z.B. Werkzeuge, Bauwerke, Denkmäler), *Texten* (Akten einer Behörde, Tageszeitungen, private Briefe) und *Tatsachen* (z.B. Sprache, überlieferte Institutionen wie die Ehe, gesellschaftliche Konventionen).

Quer zu diesen Einteilungen stehen Differenzierungen, die sich auf den *Erkenntniswert* von Quellen beziehen. Absichtliche Quellen (Autobiographien, Memoiren, zeitgenössische Geschichtsdarstellungen, Denkmäler) sind entstanden mit dem Zweck der Traditionsbildung. Unabsichtliche Quellen, die sogenannten Überreste, dokumentieren dagegen das, was von vergangener Gegenwart übriggeblieben ist (Zeitungen, Behördenakten, Rechtsvorschriften, Arbeitsgeräte).

Unter *Quellenkritik* ist die in der Geschichtswissenschaft praktizierte, anhand der schriftlichen Überlieferung entwickelte historisch-kritische Methode der Interpretation von Quellen zu verstehen. Sie impliziert drei Schritte der Kritik:

a) *Textkritik*: Hier geht es zentral um die Authentizität der Quelle. Zu fragen ist, ob die Angaben über den vorgeblichen Verfasser, die Entstehungszeit und den Wortlaut korrekt sind.

b) *Historische Kritik*: Der Aussagebereich der Quelle ist durch die Frage einzugrenzen, welchen Realitätsausschnitt die Quelle in welcher Perspektive vorführt. Um das Verhältnis der Quelle zur historischen „Realität" zu bestimmen, bedarf es einer Rekonstruktion ihres Entstehungs- und Wirkungszusammenhangs.

c) *Ideologiekritik*: Hier steht die politische, soziale und geschlechtsspezifische „Färbung" der Quelle zur Diskussion. Gefragt wird dabei nicht nur nach den jeweiligen Positionen der Urheber, sondern auch der Fragenden selbst. Die Erkenntnis der unaufhebbaren Standortgebundenheit von historischen Aussagen ist reflexiv auf die Subjekte des Lernens zu wenden, die dadurch befähigt werden, sich durch die über Geschichte mögliche Alteritätserfahrung ihre eigene Situierung bewußtzumachen.

Historisch-politisches Bewußtsein, das

unbestrittene Ziel von politischer Bildung, setzt Wissen über Geschichte voraus. In letzter Instanz basiert historisches Wissen auf *Quellen*; die Prozedur der *Quellenkritik* stellt nicht nur das wichtigste Instrumentarium der Geschichtswissenschaft dar, sondern ist auch konstitutiv für den Umgang mit Geschichte in Politik und Alltag, sofern er Anspruch auf Rationalität erhebt.

Literatur: Borowsky, P./Vogel, B./Wunder, H. 1998[5]: Einführung in die Geschichtswissenschaft I, Grundprobleme, Arbeitsorganisation, Hilfsmittel, Opladen; Dörr, M. 1997[5]: Historisches Wissen, in: Bergmann, K. u.a. (Hrsg.): Handbuch der Geschichtsdidaktik, Seelze-Velber, S. 287-289; Dülmen, R. v. (Hrsg.) 1990: Lexikon Geschichte, Frankfurt/M.; Kosseleck, R. 1979: Vergangene Zukunft. Zur Semantik geschichtlicher Zeiten, Frankfurt/M.; Pandel, H.-J. 1997: Quellenarbeit, Quelleninterpretation, in: Bergmann, K. u.a. (Hrsg.): Handbuch der Geschichtsdidaktik, Seelze-Velber, S. 430-432.

Ursula Baumann

↗ Geschichtswerkstätten; Museum; Oral history; Spurensuche; *Band 1:* Geschichte und politische Bildung; *Band 2:* Historisch-politisches Lernen

Quiz

In einem Quiz müssen Fragen zu politischen Sachverhalten beantwortet werden. Es kann wie ein Wettspiel angelegt sein – ähnlich wie in den zahlreichen Fernsehsendungen. Auch in vielen käuflich zu erwerbenden Brett- oder Kartenspielen werden häufig Quizfragen zur Politik gestellt; sie sind jedoch selten auf die Zusammenhänge des Unterrichts zugeschnitten.

Mit dieser in jedem Fach einsetzbaren Arbeitstechnik kann lediglich ein punktuelles Begriffswissen abgefragt werden. Sie formalisiert das Nachdenken und muß deshalb im Unterricht kommunikativ aufgearbeitet sein oder werden. Über das Abfragen zu politischen The-

men hinaus muß der Unterricht zur Bearbeitung politisch problemhaltiger Situationen oder Fälle vordringen. Die Arbeitstechnik allein führt noch nicht zu politischen Inhalten und politischem Handeln.

Georg Weißeno

↗ Arbeitstechniken; Lückentext; Puzzle; Rätsel

Rätsel

Ein Begriffsrätsel fordert das Einfügen von Fachbegriffen in ein Buchstabenfeld. In einem Schwedenrätsel können die Begriffe waagerecht, senkrecht oder diagonal versteckt werden. In beiden Fällen aber müssen die Schlüsselbegriffe des Themas im Lexikon, im Grundgesetz o.ä. aufgesucht und wie in einen Lückentext eingefügt werden. Dadurch werden sie der Klasse bekanntgemacht und können anschließend im Unterricht geklärt werden. Die Rätsel können individuell oder in Gruppenarbeit gelöst oder für andere Personen oder Gruppen angefertigt werden.

Ein Rätsel kann in allen Fächern als *Arbeitstechnik* eingesetzt werden. Mit ihm wird noch kein fachdidaktisches Ziel verfolgt. Es stattet vielmehr die folgenden Lernsituationen mit Begriffen aus, was eine wichtige Voraussetzung für das Durchdringen eines politischen Sachverhaltes ist. Das Verstehen der Begriffe und die Klärung der mit ihnen verbundenen politischen Zusammenhänge kann erst der Unterricht leisten.

Literatur: Bundeszentrale für politische Bildung (Hrsg.) 1997: Grundgesetz für Einsteiger, Bonn; Klippert, H. 1994[5]: Methodentraining, Weinheim, Basel.

Georg Weißeno

↗ Arbeitstechniken; Lückentext; Puzzle; Quiz

Rallye

Bezeichnung für eine spiel- und sportorientierte Methode analog zur Autorallye als Zielfahrt in mehreren Etappen. Rallye ist ein Lehnwort aus dem Englischen und Französischen, abgeleitet von frz. rallier „wieder zusammenkommen". In einer Kette von Stationen müssen im Wettbewerb unter den Teilnehmerinnen und Teilnehmern jeweils Aufgaben gelöst werden, die aufeinander aufbauen. Vorläufer der Rallye aus der Geschichte des Kinderspiels sind Schatzsuche, Schnitzeljagd und Geländespiele.

Zwar kann eine Rallye auch in Unterrichtsräumen als gestufte Sequenz von Rätselfragen gestaltet werden, aber ihr eigentlicher Reiz liegt in der Bewegung im Freien, der Erkundung vor Ort und der Realbegegnung mit Einrichtungen und Personen. Etwa in Form einer *Fotorallye*, einer *Fahrraderkundung* oder eines *Stadtspiels* können Themen aus Kommunalpolitik, Naturschutz sowie soziokultureller und ökonomischer Infrastruktur anschaulich und motivierend erschlossen werden. Wenn Lernende untereinander selbst Rallye-Programme ausarbeiten, ergeben sich weitere konstruktive und inhaltliche Lernchancen. Didaktisch wirkungsvoll ist die abschließende Ausstellung von informativen Resultaten der Wettbewerbsgruppen.

Literatur: Bort, W. u.a. 1994[3]: Schulspielkartei, Münster; Hagensen, M. 1979: Rallye-Ideen, Ravensburg.

Hans-Joachim von Olberg

↗ Erkundung; Fahrradfahren, politisches; Fotoroman, -dokumentation

Realerfahrung

Eine Realerfahrung beruht auf der sinnlich-anschaulichen Wahrnehmung und dem subjektiven Erleben und geht somit über die sprachlich vermittelten Zugänge zur Politik hinaus. Sie beansprucht alle menschlichen Sinne und kann in Exkursionen, im Bürgerradio, bei Expertenbefragungen, aber auch im Alltag gewonnen werden. Ein Sonderfall sind praktische politische Erfahrungen in einer Jugendorganisation, einer Bürgerinitiative, der SV, einem Streikkomitee, einer Demonstration etc., da sie aufgrund eigener Initiativen außerhalb der Schule entstehen. Der Politikunterricht muß sich allen diesen Erfahrungen öffnen und sie z.T. auch anstiften.

Aufgabe des Unterrichts ist es, die individuellen Realerfahrungen zu reflektieren und mit Sachwissen zu konfrontieren. Die Realerfahrungen und das Alltagswissen aus der Politik oder aus der Begegnung mit politischen Akteuren werden mit wissenschaftlichem Wissen konfrontiert, um eine reflexive, distanzierte Haltung zu erzeugen. Auch noch so raffinierte Methodenarrangements und Simulationen können im Unterricht letztlich kaum politische Realerfahrungen herstellen bzw. realitätsgetreu abbilden. Realerfahrungen fördern aber politisches Denken und Urteilen und erhöhen die Motivation und die Sensibilität für die Wahrnehmung von inhaltlichen Problemen. Insofern kann der Unterricht die Differenz von schulischem und realem Lernen immer nur partiell überbrücken.

Literatur: Weißeno, G. 1996: Lernen in der Politik und im Politikunterricht. Ein Vergleich von Realerfahrungen in einem Schülerstreik und in schulischen Vermittlungsprozessen, in: Politische Bildung, H. 1, S. 30-41.

Georg Weißeno

↗ Erkundung; Exkursion; Expertenbefragung; Parlamentsbesuch; *Band 1:* Wissen

Recherche-Training

„Recherchieren" ist eine journalistische Tätigkeit, sie bezeichnet das Beschaffen und Überprüfen von Informationen und Nachrichten. Das Wort ist entlehnt von dem französischen Verb rechercher, was „wieder suchen", „wieder forschen" bedeutet. Recherche-Training meint sowohl einen methodischen Teil der Berufsausbildung von Journalisten als auch einen medienpädagogisch und politikdidaktisch begründeten Übungsteil in Unterrichtsvorhaben, bei denen das praktische „Selbermachen" von Zeitungen oder Zeitungsartikeln sowie die redaktionelle Herstellung anderer Medien durch Schülerinnen und Schüler im Zentrum steht.

Im Kontext handlungs- und produktorientierter Methoden kreativer Medienarbeit kommt dem Üben des Recherchierens eine besondere Rolle zu, weil hier die Sammlung und Kontrolle von Materialien über ein aktuelles Thema aus der *politischen Wirklichkeit* mit dem Ziel der Erarbeitung eines Medienproduktes realitätsgerecht erprobt werden kann. Neue Informationen zu ermitteln, Wahrheitsgehalte von Nachrichten zu prüfen, online Hintergrundwissen zu suchen und Gegenpositionen herauszufinden sind elementare sozialwissenschaftliche Arbeitsweisen und zudem allgemein wichtige Fähigkeiten, um demokratische Öffentlichkeit lebendig zu machen. Angebote zur didaktisch-methodischen Übung solcher Kompetenzen werden beispielsweise im Rahmen des Projektes „Zeitung in der Schule" des Bundesverbandes der Zeitungsverleger oder zur Unterstützung der Schüler- und Jugendpresse von Institutionen wie Parteien, Kirchen und Gewerkschaften angeboten.

Literatur: Blöbaum, B. 1992: Schmutzaufwirbler. Demokratie, Öffentlichkeit, Journalismus und Recherche, in: medium, H. 2, S. 35-38; Brand, E./Brand, P./Schulze, V. (Hrsg.) 1994[4]: Medienkundliches Handbuch. Die Zeitung im Unterricht, Aachen; Haller, M. 1991[4]: Recherchieren. Ein Handbuch für Journalisten, München; Schöfthaler, E. 1997: Recherche praktisch. Ein Handbuch für Ausbildung und Praxis, München.

Hans-Joachim von Olberg

⬈ Arbeitstechniken; Produktorientierung; Quellen, historische; Zeitung

Referat

Unter einem Referat ist die schriftliche Ausarbeitung eines politisch-gesellschaftlichen Themas zu verstehen, das anschließend einer Gruppe präsentiert werden soll. Im Gegensatz zur Haus- bzw. Facharbeit ist die doppelte Zielsetzung der sachangemessenen Erarbeitung wie der zielgruppenspezifischen Vermittlung kennzeichnend. In der Regel wird für ein qualifiziertes selbständiges Bearbeiten ein längerer Zeitraum zur Verfügung gestellt, innerhalb dessen vor allem folgende Teilaufgaben zu bewältigen sind:

Die *Strukturierung* und Abgrenzung des Themas sowohl hinsichtlich der Ziele und Inhalte wie auch der zeitlichen Einteilung, wobei besonders folgende *Leitfragen* hilfreich sein können: Welche Aspekte und Fragestellungen sind auf jeden Fall zu bearbeiten, und welche können warum zurücktreten? Was ist an dem Thema für die Zuhörerschaft besonders wichtig und interessant? Was ist zu erklären, zu beweisen bzw. zu widerlegen, und welche Mittel sind hierzu zweckdienlich? Wie lassen sich die Einzelaspekte anordnen, um eine sachlogische Struktur mit Zielgruppenbezug zu entwickeln? Sind die spezifisch politischen Bezüge der Thematik tatsächlich erfaßt? Inwieweit werden die entscheidenden politischen Prozesse und Inhalte sowie normative und institutionelle Rahmenbedingungen hinreichend reflektiert und einbezogen? Welche Grobgliederung läßt sich vorläufig im Blick auf die zeitliche Vorgabe erstellen?

Für die Informationsbeschaffung, -verarbeitung und -darstellung empfiehlt sich eine frühzeitige Planung, um die für die Thematik relevanten Materialien beschaffen und bearbeiten zu können. Die Lektüre sollte sich primär an den Referatszielen orientieren und ein schriftliches Fixieren themenrelevanter Aussagen und Ergebnisse einschließen. Das Festhalten *offener Fragen* sowie Aspekte, die geeignet sein können, die Zuhörerschaft besonders zu motivieren, können sich für die spätere Präsentation als besonders hilfreich erweisen. Eine Gliederung für den Vortrag mit wichtigen Resultaten, die in „Kernaussagen" und „Hintergrundinformationen" unterteilt ist, kann hier ebenso zweckdienlich sein wie Überlegungen zu möglichen *Visualisierungsformen* und zentralen Schlüsselbegriffen.

Bei der schriftlichen Ausarbeitung sind Grundregeln wissenschaftlichen Arbeitens zu beachten wie u.a. Zitierregeln, Fußnoten, Quellen- und Literaturverzeichnisse, deren konkrete Formen bis zu einem gewissen Grade differieren, die aber letztlich dem Grundsatz der Nachprüfbarkeit sowie dem Schutz des geistigen Eigentums anderer verpflichtet sein sollten. In der Regel sollte die fertige Arbeit aus folgenden *Bestandteilen* bestehen:

1. Titelblatt
2. Gliederung
3. Einleitung
4. Durchführungsteil (mit klassifizierten Kapiteln und Unterkapiteln)
5. Schlußteil
6. Fußnoten
7. Literaturverzeichnis

Literatur: Alemann, U. v. 1995: Politikwissenschaftliche Methoden, Opladen; Bünting, K.-D. u.a. 1996: Schreiben im Studium. Ein Trainingsprogramm, Berlin; Eggeling, V. 1996: Vom Arbeitsplan zur Reinschrift. Beratungsmaterialien für das Anfertigen schriftlicher Hausarbeiten in der Sek. II und dem Grundstudium, Bielefeld; Kruse, O. 1995: Keine Angst vor dem leeren Blatt. Ohne Schreibblockaden durchs Studium, Frankfurt/M.

Fritz Marz

↗ Bibliographieren; Ergebnispräsentation; Referentenvortrag; Schülervortrag; Visualisierung

Referentenvortrag

Unter diesem Vortrag ist die Vermittlung von zentralen Inhalten und Ergebnissen eines Referates an eine bestimmte Adressatengruppe zu verstehen. Dementsprechend ist eine präzise Festlegung der zu vermittelnden Bereiche sowie eine möglichst genaue Kenntnis der Struktur der Zielgruppe von besonderer Bedeutung. Grundsätzlich ist die Anbahnung und Entwicklung von kommunikativen Kompetenzen ein konstitutives Element des Leitbildes eines mündigen demokratischen Verhaltens. Dies bedeutet, daß auch die Zuhörerschaft die Möglichkeit erhält aus der passiven Rolle herauszutreten und sich aktiv an der Kommunikation über das Vorgetragene zu beteiligen.

Da die *Adressaten* nicht nur informiert, sondern auch für das Thema „gewonnen" werden sollen, ist ein möglichst frühzeitiges Erfassen von Vorwissen, (Vor-)Einstellungen und Erwartungen eine wesentliche Voraussetzung für eine erfolgreiche adressatenadäquate Vermittlung. Wird dieser Weg beschritten, kann sowohl bei der schriftlichen Ausarbeitung wie auch bei der mündlichen Präsentation gewährleistet werden, daß wesentliche Fragen der Zielgruppe auch tatsächlich bearbeitet werden.

Der *Einstieg* in die Präsentation kann in sehr verschiedenen Formen erfolgen, wobei die konkrete Einzelentscheidung an den jeweiligen situativen Bedingungen sowie an folgenden Zielsetzungen orientiert sein sollte: Ist ein Hinführen zum Thema gewährleistet? Wird Interesse geweckt und Motivation aufgebaut, die ein Mitdenken anregt? So kann es sinnvoll sein, die wichtigsten Zielsetzungen des Vortrages darzulegen, Mindmapping, Overhead-Projektor oder auch Metaplantechnik einzusetzen, themenbezogene „überraschende" Fragen oder Ergebnisse zu präsentieren oder auch sich in die Situation der Adressaten einzudenken und sie unmittelbar betreffende Frage zu formulieren, d.h., eine Vielfalt von Möglichkeiten sollte kreativ entwickelt werden, deren Auswahl nach den genannten Kriterien getroffen werden sollte.

Im *Hauptteil* empfiehlt sich ein Strukturieren und Organisieren der Informationen, welches sicherstellt, daß die zentralen Aussagen im Mittelpunkt stehen und tatsächlich an die Gruppe vermittelt werden. Da diese in der Regel viel weniger Kenntnisse über das Thema besitzt, sind angepasste Interaktionsformen (u.a. Wortwahl, Satzbildung, Modulation der Stimme, Sprechtempo, Mimik und Gestik etc.) besonders wichtig, um die nötige Zeit für das Verstehen und Nachdenken zu bekommen. Das Ablesen von vorgeschriebenen Texten kann zwar „scheinbare" Sicherheit verleihen, birgt aber die Gefahr, den Kontakt zur Gruppe und damit auch an Lebendigkeit zu verlieren. Erfolgt eine Orientierung an Stichworten und Teilsätzen bleibt Raum für eine situationsspezifischere Vermittlung, die Unsicherheiten nicht ausschließt, aber auch eine intensive aktivierende Interaktion ermöglichen kann.

Voraussetzung für eine erfolgreiche Vermittlung ist damit auch ein so enger Kontakt mit der Zuhörerschaft, daß Zeichen einer intensiven Aufmerksamkeit ebenso registriert werden können wie eine aufkommende Unruhe bzw. wachsendes Desinteresse. Um dies zu erreichen, können verschiedene *Strategien* hilfreich sein, wie u.a. der Augenkontakt mit wechselnden Personen, bewußt gesetzte Pausen (Atemtechnik), das Stellen von (rhetorischen) Fragen oder auch in besonderen Fällen klärende Rückfragen.

Des weiteren ist zu berücksichtigen, daß die überwiegende Mehrheit der Zuhörerschaft Informationen vorwiegend visuell aufnimmt und nur ein Drittel besonders auditive Kanäle einsetzt. Somit ergibt sich jeweils die Frage, inwieweit welches *Medium* in welcher Phase eine zieldienliche Funktion übernehmen kann. Wichtig wird hier die Kenntnis und Beherrschung der vielfältigen Visualisierungsmöglichkeiten sowie eine Entscheidungskompetenz, die im jeweiligen situativen Kontext die optimale mediale Vermittlung ermöglicht. Wenn nötig empfiehlt sich auch eine Rückkoppelung mit der Zielgruppe sowohl vor, während und nach dem Vermittlungsprozeß.

Der *Schlußteil* des Vortrages bietet die Möglichkeit, die wichtigsten Ergebnisse zusammenzufassen und eine Überleitung zu einer anschließenden Reaktion des Publikums anzubahnen. Hier können eigene Stellungnahmen oder auch die Benennung von offenen Fragen oder Kontroversen hilfreiche Methoden darstellen, die besonders für die Zielsetzungen politischer Bildung – Vermeidung von Indoktrination, die Berücksichtigung der relevanten Positionen sowie die Darlegung entscheidender Prozesse und Inhalte – eine herausgehobene Rolle spielen.

Literatur: Gugel, G. 1997: Methoden-Manual I: „Neues Lernen", Weinheim; Klippert, H. 1996: Kommunikationstraining, Weinheim; Klippert, H. 1994: Methoden-Training, Weinheim; Mickel, W. W./Zitzlaff, D. (Hrsg.) 1993: Methodenvielfalt im politischen Unterricht, Hannover; Will, H. (Hrsg.) 1994: Mit den Augen lernen, Weinheim; Wirksam Präsentieren. Hilfen zur Informationsvermittlung, Zeitschrift „Pädagogik", Nr. 5/1993.

Fritz Marz

↗ Lehrervortrag; Referat; Schülervortrag; Visualisierung; *Band 2:* Veranstaltungsformen

Reizwortanalyse

Die Reizwortanalyse dient der Kreativitätsförderung. Ein emotional „reizender" Begriff wird ähnlich dem Brainstorming in den Diskussionsraum einer Gruppe gegeben. Die Analyse des Begriffs konfrontiert auf intuitive Weise mit dem vorher ausgewählten Problem. Dabei wird das prozeßorientierte Denken des Individuums geschult, denn mit dem Akzeptieren von Emotionen beginnen die schöpferischen Kräfte für eine rationale Analyse der mit dem Reizwort entfalteten Gefühle und Gedanken wirkungsvoll zu arbeiten. Notwendige Bedingung ist jedoch die vorherige Wahl eines Begriffs, der einerseits thematisch wirkungsvolle Bezüge hat und andererseits nicht schon zu populär und damit „abgegriffen und langweilig" ist. Einen zeitgemäßen Bezug sollte das Reizwort als Motivation zur Analyse dennoch haben.

Literatur: Hagedorn, O. 1994: Gefühle ausdrücken, erkennen, mitfühlen. Baustein 2 zur Grundschulausstellung „Konstruktiv Handeln", herausgegeben vom BIL in Berlin (Berliner Institut für Lehrerfort- und -weiterbildung und Schulentwicklung); Meyer, H. 1994[7]: Unterrichts-Methoden, II: Praxisband, Frankfurt/M.

Cornelia Muth

↗ Brainstorming; CNB-Methode; Metaplan; Mindmapping; Motivation

Reportage

Der Begriff Reportage ist dem französischen Wort „reporter" entlehnt. Es bedeutet „zurückbringen, zurücktragen" und verweist damit auf das wesentliche Merkmal dieser Darstellungsform eines Themas oder gerade stattfindenden Ereignisses: Der Reporter muß selbst am Ort des Geschehens gewesen sein oder sich dort unmittelbar aufhalten, um einen „augenblicklichen" Zustand zu beschreiben. Diese Beschreibung kann in verschiedenen Medien erfolgen: Als Text-/Bild-Reportage in Printmedien wird sie für Leser gleichsam zum nachträglichen Erlebnis. Als „Live-Schilderung" dessen, was ein Reporter subjektiv an Ort und Stelle wahrnimmt und erfährt, kann sie in Hörfunk und Fernsehen intensives Miterleben beim Publikum auslösen. Neben der getexteten und der Original-Reportage kennt man in Hörfunk und Fernsehen noch die „gebaute" Reportage. Bei ihr werden gespeicherte Originalaufnahmen und nachträglich produzierte Texte/Bilder zu einer längeren Sendung montiert. Alle Reportageformen integrieren in der Regel noch verschiedene Gestaltungselemente wie etwa Interview, Statement, Gespräch, Porträt oder Kommentar.

Für die *politische Bildungsarbeit* liefern aktuelle Reportagen in den Printmedien und im Rundfunk dokumentarisches Informations- und Diskussionsmaterial. Aufgrund ihrer subjektiven und in der Regel „offenen" Darstellungsweise kann die Reportage Lehr-/Lerngruppen zu eigenen Recherchen über ein politisches Thema oder ein gerade stattfindendes Ereignis provozieren. Nicht selten erweisen sich Reportagen als beeindruckende Zeitdokumente (z.B. Reportagen vom

153

„17. Juni 1953", von der „Studentenrevolte" oder vom „Fall der Mauer"), die zur erlebnisnahen Auseinandersetzung mit zeitgeschichtlichen Fragen herangezogen werden können (vgl. ARD/ZDF Medienbox 1996).

Schließlich können Lehr-/Lerngruppen selbst mit Notizblock, Kassettenrecorder, Foto- oder Videokamera als Reporter in eigener Sache unterwegs sein. Indem sie sich mit einem politischen Thema oder einem aktuellen Ereignis in ihrer sozialen Umwelt an Ort und Stelle auseinandersetzen, können sie authentische Erfahrungen machen, sich politisch-soziale Wirklichkeit produktiv aneignen und die selbst produzierten Reportagen einer Öffentlichkeit zur Diskussion stellen (vgl. Schell 1993).

Literatur: ARD + ZDF Medienbox 1996, hrsg. von ARD/ZDF Arbeitsgruppe Marketing, Audiocassette II, C-Reportage; Schell, F. 1993: Aktive Medienarbeit mit Jugendlichen. Theorie und Praxis, München.

Wolfgang Schill

↗ Feature; Fernsehsendung; Produktorientierung; Recherche-Training; Zeitung

Rhetorik

Der Begriff Rhetorik stammt aus der griechisch-römischen Antike und bedeutet Redekunst, die Lehre von der guten, wirkungsvollen Rede. Die großen Formen der Redekunst zeigen sich in der politischen Rede, Gerichtsrede, Predigt und Festrede. Die Rhetorik entwickelte sich in der Blüte der griech. Demokratie (Demosthenes, Aristoteles), d.h. nach dem Ende der Tyrannis, im Rom der res publica mit Cicero, und verlor ihre Bedeutung durch das autokratische Kaisertum. Rhetorik verdankt ihre Entstehung also einem politischen und gesellschaftlichen

Umfeld, das die Freiheit der Bürger im Rahmen einer demokratischen Verfassung ermöglichte und dem einzelnen die Chance einräumte zu sagen, was das beste für das Volk sei.

Von vielen Menschen wird Rhetorik heute eher mit Demagogie, Propaganda, Agitation und Manipulation in Verbindung gebracht, die ihren Ausdruck in autoritären und faschistischen Strukturen findet.

Rhetorische Bildung im demokratischen Verfassungsrahmen, d.h. als Ziel politischer Bildung, will durch Information und Argumentation lebens- und entscheidungsfähig machen (vgl. Ueding 1995: 22), damit selbstverantwortetes Handeln und Entscheiden in Gesellschaft und Politik erreicht werden kann. Rhetorik in der Demokratie bzw. in der politischen Bildung zielt auf demokratisches Verhalten und Partizipation. Gemeint ist einerseits die soziale Kompetenz, bezogen auf den Umgang der Menschen untereinander, und andererseits die politische Kompetenz, die ausschließlich auf staatliche und gesellschaftliche Institutionen ausgerichtet ist.

Rhetorik als *freie Rede* im Kontext politischen Lernens und Handels bedeutet:
1. inhaltlich-fachliches Lernen,
2. Erlernen von Arbeitstechniken,
3. sozial-kommunikatives Lernen,
4. affektives Lernen (vgl. Klippert 1991: 86).

Sie realisiert sich in den vier Eckpfeilern der Kommunikation:
1. das Ich als Redner oder Sender,
2. die Zuhörer als Empfänger,
3. das Thema als Nachricht,
4. das Ziel (vgl. Wippermann 1995).

In der systemischen Rhetorik wird politisches Handeln über freies Reden erreicht durch:

1. Hemmungen überwinden, sich behaupten und entscheiden lernen,
2. miteinander sicher umgehen, Konflikte lösen lernen,
3. sich überzeugend mitteilen, zielgerichtet handeln lernen (vgl. Kleinwächter 1996).

Im *Rahmen der Methoden* der politischen Bildung ist Handlungsorientierung durch freies Reden enthalten in:
1. realem Handeln: Erkundungen/Praktika, Expertenbefragungen, Straßeninterviews, Fall/Sozialstudien, Wahlen in Parteien und Verbänden, Bürgerinitiativen u.a.
2. simulativem Handeln: Rollen-/Planspiel, Entscheidungsspiel, Konferenzspiel, Pro-und-Contra-Debatte, Hearing, Tribunal
3. produktivem Lernen: Tabelle/Schaubild, Flugblatt/Plakat/Wandzeitung, Reportage/Hörspiel/ Dia-Reihe/Videofilm, Referat/Protokoll, Ausstellung/Dokumentation, Rätsel/Quiz/Lernspiele, Arbeitsblätter (vgl. Klippert 1991: 13).

Die freie Rede wird in ihrer Wirksamkeit durch visuelle Hilfsmittel unterstützt. Ihre höchste Form erfährt freie Rede als demokratische Diskussions- und Entscheidungsfindung im Sokratischen Gespräch (Cremer 1991).

Literatur: Alt, J. 1994: Miteinander diskutieren, Frankfurt/M.; Cremer, W. u.a. 1991: Das Sokratische Gespräch – Eine Methode der demokratischen Diskussions- und Entscheidungsfindung, in: Methoden in der politischen Bildung – Handlungsorientierung, Bonn; Kleinwächter, R. 1996: Politisches Handeln durch freies Reden – Systemische Rhetorik, unveröffentl. Manuskript, Kurt-Schumacher-Akademie, Bad Münstereifel; Klippert, H. 1991: Methodentraining mit Schülern und Handlungsorientierter Politikunterricht, in: Methoden in der politischen Bildung – Handlungsorientierung, Bonn; Ueding, G. 1995: Klassische Rhetorik, München; Wippermann, F. 1995: Mit Argumenten überzeugen – Ein Trainingsbuch, Bonn.

Will Cremer

↗ Debatte; Kommunikation; Mäeutik; Plädoyer; Pro-Contra-Debatte; Sokratisches Gespräch; *Band 2:* Diskurs; Rhetorik und politische Bildung

Rollenspiel

Das Rollenspiel ist eine Methode, die es Lernenden im Politikunterricht ermöglicht, probehandelnd eine für sie fremde politische Akteursrolle zu übernehmen, ihr eigenes Verhalten und das der anderen Rollenspieler zu reflektieren und die Wirkung auf Beobachter des Rollenspieles zu überprüfen. Übernimmt eine Rollenspielerin oder ein Rollenspieler eine Rolle, in der sie oder er eine politische Position zu vertreten hat, die nicht der eigenen politischen Meinung entspricht, dann erweitert sich die Möglichkeit des Lernens um das Einfühlen in fremde Lebenssituationen, aus denen ein anderes Denken, Fühlen und Handeln resultiert.

Rollenspiele im *Politikunterricht* unterscheiden sich von Rollenspielen in anderen Fächern vor allem dadurch, daß Schülerinnen und Schüler Rollen übernehmen, die der Gruppe der öffentlichen Funktionsträger angehören. Die Lernenden können nur in seltenen Fällen auf ihr nahes soziales Umfeld zurückgreifen. Die übliche Regel, daß Lernende die Rollen aus ihrer Lebenserfahrung heraus gestalten sollen, gilt im Politikunterricht nur, wenn das Rollenspiel auf der Ebene der Lebenshilfe und des sozialen Lernens angesiedelt ist. Lehrerinnen und Lehrer müssen die vier Entwicklungsstufen berücksichtigen, in denen Kinder und Jugendliche die Fähigkeit der sozialen Perspektivenübernahme bis ungefähr zum 15. Lebensjahr ausbilden (Breit 1991: 7). Voraussetzungen für das politische Lernen sind:
1. Die Ausgangssituation symbolisiert

155

ein politisches *Problem*. Es beinhaltet typische soziale, gesellschaftliche Konflikte.

2. Die einzelne Rolle ist so eindeutig und transparent vorgegeben, daß die *Interessengebundenheit* der darzustellenden politischen Person erkennbar ist. Die Reduzierung der komplexen sozialen Wirklichkeit ist hinzunehmen und notwendig.

3. Das Rollenspiel darf in seiner Ausgangssituation nicht überfrachtet werden. Wesentliche, typische Teilaspekte eines politischen Problems reichen als Kern des Rollenspiels aus.

4. Lehrende müssen sorgfältig prüfen, ob ein Rollenspiel dem politischen Inhalt und der didaktischen Perspektive entspricht.

5. Schülerinnen und Schüler erhalten Rollenkarten, in denen die Ausgangssituation und die Rollenanweisung klar dargestellt sind. Zusätzlich erhalten sie ausführliches *Informationsmaterial* zum politischen Sachverhalt und zu realen politischen Positionen, die ihnen helfen, innerhalb ihrer Akteursrolle möglichst wirklichkeitsnah zu argumentieren.

6. Für ein Rollenspiel müssen mindestens 90 Minuten zur Verfügung stehen, die Faustregel für den *Zeitaufwand* lautet: 1/3 für die Einführung und Vorbereitung, 1/3 für die Durchführung und 1/3 für die Auswertung des Rollenspieles. Ohne Auswertungsphase ist die Methode Rollenspiel für das politische Lernen verschenkte Unterrichtszeit.

Trotz genauer Vorbereitung, Planung und Auswertung gehört das Rollenspiel zu den Methoden des Offenen Unterrichts. Experimentierfreude, Risikobereitschaft und die Fähigkeit, die Steuerung des Unterrichts weitgehend an die Schülerinnen und Schüler abzugeben, sind Voraussetzungen für den Einsatz des Rollenspiels. Selbst die Übernahme von Rollenspielen aus dem Angebot fertiger Unterrichtsmaterialien schützt nicht vor Überraschungen. Das Scheitern des Rollenspiels kann den Lernzuwachs erhöhen, wenn in der Auswertungsphase die Gründe des Scheiterns besprochen und sachliche Fehler durch Lehrende korrigiert werden. Durch die Metakommunikation kann das Scheitern eines Rollenspieles völlig aufgefangen werden. Das Rollenspiel fördert die *Streitkultur*. Schülerinnen und Schüler lernen spielerisch, sich gewaltfrei auseinanderzusetzen. Sie versuchen sich mit gesellschaftlichen Rollen zu identifizieren, die sie mit hoher Wahrscheinlichkeit nie in ihrem zukünftigen Leben einnehmen werden und über die sie meist klischeehafte Vorstellungen besitzen. Die Beweggründe, Argumentationslinien, Abhängigkeiten und Handlungsspielräume von Parteipolitikerinnen und Parteipolitikern, Gewerkschaftsvertreterinnen und -vertretern, Repräsentantinnen und Repräsentanten von Verbänden, Mitgliedern von Bürgerinitiativen antizipieren zu können, stellt den *Schwierigkeitsgrad* des Rollenspiels im Politikunterricht dar. Aus Erfahrung empfiehlt es sich, einzelnen Rollen nicht mehrfache oder sich widersprechende soziale Erwartungen zuzuweisen, wie es in der Realität vorkommt. Entweder die Lernenden identifizieren sich in ihrer Rolle mit öffentlichen Funktionsträgern (Makrowelt) oder mit sozialen Rollen im Familien-, Freundes- oder Bekanntenkreis (Mikrowelt).

Eine Brücke zwischen Mikro- und Makrowelt läßt sich dann schlagen, wenn Kleingruppen arbeitsteilig vorgehen. Zu einem politischen Thema – z.B. Pflege-versicherung – kann eine Gruppe ein Rollenspiel als Familienkonflikt darstellen, eine andere Gruppe als Konflikt zwischen Vertretern der Regierungs- und Oppositionsparteien. Rollenspiele im Politikunterricht fördern die *Konfliktfähigkeit* der Lernenden und erweitern ihre kommunikative Kompetenz. Wenn Schülerinnen und Schüler im Unterricht darauf vorbereitet werden, die Meinung der Rolleninhaberin oder des Rolleninhabers pointiert zu vertreten, klare Konturen zu zeigen, deren oder dessen Interessen zu verdeutlichen und gegen andere Positionen deutlich abzugrenzen, dann sind sie dem Verständnis von Politik nähergebracht worden. Der Mythos der „verborgenen Harmonie", der die Illusion nährt, daß alle Konflikte durch Gespräche aufgelöst werden können, wird durchbrochen. Das Rollenspiel im Politikunterricht endet erfolgreich, wenn die Feststellung zutrifft, daß alle darin übereinstimmen, daß sie nicht übereinstimmen. Der laienhaften Vorstellung, daß Politikerinnen und Politiker versagen, wenn sie zu keiner einheitlichen Meinung gelangen, kann im Rollenspiel entgegengearbeitet werden.

Die fachdidaktische *Unterrichtsforschung* hat gezeigt, daß das Rollenspiel eine Methode ist, die sorgfältig geplant werden muß, aufwendig in der Vorbereitung ist und mit Feingefühl vom Lehrenden angeleitet werden sollte.

Seine *Wurzeln* hat das Rollenspiel in dem von Moreno entwickelten *Psychodrama*. Es dient in der Psychotherapie dazu, verborgene Seiten einer Persönlichkeit zu entdecken. Die Schülerinnen und Schüler fürchten bewußt oder unbewußt, daß sie beim Rollenspielen Emotionen zeigen, die sie im üblichen Schulalltag verbergen wollen und können. Diese Sorge kann von Lehrenden nicht allein durch freundliche, beruhigende Worte zerstreut werden. Jeder noch so routinierte Rollenspieler kennt die *Hemmschwelle*, die er überwinden muß, um sich mit der ihm zugewiesenen Rolle zu identifizieren. Die Hemmschwelle kann nur dann überwunden werden, wenn die Lernenden darauf vertrauen können, daß die Lehrerin oder der Lehrer sich nicht als Psychologe versucht, sondern bei ihrer/seiner Profession Politiklehrerin bzw. Politiklehrer bleibt.

Das sachliche Ziel und der Zweck des Rollenspieles müssen für alle Beteiligten transparent sein. Den Beobachtern des Rollenspieles sollte bekannt sein, daß die Rollen vom Spieler Verhaltensweisen und Positionen abverlangen, die er persönlich nicht teilen muß und von denen er nach dem Spiel Gelegenheit hat, sich zu distanzieren. Das Rollenspiel gewinnt einerseits an Ernsthaftigkeit, andererseits lernen die Schülerinnen und Schüler, daß sie ihre Rolle „beherrschen" können und sich nicht vom Spiel mitreißen lassen müssen.

Lehrerinnen und Lehrer sind aus Zeitgründen häufig darauf angewiesen, auf vorgefertigtes Rollenspielmaterial zurückzugreifen. Eine Prüfung des Materials hinsichtlich der Zumutbarkeit für die Schülerinnen und Schüler ist unerläßlich. In Extremfällen werden in Fachzeitschriften Vorschläge unterbreitet, die sich aus ethischen Gründen verbieten. Ein Rollenspiel, das die Situation in einem Konzentrationslager im Nationalsozialismus simuliert, das Verhör eines Vaters, der verdächtigt wird, seine Tochter sexuell belästigt zu haben, gehören nicht in den Politikunterricht. Nicht nur in diesen Extremfällen, sondern in jedem Fall ist die *Rollenvergabe* auf freiwilliger Basis durchzuführen.

Ein Rollenspiel, zu dem die Spieler mit Druck überredet worden sind, ist kontraproduktiv. Die Schülerinnen und Schüler entziehen sich dann häufig durch Ironisieren der Rolle, die sich oft schon in der Namensgebung durch Spottnamen bemerkbar macht. Tendenziell verweigern *Mädchen* die Teilnahme am Rollenspiel, *Jungen* neigen eher dazu, sich vor der Gruppe zu produzieren. Als nachteilig hat sich herausgestellt, wenn die Rollenvergabe zufällig erfolgt, so daß Mädchen und Jungen zahlenmäßig nicht gleich im Spiel vertreten sind. Ein Ergebnis geschlechtsspezifischer empirischer *Unterrichtsforschung* ist, daß eine Schülerin, die als einziges Mädchen am Rollenspiel teilnimmt und die ihre Rolle ernsthaft ausfüllt, schnell zur Spielverderberin gestempelt wird. Jungen überziehen ihre Rollen oft so, daß ihnen die Lacher der Beobachter sicher sind und das Mädchen wegen ihres Ernstes humorlos wirkt. Das Rollenspiel hat trotz der Phase der Distanzierung eine langanhaltende Wirkung in der Lerngruppe. Wie gut oder witzig ein Schüler oder eine Schülerin war, bleibt lange im Gedächtnis der Beteiligten und beeinflußt die *Gruppendynamik* der Lernenden nachhaltig.

In fachdidaktischer Literatur wird das Rollenspiel entweder als Königsweg oder als Sackgasse diskutiert. Sackgasse, weil Schülerinnen und Schüler das Rollenspiel als reines Spiel, als „Spaßstunde" mißverstehen und weil die Gefahr groß ist, unpolitischen Unterricht durchzuführen (Kuhn 1995: 166). Aus der Perspektive empirischer Forschung betrachtet, unterscheiden sich Rollenspielsituationen, die aus dem Lebensumfeld der Lernenden stammen und die sich im Bereich der Lebenshilfe und des sozialen Lernens bewegen, nicht von Rollenspielen in anderen Fächern. Auch wenn das Rollenspiel politisch angelegt ist, d.h., Rollen von Personen des öffentlichen Lebens beinhaltet, garantiert dies noch nicht politisches Lernen. Bleiben die Rollen dem Klischee des schwatzenden Politikers verhaftet, der nur sein „schmutziges Geschäft" betreibt, dann verfehlt Politikunterricht seine aufklärerische Funktion. Ermöglicht das Rollenspiel jedoch politische Urteilsbildung, vermittelt Informationen und wird vom Lehrenden sorgfältig ausgesucht und ausgewertet, dann trägt es zum Verstehen des politischen Systems bei.

Literatur: Breit, G. 1991: Mit den Augen des anderen sehen – Eine neue Methode zur Fallanalyse, Schwalbach/Ts.; Bundeszentrale für politische Bildung (Hrsg.) 1991: Methoden in der politischen Bildung – Handlungsorientierung, Bonn; Giesecke, H. 1993: Politische Bildung. Didaktik und Methodik für Schule und Jugendarbeit, Weinheim; Henning, B. 1988: Rollen- und Simulationsspiele, in: Mickel, W. W./Zitzlaff, D. (Hrsg.): Handbuch zur politischen Bildung, Opladen; Keim, H. (Hrsg.) 1992: Planspiel, Rollenspiel, Fallstudie. Zur Praxis und Theorie lernaktiver Methoden, Köln; Kuhn, H.-W. 1995: Politischer oder unpolitischer Unterricht? Rekonstruktion einer Talkshow im Politikunterricht, in: Massing, P./Weißeno, G. (Hrsg.): Politik als Kern der politischen Bildung, Opladen, S. 161-203; Lück, K. 1995: Gibt es weibliche Zugänge zur Politik?, in: Massing, P./Weißeno, G. (Hrsg.): Politik als Kern der politischen Bildung, Opladen, S. 253-281; Massing, P. 1998: Handlungsorientierter Politikunterricht. Ausgewählte Methoden, Schwalbach/Ts.; Massing, P./Weißeno, G. (Hrsg.) 1997: Politische Urteilsbildung, Schwalbach/Ts.; Meyer, H. 1989: Unterrichts-Methoden, Praxisband, Frankfurt/M.; Schweer, M. 1996: Vertrauen in der pädagogischen Beziehung, Bern.

Karin Kroll

↗ Gruppendynamik; Lehrformen; Offener Unterricht; Planspiel

Satire

Satire (lat. satura lanx: „mit vielerlei Dingen gefüllte Schüssel") ist eine Form literarischer Darstellung, die bestimmte Personen, Anschauungen und Überzeugungen, aber auch Ereignisse und Zustände kritisieren und lächerlich machen will. Sie bedient sich dabei der Überzeichnung, der Übertreibung, der Ironie und des Spottes. Satiriker nehmen sich Mißstände der Gesellschaft vor. Ähnlich wie in der Karikatur arbeiten sie teils humoristisch, teils bissig, zynisch und zornig. Ziel ist nicht die Kritik um ihrer selbst willen, sondern die Verdeutlichung von Fehlentwicklungen und Torheiten. Satiren sind witzige Darstellungen: sie sollen zum Lachen, aber auch zum Nachdenken anregen. Schüler und Schülerinnen sind häufig sehr kreativ in der Anwendung satirischer Stilmittel, um z.B. Mißstände im Schulleben oder auch in der Politik anzuprangern.

Literatur: Ackermann, P./Gassmann, R. 1991: Arbeitstechniken in der politischen Bildung, in: Bundeszentrale für politische Bildung (Hrsg.): Methoden der politischen Bildung – Handlungsorientierung. Bonn; Roesch, G. M. (Hrsg.) 1996: Glanz und Elend der Satire in Deutschland, Regensburg.

Siegfried George

⤳ Karikatur; Kreativität

Schneeballverfahren

Das Schneeballverfahren unterstützt Entscheidungsprozesse in Gruppen. Es ermöglicht, die vielfältigen Erwartungen oder Meinungen der Teilnehmerinnen und Teilnehmer durch abgestufte Diskussions- und Entscheidungsprozesse zu bündeln und zuzuspitzen. Jede Teilnehmerin und jeder Teilnehmer schreibt in einer ersten Runde die für sie/ihn wichtigsten fünf Punkte zu der zur Diskussion gestellten Frage auf einen Bogen Papier. Anschließend werden diese Punkte mit der jeweiligen Nachbarin/dem jeweiligen Nachbarn diskutiert, um sich dabei auf sechs gemeinsame Aussagen zu einigen. Diese gemeinsame Prioritätenliste notieren die jeweiligen Paare nun auf einem andersfarbigen Bogen Papier. In der dritten Runde einigen sich jeweils zwei Paare auf wiederum sechs gemeinsame Aussagen, die nun auf einer Wandzeitung festgehalten werden.

Bei großen Gruppen (über 20 Teilnehmern) kann noch eine weitere Einigungsrunde (mit jeweils zwei Vierergruppen) durchgeführt werden. Die Wandzeitungen werden im Plenum vorgestellt, die Ergebnisse verglichen und als Grundlage für den weiteren Arbeitsprozeß behandelt.

Günther Gugel

⤳ CNB-Methode; Metaplan; Mindmapping; Visualisierung

Schreibwerkstatt

In der Bezeichnung Schreib-„Werkstatt" kommt eine Arbeitsweise zum Ausdruck, in der offene und gleichberechtigte Begegnungs- und Bearbeitungsformen bevorzugt werden. Die Inhalte ergeben sich aus konkreten Lebensweltbezügen der Teilnehmerinnen und Teilnehmer. Die Arbeit an der Selbstbiographie und Selbstreflexion nimmt breiten Raum ein (v. Werder 1996). Die Aufgabenstellung der Schreibwerkstätten variiert zwischen Schreiben als Selbsterfahrung, Lebenshilfe und Schreib- bzw. Literaturförderung (Tietgens 1991).

In der Regel finden sich Personen unterschiedlicher Altersstufen zusammen, die das Motiv eint, ohne entsprechende berufliche Vorbildung unter fachlicher Anleitung selbst Texte zu schreiben und diese im Kreise Gleichinteressierter zu besprechen. In vielen Schreibwerkstätten steht die eigentätige *Textproduktion* vermittels Schreibübungen im Mittelpunkt (Mosler/Herholz 1991).

Die Motive und Zwecke des Schreibens können unterschiedlicher Natur sein. Einige bringen ihre Lebenserinnerungen in oder nach persönlichen Umbruchsituationen zu Papier, um ihre Lebensgeschichte(n) in der Retrospektive besser zu verstehen. Politische, zeitgeschichtliche, soziale und berufliche Krisensituationen sind hier häufig die Kristallisationspunkte (Buschmeyer 1995). In einigen Gruppen nähern sich die Teilnehmerinnen und Teilnehmer als Zeitzeugen über die *eigene Biographie* schreibend der Zeitgeschichte (Reiter 1997). Bei anderen steht die Bearbeitung persönlicher Erfahrungen im Zentrum des Interesses, sozusagen der Mikrokosmos zwischenmenschlicher Beziehungen und deren Scheitern. Dieser poesietherapeutische Ansatz der Selbsterkenntnis und -analyse wird mehrheitlich „von Frauen für Frauen" verfolgt (Fuehrenberg 1992). Von einer Schreibwerkstatt ganz besonderer Art berichtet der Schriftsteller Wilhelm Genazino: „Literarische Arbeit mit Strafgefangenen."

Auslöser fürs Schreiben können auch konkrete politisch-soziale Veränderungen vor Ort sein, z.B. Stillegung einer Zeche, Wohnumfeldveränderungen. So sind u.a. Milieustudien (Hübner 1987), gesellschaftskritische Reportagen sowie in der Bildungsarbeit mit ausländischen Jugendlichen „Geschichten aus Herkunftsländern" entstanden.

Schreibwerkstätten haben insofern – je nach Zielrichtung der Teilnehmenden – ihre literarischen, politischen, sozialen sowie psychologisch-therapeutischen Schwerpunkte.

Um den *Leitungsaufgaben* gerecht zu werden, bedarf es folgender Qualifikationsmerkmale:
- Literarische, schreibtechnische Fähigkeiten und Fertigkeiten
- Fachliche Kenntnisse (je nach Zielausrichtung der Schreibgruppe, z.B. Politik, Geschichte)
- Didaktisch-methodische Kompetenz
- Kommunikative, sozialintegrative Kompetenz (v. Werder 1990: 451f.)

Bei der Betrachtung des Arbeitsprozesses innerhalb einer Schreibwerkstatt ist zu beachten, daß die Teilnehmenden durch den Akt des Schreibens und die Textdiskussion aktiv, ganzheitlich und dadurch auch persönlich beteiligt sind. Ob es sich um eine Schreibgruppe für Seniorinnen und Senioren „Wir erinnern uns" handelt oder um Jugendliche, die ihren Stil für Hörspiele und Reportagen im Bürgerfunk verbessern wollen, stets geht es um eigene *Ausdrucksmöglichkeiten*. Breiten Raum nehmen die Gespräche untereinander ein, die nicht selten in Richtung philosophischer Reflexion und Selbstbesinnung verlaufen. Hierbei fließen die individuellen kognitiven, sozialen und emotionalen Lebens- und Lerngeschichten mit ein. Deshalb zeichnen sich Schreibwerkstätten durch eine „hohe Dynamik der Gefühle" aus (v. Werder 1990: 478).

Literatur: Buschmeyer, H. (Bearb.) 1985: Lebensgeschichte und Politik – Erinnern – Erzählen – Verstehen. Methodische Zugänge zum biographischen Lernen, hrsg. vom Landesinstitut für Schule und Weiterbildung, Soest; Führenberg, D. u.a. 1992: Von Frauen für Frauen. Ein Handbuch zur politischen Frauenbildungsarbeit, Zürich; Genazino, W. 1990: Einschluß meine Herren! Literarische Arbeit mit Strafgefangenen, in: Buch und Bibliothek, H. 1, S. 26-39; Hübner, I. (Hrsg.) 1987: Mehr als Milieu. Ein literarisch-politisches Lesebuch der Schreibwerkstatt „Leben im Bahnhofsviertel Frankfurt", Frankfurt/M.; Mosler, B./Herholz, G. 1991: Die Musenkussmischmaschine. 120 Schreibspiele für Schulen und Schreibwerkstätten, Essen; Tietgens, H. 1990: Zur Vielfalt von Schreibwerkstätten. Eine Auswertung der Arbeitspläne mittelstädtischer Volkshochschulen. Arbeitspapier des Deutschen Volkshochschulverbandes, Frankfurt/M.; Werder, L. v. 1990: Lehrbuch des kreativen Schreibens, Berlin; Werder,

L. v. 1996: Die eigene Lebensgeschichte verstehen – durch kreatives Schreiben, in: Spektrum Freizeit, S. 199-216.

Jürgen Wilbert

↗ Ganzheitliches Lernen; Textanalyse; Werkstätten/ Workshops; *Band 2:* Biographisches Lernen

Schülervortrag

Der Schülervortrag (oder das *Schülerreferat*) ist eine Vermittlungsform, bei der eine Schülerin oder ein Schüler eigenständig ein begrenztes Teilthema des Unterrichts mündlich darstellt. Die (zusätzliche) Vorlage des Vortrages als schriftliches Referat erfordert die Beachtung der „Regeln wissenschaftlichen Arbeitens": Literatursuche, -auswertung, Stoffsammlung und -archivierung, Zitierweise, Gliederungskonzept, Literaturverzeichnis und Titelblatt.

Die eigene Themenauswahl oder zumindest die Konkretisierung der Fragestellung fördert die Motivation. Damit ein Schülerreferat ein vollwertiger Ersatz für andere Methoden sein kann, sind folgende *Hinweise* nützlich: zum Schülerreferat sollten (zwei) Vorbesprechungen mit dem Lehrenden stattfinden, um Fragestellung, Struktur und methodische Aspekte der Präsentation auszutauschen. Dabei sollte den Schülerinnen und Schülern Hilfestellung bei der Herangehensweise gegeben werden, auch sollte man die Anforderungen deutlich machen. Außerdem kann der Zeitrahmen für das Referat fixiert werden, um noch ausreichend Zeit für die Diskussion zu haben. Die Einbeziehung von Medien (Tafel, Overheadprojektor, Arbeitsblatt) unterstützt – neben dem Einsatz rhetorischer Mittel (Anknüpfungspunkte, Vergleiche, Bilder, Bedeutsamkeitssignale usw.) – den Aneignungsprozeß der Mitschülerinnen und Mitschüler.

Der Schülervortrag wird nach *empirischen Befunden* in 5,55 Prozent der Unterrichtszeit in den repräsentativen Fächern Deutsch, Gesellschaftslehre und Naturlehre eingesetzt. Nach Erfahrungen im Politikunterricht hat er häufig die Funktion, weniger gute Leistungen zu kompensieren bzw. Zusatzleistungen zu ermöglichen.

Der Schülervortrag wird i.d.R. in eine *Diskussion* mit den Mitschülerinnen und Mitschülern weitergeführt (Verständnisfragen, Kritik). Erforderlich ist eine inhaltliche und methodische Rückmeldung. Dabei können die Kriterien des Lehrervortrags (Verständlichkeit, Zusammenhänge) herangezogen werden.

Literatur: Klippert, H. 1994: Methodentraining. Übungsbausteine für den Unterricht, Weinheim, Basel, bes. S. 183-191: Das kleine Einmaleins der Referatsgestaltung; Meyer, H. 1987: Unterrichts-Methoden, Bd. II, Praxisband, Frankfurt/M.

Hans-Werner Kuhn

↗ Feedback; Lehrervortrag; Recherche-Training; Referat; Referentenvortrag

Schülerwettbewerb zur politischen Bildung

Der seit 1971 jährlich von der Bundeszentrale für politische Bildung ausgeschriebene Schülerwettbewerb steht unter der Schirmherrschaft des Bundespräsidenten und ist einer der vierzehn bundesweiten gesamtstaatlich geförderten Wettbewerbe im Bildungswesen. Zur Teilnahme eingeladen werden nicht einzelne Schülerinnen und Schüler, sondern Klassen (bzw. Leistungsgruppen, Arbeitsgemeinschaften, Kurse) der 6. bis 11. Jahrgangsstufen aller Schularten. Am Schülerwettbewerb nehmen Jahr für Jahr zwischen 4.000 und 5.000 Klassen mit über 100.000 Schülerinnen und Schülern teil.

161

Der Schülerwettbewerb versteht sich als Modell für einen problem- und handlungsorientierten Unterricht; er bietet methodische Hilfen für einen fächerübergreifenden Projektunterricht an, der die Schülerinnen und Schüler unter dem Aspekt des „entdeckenden Lernens" dazu anleitet, zu der aus den sechs vorgegebenen Themen ausgewählten Aufgabe selbständig Informationen zu beschaffen, Probleme und die damit verbundenen Konflikte zu erkennen, zu analysieren und zu lösen und eine eigene begründete Meinung zu entwickeln. Die *offene Aufgabenstellung* ermöglicht alternative Lösungen und läßt beim Erstellen der Produkte Raum für Initiative, Kreativität, Ideenreichtum und Engagement. Für die spätere Auswertung der Einsendungen müssen lediglich gewisse formale Bedingungen eingehalten werden. Zu gewinnen gibt es einwöchige Klassenreisen in europäische Hauptstädte, nach Berlin und Bonn, Prämien für die Klassenkasse und Klassensätze Bücher.

Literatur: Bundeszentrale für politische Bildung (Hrsg.) 1979: Der Schülerwettbewerb zur politischen Bildung – Projektmethode als Mittel des Politikunterrichts, Bonn; Bundeszentrale für politische Bildung (Hrsg.) 1988: Erfahrungsorientierte Methoden in der politischen Bildung, Schriftenreihe Bd. 258, Bonn; Redwanz, W. 1998: Der Schülerwettbewerb zur politischen Bildung – Ein Beispiel für handlungsorientiertes Lernen, in: Breit, G./Schiele, S. (Hrsg.): Handlungsorientierung im Politikunterricht, S. 235-343, Schwalbach/Ts.

Franz Kiefer

↗ Produktorientierung; Projektmethode; Recherche-Training

Schülerzeitung

Die Schülerzeitung, die von Schülerinnen und Schülern einer Schule erstellte Publikation, in welcher Informationen und Meinungen über das schulische Leben und andere, Jugendliche interessierende Fragen veröffentlicht werden, besitzt eine wichtige Funktion im politischen Bildungsprozeß der Schülerinnen und Schüler. Denn sie stellt ein Medium dar, das es Schülerinnen und Schülern ermöglicht, ihre Meinungsfreiheit zu realisieren. Gleichzeitig erfahren sie auch die Grenzen dieses Grundrechts. Schülerinnen und Schüler können durch die Schülerzeitung ihre Interessen artikulieren, kommunikative Kompetenz, Handlungsfähigkeit und besonders Partizipationsfähigkeit in einer Organisation einüben.

Literatur: Deichmann, C. 1993: Interesse und Schule – eine politikwissenschaftliche und pädagogische Reflexion, in: Politische Bildung, H. 2, S. 44-56; Henkenborg, P. 1997: Politische Bildung durch Demokratie-Lernen im Schulalltag, in: Sander, W. (Hrsg.): Handbuch politische Bildung, Schwalbach/Ts., S. 241-257.

Carl Deichmann

↗ Feature; Recherche-Training; Reportage; Zeitung; *Band 1:* Schulleben

Schulbuch

Neben der Tafel ist das Schulbuch eines der ältesten Unterrichtsmedien. Es verbindet Sprache und Anschauung, bereitet die Inhalte fachdidaktisch auf und unterbreitet Vorschläge für die Umsetzung. Sachliche Richtigkeit, Strukturierung, Übereinstimmung mit den Richtlinien, Angemessenheit in Stoffbenennung und sprachlichem Niveau sind wichtige Kriterien, die es erfüllen muß. Die Autorinnen und Autoren stehen somit vor der Aufgabe, die kontroversen fachwissenschaftlichen Inhalte dergestalt aufzubereiten, daß sie zugleich den (auch ideologischen) Vorentscheidungen der jeweiligen Kultusminister im Genehmigungsverfahren genügen. Die Schulbücher heute sind eine Mischung aus Lehr-

und Arbeitsbuch. Autoren- und Quellentexte wechseln sich ab und ergänzen einander. Für den Bereich der außerschulischen politischen Jugend- und Erwachsenenbildung mit zahlreichen Institutionen und Trägervereinen gibt es derzeit noch kein allgemeines Lehr- und Arbeitsbuch.

In erster Linie dient das Schulbuch als selektiv zu nutzendes *Arbeitsmaterial* der Aneignung von Inhalten. Es stellt die notwendigen Inhalte in Wort, Foto, Bild, Statistik etc. bereit und gibt den Schülerinnen und Schülern grundsätzlich die Möglichkeit, sich selbständig die Inhalte zu erarbeiten oder nachzubereiten. Als Lernhilfen und zur methodischen Gestaltung des Unterrichts dienen Arbeitsaufgaben, Register, Begriffslisten und Bearbeitungsvorschläge. Insofern kann ein Schulbuch auch die Funktionen eines Nachschlagewerkes und einer Grundlage für die Stoffsicherung erfüllen. Die strukturierte Darbietung des Stoffes ist unverzichtbar, wenn das Schulbuch eine Entscheidungshilfe sein soll. Darüber hinaus ist es zu jeder Phase des Unterrichts einsetzbar, so zur Problembegegnung, Lösungssuche, Zusammenfassung oder Sicherung zu Hause.

Für den Politikunterricht gibt es nicht nur die genehmigten Schulbücher der großen Schulbuchverlage, sondern darüber hinaus zahlreiche Arbeitsmaterialien diverser Verlage (z.B. Wochenschau) sowie der Bundeszentrale und der Landeszentralen für politische Bildung. Auch Zeitungsausschnitte, Videoaufzeichnungen etc. eignen sich als Unterrichtsvorlage oder Ergänzung des Schulbuches. Insofern steht eine Vielzahl unterschiedlich aufbereiteter Materialien zur Verfügung.

Das Materialangebot und ausformulierte Arbeitsaufgaben nehmen den Leh-

rerinnen und Lehrern die Detailplanung einer Stunde ab und liefern Antworten auf die Methodenfragen gleich mit. Das Schulbuch kann den Lehrenden einerseits im Hinblick auf die Materialsuche entlasten, erfordert aber andererseits weitreichende Kompetenzen, wenn es nicht wirkungsvoller als der Unterricht sein, die zahlreichen Fehldeutungen im Schulbuch den Unterricht nicht stören und die fachdidaktischen Intentionen des Unterrichts den Primat über die Intentionen des Mediums behalten sollen.

Das Schulbuch als *Unterrichtsmedium* ist nicht ziel- oder inhaltsneutral. Deshalb kann es gerade im Politikunterricht kaum Leitmedium des Unterrichts, sondern lediglich eine Informationsquelle neben anderen sein. Die Autorinnen und Autoren wählen aus und arrangieren die Wirklichkeit neu. Diese „Politik" des Schulbuches versucht Spielraum für Lernprozesse zu kanalisieren. Insofern müssen die Lehrenden die Intentionen, Auswahlentscheidungen und methodischen Umsetzungsvorschläge kritisch analysieren, bevor sie es im Unterricht einsetzen. Im Extremfall kann dies sogar so weit gehen, daß man mit einem Schulbuch aus der Zeit des Nationalsozialismus demokratische Werte vermittelt.

Die Vorbestimmtheit des professionellen Selbstverständnisses bringt es mit sich, dass die Autorinnen und Autoren oftmals einem eigenen *heimlichen Lehrplan* folgen. Im Schulbuch erscheinen sie nicht als diejenigen, die das Material zusammenstellen, die selbst fragen, suchen, in Betracht ziehen, vergleichen, verwerfen – alles das, was sie von den Schülerinnen und Schülern verlangen. Sie legen ihre Konstruktion politischer Wirklichkeit nicht offen – genausowenig wie die genehmigende Kultusbürokratie. Dadurch entfernt sich das Schulbuchwissen immer mehr von der politischen Wirklichkeit und führt eine zusätzliche mediale Ebene in den Unterricht ein. Deshalb müssen sich die Lehrerinnen und Lehrer der Medienwirklichkeit vergewissern, die zwischen politische Realität und Unterricht tritt.

Die Schulbuchautorinnen und -autoren sind heute meist Lehrerinnen und Lehrer. Sie rezipieren wissenschaftliches Wissen, die tagespolitischen Ereignisse, das fachdidaktische Wissen und das administrative Wissen der Schulverwaltung. Dabei transformieren sie die Wissensstände unter ihrer professionellen Perspektive. Diese Wirklichkeitskonstruktion erfüllt selten alle Kriterien sachlicher Stimmigkeit und kreiert ein besonderes *Schulbuchwissen*, das die eigenen Traditionen fortschreibt und relativ statisch ist. Beliebte (und z.T. sehr alte) Texte oder Statistiken tauchen immer wieder auf, bestimmte Methoden werden immer bei denselben Themen eingesetzt. Diese (Vor-)Bestimmtheit schreibt Inhalte und Fachverständnisse unhinterfragt fort und macht es schwer, sie zu verändern.

Für die tägliche Unterrichtsvorbereitung bietet das Schulbuch eine Reihe nicht zu unterschätzender Vorteile. Es erlaubt eine rasche und bereits gegliederte Orientierung ohne großen Leseaufwand. Jede Doppelseite lässt sich bequem einem Thema und einer Unterrichtsstunde zuordnen; ein ansprechendes, abwechslungsreiches Layout kann die Schülerinnen und Schüler interessieren. Die ökonomischen, administrativen und politischen *Determinanten der Schulbuchproduktion* bestimmen allerdings mit über die Gestaltung, die Aufmachung, die Ausstattung mit Informationen, Farbgebung, Bildverteilung, Textsorten etc. Sie sollen verschiedene Rezipientengewohnheiten treffen und determinieren dadurch die Darstellung der Wirklichkeit im Medium. Die Auswahl der Inhalte, ihre Anordnung und didaktische Reduktion wird auf diese Weise eingeengt.

Empirische Studien, die sich mit der Produktion und Rezeption von Politikbüchern befassen, sind selten geworden. Gleichwohl kann man einige Tendenzen bzw. Einzelbefunde in der Schulbuchproduktion feststellen, die für den aktuellen Markt gelten. Der Zusammenhang von politischen Institutionen (polity), politischem Prozeß (politics) und Politikinhalten (policy) wird kaum sichtbar in den Materialien und in den Bearbeitungsaufgaben versteckt (Hättich 1985; Weißeno 1997). Die Texte sind selten auf die Wirklichkeit gerichtet, und die institutionellen Strukturen werden zu wenig durch eine akteurzentrierte Personifizierung verlebendigt. Das hierfür nötige authentische und ungefilterte Primärmaterial fehlt weitgehend, so daß die Prozesse politischer Entscheidungen nicht rekonstruierbar sind (Grammes/Weißeno 1995). Politik wird nicht erfahrungsbezogen und prozeßorientiert, sondern wie in den Medien als Ergebnis präsentiert. Das in den Schulbüchern zugrunde gelegte Politikmodell ist überwiegend normativ ausgerichtet; sie lassen sich nicht auf den Politikzyklus ein.

Die politischen Mitwirkungsmöglichkeiten (Hättich 1985) werden idealisierend katalogisiert und die Schülerinnen und Schüler zu wenig auf mögliche reale Situationen vorbereitet. Obwohl Bürgerinitiativen und -aktivitäten ein relativ hoher Stellenwert beigemessen wird, gehen die Autorinnen und Autoren kaum auf die Bedingungen und die Erfolgsproblematik ein. Mitwirkung ist nicht gleich

Erfolg im Sinne der Zielerreichung. Die politische Konstellation im Schulbuch wird auch bei der Darstellung der Institutionen wirklichkeitsfern. Sie werden nur unzureichend in Aktion, in den Beziehungen zum Bürger und untereinander dargestellt. Der Alltag in den Institutionen und die Interessen der dort Handelnden sind weitgehend ausgeblendet. Staat und Macht kommen meist nur als Wort, nicht als Begriff vor. Den Schülerinnen und Schülern wird keine Vorstellung von diesen zentralen Kategorien vermittelt.

Viele Schulbücher haben den Begriff Politik zwar im Titel, doch wird das Spezifische von Politik durch einen allzu weiten Politikbegriff konturenlos aufgeweicht (Weißeno 1997). Die mitmenschlichen Verhaltensweisen (Verhalten in Kleingruppen) sind auch in Politik relevant, sie werden damit aber noch nicht zu spezifisch politischen. Der Transfer wird in den Schulbüchern kaum versucht (Hättich 1985). Statt dessen springt man unvermittelt zur Politik. Ähnlich problematisch ist die geschlechtsspezifische Betrachtungsweise (Weißeno 1997). Es dominieren männliche Betrachtungsweisen; es wird kaum nach Frauen und Männern differenziert; die Frauen und Mädchen sind häufig visuell und sprachlich ausgeblendet. Trotz der inhaltsanalytisch gewonnenen Daten greift eine Schulbuchanalyse zu kurz, die nicht auf den tatsächlichen Verwendungsprozeß im Unterricht eingeht. Darüber gibt es aber im Rahmen empirischer Unterrichtsforschung bisher kaum Erkenntnisse.

Literatur: Grammes, T./Weißeno, G. 1995: Parteien und Wahlen als Unterrichtsthema, in: Bundeszentrale für politische Bildung (Hrsg.): Verantwortung in einer unübersichtlichen Welt, Bonn, S. 153-162; Hättich, M. u.a. 1985: Die politische Grundordnung der Bundesrepublik Deutschland in Politik- und Geschichtsbüchern, Melle; Hilligen, W. 1988: Das Schulbuch als Pädagogicum und Politicum, in: George, S./Sander, W. (Hrsg.): Demokratie-Lernen als politische und pädagogische Aufgabe, Stuttgart; Weißeno, G. 1997: Politische Urteilsbildung über innerparteiliche Demokratie. Analyse einer Schulbuchsequenz, in: Massing, P./Weißeno, G. (Hrsg.): Politische Urteilsbildung. Zentrale Aufgabe für den Politikunterricht, Schwalbach, S. 265-275.

Georg Weißeno

↗ *Band 1:* Medienpädagogik; Politische Wirklichkeit

Simulation

Die Simulation (simulare, lat. = so tun, als ob, vortäuschen, heucheln, nachmachen) stellt eine spielerische Methode zur regelgeleiteten, absichtsvollen Nachahmung von Konflikten und Entscheidungsprozessen dar. Zu den Simulationsspielen im Politikunterricht zählen als eher *gering verregelt:* Rollenspiele, Standbilder und Soziodramen, bei denen das Spielen zur Selbsterfahrung und zum Probehandeln in psychosozialen Konfliktsituationen dient. Als eher *hoch verregelt* sind Planspiele, Entscheidungsspiele und Computersimulationen zu nennen, in denen eine zweckrationale Simulation politischer, sozialer oder ökonomischer Konflikte erfolgt, die dem Entscheidungstraining dient. Meist wird zwischen Beobachtern und Akteuren (Spielern) getrennt, auch, um eine systematische Auswertung zu ermöglichen. Zu den „Regeln" in Simulationen zählen rechtliche Bestimmungen, formale Ablaufprozeduren, soziale Normen und evtl. zeitliche Vorgaben. Das dokumentierte Spektrum schulischer Simulationen reicht von der Nachahmung von Arbeitsvorgängen (z.B. Fließbandarbeit) über computergestützte Simulationen von Entscheidungsprozessen (z.B. Kommstedt) bis zu mehrtägigen Verhandlungen über UNO und Außenpolitik (z.B. Polis).

Literatur: Meyer, H. 1987: Unterrichts-Methoden, Bd. II, Praxisband, Frankfurt/M.; Zepp, J.: 1991: Das computergestützte Planspiel „Kommstedt", in: Bundeszentrale für politische Bildung, Bonn, S. 258-273.

Hans-Werner Kuhn

↗ Beobachtung; Computersimulation; Entscheidungsspiel; Planspiel; Rollenspiel; *Band 1:* Entscheidungsorientierung

Sitzordnung

Während in früheren Schulklassen die Sitzordnung der am Unterricht Beteiligten häufig genug eine hierarchisierende, mithin disziplinierende Funktion zu erfüllen hatte, wird die Wahl der Sitzordnung in der heutigen Schule durchweg mit ihrer Bedeutung für die „Kommunikationsstruktur des Unterrichts" begründet. Die Sitzordnung ist gemeinsam mit den kommunikationsrelevanten Formen der Gestaltung der „Raumstruktur des Unterrichts" (H. Meyer) begriffssystematisch den „Sozialformen" (W. Schulz) bzw. den „Kooperationsformen" (L. Klingberg) zuzurechnen. Die Entscheidung für eine Sitzordnung sollte, wie jede unterrichtsmethodische Maßnahme, mit Blick auf die von ihr zu erwartende *didaktische* – hier insbesondere kommunikative und interaktive – *Funktion in der betreffenden Handlungssituation* des Unterrichtsprozesses erfolgen. So erfordern Gruppenarbeitsphasen (Arbeitsgruppen) andere Kommunikations- bzw. Interaktionsformen, mithin Sitzordnungen, als etwa Einzel- (Einzelarbeitsplätze) oder Partnerarbeitsphasen (Zweierarbeitsplätze), Pro-Contra-Debatten (zwei kontrovers sich gegenübersitzende Gruppen und Öffentlichkeit), Plenardiskussionen (kreisförmige oder rechteckige Sitzordnung) oder Schüler- bzw. Lehrervorträge (frontale Sitzordnung).

Einem *Politikunterricht*, der zur Herausbildung sozialer und demokratischer Partizipationskompetenz beitragen will, entsprechen vor allem kommunikations- und interaktionsfördernde Sitzordnungen wie Kreis-, Rechteck- und Gruppenformen.

Literatur: Meyer, H. 1994[6]: Unterrichts-Methoden I: Theorieband, Frankfurt/M.

Klaus Koopmann

↗ Kommunikation; Kooperation; Sozialformen

Sokratisches Gespräch

Das Sokratische Gespräch ist eine Methode des strukturierten Dialoges, die ausgehend von eigenen Lebenserfahrungen zu gemeinsamen Einsichten und Erkenntnissen führen soll mit dem Ziel, das Vertrauen in die eigene Vernunft und die Selbstbestimmung des Menschen zu stärken.

Das Sokratische Gespräch geht auf das philosophierende Gespräch des Sokrates zurück, das er als Mäeutik (Geburtshilfe, Hilfestellung) für die Vernunft eines jeden Menschen verstand. Er war davon überzeugt, daß alle Menschen vernunftbegabt sind und sie durch einen vernünftig geführten Dialog gemeinsame Wahrheiten erkennen können. Eine späte Fortführung erfuhr diese Idee der kritischen *Selbstreflexion* erst durch Immanuel Kant und Jakob Friedrich Fries im Zuge der Aufklärung des 18. Jahrhunderts. Sie riefen die Menschen auf, sich nicht länger auf fremde Autoritäten zu stützen, sondern sich des eigenen Verstandes zu bedienen. Als didaktisches Konzept wurde das Sokratische Gespräch von Leonard Nelson (1882-1927) weiterentwickelt, um Philosophieren zu lernen, und nicht, um über Philosophie zu lehren (Nelson

166

1970: 269ff.). Sein Schüler Gustav Heckmann hat die Methode des Sokratischen Gespräches präzisiert und erweitert (Heckmann 1953, 1981, 1993).

Für eine demokratische politische Bildung erweist sich das Sokratische Gespräch als natürlicher Verbündeter mit dem Ziel, nachvollziehbare und hinterfragbare Erfahrungen, Erkenntnisse und Einsichten zu erheben, zu strukturieren und im Diskurs mit anderen auf ihre Tragfähigkeit zu überprüfen. Gerade in der Demokratie als offene Gesellschaft, die einem permanenten Wertewandel ausgesetzt ist, ist es notwendig, sich immer wieder neu mit den Veränderungen und Problemen in Politik, Ökonomie und Gesellschaft auseinanderzusetzen und mit anderen gemeinsame Wege und Kompromisse auf Zukunft hin zu finden. Insofern ist das Sokratische Gespräch nach Heckmann „ein einzigartiges, ein durch nichts anderes zu ersetzendes Mittel, Menschen zu autonomer kritischer Reflexion zu bringen" (Horster 1989: 39). Im Prozeß des Sokratischen Gespräches werden von allen Teilnehmerinnen und Teilnehmern unverzichtbare und zentrale *demokratische Tugenden* gefordert und eingeübt. „Mit der Radikalität des Fragens und dem Anspruch, nachvollziehbare und einsehbare Antworten zu finden, aber auch Kontroversen herauszuarbeiten, unterstreicht das Sokratische Gespräch die Prinzipien der Rationalität, Kontroversität und Pluralität, die zu den zentralen Zielen einer demokratischen politischen Bildung gehören" (Cremer 1991: 32).

Folgende *Prinzipien* und *Regeln* sind für das Sokratische Gespräch kennzeichnend:

1. Die *Gesprächsgruppe:* Das Sokratische Gespräch lebt von einer überschaubaren Gruppe von ca. 10 Personen, wobei jeder die Chance haben sollte, jeden Gesprächsteilnehmer persönlich kennenzulernen, um personale Vertrautheit in der Gruppe aufzubauen. Die Gleichberechtigung aller Gesprächsteilnehmerinnen und -teilnehmer sollte sich in einer kreisförmigen Sitzordnung ausdrücken, damit jeder jeden gleich gut sehen und hören kann. Da das Sokratische Gespräch vom Konkreten lebt, sollte jeder Gesprächsteilnehmer die prinzipielle Bereitschaft mitbringen, seine eigenen Interessen, Erfahrungen und Erkenntnisse in den thematischen Diskurs einzubringen. Die Berufung auf Fremdautoritäten sollte strikt vermieden werden.

2. Der *Gesprächsleiter:* Die Position des Sokratischen Leiters ist die heikelste beim Sokratischen Gespräch. Bei unerfahrenen Gesprächsgruppen sollte er Leitungserfahrungen mitbringen und ein solides Vorwissen über die zu behandelnde thematische Frage besitzen. Ohne sich selbst an dem inhaltlichen Diskurs zu beteiligen, sollte er hohe Sensibilität für die einzelnen Gruppenmitglieder entwickeln und sich voll auf den inhaltlichen Diskurs und die methodischen Schritte konzentrieren. Seine Aufgabe ist es, die Gruppe auf das Konkrete und Erfahrbare zurückzuführen und mit Hilfe von Visualisierung die einzelnen Fragen, Sätze und Thesen der Teilnehmerinnen und Teilnehmer sichtbar für alle festzuhalten. Er muß auf eindeutige Begrifflichkeit und Sprache achten, darf den roten Faden des Gespräches nicht verlieren, muß auf Widersprüche aufmerksam machen, Blockaden auflösen und auf Gemeinsamkeiten (Konsens, Kompromiß) hinarbeiten.

3. *Dokumentation* und *Visualisierung:* Die zentrale Kommunikationsstelle des Sokratischen Gespräches sind die visua-

lisierten Ergebnisse, die Auskunft geben über den Stand des Diskurses, über unbeantwortete Fragen genauso wie über Sätze, die allgemeine Zustimmung erfahren haben. An diesem Flußdiagramm können alle Teilnehmerinnen und Teilnehmer sich immer wieder neu über den Stand des Gespräches informieren auch als Impuls für die eigene Reflexion. Für den Gesprächsleiter und für jeden Teilnehmer hat sich die Anfertigung eines persönlichen Protokolls als sehr hilfreich erwiesen. Die nachträgliche schriftliche Reflexion erhöht die Sensibilität für den Erkenntnisprozeß, bringt Klarheit im Denken und erhöht die Sicherheit der eigenen Argumentation.

4. *Rahmenbedingungen:* Raum und Sitzmöglichkeiten für das Sokratische Gespräch sollten bewußt ausgewählt werden und eine entspannte und kommunikative Atmosphäre fördern. Die Dauer des Sokratischen Gespräches kann den Möglichkeiten der Gesprächsteilnehmerinnen und -teilnehmer angepaßt werden. Gesprächsrunden mit je zwei bis drei Stunden am Abend eines bestimmten Wochentages können genauso erfolgreich sein wie die Konzentration auf eine Woche mit regelmäßigen abendlichen Zusammenkünften. Die besten Erfahrungen wurden jedoch mit zusammenhängenden Seminaren von drei bis fünf Tagen gemacht. Bei großen zeitlichen Gesprächsintervallen ist neben der Visualisierung der Ergebnisse die Anfertigung eines für alle bestimmten Gesprächsprotokolls notwendig.

5. Das *Gesprächsthema:* Es versteht sich von selbst, daß alle Themen für das Sokratische Gespräch unbrauchbar sind, die auf empirischer Forschung, wissenschaftlichen Kenntnissen und fremden Autoritäten basieren. Dagegen kann jedes

Thema aufgegriffen werden, das allein mit der Vernunft und Erfahrung der Teilnehmerinnen und Teilnehmer bearbeitet werden kann. Nur so können im gemeinsamen Diskurs hinterfragbare und für alle nachvollziehbare Antworten gefunden werden. Dabei ist der Weg vom Konkreten (selbst erlebte Fallbeispiele) zum Abstrakten (allgemeine Einsichten und Erkenntnisse) von unverzichtbarer Bedeutung.

6. Das *Metagespräch:* Im Sokratischen Gespräch wird deutlich, wie schwierig und zeitraubend wirkliche Verständigung ist. Dies hat weniger mit den spezifischen Problemen des Themas zu tun, sondern vielmehr mit den gruppendynamischen Prozessen und den vielschichtigen thematischen Ansätzen und Beiträgen. Aus diesem Grund wurde das Metagespräch, das Gespräch über das Gespräch, eingeführt, damit von allen Teilnehmerinnen und Teilnehmern der gemeinsame Weg des Sokratischen Gespräches und gruppendynamische und inhaltliche Blockaden erkannt werden können. Die thematische Frage selbst darf im Metagespräch nicht weitergeführt werden. Darüber hinaus sollte das Metagespräch ohne Zeitdruck geführt und abwechselnd von einer Gesprächsteilnehmerin bzw. von einem Gesprächsteilnehmer geleitet werden.

Literatur: Cremer, W./Baselau, U./Brocker, R. 1991: Das Sokratische Gespräch – Eine Methode der demokratischen Diskussion und Entscheidungsfindung, in: Methoden der politischen Bildung – Handlungsoreintierung, S. 31-53, Bonn; Heckmann, G. 1953: Das Sokratische Gespräch, Die Wahrheit und die Toleranz, in: Specht/Eichler (Hrsg.), L. Nelson zum Gedächtnis, Frankfurt/M., Heckmann, G. 1981: Das Sokratische Gespräch, Hannover; Heckmann, G. 1993: Das Sokratische Gespräch – Erfahrungen in philosophischen Hochschulseminaren, Frankfurt/M.; Heckmann, G./Krohn, D. (Hrsg.) 1988: Über Sokratisches Gespräch und Sokratische Arbeitswochen, in: Zeitschrift für Didaktik der Philosophie, H. 1, Hannover; Horster, D. 1986: Das

Sokratische Gespräch in der Erwachsenenbildung, Bd. 11 der SR Theorie und Praxis aus dem Fachbereich EZW I der Universität Hannover; Horster, D. 1989: Sokratisches Gespräch und politische Bildung, in: vhs Texte und Beiträge, hrsg. vom Landesverband der Volkshochschulen Niedersachsen e.V., S. 35-46; Hufer, K.-P. 1992: Sokratisches Gespräch, in: Politische Erwachsenenbildung – Strukturen, Probleme, didaktische Ansätze, S. 158-160, Schwalbach/Ts.; Nelson, L. 1970: Die Sokratische Methode, Hamburg; Nelson, L. 1975: Vom Selbstvertrauen der Vernunft, in: Schriften zur kritischen Philosophie und ihrer Ethik, S. 191-238, Hamburg; Seidel, E. 1987: Das Sokratische Gespräch als Methode der politischen Erwachsenenbildung, in: Literatur- und Forschungsreport Weiterbildung 20, S. 59-72.

Will Cremer

⤴ Diskursive Verständigung; Kommunikation; Mäeutik; Metakommunikation; Rhetorik; *Band 2:* Diskurs; Philosophie und politische Bildung; Rhetorik und politische Bildung

Sozialformen

Als Sozialformen werden die unterschiedlichen Gruppierungen der Lernenden einer Klasse/Lerngruppe bezeichnet. Es gibt eine Arbeit im Plenum der Lerngruppe, in Teilgruppen, Partnerarbeit und Einzelarbeit.

Keine der Sozialformen ist im politischen Unterricht einer anderen überlegen oder vorzuziehen. Eine Sozialform läßt sich nur im Zusammenhang mit den jeweiligen Aufgaben und Zielen, der Lernsituation der einzelnen Schülerinnen und Schüler und der Lernsituation der Klasse begründen.

Die Anwendung von und die Diskussion um unterschiedliche Sozialformen ist – zumindest in ihrer heutigen Form – relativ neu. In den überwiegend auf die Vermittlung von Wissensbeständen und vorgegebenen Haltungen und Einstellungen zentrierten Schulen früherer Jahrhunderte und auch Jahrzehnte gab es im wesentlichen Arbeit im Plenum in unterschiedlichen Formen und außerdem Einzelarbeit, dazu in wenig gegliederten Schulen Aufteilungen in Jahrgangsgruppen. Erst in der Reformpädagogik des 20. Jahrhunderts wurden andere Sozialformen, insbesondere die Arbeit in Teilgruppen und die Partnerarbeit – außerhalb der sogenannten Stillarbeit –, entwickelt und begründet.

Das *Plenum*, die gesamte Lerngruppe – im Regelfall die Klasse –, ist in einigen Phasen und bei der Initiierung bestimmter Lernprozesse die einzig angebrachte Sozialform, kann allerdings recht unterschiedliche Ausprägungen haben.

Der Beginn jeder Unterrichtseinheit erfolgt im Regelfall im Plenum, das im politischen Unterricht den Charakter des Gesprächskreises haben sollte. Das Plenum ist auch für Phasen des Unterrichts, in denen die weitere Arbeit geplant und entschieden wird, für die Präsentation und Reflexion der Arbeitsergebnisse und für die Metakommunikation über die gelaufenen Unterrichtsprozesse, die angewandten Verfahren und die Beziehungen in der Klasse die geeignete Sozialform, weil jeweils die gesamte Klasse angesprochen wird oder miteinander reden muß.

Das Plenum hat in den Phasen, in denen Zusammenhänge, Sachwissen vermittelt wird, eine weitere Funktion. Während im Plenum in der Form des Gesprächskreises die Lehrperson zurücktritt und meist eine mehr moderierende Funktion einnimmt, muß sie – auch im politischen Unterricht –, wenn zusammenhängendes Wissen vermittelt werden soll, stärker im Mittelpunkt stehen, ja ggf. auch einen Lehrervortrag halten.

Das Plenum kann aber auch dazu dienen, die Schülerinnen und Schüler mit etwas zu konfrontieren, z.B. einem Film, dem Vortrag eines Experten oder einer

Expertin, einem Bericht, einer provozierenden Geschichte.

Die *(Teil-)Gruppenarbeit* im politischen Unterricht ist nur dann sinnvoll, wenn sie für den Unterrichtsprozeß, für den Lernprozeß jedes/jeder einzelnen etwas beitragen kann. Ein besonderer Stellenwert könnte der Teilgruppenarbeit nur insofern im politischen Lernprozeß zukommen, als es in Teilgruppen möglich ist – nicht unbedingt sein muß! –, daß alle Schülerinnen und Schüler sich äußern, planen, mitwirken, aktiv sind. Häufig läuft die Arbeit in Gruppen eher restriktiv, oft unter der Führung eines Jungen, der Arbeit verteilt, z.B. das Schreiben an Mädchen. Ein solches Verhalten in der Gruppe ist zwar in der Meta-Phase des Unterrichts thematisierbar, entzieht sich aber bisweilen der Wahrnehmung des Lehrers/der Lehrerin oder wird auch von den Gruppenmitgliedern nicht angesprochen.

Gruppenarbeit in arbeitsteiligen Gruppen, d.h. Gruppen, die jeweils eine spezielle Fragestellung bearbeiten, einen speziellen Erkundungsauftrag haben, bestimmte weitere Unterrichtsphasen vorbereiten, sich zu Experten für eine bestimmte Fragestellung entwickeln, gehören im Regelfall zu einem methoden- und handlungsorientierten politischen Lernen.

Arbeitsgleiche Gruppen, die unterschiedliche Positionen zu einem Text, zu einer Sachfrage erarbeiten, sind auch möglich und für politisches Lernen dienlich, wenn die Ergebnisse anschließend im Plenum diskutiert und abgewogen werden. Die arbeitsgleiche Gruppenarbeit ermöglicht es, unterschiedliche Positionen oder Einstellungen ins Plenum zu bringen, wenn die Gruppen ausdrücklich auch den Auftrag bekommen, die Minderheitsmeinungen mit vorzutragen, oder wenn die

Gruppen unter unterschiedlichen Aspekten denselben Tatbestand diskutieren.

Für die *Bildung von Gruppen* gibt es verschiedene Verfahren. Bisweilen gibt es in Klassen ständig zusammenarbeitende Gruppen. In ihnen fallen die Gruppenprozesse, die am Anfang jeder Gruppenarbeit stehen, weg. Auch technisch spricht bisweilen einiges für diese Form der Gruppenarbeit, weil der Übergang vom Plenum zu einer – evtl. nur kurzen – Gruppenarbeit reibungsloser erfolgt. Bei längeren Gruppenphasen, die sich über mehrere Stunden hinwegziehen und eine intensive Arbeit zum Ziel haben, ist die Bildung von interessengeleiteten Gruppen sinnvoll. Dabei darf allerdings nicht übersehen werden, daß viele Schülerinnen und Schüler die Zuordnung zu einer Gruppe weniger nach ihrem Interesse als nach Freundschaften und Sympathien vornehmen, was allerdings für die Arbeit der Gruppe kein Nachteil sein muß. Ein Problem taucht allerdings bei der jeweiligen Neubildung von Gruppen auf. Es gibt auch in gut kooperierenden Klassen immer wieder Schülerinnen und Schüler, die Schwierigkeiten haben, sich einer Gruppe zuzuordnen oder von anderen Mitgliedern der sich konstituierenden Gruppen abgelehnt werden. Empirisch belegt ist, daß die Bildung einer Restgruppe aus den „Übriggebliebenen" im Regelfall nicht zu einer arbeitsfähigen und erfolgreichen Gruppenarbeit führt.

Partnerarbeit ist nicht nur eine Vorform der Arbeit in Teilgruppen, sondern eine eigenständige Sozialform, die es schnell ermöglicht, daß zwei Schülerinnen bzw. Schüler eine Aufgabe erledigen, sich einer Fragestellung widmen, Arbeitsvorbereitungen treffen, miteinander sprechen. Häufig zusammenarbeitende Partnergruppen bieten die Chance, sich schnell und intensiv mit einem Problem auseinanderzusetzen, zu planen, Positionen herauszuarbeiten.

Einzelarbeit ist häufig – nicht nur individuell und arbeitstechnisch bedingt – eine „Sozialform", in der intensiv in einen Sachverhalt, einen Text, ein Problem eingestiegen werden kann.

Entscheidungen zu Sozialformen setzen im Grunde eine differenzierte Bedingungsanalyse voraus und sind durch empirische Befunde nicht immer klar begründbar. Unter dem Aspekt politischer Lernprozesse und der Ziele politischer Bildung fehlen klare empirische Ergebnisse.

Deshalb ist es nach der augenblicklichen didaktischen Diskussion sinnvoll, Sozialformen möglichst variabel einzusetzen und deren Reflexion im Meta-Unterricht zu berücksichtigen.

Beobachtungen von und Gespräche mit Schülerinnen und Schülern ergeben sehr häufig, daß Arbeit in Teilgruppen wenig beliebt ist.

Wenn politischer Unterricht von den Schülerinnen und Schülern nicht als Chance für ihre persönliche Entwicklung verstanden, nicht als Möglichkeit gesehen wird, später *handlungsfähig* zu sein, werden von den Schülerinnen und Schülern die Sozialformen abgelehnt, in denen sie allein oder mit anderen intensiv arbeiten müssen.

Literatur: Franke, P. 1988: Gruppen- und Partnerarbeit als dynamische Prozesse, in: Mickel, W. W./ Zitzlaff, D. (Hrsg.): Handbuch zur politischen Bildung, Schriftenreihe, Bonn; Gagel, W. 1986: Unterrichtsplanung: Politik/Sozialkunde, Opladen; Gudjons, H. (Hrsg.) 1995: Handbuch Gruppenunterricht, Weinheim/Basel; Nitzschke, V./Nonnenmacher, F. 1995: Zur Dimension des Politischen im methoden– und handlungsorientierten Politischen Unterricht, in: Massing, P./Weißeno, G. (Hrsg.): Politik als Kern der politischen Bildung. Wege zur Überwindung unpolitischen Politikunterrichts, Opladen, S. 225-237.

Volker Nitzschke

↗ Gruppenarbeit; Metakommunikation; Sitzordnung; *Band 1:* Bedingungsanalyse; *Band 2:* Sozialformen der Erwachsenenbildung

Sozialstudie

Die Sozialstudie ist ein didaktisches Konstrukt, dessen besondere Funktion darin besteht, Politikunterricht wissenschaftsorientiert zu implementieren. „Sozialwissenschaftliche Forschung über gesellschaftliche Probleme ... (sollte) wenigstens in exemplarischer Form und hinsichtlich ihrer methodischen Anlage im Unterricht berücksichtigt werden" (Giesecke 1980: 59).

In der Sozialstudie können zu einem Problem, das eine Lerngruppe selbst definiert, sozialwissenschaftliche Untersuchungen bzw. Teile aus solchen in der näheren Umwelt wiederholt und überprüft werden. Dazu eignen sich im besonderen einfache Umfragen. Sie können zum Anlaß werden, daß „der politische Unterricht wenigstens in die Elementaria der Statistik und der Umfrage-Methoden" einführt (Giesecke 1980: 60).

Die Sozialstudie ist in ihrer Anlage vom Prinzip forschend-entdeckenden Lernens bestimmt. Es wird auf die Grundstruktur einfacher sozialwissenschaftlicher Studien hin konkretisiert – und zwar vom Zeitpunkt der Definition des zu untersuchenden Problems bis hin zur Evaluation der verwendeten Untersuchungsmethoden im Kontext der Interpretation gesammelter Daten. Insofern ist für die Sozialstudie konstitutiv, daß sie „elementarisiertes wissenschaftliches Vorgehen" (Giesecke 1980: 60) zum Gegenstand von Erfahrungslernen macht. Die Tatsache, daß in Phasen der Reflexion eigenen Handelns auch Bedingungen der Herstellung wissenschaftlichen Wissens in den Problemhorizont gerückt werden können, bezeichnet die besondere Qualität der Sozialstudie für die Didaktik politischen Unterrichts: Was messen Umfragen, in denen es z.B. um Einstellungen zur Atomkraft geht, wenn bei der Befragung die Kosten, die bei der Lagerung atomaren Restmülls auf die bzw. den einzelnen und die Gemeinschaft zukommen, nicht thematisiert werden? Wie ist zu erklären, daß so und nicht anders die Umfragen angelegt werden? Oder: Wie hat man damit umzugehen, daß die Ergebnisse von Umfragen zweier Meinungsforschungsinstitute zum selben Thema gravierend differieren?

Wissenschaftsorientierter Politikunterricht kann im Rahmen einer Sozialstudie Lernenden die politische Dimension sozialwissenschaftlicher Untersuchungen erschließen, wenn bei der Reflexion von Ergebnissen die Bedeutung mitgedacht wird, die dem so oder so Erzeugten in öffentlichen Auseinandersetzungen zukommt. Die Sozialstudie verbindet folglich Problemwahrnehmungen Lernender mit elementarisierter sozialwissenschaftlicher Expertise und der Reflexion von Prozessen politischer Willensbildung. Sie fügt, wenn in ihr die politische Dimension sozialwissenschaftlicher Forschungen thematisiert werden kann, wissenschaftspropädeutischem Unterricht eine besondere Komponente hinzu.

In der Theorie politischer Bildung und in den *Rahmenplänen,* auf denen politischer Unterricht basiert, ist wissenschaftspropädeutischer Unterricht für die gymnasiale Oberstufe bzw. Sekundarstufe II vorgesehen. Er kann dort erfahrungsgemäß nur realisiert werden, wenn die Schülerinnen und Schüler in der Sekundarstufe I Gelegenheit hatten, sozialwissenschaftlich fundierte Methodenkompetenz zu entwickeln. „Wissenschaftliche Arbeit – so das Produkt entsprechen-

den Erfahrungslernens – gibt es nur in der Kontinuität, niemals einfach vom Nullpunkt an" (Giesecke 1980: 60).

Gehören Sozialstudien auf beiden Schulstufen zur *methodischen Grundausstattung* von Unterricht, so sollte es möglich sein, auch die Entwicklungsgeschichte der Sozialwissenschaften zum Gegenstand von Betrachtungen zu machen. Einfache Techniken der *Informationsbeschaffung* wie die Beobachtung und die Befragung können dann nicht nur in komplexeren Forschungsansätzen wiederentdeckt und weiterentwickelt werden, vielmehr läßt sich im Blick auf die *Entwicklungsgeschichte der Sozialforschung* auch der neuralgische Punkt bearbeiten, der der Sozialstudie als didaktischem Konstrukt eigen ist: In einer Sozialstudie lassen sich – pädagogisch-didaktisch begründet – positivistische Vorgehensweisen der klassischen empirischen Sozialforschung am ehesten reproduzieren; komplexere Forschungsansätze dagegen, wenn überhaupt, nur stark reduziert zugänglich machen. In deren Logik sollte eine sozialwissenschaftlich und pädagogisch-didaktisch kompetente Lehrkraft über exemplarische Expertisen aber näherungsweise einführen können.

Dabei wird deutlich, was prinzipiell für die Anlage einer Sozialstudie gilt: Der Lehrerin bzw. dem Lehrer fällt anders als etwa bei weniger wissenschaftsorientertem Unterricht die Rolle zu, für die Einhaltung bzw. Berücksichtigung von Standards wissenschaftlichen Vorgehens Sorge zu tragen. Kann die vorläufige Problemdefinition durch die Schülerinnen und Schüler noch weitgehend selbstorganisiert erfolgen, so ist es an der Lehrerin bzw. dem Lehrer, problem- und themenbezogen „the present state of the art" vorzustellen: Fachlich kompetent sind die

Schülerinnen und Schüler darüber zu informieren,

- in welchen sozialwissenschaftlichen Studien das angesprochene Problem bereits untersucht worden ist,
- wie dort versucht wird, es theoretisch und empirisch zu lösen,
- wie sich Untersuchungsdesigns zum gleichen Thema in der Methodenwahl unterscheiden und
- in welchen kommunikativen Zusammenhängen Sozialforschung konkret betrieben wird.

Dabei sollte erkennbar werden, daß Theorien eine Reihe von Eigenschaften aufweisen müssen. Dazu zählt vor allem, daß sie empirisch überprüfbar, von hohem Informationsgehalt, in unterschiedlichen sozialen Situationen anwendbar sind und neben politischen Entscheidungen Interaktionsstrukturen und institutionelle Regelungen als Faktoren zugänglich machen, die Einstellungen zu Politik und zu politischem Handeln nachhaltig beeinflussen.

Die einschlägige Fachliteratur bietet dazu Orientierungshilfen.

In der Geschichte der politischen Bildung in der Bundesrepublik ist es Hermann *Giesecke* gewesen, der als erster explizit für die Sozialstudie als einer Form wissenschaftsorientierten Unterrichts plädierte. Er entwickelt sein Konzept einer Sozialstudie im Kontext einer konfliktorientierten Didaktik und Methodik politischen Unterrichts, verzichtet dabei aber darauf, die reformpädagogische Tradition zu kennzeichnen, in der die Sozialstudie als didaktisches Konstrukt steht.

Es blieb Wolfgang *Hilligen* vorbehalten, als erster die amerikanische Diskussion zu Social studies für die Fachentwicklung politischer Bildung in Deutschland so aufzubereiten, daß am Beispiel der Sozialstudie der Pragmatismus als Bezugstheorie pädagogischen Handelns in der politischen Bildung identifiziert wurde.

Christoph *Wulf* hat in seiner Studie zu den Social studies als Elemente eines „politisch-sozialwissenschaftlichen Curriculums" darauf aufmerksam gemacht, daß die Sozialstudie in besonderem Maße geeignet ist, *Wissenschaftsorientierung* als fundamentalen didaktischen Grundsatz politischer Bildung zu begründen: In einer Stufenfolge komplexer werdender Fragestellungen und entsprechender Untersuchungsmethoden können Schülerinnen und Schüler erfahren, daß es zu verändernde „konzeptionelle Schemata" sind, die den Prozeß des forschend-entdeckenden Lernens wie des wissenschaftlichen Forschens steuern. Heuristisches Lernen führe als wissenschaftspropädeutisches dazu, daß Schülerinnen und Schüler nicht nur Kenntnisse erwerben, sondern gleichzeitig gesellschaftliche Voraussetzungen des Kenntniserwerbs erfahren, indem es „sie zur selbständigen Erarbeitung der politischen Voraussetzungen von Wissen anregt" (Wulf 1973: 119).

Literatur: Ackermann, P. 1997: Forschend lernen: Exkursion, Sozialstudie, Projekt, in: Sander, W. (Hrsg.) 1997: Handbuch politische Bildung, Schwalbach/Ts., S. 457-470; Bommes, M./Klingemann, C./ Köhler, G./Scherr, A. 1991: Bereiche anwendungsorientierter soziologischer Forschung, in: Kerber, H./ Schmieder, A. (Hrsg.): Soziologie – Arbeitsfelder, Theorien, Ausbildung. Ein Grundkurs, Reinbek; Gagel, W. 1997: Wissenschaftsorientierung, in: Sander, W. (Hrsg.) 1097: Handbuch politische Bildung, Schwalbach/Ts., S. 115-127; Giesecke, H. 1980: Methodik politischen Unterrichts, München; Hilligen; W. 1971: Forschung im Bereich Social Studies, in: Ingenkamp, K./Parey, E. (Hrsg.): Handbuch der Unterrichtsforschung, Teil III, Weinheim; Lißmann, H.-J. 1995: Sozialstudien zu den Folgen von Migration im Wohnbereich, in: Mickel, W. W./Zitzlaff, D. (Hrsg.): Methodenvielfalt im politischen Unterricht, Schwalbach/Ts. S. 236ff.; Lißmann, H.-J. 1996: Festung Europa? Menschen auf der Flucht vor Armut, Umweltkatastrophen und Krieg, in: Praxis Politik 2/96; Negt, O. 1997: Kindheit und Schule in einer

Welt der Umbrüche, Göttingen; Opp, K. D./Roehl, W. 1990: Tschernobyl-Effekt – Eine Untersuchung über die Ursachen politischen Protests, Opladen; Rathenow, H.-F. 1988: Erkundung, Sozialstudie, Praktikum, in: Mickel, W. W./Zitzlaff, D. (Hrsg.) 1988: Handbuch der politischen Bildung, Opladen, S. 279-283; Wulf, C. 1973: Das politisch-sozialwissenschaftliche Curriculum, München.

Hans-Joachim Lißmann

↗ Entdeckendes Lernen; Problemstudie; Wissenschaftspropädeutik; *Band 1:* Wissenschaftstheorien

Soziodrama

Das Soziodrama gehört zur Methode und zum Instrumentarium einer Mikrosoziologie, die Jacob Levy Moreno (1889-1974) für die Lösung sozialer Konflikte erarbeitet hat (vgl. Moreno 1995). Es wurde im Vergleich zum Psychodrama nicht für therapeutische, sondern für pädagogische Zwecke entwickelt. Subjekt des Soziodramas ist die Gruppe und nicht das einzelne Individuum. Im Mittelpunkt stehen Gruppenbeziehungen und kollektive Ideologien. Idee ist, Rollen und Typen zu entdecken, die eine gesellschaftliche Bedeutung tragen (vgl. Moreno 1993). Das Soziodrama dient infolgedessen als Instrument, *Probleme in Gruppen* und somit in der Gesellschaft zu erfassen und deren Lösung konstruktiv vorwärtszubringen. Dies geschieht beispielsweise in Form von Planspielen, in denen politische Spannungsfelder erkannt werden können. Dabei spielen die Teilnehmerinnen und Teilnehmer gesellschaftliche Gruppen und treten interaktiv zusammen, was wiederum zur Transparenz politischer Konflikte und deren befriedigenden Lösungen führt (vgl. Stelzig 1996). Praktisch findet das Soziodrama Anwendung u.a. im Schulunterricht, in der Organisationsentwicklung und in der politischen Bildung (vgl. Serafin 1997).

Literatur: Moreno, J. L. 1993[4]: Gruppenpsychotherapie und Psychodrama. Einleitung in die Theorie und Praxis, Stuttgart; Moreno, J. L. 1995[4]: Die Grundlagen der Soziometrie. Wege zur Neuordnung der Gesellschaft, Stuttgart; Serafin, E. 1997: Morenos Konzepte in der Jugend- und Erwachsenenbildung. Politisch-Emanzipative Arbeit mit Psychodrama, Soziodrama und Soziometrie, Berlin; Stelzig, M. 1996: Indikation für das Monodrama, in: Erlacher-Farkas, B./Jorda, C.: Monodrama. Heilende Begegnung. Vom Psychodrama zur Einzeltherapie, Wien, S. 65-170.

Cornelia Muth

↗ Gruppendynamik; Perspektivenübernahme; *Band 2:* Psychische Voraussetzungen politischen Lernens

Spurensuche

Historikerinnen und Historiker, besonders aber historisch interessierte Laien lenken seit Beginn der 80er Jahre ihren Blick zunehmend auf das unmittelbare lokale und regionale Umfeld. Fragestellungen und Methoden der *Alltagsgeschichte* fokussieren in überschaubaren Bereichen das „namenlose" Subjekt, den einzelnen Menschen in seinen alltäglichen historischen Lebenswelten. Neben dem Ziel, vor Ort die vielfältigsten Spuren der Vergangenheit „auszugraben", steht zudem oft der Wunsch eines gemeinsamen Lernprozesses von *Betroffenen* (Zeitzeugen) und Interessierten. Einzelnen, politisch oder gewerkschaftlich organisierten Gruppen und freien Initiativen wie den Geschichtswerkstätten ist es durch ihre engagierte Tätigkeit nicht selten gelungen, Zeugnisse vor dem Vergessen zu bewahren, Verdrängtes wieder bewußtzumachen und so im lokalen Umfeld aktive Erinnerungsarbeit zu leisten.

Literatur: Lindenberger, Th./Wildt, M. 1989: Radikale Pluralität. Geschichtswerkstätten als praktische Wissenschaftskritik, in: Archiv für Sozialgeschichte, S. 393ff.; Lüdtke, A. 1989: Was ist und wer treibt Alltagsgeschichte?, in: ders. (Hrsg.): Alltagsgeschichte. Zur Rekonstruktion historischer Erfahrungen und Lebensweisen, Frankfurt/M., New York, S. 9ff.

Ute Stiepani

↗ Geschichtswerkstätten; Oral history; Zeitzeuge; *Band 2:* Alltagsorientierung; Geschichtswerkstätten; Historisch-politisches Lernen; Lebensweltorientierung

Standbild

Das Standbild ist das Produkt einer handlungsorientierten und gruppenbezogenen Methode, das nonverbal ein politisches Thema in Form eines *erstarrten Bildes* darstellt. Das Bild besteht aus den Mitgliedern einer Arbeitsgruppe, die in einem vorangegangenen Diskussionsprozeß die Figurengruppe gemeinsam erarbeitet haben. Die Figuren symbolisieren durch ihre Komposition zueinander und durch Körperhaltung und Mimik ein politisches Problem oder eine Dilemmasituation auf sinnlich-anschauliche Weise. Die Spielregeln stammen aus der Psychotherapie und wurden für pädagogische Lehrziele umgewandelt. Das Standbild entsteht in folgenden *Schritten*:

1. Die Gruppe erhält die Aufgabe, eine Situation oder ein Thema darzustellen.

2. Die Gruppe entscheidet sich, ob sie einen Regisseur wählt, der das Standbild organisiert, oder ob die Gruppe als Team gleichberechtigt das Standbild herstellt.

3. Die Gruppe diskutiert das politische Problem inhaltlich und entwirft im Diskussionsprozeß immer wieder verändernd ein stehendes Gruppenbild. Die lebenden Figuren werden dabei so oft umarrangiert und der Ausdruck der einzelnen Figuren miteinander diskutiert, bis alle Gruppenmitglieder mit der Aussagekraft des Bildes einverstanden sind.

4. Das erstarrte Bild wird dem Plenum der Lerngruppe präsentiert.

5. Das Plenum betrachtet das Standbild, stellt Verständnisfragen an die Mitglieder der Figurengruppe und deutet das Standbild.

6. Nach der Auflösung des Bildes erhalten die Mitglieder und der Regisseur vorrangig die Gelegenheit, ihre Befindlichkeit in der Figur zu reflektieren und dem Plenum mitzuteilen. Die Arbeitsgruppe legt ihre Motivation für das gewählte Bild offen.

7. Die gesamte Lerngruppe wertet das Standbild inhaltlich und formal aus.

Das Standbild bietet die Chance, in kürzerer *Zeit* als das Rollen- und Planspiel über aktive Beteiligung der Lernenden ein Unterrichtsgespräch zu initiieren, das auf Selbsterfahrung basiert. Wie jede Methode, die therapeutischen Verfahren entlehnt ist, besteht die Gefahr, Lernende und Lehrende psychisch zu überfordern. Aus diesem Grund ist die Integration des Standbildes in den Politikunterricht sorgfältig gegen andere Methoden abzuwägen. Die Thematik und das Lehrziel sollten verantwortungsbewußt vom Lehrenden so ausgewählt werden, daß die Grenze zur Therapie nicht überschritten wird. Dies ist am ehesten gewährleistet, wenn Themen, die stark in die persönliche Sphäre der Lernenden eindringen, für das Standbild vermieden werden.

Literatur: Kliebisch, U./Weyer, D. 1996: Selbstwahrnehmung und Körpererfahrung. Interaktionsspiele und Infos für Jugendliche, Mühlheim an der Ruhr; Meyer, H. 1989: Unterrichts-Methoden II: Praxisband, Frankfurt/M.; Scheller, I. 1986: Szenisches Spiel. Enzyklopädie Erziehungswissenschaft, Bd. 3, Stuttgart; Vopel, K. W. 1994: Handbuch für Gruppenleiter/innen. Zur Theorie und Praxis der Interaktionsspiele, Hamburg; Vopel, K. W. 1991: Interaktionsspiele, Hamburg.

Karin Kroll

↗ Ästhetisches Lernen; Handlungsorientierung; Simulation

Statistik

Unter Statistik versteht man die zahlenmäßige Erfassung wirtschaftlicher und sozialer Sachverhalte durch Zählung und deren anschließende Aufbereitung und Darstellung in Form von Tabellen und Diagrammen (Ackermann 1991: 40). Die Daten werden entweder in einer Totalerhebung von Gesamt- bzw. Teilmengen oder in einer Teilerhebung in Form repräsentativer oder Zufallsgrößen gewonnen. Zahlen haben gegenüber anderen Informationsträgern den Vorteil, daß sie, wenn sie wissenschaftlich korrekt erhoben und aufbereitet werden, exakt und vergleichbar sind. Da Zahlen Sachverhalte sehr abstrakt abbilden, ist es häufig nötig, sie zum besseren Verständnis zu veranschaulichen. Darüber hinaus entfalten statistische Daten oftmals erst durch den Vergleich mit anderen Bezugsgrößen ihre volle Aussagekraft.

Statistische Daten lassen sich verschiedenartig darstellen: 1. Mit Hilfe *absoluter Zahlen*: Hier werden Mengen, Größen und Häufigkeiten in absoluten Werten angegeben. Die fehlende Vergleichbarkeit absoluter Zahlen (z.B. wegen unterschiedlicher Erhebungsmethoden und unterschiedlicher zeitlicher und räumlicher Bezüge) stellt häufig ein großes Problem im Politikunterricht dar; 2. Mit Hilfe *relativer Zahlen:* Sie setzen einen Zahlenwert zu einer anderen Größe in Beziehung. Wird eine Teilmenge auf die jeweilige Gesamtmenge bezogen, spricht man von Prozent- oder Gliederungszahlen (z.B. Arbeitslosenquote). Wird eine Beziehung zwischen verschiedenen Größen hergestellt, handelt es sich um Beziehungszahlen (z.B. BIP pro Kopf der Bevölkerung). Ähnlich wie bei absoluten Zahlenangaben ist auch die Aussagekraft relativer Zahlen kritisch zu hinterfragen

(z.B. im Hinblick auf Wahl der Bezugsgrößen); 3. Mit Hilfe von *Indexzahlen:* Sie beziehen sich immer auf ein Basisjahr. Dabei wird der im Basisjahr ermittelte Wert gleich 100 gesetzt und alle davor bzw. danach liegenden Werte auf dieses Basisjahr bezogen (z.B. Preisindex für die Lebenshaltung). Im Umgang mit Indexzahlen ist u.a. immer wieder kritisch zu reflektieren, inwieweit das jeweilige Basisjahr repräsentativ für die dargestellten Sachverhalte ist.

Der sachgerechte und kritische Umgang mit statistischem Material ist für die politische Bildung unverzichtbar. Statistiken vermitteln Informationen zu nahezu allen Themen der politischen Bildung, die kritische Auseinandersetzung mit ihnen schult das politische Urteilsvermögen und eröffnet Chancen für politisches Handeln. Die dazu notwendige Fach- und Methodenkompetenz muß durch regelmäßigen und alters- und sachadäquaten Umgang mit ihnen allmählich erworben werden.

Literatur: Ackermann, P./Gaßmann, R. 1991: Arbeitstechniken politischen Lernens kurzgefaßt, Stuttgart; Henecka, H. P. 1988: Sozialwissenschaftliche Methoden, in: Mickel, W. W./Zitzlaff, D. (Hrsg.): Handbuch der politischen Bildung, Opladen, S. 307-314; Henecka, H. P. 1988: Methoden und Techniken empirischer Sozialforschung, in: Mickel, W. W./Zitzlaff, D. (Hrsg.): a.a.O., S. 314-320; Pandel, H.-J./Schneider, G. 1998: Handbuch. Medien im Geschichtsunterricht, Schwalbach/Ts.; Wallert, W. 1993: Geomethoden. Neue Übungen mit geographischen Arbeitsmaterialien, Stuttgart; Willms, A. 1984: Die Erschließung der sozialen Wirklichkeit mit Hilfe amtlicher Statistiken, Methoden der empirischen Sozialforschung IV, in: Gegenwartskunde, H. 2, S. 175-188.

Kurt Lach

↗ Diagramm/Graphik

Steckbrief

Das Wort bezeichnet im allgemeinen einen plakatartigen Aushang, mit dem eine

Behörde einen Verbrecher sucht. Ursprünglich Ladebrief des Femegerichts, der in den Torriegel „gesteckt" wurde. Im übertragenen Sinne wird der Begriff im Kontext der Moderationsmethode für ein Medium benutzt, auf dem eine Personenbeschreibung schriftlich und optisch festgehalten wird.

Eine Einsatzmöglichkeit des Steckbriefes besteht innerhalb der *Kennenlernphase* einer Lerngruppe darin, die Teilnehmerinnen und Teilnehmer sich wechselseitig in Partnerarbeit interviewen zu lassen und anschließend jeweils ein Kurzporträt (ggf. mit Zeichnung oder Sofortbild) steckbriefartig zu erstellen, um mit dessen Hilfe den Partner der Gruppe vorzustellen. Eine andere Anwendungsmöglichkeit des Steckbriefs liegt in einer Art Ratespiel, bei dem biographische Texte (ohne Namensnennung) vorgelesen werden und von der Lerngruppe in möglichst kurzer Zeit entschlüsselt werden sollen. Selbstverfaßte Steckbriefe vermögen den biographischen Zugang noch zu intensivieren.

Literatur: Gugel, G. 1997: Methoden Manual, Weinheim, Basel; Müller, U. F. 1990: Steckbriefe. Ein biographisches Ratespiel mit 250 Aufgaben, München.

Hans-Joachim von Olberg

↗ Arbeitstechniken; Moderation; Rätsel; *Band 2:* Biographisches Lernen

Stimmungsbarometer

Ein Stimmungsbarometer visualisiert veranstaltungsbegleitend die emotionalen Aspekte des Seminargeschehens. Vor oder nach den Arbeitseinheiten (oder sinnvollen Zeitabschnitten) werden die Teilnehmerinnen und Teilnehmer aufgefordert, ihre momentane Befindlichkeit oder Sichtweise des Geschehens in Form von Klebepunkten, Strichlisten, Kreuzen o.ä.

auf einer vorgefertigten Matrix einzutragen. Dabei können auch Bewertungsmaßstäbe (z.B. +3 – -3) vorgegeben werden. Auf diese Weise wird die Stimmungslage der gesamten Gruppe sichtbar und kann somit auch angesprochen werden.

Führt man eine Differenzierung in Zeitabschnitte ein (z.B. 1. Tag, Vormittag, Nachmittag, Abend ...) und untergliedert dabei nochmals verschiedene Bereiche (z.B. „Das Thema", „Die Gruppe", „Die Leitung"), so stehen relativ differenzierte Aussagen über das Gruppengeschehen zur Verfügung.

Die Ursachen für die jeweiligen Stimmungslagen lassen sich jedoch aus einem Stimmungsbarometer nicht ersehen. Diese müssen im Gespräch geklärt werden.

Günther Gugel

↗ Visualisierung; *Band 1:* Emotionalität

Straßeninterview

Während ein Straßeninterview als besondere Form der Befragung vorwiegend dazu dient, die Vielfalt der Meinungen und Vorstellungen in der Alltagswelt kennenzulernen, ermöglichen Befragungen von Menschen zu bzw. in ihrem Wirkungskreis eine Vorstellung von den jeweiligen Kompetenzen. Straßeninterviews werden überwiegend im öffentlichen Bereich (Plätze, Straßen, Bahnhöfe) und z.T. im kommerziellen Bereich (Geschäfte, Kneipen, Zeitungen) durchgeführt, um die alltäglichen Meinungen und Erfahrungen zufällig befragter Passanten, Gäste, Konsumenten etc. zu erfragen.

In Straßeninterviews wird nicht nur *Alltagswissen* erfragt, sondern den Schülerinnen und Schülern werden zugleich vielfältige soziale und kommunikative Erfahrungen in der Begegnung mit den Befragten ermöglicht. Die Interviews können Bestandteil zahlreicher Methoden (Erkundung, Sozialstudie, Fallanalyse, Projekt, Praktikum etc.) sein und den Erkenntnisgewinnungsprozeß maßgeblich beeinflussen.

Das mit Hilfe von Straßeninterviews erhobene Alltagswissen kann im Unterricht mit wissenschaftlichem Wissen aus anderen Quellen verglichen und in den gemeinsamen Reflexionsprozeß eingebracht werden. Die Schülerinnen und Schüler sollen sich dabei nicht als Mini-Sozialforscher verstehen, sondern die Arbeitstechnik als ein Element der Wissensaneignung und des Kennenlernens unterschiedlicher Meinungen begreifen. Ziel des Einsatzes im Unterricht ist nicht die Forschung, sondern die Betrachtung eines Sachverhaltes aus unterschiedlichen Perspektiven sowie die Erweiterung der sozialen Handlungskompetenzen durch die Interaktion in der Befragung.

Die erkenntnistheoretischen *Grenzen* eigener und fremder Befragungen müssen im Unterricht deutlich werden, damit die Interessengebundenheit des Handelns und der Kommunikation durchschaubar werden. Aufgabe des Unterrichts ist deshalb nicht nur die Einführung in den zu untersuchenden Sachverhalt und die Einübung in die Fragetechniken, sondern zugleich die Verarbeitung und Reflexion der gemachten Erfahrungen und des erfragten Wissens. Die *politische Wirklichkeit* erschließt sich nicht automatisch, sondern muß bereits bei der Konstruktion des Fragehorizontes in den Blick genommen werden. Ein Beispiel: Ein Interview mit Asylbewerbern kann sich auf die subjektiven Empfindungen beschränken und die politische Dimension unbeachtet lassen, wenn keine Erfahrungen mit der Ausländerbehörde, dem Gericht, den Sozialarbeitern, Rechtsanwälten etc. angesprochen werden. Unsystematisch gewonnene Eindrücke sind rekonstruktiv oftmals nur schwer strukturierbar und unergiebig, da sie selten eindeutiger Natur sind. Bei der Wirklichkeitskonstruktion in der Interviewsituation und im Unterricht sind Lehrende und Lernende auf Filter angewiesen, die sich aus den fachspezifischen Erkenntnisinteressen ergeben.

Literatur: Weißeno, G. 1997: Straßeninterviews und Befragungen. In: Wochenschau-Methodik, H. 2, S. 1-3.

Georg Weißeno

⤳ Befragung; Datenerhebung; Fragebogen

Streitgespräch

Das Streitgespräch ist eine Gesprächs- bzw. Diskussionsform, die sich durch das Hauptmotiv des Trennenden, des Kontroversen in den Auffassungen auszeichnet. Im Unterschied zu einer Informations- und Diskussionsrunde mit Expertinnen und Experten als Forums- oder als Podiumsveranstaltung stehen sich beim Streit- oder Kontroversgespräch mindestens zwei gegensätzliche Lager (mit mindestens einem Positionsvertreter pro Gruppe) gegenüber. Das Streitgespräch steht in der Traditionslinie der Disputation und Debatte, in denen mit wissenschaftlichen Argumenten im rationalen Diskurs über Inhalt und Bedeutung einer Sache sowie um Lösungen gerungen wird (Mickel/Zitzlaff 1988: 73).

Es ist unbedingt darauf zu achten, daß das Diskussionsthema auch tatsächlich ein Pro-Contra-Thema ist (z.B. Wehrdienst auch für Frauen? oder Promillegrenze 0,0 oder 0,8?).

Die Moderatorin bzw. der Moderator eines Streitgesprächs hat auf die Einhaltung der Spielregeln zu achten, damit die Standpunkte und Beurteilungsmaßstäbe klar herausgearbeitet werden und die Sachlichkeit beim engagierten Ringen in einem Meinungs- und Werte-Konflikt gewahrt bleibt. Insofern sind neben hinreichender fachlicher Kompetenz auch Methoden- und Sozialkompetenz gefragt. Denn zu den Aufgaben des *Diskussionsleiters* zählen u.a.: Impulse setzen, Gespräche lenken, Beiträge präzisieren, an Themenstellung und Zielsetzung erinnern, sowie Teil- und Schlußergebnisse festhalten. Beim Streitgespräch als Forumsveranstaltung kann auch das Plenum beteiligt werden. Bei zusätzlicher Einbeziehung von Teilnehmern oder Personengruppen u.a. durch ein Abstimmungsverfahren und/oder Perspektivenwechsel entwickelt sich die Methode zur Pro-und-Contra-Diskussion.

Literatur: Mickel, W. W./Zitzlaff, D. (Hrsg.) 1988: Politische Bildung – Ein Handbuch für die Praxis, Düsseldorf, S. 72-76 u. S. 240-245; Pöggeler, F. 1964: Methoden der Erwachsenenbildung, Freiburg; Sander, W. (Hrsg.) 1997: Handbuch politische Bildung, Schwalbach/Ts.

Jürgen Wilbert

⬈ Debatte; Diskussion; Podiumsdiskussion; Pro-Contra-Debatte; Rhetorik; *Band 2:* Diskurs; Rhetorik und politische Bildung

Studienfahrt/Studienreise

Unter Bildungsreisen werden mehrtägige Gemeinschaftsreisen zum Zwecke von Besichtigungen, Führungen, Betriebs- und Veranstaltungsbesuchen verstanden. Zum zielgerichteten Arrangement des Lehr-/Lern-Prozesses zählt, daß die unmittelbaren Eindrücke durch vorbereitende, begleitende und nachbereitende Informations- und Gesprächselemente

ergänzt bzw. vertieft werden (Sauer 1991: 52).

Trotz steigender Angebote kommerzieller Touristikunternehmen waren die *Belegungszahlen* im Bereich der Bildungsreisen im Jahr 1996 mit 2.720 Studienreisen (incl. mindestens einer Übernachtung) und rund 72.600 Teilnehmerinnen und Teilnehmern hoch. An den über 9.000 eintägigen Studienfahrten nahmen über 280.000 Personen teil. Bis auf Fahrten in außereuropäische Länder ist die Nachfrage jedoch leicht rückläufig (Volkshochschulstatistik 1996, hrsg. vom Deutschen Institut für Erwachsenenbildung).

Der *Bildungswert* ein- oder mehrtägiger Studienfahrten ist an bestimmte „reisepädagogische" Voraussetzungen geknüpft. Diese erlebnisnahe und komplexe, daher aufwendig zu organisierende Veranstaltungsform gehört nach wie vor zum festen Bestand außerschulischer Jugend- und Erwachsenenbildung, dem Grundsatz von Pestalozzi verpflichtet: „Anschauung ist das Fundament aller Erkenntnis" (Schröter 1995: 146).

Grundsätzlich gilt es bei der Organisation einer Studienfahrt/Studienreise von der konzeptionellen Planung bis zur Nachbereitung zu beachten, daß sie in einen strukturierten Lehr- und Lernprozeß eingebunden ist. Vor dem Hintergrund einer durchdachten Gesamtkonzeption läßt sich über Wissensaneignung, konkrete Anschauung und persönliche Begegnung eine sinnhafte, kritische Auseinandersetzung über das Gesehene und Erlebte vermitteln, die zu einem tieferen Verständnis von typischen Merkmalen des Zielgebietes sowie der historischen, wirtschaftlichen, politischen, kulturellen und sozialen Zusammenhänge beiträgt (Günther 1991).

Die Studienreise sollte nicht nur als „intellektuelles Seminar" vor Ort gestaltet werden, vielmehr sollte auch der „sinnliche Erlebnischarakter" mit nicht geplanten Momenten spielerischen Erfahrens und Erkundens gewahrt sein (Wegener-Spöring 1995). So hat eine Studie ergeben, daß insbesondere für *ältere Frauen* Reisen „Ausdruck der Selbstkonstruktion und Selbstverwirklichung" ist. Bei Vielreisenden zählen Bildungsreisen zum Lebensstil (Wallraven 1995).

Studienfahrten zählten von Anbeginn zu den Bildungsaufgaben der deutschen Volkshochschulen. Die drei „Säulen" der Reisepädagogik *Adolf Reichweins* aus den 20er Jahren besitzen auch heute noch Gültigkeit:

– Eine Studienfahrt soll eine Bereicherung des geistig-politischen Horizonts darstellen.
– Sie soll den Blick für die soziale Wirklichkeit im jeweiligen Zielgebiet schärfen.
– Um diese Ziele zu erreichen, bedarf es intensiver Vorbereitung und Auswertung (Amlung 1996).

Denn die Bildungswirkung stellt sich nicht durch die Fahrt selbst ein. Durch pure Anschauung, bloßes Erleben werden in der Regel Vorurteile eher bestätigt (Tietgens 1982).

Zu den Bildungszielen zählen im einzelnen: die Teilnehmerinnen und Teilnehmer für die Wahrnehmung fremder Umwelt und Kultur zu sensibilisieren und ihnen auch einen Transfer dieser Erfahrungen in den eigenen Alltag zu ermöglichen. Ferner soll zum Nachdenken über die Folgen des Massentourismus generell und das eigene Urlaubsverhalten angeregt und zu „sanfteren Reiseformen" animiert werden.

Ein Beispiel für eine ganzheitliche Lernform stellt das Bildungsurlaubsprojekt „Europa vor Ort erkunden – ... vom Fahrradsattel aus" (Ruffmann 1995) dar.

Literatur: Amlung, U. 1996: „Jungarbeitererziehung durch Auslandsreisen" – Die Skandinavienfahrt Jenaer Volkshochschulen unter der Leitung von Adolf Reichwein im Jahre 1928, in: Jahrbuch Arbeit, Bildung, Kultur, Bd. 14, S. 123-136; Günter, W. 1991: Allgemeine Didaktik und Methodik der Studienreise, in: ders. (Hrsg.): Handbuch für Studienreiseleiter, Starnberg, S. 200-224; Ruffmann, T. 1995: Europa vor Ort erkunden. Politische Erwachsenenbildung vom Fahrradsattel aus, in: Hufer, K.-P. (Hrsg.): Politische Bildung in Bewegung, Schwalbach/Ts., S. 163-196; Sauer, U. 1991: Lernort Studienreisen, in: Report – Literatur – und Forschungsreport Weiterbildung 27, S. 52-58; Schmeer-Sturm, M.-L. 1988: Im Vorübergehen Geschichte lernen?, in: Erwachsenenbildung, H. 2, S. 98-103; Schröter, E. 1995: Kreative Kulturrezeption auf (Bildungs-)Reisen, in: Spektrum Freizeit, H. 2-3, S. 144-156; Tietgens, H. 1982: Studienreise als Aufgabe der EB, in: Otto, V. (Hrsg.): Studienreise als Aufgabe der EB, Frankfurt/M., S. 7-23; Wallraven, K. P. 1995: „Reisen ist mein Leben" – Bildungsreisen und Lebensstil von älteren, ledigen Frauen, in: Spektrum Freizeit, H. 2-3, S. 131-143; Wegener-Spöring, G. 1995: Wünsche und Träume auf Reisen. Über die Schwierigkeiten der Erziehungswissenschaft mit dem Tourismus, in: Lernen auf Reisen? Bensberger Protokolle 65, S. 39-56.

Jürgen Wilbert

↗ Erkundung; Fahrradfahren, politisches; Ganzheitliches Lernen; *Band 2:* Ganzheitlichkeit

Szenariotechnik

Szenariotechnik ist eine Methode, mit deren Hilfe Vorstellungen über positive und negative Entwicklungen in der Zukunft zu umfassenden Bildern und Modellen, d.h. möglichen und wahrscheinlichen „Zukünften", zusammengefaßt werden. Szenarios sind also weder Prognosen, bei denen auf exakte Informationen aus Gegenwart und Vergangenheit zurückgegriffen wird, um sie einfach in die Zukunft fortzuschreiben, noch realitätsferne Utopien und Phantasien, wie sie beispielsweise im Rahmen von „Zu-

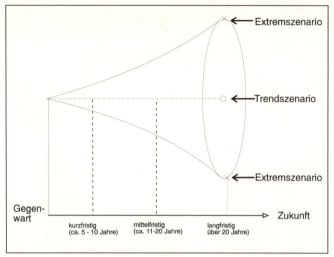

Abb. 1: Der Szenario-Trichter und die drei Grundtypen des Szenarios

kunftswerkstätten" entwickelt werden. Mit der Szenariotechnik werden vielmehr Daten und Informationen mit Einschätzungen und Meinungen verknüpft, so daß als Ergebnis detaillierte Beschreibungen einer bzw. mehrerer möglichen Zukunftssituationen unter ganzheitlichem Aspekt entstehen. Sie sind ein *Denkmodell* für Wissenschaft, Politik, Wirtschaft und nicht zuletzt für die einzelnen Menschen, um unsere komplizierte Welt überhaupt noch begreifen zu können und im Hinblick auf die Gestaltung der Zukunft entscheidungsfähig zu werden. Grundmodell für die Szenariotechnik ist der sogenannte Szenario-Trichter (vgl. Abb. 1).
Der Vorteil dieses Modells liegt darin, daß nur *drei Grundtypen* von Szenarios entwickelt werden müssen, um damit alle prinzipiell möglichen und wahrscheinlichen Szenarios charakterisieren zu können
- ein *positives* Extrem-Szenario: es bezeichnet die günstigstmögliche Zukunftsentwicklung,
- ein *negatives* Extrem-Szenario: es bezeichnet den schlechtestmöglichen Entwicklungsverlauf,
- ein *Trend*-Szenario: es beinhaltet die Fortschreibung der heutigen Situation in die Zukunft.

In didaktisch vereinfachter Form wird ein Szenario in vier Schritten entwickelt:
1. Problemanalyse: Ausgangspunkt jedes Szenarios ist ein gesellschaftliches Problem, d.h. ein von einer größeren Anzahl von Menschen als unbefriedigend angesehener Sachverhalt, der als dringend lösungsbedürftig angesehen wird und der in der Regel wissenschaftlich und politisch umstritten ist. Das Thema „Auto und Verkehr" ist z.B. ein solches großes und dringend lösungsbedürftiges Problem. Das Auto gilt als Umweltsünder Nr. 1, ist wesentlich an der Luftverschmutzung, der drohenden Klimakatastrophe und damit dem fortschreitenden Waldsterben beteiligt und verursacht steigende soziale Kosten und Folgeschäden (jährlich Tausende von Toten und Verletzten, Lärmschäden, Gebäudeschäden, Straßenschäden usw.).

Abb. 2:
Systembild
zum Thema
„Auto"

(Vester 1990,
31)

2. Bestimmung von Einflußbereichen und Einflußfaktoren: In einem zweiten Schritt geht es darum, die wichtigsten Einflußbereiche und Einflußfaktoren zu bestimmen, die auf das zu untersuchende Problem unmittelbar Einfluß haben. Als Arbeitshilfe kann hierfür ein sogenanntes *Systembild* dienen, in dem die wichtigsten Faktoren als Bildsymbole enthalten sind (vgl. Abb. 2). Zum Einflußbereich „Wirtschaft" könnten z.B. die Einflußfaktoren Bevölkerungsentwicklung, Kaufkraft und Verkehrspolitik bestimmt werden. Anhand der *Leitfrage* „Von welchen Faktoren ist die Entwicklung des Automobilverkehrs in der Bundesrepublik abhängig?" werden von allen Beteiligten die wichtigsten Bestimmungsfaktoren zusammengestellt.

3. Entwicklung zweier Extrem-Szenarios: Diese Phase kann als Höhepunkt der Szenariotechnik bezeichnet werden, da nunmehr aus den gewonnenen Faktoren und ihrer wahrscheinlichen Entwicklung ausführliche Szenarien, d.h. ganzheitliche *Zukunftsbilder* erstellt werden sollen,

die in anschaulicher und eindrucksvoller Weise mögliche Zukunftsentwicklungen und ihre Konsequenzen sichtbar und diskutierbar machen.

4. Strategien und Maßnahmen zur Problemlösung: In der abschließenden Phase wird an die Problemanalyse der Ausgangssituation angeknüpft mit der Aufgabenstellung, nunmehr die Konsequenzen aus den entwickelten Szenarios zu ziehen und Handlungs- bzw. Gestaltungsstrategien zu entwickeln, die dazu dienen, unerwünschten Entwicklungen entgegenzuwirken und erwünschte Entwicklungen zu fördern. In dieser Phase wird der *politische* Charakter der Szenariotechnik offenkundig, weil nunmehr auf allen politischen Handlungsebenen (Individuum, Gruppen, Staat, Weltgemeinschaft) für die jeweiligen Akteure herausgefunden werden soll, welchen Beitrag sie zu einer positiven, d.h. „zukunftsfähigen" Gesellschaftsgestaltung und Entwicklung leisten können. Ein solches Vorgehen vermeidet eine einseitig individualistische Handlungsstrategie, ohne die gesellschaft-

lichen und strukturellen Rahmenbedingungen politischen Handelns in die Betrachtung mit einzubeziehen. In Szenarios lernen Schülerinnen und Schüler, mit einer komplexen Welt fertig zu werden, deren Zukunft mit großer Unsicherheit behaftet ist, die aber zugleich ungeahnte Entwicklungschancen und Gestaltungsmöglichkeiten bietet. Diese prinzipielle „Zukunftsoffenheit" sichtbar und erlebbar zu machen ist eine wesentliche Voraussetzung für den Abbau irrationaler Zukunftsangst und politischer Resignation, wie sie in vielen Jugendstudien belegt werden. Die Jugendlichen angesichts zahlreicher Risikolagen und Bedrohungsängste wieder „zukunftsfähig" zu machen ist in unserer Zeit eine der wichtigsten Herausforderungen der Schule, insbesondere auch der politischen Bildung. Die spezifischen Leistungen der Szenariotechnik als neue Methode der politischen Bildung lassen sich abschließend wie folgt zusammenfassen:

— Szenarios machen die Vielfalt möglicher und wahrscheinlicher Zukünfte sichtbar.

— Szenarios fördern vernetztes, systemisches und kybernetisches Denken.

— Szenarios verstärken die Einsicht, daß die Zukunft prinzipiell gestaltbar und veränderbar ist und daß es viele Optionen für die Zukunft gibt.

— Szenarios machen deutlich, daß unsere Zukunftsbilder und -visionen von Werten und Normen abhängig sind (z.B. dem Leitbild der „Nachhaltigkeit").

— Szenarios vermitteln die Erkenntnis in die prinzipielle Unsicherheit und Risikobehaftetheit aller auf die Zukunft gerichteten Entscheidungen und Handlungen.

Szenarios fördern eine „verständigungs-

orientierte Kommunikation" und erhöhen damit die Rationalität von Entscheidungen und Handlungen.

Literatur: Battelle-Institut e.V. Frankfurt (Hrsg.) o.J.: Battelle-Szenario-Technik, Frankfurt/M.; Burmeister, K./Steinmüller, K. (Hrsg.) 1992: Streifzüge ins Übermorgen, Weinheim; Flechtheim, O. K. 1986: Sieben Herausforderungen und drei Zukunftsszenarios, in: Technotopia – das Vorstellbare, das Wünschbare, das Machbare, Weinheim, S. 155-172; Geschka, H./Hammer, R. 1992: Die Szenario-Technik in der strategischen Unternehmensplanung, in: Hahn, D./Taylor, B. (Hrsg.): Strategische Unternehmensplanung, Heidelberg, S. 311-336; Kampe, R. 1994: Zukunftswerkstatt und Szenariomethode. Ein Methodenvergleich im Hinblick auf ökologisches Lernen in der politischen Bildung. Schriften zur Didaktik der Wirtschafts- und Sozialwissenschaften, Nr. 30, Universität Bielefeld (über den Verfasser zu beziehen); König, M. 1988: Szenariotechnik. Unterrichtsgegenstand und Unterrichtsmethode in kaufmännischen Schulen, in: Becker, M./Pleiss, U. (Hrsg.): Wirtschaftspädagogik im Spektrum ihrer Problemstellung, Baltmannsweiler, S. 260-279; Reibnitz, U. v. 1991: Szenario-Technik. Instrumente für die unternehmerische und persönliche Erfolgsplanung, Wiesbaden; Vester, F. 1990: Ausfahrt Zukunft. Strategien für den Verkehr von morgen. Eine Systemuntersuchung, München; Weinbrenner, P. 1996: Gewalt oder Frieden? Ein Vorschlag für den Einsatz der Szenario-Technik in der politischen Bildung, in: Wochenschau-Methodik, Nr. 3-4; S. 1-3; Weinbrenner, P. 1995: Auto 2010 – Ein Szenario zum Thema „Auto und Verkehr", in: Steinmann, B./Weber, B. (Hrsg.): Handlungsorientierte Methoden in der Ökonomie, Neusäß, S. 432-441.

Peter Weinbrenner

↗ Diskursive Verständigung; Problemstudie; Produktlinienanalyse; Zukunftswerkstatt; *Band 1:* Problemorientierung; Risikodidaktik; Zukunftsdidaktik; *Band 2:* Jugendforschung; Risikogesellschaft; Veranstaltungsformen

Tabelle

Unter einer Tabelle versteht man die nach bestimmten Gesichtspunkten geordnete, übersichtliche und in Zeilen und Spalten gegliederte Aufbereitung von Daten und anderen Materialien. Die Tabelle ist in der politischen Bildung einer der *Informationsträger* zur Vermittlung politischer Sachverhalte. Deshalb ist die Fähigkeit zum selbständigen und kritischen Umgang mit Tabellen eine der *instrumentellen* Voraussetzungen für politisches Lernen. Der Einsatz von Tabellen im politischen Unterricht kann grundsätzlich auf drei Ebenen erfolgen.

1. Auf der Ebene des *inhaltlichen* Lernens präsentiert die Tabelle als *Medium* politische Sachverhalte, die im Unterricht behandelt werden sollen. Je nach Einsatzort im Unterricht fallen ihr unterschiedliche Aufgaben zu. Im Einstieg dient sie der Motivation und Thematisierung, in der Informationsphase ist sie der Informationsträger, und in der Anwendungs- bzw. der Problematisierungsphase ist sie Ausgangs- und Bezugspunkt für den Transfer bzw. die Problematisierung. Nach Wallert (1995: 16) erfolgt die Auswertung einer Tabelle in vier Schritten: 1. Untersuchung der formalen Aspekte; 2. Erfassung der Kernaussagen; 3. Erklärung der Sachverhalte; 4. kritische Auseinandersetzung.

2. Auf der Ebene des *Methodenlernens* ist die Tabelle selbst Gegenstand von Unterricht. Nicht die inhaltliche Aussage einer Tabelle, sondern die Frage, wie Primärinformationen verschiedener Art methodisch angemessen in einer Tabelle dargestellt werden können, stehen im Zentrum des Unterrichts. Dabei ist besonders auf die Wahl der Zahlenart (z.B. absolute Zahlen, relative Zahlen, Prozentzahlen, Beziehungszahlen oder Indexzahlen), die Festlegung der Größenklassen und Klassenbreiten, die innere Gliederung der Tabelle und die zeitliche Dimension zu achten.

3. Auf der dritten Ebene erfolgt die *Verknüpfung* von Methodenlernen mit inhaltlichem Lernen. In diesem Fall stellt die Tabelle das Ergebnis von Unterricht

dar. Hierbei ist die Beherrschung der Methode die Voraussetzung für das Erreichen der inhaltlichen Ziele. Dieser Umgang mit Tabellen wird sich vor allem im Rahmen von Sozialstudien anbieten. Dabei wird besonders die Fähigkeit geschult, politische Sachverhalte kategorial zu erfassen und zu strukturieren.

Literatur: Ackermann, P./Gaßmann, R. 1991: Arbeitstechniken politischen Lernens kurzgefaßt, Stuttgart; Birkenhauer, J. (Hrsg.) 1997: Medien. Systematik und Praxis, München; Brameier, U. 1994: Arbeiten mit Tabellen im Erdkundeunterricht, in: Praxis Geographie 7-8, S. 28-31; Frenz, W. 1988: Medien in der politischen Bildung, in: Mickel, W. W./ Zitzlaff, D. (Hrsg.): Handbuch zur politischen Bildung, Opladen, S. 359-365; Hantschel, R./Tharun, E. 1980: Anthropogeographische Arbeitsweisen, Braunschweig; Pandel, H.-J./Schneider, G. (Hrsg.) 1998: Handbuch. Medien im Geschichtsunterricht, Schwalbach/Ts.; Wallert, W. 1993: Geomethoden. Neue Übungen mit geographischen Arbeitsmaterialien, Stuttgart.

Kurt Lach

↗ Diagramm/Graphik; Ergebnispräsentation; Karte; Methodenlernen; Sozialstudie; Statistik

Tafelbild

Mit dem Tafelbild werden Lerninhalte durch ein geplantes und geordnetes Zueinander sichtbar gemacht; gelegentlich entstehen auch ungeplante und spontan entworfene Tafelbilder. Es sind Eigenproduktionen bzw. Konstruktionen von Lehrenden und Lernenden. Das Medium dient der Veranschaulichung, Strukturierung und z.T. der Fixierung von Inhalten. Den Lernenden erleichtert es die häusliche *Nachbereitung*, die eigenständige Erinnerungsarbeit, die gedankliche Auseinandersetzung mit den Inhalten. Mit einem Tafelbild entsteht eine zusätzliche mediale Ebene zwischen Lehrenden und Lernenden, zwischen politischer Wirklichkeit und Unterricht. Die an der Tafel festgehaltenen Begriffe, Zahlen, Texte müssen eine fachliche Relevanzstruktur aufweisen, die das Alltagswissen erweitert.

Durch die unterrichtliche Verwendung von Tafelbildern ist keine technologisch-optimale Vermittlung von Inhalten, sondern vielmehr die Initiierung von Erkenntnisprozessen anzustreben. Tafelbilder dürfen deshalb auf keinen Fall Formen frontalen Politikunterrichts verfestigen. Vielmehr soll das Tafelbild über das Alltagsverständnis hinaus zu kritischem Denken anregen, nicht indoktrinierend oder schulend lenken. Jeder Lernende wird die für ihn wichtigen Aspekte aufgreifen und in das eigene Begriffssystem übersetzen (Transformation).

Das Tafelbild kann nicht im Detail vorab bestimmt werden, sondern es ergibt sich aus dem Unterricht heraus. Die Strukturierung von Inhalten kann durch präzise Formulierungen an der Tafel erleichtert werden. Indem Wichtiges hervorgehoben wird, dient es der schrittweisen Erkenntnis- und Begriffsbildung. Mit verschiedenartiger *Symbolik* läßt sich die Gliederung und logische Abfolge von Gedanken veranschaulichen. Dies kann die Lernprozesse in besonderer Weise anregen, da die Visualisierung die Aufmerksamkeit erhöht und die Bereitschaft zur Auswertung der Informationen verstärkt.

Die Veranschaulichung von Sachverhalten an der Tafel kann durch die schematische *Visualisierung* von wichtigen Aussagen, durch sachgebundene Zeichnungen (z.B. einer Mülldeponie) oder durch statistische Darstellungsformen (Diagramme, Graphiken) erfolgen. Solche Tafelbilder sind als Denkhilfe gedacht und dienen der kognitiven Erschließung von Wirklichkeit. Ein Bild über Schichtungsmodelle, den Gang der Gesetzge-

bung, die europäischen Institutionen o.ä. muß trotz aller Anschaulichkeit immer zugleich gedanklich und somit sprachlich erschlossen werden.

Kurze Anschriebe lösen Überraschung, Ungläubigkeit oder Widerspruch aus (z.B. durch das Anschreiben des Themas als Fragesatz, Behauptung etc.); sie rufen Fragehaltungen hervor und fordern zum Weiterdenken auf. Häufig zu nutzen ist die Tafel auch als Notizblock, auf dem die benutzten Begriffe, Fremdwörter, Stichworte festgehalten werden.

Variationen ergeben sich durch Schrifttypen, Farben, Einrahmungen, Unterstreichungen, Pfeile, Numerierungen. Für ein Zeicheninventar gibt es eine Vielzahl von Möglichkeiten. Sie sind nur aus dem Kontext zu interpretieren; deshalb müssen Lehrende und Lernende möglichst über einen gemeinsamen Begriff des Gemeinten verfügen. Die Definitionen der Symbole werden im Gespräch verabredet.

Die *Einsatzmöglichkeiten* des Tafelbildes sind im Politikunterricht nicht so vielfältig wie in anderen Schulfächern. Bedingt durch den kommunikativ-diskursiven Anspruch reduzieren sich die Anlässe auf wenige Phasen des Unterrichts. Vor den Gefahren einer unaufgeklärten, extensiven Verwendung muß deshalb gewarnt werden.

Literatur: Weißeno, G. 1991: Das Tafelbild im Politikunterricht, Schwalbach/Ts.

Georg Weißeno

↗ Visualisierung

Tagebuch

Das selbstverfaßte Tagebuch dient zum einen als Methode zur Selbstreflexion: Im Rahmen biographischen Lernens können die eigene Person und/oder die umgebenden (gesellschaftlich-sozialen und politischen) Bedingungen reflektiert werden. Es werden durch freies oder gezieltes Beobachten und Dokumentieren bis hin zum Analysieren und Reflektieren z.B. Gewohnheiten bewußtgemacht, ggf. Veränderungen überlegt oder Wünsche artikuliert. Die Auswertungen können einzeln nach bestimmten Kriterien oder gemeinsam in einer Lerngruppe erfolgen. Das Tagebuch stellt zum anderen ein wichtiges Werkzeug für Lehrende dar, die über ihren Unterricht reflektieren oder forschen wollen. Es kann, wenn sowohl Lernende als auch Lehrende Tagebuch schreiben, auch zur *Evaluierung* von Unterricht eingesetzt werden. Des weiteren ermöglichen Tagebücher politisch-historisches Lernen, da sie als Zeitdokumente, die in literarischer, philosophischer, dokumentarischer oder auch therapeutischer Funktion geschrieben wurden, im Sinne von Fallanalysen bearbeitet werden können. Eine politikdidaktische Fundierung dieser Methode steht noch aus.

Literatur: Altrichter, H. /Posch, P. 1994[2]: Lehrer erforschen ihren Unterricht. Eine Einführung in die Methoden der Aktionsforschung, Bad Heilbrunn.

Dagmar Richter

↗ Schreibwerkstatt; *Band 2: Biographisches Lernen;* Evaluation

Talkshow

Die Talkshow stellt eine wenig verbreitete *Makromethode* der politischen Bildung dar, die in ihrer telekratischen Machart an Mechanismen heutiger Politikvermittlung Anschluß sucht.

Die Talkshow im Politikunterricht ist der medialen *Inszenierung* nachempfunden. Sie dient der Unterhaltung der Zuschauer und verspricht dabei nicht trokkene politische Information, sondern den Schlagabtausch der Akteure, rhetorische Schaukämpfe in der (simulierten) TV-Arena, deren Ausgang oft mehr interessiert als der Inhalt. Die dramaturgischen Mittel sind: polarisierendes Thema, polarisierende Gäste, polarisierendes Publikum, dazwischen eine Moderatorin bzw. ein Moderator, die bzw. der provoziert oder vermittelt, je nach Gesprächssituation.

Nimmt man die beiden Bestandteile des *Wortes*, dann ergibt sich folgende Kurzcharakteristik: in der Talkshow wird etwas gezeigt bzw. dargestellt (show), indem darüber geredet wird (talk).

Die Häufigkeit von TV-Talkshows, ihre Beliebtheit, der „run" auf „gute" Gesprächspartnerinnen und -partner zeigen, daß diese Form der Verknüpfung von Politik (Programmatiken, Themen, Personen usw.) und Unterhaltung vom Publikum nachgefragt wird. Bei der Übernahme der Talkshow in den Politikunterricht sind allerdings seine spezifischen Merkmale zu beachten, um die Leistungsfähigkeit dieser Methode realistisch einschätzen zu können.

Die Talkshow läßt sich weder bruchlos in die sozialkundlichen Unterrichtsmethoden einordnen, noch ist sie als Methode in der sozialwissenschaftlichen Methodenlehre vertreten. Dennoch gibt es zu beiden Bezüge, etwa zu Rollen- und Planspielen oder zu (Gruppen-)Interviews.

Vom Charakter ist die Talkshow ein künstliches *Fernsehprodukt*, das in einer Kulisse, einer Arena-Situation, inszeniert wird. Allerdings sind die Streitpunkte oftmals reale gesellschaftliche Konflikte. In dieser klassischen Gesprächssituation lassen sich Kontroversen zu unterschiedlichen Themen (Sport, Literatur, Politik) behandeln.

Die zunehmende Attraktivität der Talkshow im Politikunterricht scheint darin zu liegen, daß sie als ständiges „Fernsehereignis" auch jüngeren Schülerinnen und Schülern vertraut ist. Ihre Struktur und ihr Verlauf können leicht durchschaut werden. Dadurch wird die Vorbereitung einer Talkshow weniger aufwendig als bei anderen Makromethoden. Hinzu kommt, daß ihre Durchführung in der Regel Spaß macht und motivierend wirkt.

In der *politischen Bildung* zielt sie auf ein präzises Herausschälen der Konfliktpunkte. Damit arbeitet sie der Tendenz entgegen, eher harmoniesüchtig den Konsens auch dort zu suchen, wo er nicht besteht. Sie zielt damit auf *Konfliktfähigkeit*, auf die Fähigkeit, Streit auszuhalten (Ambiguitätstoleranz).

Die Talkshow läßt sich vom Planspiel und vom Rollenspiel abgrenzen. Für eine Zuordnung zum Rollenspiel fehlt der Bezug zur Mikrowelt des Sozialen, für eine Zuordnung zum Planspiel fehlt der Entscheidungsdruck als wesentliches Merkmal im Politikprozeß.

Als *Akteure* einer simulierten Talkshow treten Funktionsträger auf, die eine bestimmte Grundposition verkörpern, z.B. Parteivertreter, Experten, Interessenvertreter, aber auch Betroffene. Die zentrale Rolle übernimmt bei dieser Methode die *Moderatorin* bzw. der *Moderator*, die bzw. der über gute kommunikative und rhetorische Fähigkeiten verfügen sollte (schlagfertig, geistesgegenwärtig, provokativ).

Diese Gesprächssituation führt zur Emotionalisierung von Konflikten; dies kann didaktisch gewollt sein, aber auch problematisch werden. Hinzu kommt, daß die Talkshow in ihrer Zwitterstellung zwischen Rollen- und Planspiel einer

doppelten Gefahr unterliegt: aufgrund der fehlenden Entscheidungssituation liegt das Schwergewicht der Talkshow auf der Selbstdarstellung, deren Grundlage eine beliebige Meinungsdeklaration eines jeden Teilnehmers bildet; beliebig meint dabei, daß zwar die Grundposition eines politischen Akteurs dargestellt wird, daß aber keinerlei Zwang besteht, sich ernsthaft argumentativ mit dem anderen auseinanderzusetzen, vielmehr besteht gerade der Zwang, den die Situation ausübt, darin, sich „gut zu verkaufen", ohne Zugeständnisse oder die Suche nach konsensfähigen Lösungen. Auf der anderen Seite scheinen sich die Rollen in Theaterrollen zu verwandeln, die durch rigide Vorgaben und „geheime" Regieanweisungen geprägt sind. Die eigene Person wird weitgehend ausgeblendet, da die „fremden" Rollen übergestülpt erscheinen. Diese interne Wertigkeit der Talkshow kann aus methodischen wie inhaltlichen Gründen zur Dominanz eines Akteurs ebenso führen wie zu seinem Ausschluß.

Die *Entscheidung* für eine Talkshow als Unterrichtsmethode muß also durchaus als *ambivalent* betrachtet werden, denn damit wird eine eigene (Medien-)Wirklichkeit erzeugt, die politisches Lernen überlagern kann; dieses Problem der methodisch veranlaßten Verzerrungen und Konstruktionen kann allenfalls in der Auswertung deutlich gemacht werden.

Für den Lehrenden bedeutet dies zweierlei: zum einen sollte er die Implikationen seiner Entscheidung für die Talkshow durchdenken (vgl. Breit 1998), zum zweiten die Verzerrungen in einer systematischen Auswertung (erste Statements der Akteure, Argumentationsstrategie, Position, Kategorien, Politikbild) thematisieren.

Für die *Auswertung* kann die Frage

nach den unterschiedlichen Handlungskalkülen der (simulierten) Politiker und Nichtpolitiker eine Brücke bilden zur Verallgemeinerung von Erkenntnissen über das politische System. Der diskursive Charakter der Talkshow bietet zwar prinzipiell die Möglichkeit, Politik auch aus der Perspektive der Betroffenen („authentisch") darzustellen, den Hang zum Spektakulären, Skurrilen und Selektiven („Affektfernsehen") verhindert aber zugleich die Diskussion über die Verzahnung von sozialen Problemen und politischen Konzepten.

Zusammenfassend kann festgehalten werden, daß die Methode Talkshow sich dazu eignet, politische Streitthemen in einer Gesprächssituation darzustellen, indem unterschiedliche Akteure festgelegt und in ihren Grundpositionen erkennbar werden. Diese Methode emotionalisiert und motiviert Schülerinnen und Schüler, sich auch mit „fernen" politischen Problemen auseinanderzusetzen. Der Preis dafür liegt darin, daß eine mediale *Inszenierung* simuliert wird, die in der Dominanz der Rhetorik politische Lernprozesse blockieren kann. Die Konsequenz dieser Ambivalenz liegt darin, die Implikationen der Methodenentscheidung zu berücksichtigen, aber auch aus dem konkreten Verlauf der Talkshow in der Auswertungsphase mit den Schülerinnen und Schülern gemeinsam Anknüpfungsaspekte für politische Erkenntnisse herauszuarbeiten.

Literatur: Breit, G. 1998: „Das erste steht uns frei, beim zweiten sind wir Knechte." Anmerkungen zum Planungsdenken im Implikationszusammenhang, in: Henkenborg, P./Kuhn, H.-W. (Hrsg.) 1998: Der alltägliche Politikunterricht. Beiträge qualitativer Unterrichtsforschung zur politischen Bildung in der Schule, Opladen, S. 151-168; Kuhn, H.-W. 1995: Politischer oder unpolitischer Unterricht? Rekonstruktion einer Talkshow im Politikunterricht, in: Massing, P./Weißeno, G. (Hrsg.): Politik als Kern der

politischen Bildung. Wege zur Überwindung unpolitischen Politikunterrichts, Opladen, S. 161-203; Massing, P. 1998: Handlungsorientierte Methoden für den Politikunterricht, Schwalbach/Ts.; Weißeno, G. 1998: Chancen und Risiken handlungsorientierter Methoden im Unterricht – Bericht über eine Talkshow, in: Breit, G./Schiele, S. (Hrsg.): Handlungsorientierung im Politikunterricht, Schwalbach/Ts., S. 278-287.

Hans-Werner Kuhn

↗ Handlungsorientierung; Planspiel; Rollenspiel; Simulation; *Band 2:* Medienkompetenz

Test/Schriftliche Übung

Auch ein mündliches Fach wie Politik/Sozialkunde kommt ohne schriftliche Übungen nicht aus. Die Sach- und Lernstruktur des Faches erfordert es, daß die strukturierte Darstellung komplexer Sachverhalte, vernetztes Denken und eigenständige Urteilsbildung regelmäßig geschult werden. Diese Fähigkeiten und Fertigkeiten werden durch schriftliche Übungen wesentlich gefördert; denn „Wissen verfügbar zu machen ist ohne schriftsprachliche Forderung und Förderung nicht möglich" (Czapek 1996: 8). Dabei besteht ein enger Implikationszusammenhang zwischen Sprach-, Fach- und Handlungskompetenz. Umfassende *Sprachkompetenz* im Mündlichen wie im Schriftlichen ist Voraussetzung für eine angemessene *Fachkompetenz*. Beides wiederum sind Grundbedingungen für die anzustrebende Urteils- und Handlungskompetenz in der politischen Bildung.

Zur Erweiterung und Vertiefung der schriftsprachlichen Kompetenz stehen dem Lehrer/der Lehrerin im Rahmen des Politikunterrichts verschiedene Möglichkeiten wie Anfertigung von Stundenprotokollen und anderen schriftlichen Hausarbeiten, schriftliche Ausarbeitung eines Referats, schriftliche Auswertung von Texten, Tabellen, Schaubildern, Diagrammen, Karten, Karikaturen, Anfertigung von Facharbeiten, Dokumentationen und Berichten, Gestaltung von Wandzeitungen, Anfertigung von Strukturskizzen und Zusammenfassungen zur Verfügung. Voraussetzungen bzw. Bedingungen für den Einsatz schriftlicher Übungen im Unterricht sind:

1. Sorgfältige Einführung in die Aufgabenstellung (Klärung der Erwartungen hinsichtlich der geforderten Arbeitstechniken, des Zeitaufwands, des Umfangs, des Inhalts; präzise Formulierung der Arbeitsaufträge);
2. Integration der schriftlichen Übungen in den Unterricht;
3. intensive Nachbereitung hinsichtlich der Erwartungen und der Ergebnisse;
4. regelmäßiger Einsatz und
5. allmähliche Steigerung des Anspruchsniveaus (vom Einfachen zum Komplexen).

Die Frage, ob Tests im Politikunterricht ihren Platz haben, ist inzwischen unstrittig, wenngleich nicht problemlos. Grundsätzlich dienen Tests zwei *Zielen*:

1. Tests/Lernerfolgskontrollen als Rückkoppelung für Lehrer/Lehrerinnen und Schüler/Schülerinnen über den Erfolg bzw. die Defizite des vergangenen Unterrichts. Gleichzeitig geben sie Hinweise über das, was zukünftig besser gemacht werden müßte;
2. Tests/Lernerfolgskontrollen als Leistungsüberprüfung. Sie dienen dazu, die Leistungen von Schülerinnen und Schülern individuell und differenziert zu erfassen und zu beurteilen. Überprüfungsfähig und damit bewertbar sind Kenntnisse, Fähigkeiten und Fertigkeiten auf der kognitiven und instrumentellen Ebene gemäß den Anforderungsbereichen Wissen – Anwenden – Urteilen. Im Unterschied

zu anderen Fächern entziehen sich jedoch zentrale Ziele und Qualifikationen der politischen Bildung wie Entwicklung bestimmter Einstellungen und die Orientierung des Unterrichts an demokratischen Werten und Verhaltensweisen weitgehend der schriftlichen Überprüfbarkeit und damit auch der Bewertung.

Tests verlangen einen umfangreichen Vor- bzw. Nachlauf. Sie müssen inhaltlich und methodisch vorbereitet und sinnvoll in den Unterricht integriert werden. Art und Umfang werden von den jeweiligen rechtlichen Rahmenbedingungen, der Leistungsfähigkeit der Lerngruppe, dem Unterrichtsstoff und den Intentionen des Lehrers/der Lehrerin bestimmt. Die Aufgabenstellungen muß klar und eindeutig sein. Mit zunehmendem Alter der Schüler/Schülerinnen sollten die Fragen komplexer und der Anteil materialbezogener Aufgaben größer werden. Das Bewertungssystem sollte vorab offengelegt werden; Korrektur und Bewertung von Tests müssen transparent und damit für die Schülerinnen/Schüler nachvollziehbar sein. Um unnötige Diskussionen zu vermeiden, sollte der Stellenwert einer schriftlichen Note im Rahmen eines eher mündlichen Fachs rechtzeitig geklärt werden.

Literatur: Ackermann, P. u.a. (Hrsg.) 1994: Politikdidaktik kurzgefaßt. 13 Planungsfragen für den Politikunterricht, Schwalbach/Ts.; Arnold, R. u.a. (Hrsg.) 1978: Lernkontrolle im politischen Unterricht, Stuttgart; Borries, B. v. 1979, 1997[5]: Leistungsmessung und Leistungsbeurteilung und Tests, in: Bergmann, K./Kuhn, A./Rüsen, J./Schneider, G. (Hrsg.): Handbuch der Geschichtsdidaktik, Bd. 2, Düsseldorf, S. 89-98; Claaßen, K. 1996: Das Erstellen einer schriftlichen Lernkontrolle, in: Geographische Rundschau 3, S. 4-8; Czapek, F.-M. 1996: Schriftliches Arbeiten und schriftliche Lernkontrolle im Erdkundeunterricht, in: Geographische Rundschau, S. 8-10; Kirchberg, G. 1993[5]: Lernkontrollen und Leistungsbewertung, in: Haubrich, H./Kirch-

189

berg, G./Brucker, A./Engelhard, K./Hausmann, W./ Richter, D. (Hrsg.): Didaktik der Geographie konkret, München, S. 299-340; Unger, A. 1988: Lernkontrollen und Leistungsmessung, in: Mickel, W. W./ Zitzlaff, D. (Hrsg.): Handbuch zur politischen Bildung, Opladen, S. 348-353.

Kurt Lach

↗ Erfolgskontrolle; Feedback; *Band 1:* Ziele/Zielarten; *Band 2:* Evaluation

Textanalyse

Ein Text ist ein schriftliches, sprachlich gefaßtes Dokument, dem eine bestimmte Sichtweise von Realität vorausgeht. Die zunächst nicht sprachlichen Beobachtungen sind in ein sprachliches Zeichensystem überführt worden, das wiederum mit Hilfe von Deutungsverfahren analysiert werden kann. Die Sinnstrukturen und Sinnschichten eines Textes werden von der Leserin bzw. vom Leser in der Textanalyse mitgestaltet, da sie/er ihn für die eigene Wissensstruktur übersetzt.

Politik erschließt sich vielfach überhaupt erst durch das Lesen von Texten. Insofern sind sie die wichtigste *Informationsquelle* im Alltag des Politikunterrichts. Der Bereich der für den politischen Unterricht in Frage kommenden Textsorten ist groß: Zeitungstexte, Kommentare, Flugblätter, Leserbriefe, Sitzungsprotokolle, Berichte über Ereignisse und Lebenslagen, offene Briefe, Befragungen, Reportagen, wissenschaftliche Texte, Gesetzestexte, Redetexte, Anträge, Formulare, Schulbuchtexte, Verträge, Satzungen, Propagandaschriften, Parteiprogramme, Dokumentationen, Vereinbarungen, Beschlusse, Memoranden, (Auto-)Biographien, Liedtexte etc.

Die Bedeutung eines Textes für den zukünftigen demokratischen Bürger ergibt sich selten auf den ersten Blick und ist auch nicht erlebnistechnisch herstellbar, sondern sie bedarf der *Rekonstruktion des Sinngehaltes.* Die Texte sollen den Schülerinnen und Schülern eine Aufgabe stellen und sie zu intensiver Auseinandersetzung anregen – mehr als das im alltäglichen Medienkonsum der Fall ist. Sie müssen eine rekonstruktive Einstellung einnehmen, die sich von der natürlichen Einstellung des Alltags unterscheidet. Hierfür ist es ratsam, Kontroversen, Konflikte, Situationen, Fälle aus der Politik mit Hilfe von Texten zu bearbeiten. Dabei entdecken die Schülerinnen und Schüler das Politische aus der Perspektive der Autoren, Bürger, Wissenschaftler, Politiker etc. Sie können ihr Wissen neu konstruieren und die Alltagswissensbestände erweitern.

Im Unterricht geht es im Unterschied zum alltäglichen Umgang mit Texten um Rekonstruktionsversuche, die ihnen eine besondere Sinn- und Relevanzstruktur geben. Die Texte sind gezielt ausgesucht worden und werden intensiver als im Alltag untersucht. Die Lehrerin bzw. der Lehrer wählt einen Text nach *fachdidaktischen Gesichtspunkten* mit Blick auf fachwissenschaftliche Erfordernisse aus. Grundsätzlich gilt dabei, daß bei jeder Textanalyse der Bezug zur Wirklichkeit unterrichtlich mitvermittelt werden muß. Somit wird der Unterricht mit Hilfe von Texten zugleich zum Unterricht über Texte. „Jede textauslegende Arbeit ist darauf verwiesen, sich zu erinnern, woher ihre Texte stammen, wer sie gemacht hat, wie sie produziert wurden" (Soeffner 1989: 91).

Die Schritte einer unterrichtlichen Textanalyse können sich an den bekannten hermeneutischen Verfahren orientieren. Da der Unterricht über eine alltägliche Rezeption hinauskommen muß, treten die Lernenden und Lehrenden im

190

Prozeß der Interpretation in ein reflexives Verhältnis zu den Texten und versuchen auf diese Weise zu neuen Erfahrungen bzw. Erkenntnissen zu gelangen. Die hermeneutischen Deutungsverfahren setzen sich intensiv mit allen im Text genannten Gesichtspunkten auseinander.

Sie betrachten ihn gleichsam als *„Goldgrube"* für neue Erkenntnisse. Demgegenüber ist in der Praxis häufig zu beobachten, daß aus einem Text lediglich einige wenige Versatzstücke herausgenommen werden. Der Text dient hier gleichsam als *„Steinbruch"* für Begriffe, die im Unterricht behandelt werden sollen und mehr oder weniger zufällig in dem Material auftauchen. Dieses Verfahren der Textanalyse wird den Intentionen des Autors bzw. der Autorin ebenso wenig gerecht wie den Vorstellungen und Deutungen, die die Lernenden beim Lesen bereits spontan entwickelt haben.

In einem ersten Schritt der Analyse ist das intensive *Lesen des Textes* angezeigt. Hierzu sind, wenn kein spontanes gemeinsames Gespräch über die Quelle geplant ist, Erschließungsfragen erforderlich. Außerdem sind Fragen immer dann hilfreich, wenn die Methode noch nicht im Besitz der Lerngruppe ist. Lernende und Lehrende sollen in diesem ersten Schritt zu einer *formulierenden Darstellung* des Textes kommen. Die Rekonstruktion des Sinngehaltes schafft erst die Grundlage für eine gemeinsame Erarbeitung der thematischen Struktur des Textes. Wenn alle unterschiedlichen Deutungen zu den Passagen der Quelle vorgetragen sind, sucht man gemeinsam nach zusammenfassenden Formulierungen im Sinne von Oberbegriffen, Überschriften oder Themen.

Der zweite Schritt der *reflektierenden Interpretation* steht und fällt mit den Vergleichshorizonten, die auf Gedankenexperimenten, hypothetischen Vorstellungen, empirischen Fakten, der Erfahrungsbasis zur Thematik beruhen können. In dieser Phase der Bearbeitung arbeitet sich eine Klasse sukzessive in die Themen des Textes ein; dabei wird der Rahmen, innerhalb dessen die Themen bearbeitet werden, immer dichter, komplexer und konturierter herausgearbeitet. Es vollzieht sich eine wechselseitige Steigerung im Gespräch durch den Austausch von unterschiedlichen Wissensbeständen, eine extensive Auslegung und Erfahrung von Wirklichkeit. Am Ende läßt sich dann der Versuch der Verallgemeinerung wagen, der über die Besonderheit des Textes hinausgeht und nach Typischem sucht.

Pädagogisches Handeln in der Schule erfordert einen dritten Schritt, der über die Textanalyse im engeren Sinne hinausgeht und inhaltlich an den im Deutungsprozeß entstandenen Wirklichkeitskonstruktionen anknüpft. Er zielt auf *kompetentes und verantwortliches Handeln* im politischen Alltag bzw. in den eigenen Erfahrungswelten. Die Übersetzung des Erarbeiteten in Handlungsperspektiven wendet sich den Gestaltungsmöglichkeiten der Politik zu. Eine Entscheidungssituation kann annäherungsweise über Texte in den Unterricht geholt und dann produktiv für Probehandeln in Simulationen o.ä. genutzt werden. Die Orientierung an den textanalytisch herausgearbeiteten Inhalten strukturiert die Handlungen der Schülerinnen und Schüler.

Die Arbeit an einem Text kann *arbeitstechnisch* mit und ohne Erschließungsfragen geschehen, in der Hausaufgabe vorbereitet sein oder im Unterricht erfolgen, für eine Gruppen- oder Einzelarbeit gedacht sein, selbständig beschafft oder vom Lehrenden vorgegeben werden. Die Präsentation kann als Vortrag von einzelnen oder Gruppen erfolgen, in ein simulierendes Rollenhandeln integriert werden. Der Text kann als Kommentar, Flugblatt, Leserbrief, Plakat, Rede oder Drehbuch umgeschrieben oder in ein Schemabild für die Tafel übersetzt werden. Die textanalytische Arbeit an Texten kann demnach durchaus mit kreativen Arbeitstechniken erfolgen.

Die drei Schritte einer Textanalyse lassen sich in aller Trennschärfe sicher nur in der Sekundarstufe II verwirklichen. Grundsätzlich gilt deshalb, daß immer dann, wenn die Schülerinnen und Schüler über ein geringes Abstraktionsvermögen verfügen, ein gelenktes Gespräch nötig sein wird. Allerdings gilt es dabei, die Schüler metakommunikativ an die hermeneutischen Deutungsverfahren der Textanalyse heranzuführen. Da in der *Sekundarstufe I* die Fähigkeiten zur Abstraktion und zur Sprachkritik noch nicht voll entwickelt und die Hintergrundinformationen meist sehr gering sind, ist bereits bei der Auswahl darauf zu achten, daß sich über die Texte Bezüge zur Erfahrungswelt der Schülerinnen und Schüler herstellen lassen.

Die grundsätzlichen Schwierigkeiten bei der Durchführung im Unterricht entpflichten den Lehrenden indessen nicht, für sich selbst eine methodisch saubere Textanalyse in der Vorbereitung durchzuführen. Nur wenn ihm klar ist, auf welchen Ebenen, Inhalten sowie politischen Wirklichkeiten sich der Text bewegt, wird er die notwendige Geistesgegenwart in der Reaktion auf die Schülerbeiträge, die erfahrungsgemäß alle Ebenen vermischen, haben.

Zwar rücken *Kritiker* die Textarbeit in die Nähe eines herkömmlichen, verworteten und verkopften Unterrichts. Sie erwecken den Eindruck, als gäbe es einen Gegensatz zwischen Handlungsorientierung und Textarbeit, als würde in der Praxis ein falsches Bild von Politik vermittelt. Sie übersehen, „dass eine gründliche Auseinandersetzung mit schriftlichen Zeugnissen einer sinnvollen Eigentätigkeit vorausgehen kann und muß. Insofern besteht kein Widerspruch zwischen textanalytischen und handlungsorientierten Verfahren – sie ergänzen und bereichern sich" (Werder/Schulte 1999: 24).

Literatur: Ackermann, P./Gaßmann, R. 1991: Arbeitstechniken politischen Lernens kurzgefaßt, Stuttgart; Soeffner, H.-G. 1989: Auslegung des Alltags. Der Alltag der Auslegung. Zur wissenssoziologischen Konzeption einer sozialwissenschaftlichen Hermeneutik, Frankfurt; Weißeno, G. 1993: Über den Umgang mit Texten im Politikunterricht. Didaktisch-methodische Grundlegung, Schwalbach/Ts.; Weißeno, G. 1997: Aus Quellen lernen: Arbeit mit Texten, Grafiken, Karikaturen, Fotos und Film, in: Sander, W. (Hrsg.): Handbuch politische Bildung, Schwalbach/Ts., S. 431-445; Werder, L. von/Schulte, B. 1999: Lesen – Arbeit mit Texten, in: *kursiv* – Journal für politische Bildung, H. 2, S. 24-28.

Georg Weißeno

↗ Hermeneutische Methoden; Inhaltsanalyse; *Band 1:* Medienpädagogik; Politische Wirklichkeit

Theater

Theater (griech. theatron „Schaustätte") wird untergliedert in: Sprechtheater (Schauspiel), körpersprachlich orientiertes Theater (Tanz, Ballett, Pantomime), Musiktheater (Oper, Operette, Musical). Häufig sind die Formen miteinander vermengt (z.B. Straßentheater). Die Darstellung erfolgt durch gelernte Schauspieler und Schauspielerinnen oder Laien. Jeder Mensch kann eine Rolle beim Theaterspielen oder den daraus abgeleiteten Formen (Rollenspiel, szenische Darstellungen) übernehmen. Theaterspielen hat in unseren Schulen Tradition, auch in der Vermittlung *politischer Inhalte.* a) Politische oder sozialkritische Stücke können auszugsweise oder ganz in der Schule aufgeführt werden (B. Brecht). Damit wird die gesamte Schulgemeinde unter Einschluß der Öffentlichkeit erreicht. b) In einigen Alternativschulen ist es üblich, die einzelnen Klassen im Wechsel am Ende der Woche vor der gesamten Schule ein selbstgefertigtes Theaterstück aufführen zu lassen. Darin kommen Probleme der jeweiligen Klasse oder auch einzelner Schülerinnen und Schüler zur Sprache. c) Lehrende und Lernende können in die Öffentlichkeit gehen und zur Verdeutlichung ihrer politisch-gesellschaftlichen Anliegen Straßentheater inszenieren (Batz/Schroth 1983: 161-164). d) Szenisches Lernen kann im normalen Unterricht als Lernform genutzt werden. Es integriert das Spiel der Schüler und Schülerinnen als Lernerfahrung in den Unterrichtsprozeß. Themen des Fachunterrichts werden in kleine oder größere Theaterszenen umgesetzt. So kann das Thema Gewalt in einem Theaterprojekt vielschichtiger behandelt werden als im regulären Unterricht: „Beim Spielen der Szenen erleben die Schülerinnen und Schüler am eigenen Leibe und dennoch mit einem gewissen Abstand, wie sie Gewalt ausüben, erfahren oder gar vermeiden" (Lenzen 1996: 62) – als Täter, als Opfer, psychisch und physisch. Auch die weiblichen und männlichen Rollen können sich stärker verbal, aber auch gestisch, mimisch und im Handeln artikulieren.

Theaterarbeit ist *ganzheitliches Lernen.* Lehrende und Lernende bearbeiten eine gemeinsame Geschichte, sie lernen, über körperliche Expression zu kommunizieren, den anderen genauer anzuschauen. Sie erfinden selbst Texte und Szenen, experimentieren, erproben und planen die Aufführung. Das Theater verbindet Ler-

nen mit Spaß, Arbeit mit Entspannung, Intellekt mit Phantasie und Kreativität.

Literatur: Batz, M./Schroth, H. 1983: Theater zwischen Tür und Angel, Handbuch für Freies Theater, Reinbek; Lenzen, K.-D. 1996: Spielen und Verstehen, Weinheim, Basel; Ruping, B./Schneider, W. (Hrsg.) 1991: Theater mit Kindern. Erfahrungen, Methoden, Konzepte, Weinheim, München; Schafhausen, H. (Hrsg.) 1995: Handbuch Szenisches Lernen, Theater als Unterrichtsform, Weinheim, Basel; Völker, H. 1994: Theater in der Schule – Schule des Lebens (Sek I), Bielefeld; Wardetzky, K. 1992: Märchen-Lesarten von Kindern. Eine empirische Studie, Berlin.

Siegfried George

↗ Ästhetisches Lernen; Ganzheitliches Lernen; Rollenspiel; Theater der Unterdrückten; Zeitungstheater

Theater der Unterdrückten

Das Theater der Unterdrückten entwickelte *Augusto Boal* in den 60er und 70er Jahren in Lateinamerika mit dem Ziel, „das Theater zurückzugeben an die Zuschauer. Das Theater soll den Menschen helfen, ihre Lebenswirklichkeit zu erkennen, darzustellen und zu verändern" (Baumert 1993: 339). Im dialogischen und emanzipatorischen Charakter des Theaters der Unterdrückten zeigt sich der Einfluß der „Pädagogik der Befreiung" Paolo Freires.

Boal formuliert zwei *Grundsätze*:
– Zuschauerin und Zuschauer werden vom Objekt zum Subjekt der Handlung;
– statt Vergangenheit nur darzustellen und zu interpretieren, soll Realität konkret verändert werden. Es muß ein Handlungsmodell für die Zukunft entworfen werden (vgl. Boal 1989: 68f.).

Formen des Theaters der Unterdrückten sind:
– *Zeitungs-Theater* will die „Realität der Fakten" wiederherstellen, indem es die einzelne Meldung aus dem Kontext

herauslöst und diese Meldung mit unterschiedlichen Methoden gelesen oder szenisch dargestellt wird.

– *Unsichtbares Theater*: eine Situation personaler oder struktureller Gewalt wird in der Öffentlichkeit so dargestellt, daß das unfreiwillige Publikum sich mit der bisher geduldeten Ungerechtigkeit auseinandersetzt.

– *Statuen-Theater*: will abstrakte Begriffe als menschliche Plastik darstellen, um so insbesondere den emotionalen Gehalt begreifbar zu machen. Gesellschaftliche Mißstände können damit nicht nur diagnostiziert und verdeutlicht, sondern idealerweise zur angestrebten Lösung entwickelt werden.

– *Forum-Theater*: eine repressive Situation wird inszeniert, die Zuschauerinnen und Zuschauer anregen soll, eine individuell bessere Lösung in die (Spiel-)Realität umzusetzen.

– *Legislatives Theater*: in der neuesten Form des Theaters der Unterdrückten wird die Methode des Forum-Theaters verwendet, um kommunale Politik mit der Bevölkerung zu diskutieren und weiterzuentwickeln.

Das Theater der Unterdrückten ist eine bewährte und weitverbreitete Methode politischer Bildung zu unterschiedlichen Themen wie Frieden, Ökologie, Zivilcourage, Fremdenfeindlichkeit, Interkulturalität. Im Rahmen eines ganzheitlichen Konzepts politischer Bildung können das Theater der Unterdrückten oder auch das Lehrstück-Theater Brechts sinnvoll eingesetzt werden (vgl. Kuhn 1994, Kelbing/ Praml 1997).

Literatur: Baumert, A. 1993: Theater der Unterdrückten und Gewaltfreiheit, in: Bittl-Drempetic: Gewaltfrei handeln mit mehr als 200 Übungen und Beispielen für die Trainingsarbeit, Nürnberg, S. 337-354; Boal, A. 1989: Theater der Unterdrückten. Übungen und Spiele für Schauspieler und Nicht-Schauspieler, Frankfurt/M.; Kelbing, M./Praml, W. 1997: Politische Bildung und Theaterarbeit, in: Hafenegger, B. (Hrsg.): Handbuch politische Jugendbildung, Schwalbach/Ts., S. 258-279; Kuhn, H. 1994: Mit Verstand und Gefühl. Entwurf einer personorientierten politischen Bildung, München.

Hubert Kuhn

↗ Ganzheitliches Lernen; Standbild; Theater; Tribunal; Zeitungstheater; *Band 1:* Antirassismus; Interkulturelles Lernen

Thesenpapier

Das Thesenpapier dient als schriftliche Handreichung für einen Vortrag und die anschließende Diskussion. Es kommt dabei nicht darauf an, in ausgewogener Form These, Argument und Beleg zu benennen und den Gegenstand ausführlich zu beschreiben, das geschieht in der Hausarbeit. Das Thesenpapier soll vielmehr in knapper Form die wesentlichen Aussagen des Vortrags „thesenhaft" zusammenfassen und dabei zuspitzen. In dieser Form gliedert und provoziert das Thesenpapier die Diskussion. Dabei kommt es auch darauf an, kontroverse und alternative Thesen und Argumentationen gegenüberzustellen, zu vergleichen und zu bewerten. Ein knappes Thesenpapier schult darüber hinaus, sich auf das Wesentliche zu konzentrieren und aus der großen Fülle des gesichteten Materials zwischen Wichtigem und Nebensächlichem zu unterscheiden.

Literatur: Schieren, S. 1996: Propädeutikum der Politikwissenschaft. Eine Einführung, Schwalbach/Ts.

Stefan Schieren

↗ Referat; Referentenvortrag; Schülervortrag

Tiefenökologie

Arne Naess, norwegischer Philosoph, prägte in den 70er Jahren diesen Begriff, „um den Übergang von ökologischer

Wissenschaft zu ökologischer Lebensweisheit und ganzheitlicher (...) ökologischer Praxis zu bezeichnen" (Gottwald 1995: 17). Naess stellt die Tiefenökologie einer „oberflächlichen Ökologie" gegenüber, die aus anthropozentrischer Perspektive Natur als Nutzwert und Ressource betrachtet. Tiefenökologie begreift Welt als Netzwerk von Phänomenen, wechselseitig verknüpft und voneinander abhängig (vgl. Capra 1995: 125).

Der analytisch-diskursorientierte Ursprung der Tiefenökologie wurde ergänzt von Joanna Macy, John Seed und Pat Fleming mit einer psychologischen und spirituellen Sichtweise.

Tiefenökologie integriert die Erkenntnisse unterschiedlicher *Denk-Traditionen*:
– intellektuell-wissenschaftlich: Die Theorie lebender Systeme (Allgemeine Systemtheorie) und der Selbstorganisation betont die komplexe Interdependenz und die Bedeutung dynamischer, ungehinderter Rückkoppelungen.
– psychologisch-emotional: Die psychische Reaktion auf Umwelt und Umweltzerstörung wird untersucht und daraus eine schöpferische und mitfühlende Haltung entwickelt.
– spirituell: Auf metaphysischer Ebene wird die enge Verbundenheit allen Lebens in einer nichtdualistischen Spiritualität deutlich. Die Vorstellung eines individualistisch isolierten „Ich" soll in einem „ökologischen Selbst" aufgehoben werden. Auf dem Weg dorthin werden Methoden der Mystik verschiedener Kulturen oder auch die „Verzweiflungs- und Ermutigungsarbeit" (Macy 1994) eingesetzt.
– politisch-gesellschaftlich: Die tiefenökologischen Werte erfordern persönliches, gesellschaftliches und wirtschaftliches Handeln für eine umfassende Achtung allen Lebens (vgl. Winterer-Scheid 1996: 48ff.).

Tiefenökologie wird umgesetzt insbesondere in politischer Bildung mit Kindern und Jugendlichen (vgl. ebd., Kuhn 1994).

Literatur: Capra, F. 1995: Tiefenökologie – Eine neue Renaissance, in: Gottwand, F.-T./Klepsch, A.: Tiefenökologie. Wie wir in Zukunft leben wollen, München, S. 123-136; Giebeler, K./Kreuzinger, S./Loewenfeld, M./Winterer-Scheid, E. (Hrsg.) 1996: Aufstand für eine lebenswerte Zukunft. Ökologische Kinderrechte: Bestandsaufnahme – Ermutigung – Wege zum Handeln, München; Gottwald, F.-T./Klepsch, A. 1995: Tiefenökologie. Wie wir in Zukunft leben wollen, München; Kuhn, H. 1994: Mit Verstand und Gefühl. Entwurf einer personorientierten politischen Bildung, München; Macy, J. 1994: Die Wiederentdeckung der sinnlichen Erde. Wege zum ökologischen Selbst, Zürich, München.

Hubert Kuhn

⤴ *Band 1:* Ökologie und politische Bildung

Tribunal

Im Tribunal kann politischen Zuständen spielend der Prozeß gemacht werden (Giesecke 1974). Das Tribunal – ein gerichtsähnliches Verfahren – ist nicht nur ein Verfahren für den politischen Unterricht, sondern wurde in den letzten Jahren auch zur öffentlichkeitswirksamen Auseinandersetzung mit politischen Problemen verwendet.

Im Tribunal wird besonders deutlich, daß es sich im politischen Unterricht vor allem um die Auseinandersetzung mit *Problemen* handelt, die strittig sind. Wie bei kaum einem anderen Verfahren wird die Strittigkeit deutlich, weil die verschiedenen Parteien/Interessengruppen/Akteure vor der Gruppe der „Richter" ihre Argumente in Form von Anklagen, Verteidigung, Sachverstand von Experten vortragen. Die „Richter" haben nicht die

Aufgabe, ein Urteil zu fällen, sie sorgen nur dafür, daß in einem geordneten Verfahren die Argumente der verschiedensten Art vorgetragen werden können.

Die Schülerinnen und Schüler erleben in einem Tribunal die verschiedenen Auffassungen, Argumentationen, Interessen. Die „Richter" und die nicht als Parteivertreter vor dem Tribunal agierenden Schülerinnen und Schüler haben eher die Möglichkeit abzuwägen, ihre Position zu überdenken oder in ihr bestärkt zu werden. Anders bei den Akteuren. Damit sie wirkungsvoll agieren können, müssen sie sich – auch wenn zunächst manchmal widerwillig – mit den Auffassungen, die sie zu vertreten haben, identifizieren. Das führt dazu, daß bei den „Parteivertretern" die Abwägung und evtl. neue Stellungnahme schwierig wird.

Nach dem Tribunal ist deshalb eine Reflexion der am Prozeß Beteiligten über ihre Befindlichkeit, z.B. in Form eines Meta-Unterrichts, notwendig. Erst danach kann die Sachreflexion erfolgen.

Ein Tribunal kann nur eine Phase in einer Unterrichtseinheit sein. Vorausgehen muß eine Einführung in den strittigen Bereich, z.B. durch *kontroverses Material* aus Massenmedien. Vor dem eigentlichen Tribunal müssen die Parteivertreter einige Zeit haben, sich mit den Argumenten ihrer Klienten auseinanderzusetzen, damit sie ihre Position adäquat vertreten können.

Das Tribunal hat gegenüber einer stark formalisierten Pro-Contra-Debatte den Vorteil, daß durch geschicktes Agieren der „Richter", z.B. durch Nachfragen, eine Zuspitzung von Streitfragen und eine größere Dynamik erreicht werden können.

Literatur: Giesecke, H. 1973ff.: Methodik des politischen Unterrichts, München.

Volker Nitzschke

↗ Gerichtsbesuch; Plädoyer; Pro-Contra-Debatte; *Band 1:* Kontroversität; Rechtsdidaktik

TZI

Themenzentrierte Interaktion, abgekürzt TZI, ist ein Ansatz der humanistischen Pädagogik. *Ruth C. Cohn* (*1912) ist Begründerin dieses Konzeptes, das sie auf dem Hintergrund von Psychoanalyse und humanistischer Psychologie entwickelt hat (vgl. Cohn 1997). Ziel und Weg von TZI ist die Gestaltung lebendigen Lernens in der Gruppe. Hierbei folgen nach TZI ausgebildete Pädagoginnen und Pädagogen einem Modell, das Cohn und ihre Schülerinnen und Schüler seit den 60er Jahren lehren. Zuerst geschah dies am von ihr in New York gegründeten Institut WILL (Workshop Institute for Living Learning) (vgl. Cohn/Terfurth 1993).

Das *Modell* besteht aus Axiomen, Verhaltenspostulaten und Hilfsregeln. Axiome beschreiben diesbezüglich anthropologische und ethische Haltungen, die u.a. darin bestehen, daß allem Lebendigen mit seinem Wachstum Respekt gilt. Die Verhaltenspostulate und das strukturelle Schema des „Dreiecks in der Kugel", das als Spiegel der lernenden Gruppe dient, bilden die methodischen Grundlagen. Unter dem Dreieck in der Kugel ist die Vorstellung verborgen, daß in einer Lerngruppe das *Ich* der einzelnen Person, das *Wir* der Gruppe und das *Thema* in einer ausgeglichenen Balance bezüglich des *Globe*, d. h. der sozialen Situation, zueinander stehen. Werden u.a. die Postulate an die Eigenverantwortlichkeit der einzelnen Person (Ich-Postulat), an die Priorität von Störungen in der Gruppe (Wir-Postulat), an die individuelle Bindung (Es-Postulat) und an das reale Umfeld der Gruppe (Globe-Postulat) erfüllt, sind die notwendigen Bedingungen für ganzheitliches und lustvolles Lernen vorhanden. TZI bindet damit das Lernen an die Person der jeweiligen Adressatinnen und Adressaten und fördert somit persönliches Wachstum bei gleichzeitigem Bezug zur gesellschaftlichen Situation (vgl. Gudjons 1995).

In den unterschiedlichsten *Arbeitsfeldern* hat TZI einen Platz gefunden: in der Schule, in der Lehrerinnen- und Lehrerfortbildung, politischen und kirchlichen Bildung, in Wirtschaftstrainings und in der Supervision (Löhmer/Standhardt 1992: 8). Mittlerweile hat TZI auch in der Hochschuldidaktik Raum eingenommen. Hier hilft der Ansatz, die Themenfixierung hin zu einer stärkeren Selbstreflexion zu lösen (vgl. Sielert 1994). Portele (1995) setzt insbesondere auf die erfolgreiche Anwendung der genannten Postulate, die zu einem gleichberechtigten Aushandeln eines Lehr-Lern-Vertrages zwischen Dozentinnen und Dozenten und Studentinnen und Studenten führen kann.

Literatur: Cohn, R. C. 1997[13]: Von der Psychoanalyse zur themenzentrierten Interaktion. Von der Behandlung einzelner zu einer Pädagogik für alle, Stuttgart; Cohn, R. C./Terfurth, C. (Hrsg.) 1993: Lebendiges Lehren und Lernen. TZI macht Schule, Stuttgart; Gudjons, H. 1995: Die Themenzentrierte Interaktion. Ein Weg zum persönlich bedeutsamen Lernen, in: Pädagogik, S. 10-13; Löhmer, C./Standhardt, R. 1992: TZI. Pädagogisch-therapeutische Gruppenarbeit nach Ruth C. Cohn, Stuttgart; Portele, H. 1995: Hochschullehrerfortbildung und TZI, in: ders./Heger, M.: Hochschule und lebendiges Lernen. Beispiele für Themenzentrierte Interaktion, Weinheim, S. 247-258; Sielert, U. 1994: Der wachsenden Kluft zwischen Sachlichkeit und Menschlichkeit entgegenarbeiten: Themenzentrierte Interaktion an der Hochschule, in: Gruppendynamik, S. 401-410.

Cornelia Muth

↗ Diskursive Verständigung; Kommunikation; Soziodrama; *Band 1:* Interaktion; Pädagogik; *Band 2:* Psychische Voraussetzungen politischen Lernens

Unternehmensspiel

Das Unternehmensspiel zählt zu den Planspielen und findet vor allem im „business-management-training" Anwendung. Es gehört heute zum festen Bestandteil der Aus- und Weiterbildung von Führungskräften in der Wirtschaft. Als wesentliches Ziel strebt das Unternehmensspiel an, das unternehmerische Entscheidungsverhalten von Führungskräften der Wirtschaft zu trainieren. Im Politikunterricht kann das Unternehmensspiel immer dann eingesetzt werden, wenn es um ökonomische Fragen geht, wenn Probleme der Organisation von Interessen verdeutlicht werden, wenn Interessenkonflikte zwischen Arbeitgeber und Arbeitnehmer zu klären sind oder wenn die Beziehung zwischen Wirtschaft und Politik herausgearbeitet werden soll.

Peter Massing

↗ Planspiel

Unterrichtsarrangement, demokratisches

Definiert sich politische Bildung als „Demokratie-Lernen" (Fischer 1985: 50ff.) und die Zielsetzung des Politikunterrichts als Vermittlung der Befähigung zur menschenwürdigen Bewältigung „von und in Situationen" (Hilligen 1986: 362), so sind beide Zielbeschreibungen nicht nur von curricularer Bedeutung. Über die Vermittlung kognitiver Lerninhalte hinaus zielen sie auf ein demokratisches Miteinander (kollektive Ebene), was entsprechende Verhaltensdispositionen (individuelle Ebene) voraussetzt. Demokratie umschreibt dementsprechend nicht nur eine Regierungsform, sondern ein Lebensprinzip, in das es einzuüben gilt.

In schulischen Lehr-/Lernprozessen

sind die komplexen Prozesse der Erziehung zum *demokratischen Verhalten* und deren Verfestigung „in einer kommunikativen Praxis offener und demokratischer Verständigung" (Henkenborg 1997: 60) von der Ebene pädagogischer Intentionen und höchster Zielsetzungen auf die reale Unterrichtsebene zu deduzieren und als pädagogisches Programm auszudifferenzieren. Demokratie-Lernen in schulischen Bezügen ist nicht nur zu verbalisieren, es muß im schulischen Miteinander „gelebt" werden. Die Grundvoraussetzung dazu bildet ein demokratisches Arrangement von Lehr-/Lernprozessen.

Jedoch beziehen sich die durch Schule vermittelten demokratischen Prägungen nicht nur auf die politische Bildung (als Fach und Prinzip), sondern auf den gesamten schulischen Umgang. Das Erleben von Unterricht impliziert neben der Vermittlung manifester politischer Sozialisationsgehalte, der expliziten Übertragung von Informationen, Werten oder Gefühlen, immer auch Formen der latenten politischen Sozialisation, die unbewußt bzw. vorbewußt vermittelt werden (Greenstein 1965: 11f.) und durch die Schul- und Unterrichtsorganisation ebenso (mit-)geprägt werden wie durch den persönlichen Umgang.

In der Forderung nach einem demokratischen Unterrichtsarrangement schwingt auch die aktuelle *Schulkritik* mit, die Schule am „Ende der Belehrungskultur" in einer „tiefen Modernisierungskrise" sieht (Sander 1997: 13) bzw. sie Gefahr laufen läßt, in anachronistischer Weise auf Scheinwelten vorzubereiten, die für die überwiegende Zahl der zu Qualifizierenden längst ihre Bedeutung verloren zu haben scheinen (Brater 1997: 158).

Aus *lerntheoretischer Perspektive* ist Demokratie-Lernen Erfahrungslernen. Es

konstituiert sich in der Wechselbeziehung zwischen dem intentionalen Lernen von demokratischem Verhalten (mikrodidaktisch, Lernzielebene) und dem funktionalen Lernen durch demokratisches Verhalten (makrodidaktisch, Lernmethode; Jung 1993: 223f.). Mit entsprechenden Formen zwischenmenschlichen Umgangs und einer zeitgemäßen Methodenkompetenz seitens der Lehrenden gekoppelt, bildet es die Grundlage für ein demokratisches Unterrichtsarrangement, einem wesentlichen Gradmesser für die intentionale Glaubwürdigkeit von Schule.

Literatur: Brater, M. 1997: Schule und Ausbildung im Zeichen der Individualisierung, in: Beck, U.: Kinder der Freiheit, Frankfurt/M.; Fischer, K. G. 1986: Erziehung zur Demokratie, in: ders., Zum aktuellen Stand der Theorie und Didaktik des Politischen Bildung, Stuttgart, S. 50-58; Greenstein, F. 1965: Children and Politics, Yale University Press, New Haven and London; Henkenborg, P. 1997: Die Selbsterneuerung der Schule als Herausforderung: Politische Bildung als Kultur der Anerkennung, in: Politische Bildung 3/97, S. 60-89; Hilligen, W. 1986: Politische Bildung, in: Mickel, W. W., Handlexikon zur Politikwissenschaft, Schriftenreihe Bd. 237, S. 362-369; Jung, E. 1993: Politische Bildung in Arbeit und Beruf: die Gestaltung von Arbeits- und Lebenssituationen, Frankfurt/M., Berlin, Bern, New York, Paris, Wien; Sander, W. 1997: Krise des Lehrens, Krise der Lehrer – Zur Rolle der Politiklehrer heute, in: *kursiv* – Journal für politische Bildung, 1/1997, S. 12-17.

Eberhard Jung

↗ Erfahrungsorientierung; Unterrichtsgespräch; Unterrichtsstile

Unterrichtsgespräch

Das Unterrichtsgespräch ist die empirisch und normativ zentrale Handlungsform in der Schule. Unter den identifizierbaren Formen von Interaktion im Unterricht ist das Gespräch die häufigste; zugleich verweist diese Form über ihre Nähe zur alltäglichen Interaktion auf die Idee des Diskurses. „Diskurs" als kontra-faktische Unterstellung und als regulative Idee bedeutet die Freiheit von Zwängen in der gemeinsamen Auseinandersetzung bzw. Verständigung, die Entlastetheit von Handlungsdruck in der Reflexion und die Gleichberechtigung und Gleichachtung der Diskursteilnehmerinnen und -teilnehmer (Habermas 1971: 136-141). Ohne diese – den Tatsachen widersprechende und sie transzendierende – Unterstellung wäre alltägliche Kommunikation nicht möglich. Kommunikative Alltagspraxis bzw. Lebenswelt stehen systemischen Integrationen durch Geld und Macht gegenüber, werden durch sie affiziert und reichen aber auch in ihre Konstitution hinein. „Gleiche politische Grundrechte für jedermann ergeben sich ... aus einer symmetrischen Verrechtlichung der kommunikativen Freiheiten aller Rechtsgenossen; und diese erfordert wiederum Formen diskursiver Meinungs- und Willensbildung, die eine Ausübung der politischen Autonomie in Wahrnehmung der staatsbürgerlichen Rechte ermöglicht" (Habermas 1992: 161).

Erstaunlicherweise wird zur Zeit häufig in Auflistungen von Verfahren im Unterricht das Gespräch gar nicht oder mit *negativem Beiklang* angeführt, obwohl es normativ einen ausgezeichneten Stellenwert hat. Die Ursache dürfte in der Komplexität der Wirklichkeit liegen, die sich weder empirischen noch normativen Kurzschlüssen beugt. Für die empirische Untersuchung ist es noch kaum möglich, so differenzierende Operationalisierungen zu entwerfen, daß die Vielfalt der Erscheinungen erfaßt wird (und nicht zu einer „methodischen Monostruktur" reduziert wird, vgl. Hage u.a. 1985). Die Idee des Diskurses kann im Unterricht nicht umstandslos verwirklicht werden (aus Gründen der sozialen Strukturen und der Kompetenzen der Teilnehmenden) und bietet deshalb keine politisch-

deklaratorische Schlagkraft und keine moralisch-identitätsbildende Sicherheit.

H. Meyer (1987) ordnet mögliche *Formen* des Gesprächs – von der Unterhaltung bis zum Prüfungsgespräch – nach dem Ausmaß der *Lehrerlenkung* (vgl. auch Fickel 1982: 254f.). Die Variabilität ist also hoch, auch kann an jedem Punkt des Kontinuums gelingendes und mißlingendes Gespräch stattfinden. Das freie Unterrichtsgespräch der Schülerinnen und Schüler (*Schülergespräch*) kann in Prozeß und Ergebnis demokratisch und ertragreich sein, es kann aber auch zum Rumreden ohne Struktur und Ziel mißlingen. Das gelenkte Unterrichtsgespräch (*Lehrergespräch*) kann den Lernenden bei der Entwicklung einer Problemstellung helfen, es kann aber auch zur Gängelei geraten (vgl. das Beispiel bei H. Meyer 1987: 283f., das ihn vorschnell das geleitete Unterrichtsgespräch als das „problematischste Handlungsmuster" einstufen läßt).

Die Grundvorstellung praktischer und normativer Art, die bei allen Unklarheiten wohl geteilt wird, ist die folgende: Unterrichtsgespräch ist eine impulsgesteuerte und breitrahmig strukturierte Kommunikationsform, in der die Lernenden selbsttätig, kooperativ und ertragreich einen Gegenstand (Thema, Material, Problem, Eigenerfahrungen u.a.m.) im Medium des sprachlichen Austauschs bearbeiten. Dieses Unterrichtsgespräch ist zugleich strukturiert und offen (der Widerspruch ist pädagogisch konstitutiv): die Lehrerin bzw. der Lehrer klärt einen Rahmen (z.B. das Fach, den Gegenstand, die interaktive Struktur der Situation) und regt durch Impulse (Anstöße) und – wenn nötig – auch durch engere Fragen an. In diesem Rahmen und mit dieser Hilfe kommunizieren die Lernenden selbständig und produktiv.

Im Unterricht werden die unterschiedlichsten *Varianten* von offen bis eng benutzt. Der Sinn ergibt sich nicht aus der abstrakten Form, sondern aus ihrem begründeten Einsatz im konkreten Fall – auch wenn das Ziel die Entwicklung der Kompetenz zum diskursiven Sprechen ist. Der entdeckende Nachvollzug einer kognitiven Struktur mag eine enger strukturierte Vorgabe nahelegen (vgl. Reinhardt 1996: 93-96), die eigengesteuerte Auseinandersetzung mit einem wissenschaftlichen Text mag das „Laufenlassen" der Lernenden nahelegen (vgl. Reinhardt 1992). Jene Art enger Lenkung, bei der Banalitäten oder Kurzinformationen aus den Schülerinnen und Schülern kürzestschrittig herausgefragt werden, die zur Struktur des „Ping-Pong" mit wenig nennenswerten Ergebnissen führt, diskreditiert das Unterrichtsgespräch als Kommunikationsform.

Das konkrete Lehrerhandeln ist anspruchsvoll. Die enorme Variabilität der Formen und der nötige Bezug auf die konkreten Ziele und Bedingungen des Lernens für die Wahl eines dieser Wege macht die Weite des Repertoires deutlich, das den Lehrenden zur Verfügung stehen könnte. Die Verknüpfung mit „letzten" Zielvorstellungen von Demokratie-Lernen in bezug auf den Diskurs überlastet das Unterrichtsgespräch – als Königsweg der politischen Bildung – zudem moralisch.

Das praktische Problem wird auch darin sichtbar, daß das Unterrichtsgespräch eher als „Kunst" denn als „Handwerk" einzustufen ist. Es gibt keine klaren Rezepte für die Art der Impulse und der Frageformulierungen, auch wenn es sehr hilfreiche Klassifikationen von *Frageformulierungen* gibt (vgl. Grell 1974: 198f.; H. Meyer 1987: 207). Wann genau welche Art der Frageformulierung im Unterricht

sinnvoll ist, kann niemand voraussehen. Diese Resistenz des Unterrichtsgesprächs gegen sichere Planung zeigt sich auch darin, daß die Strukturierung nur recht allgemein angegeben werden kann (vgl. H. Meyer 1987: 289). Konzepte wie die des Sokratischen Gesprächs und des *Authentischen Gesprächs* (vgl. Reichel 1992) sind wichtig und hilfreich, verweisen aber ebenfalls auf die situationsabhängigen und subjektiven Anteile der Form.

Die Entwicklung der Kompetenz zum diskursiven Gespräch kann dadurch gefördert werden, daß handlungsorientierte Verfahren mit ihrer klaren Struktur eingesetzt werden, in deren *Auswertungsphase* (die das spezifisch Pädagogische dieser Verfahren ausmacht) ein Unterrichtsgespräch stattfindet. Die Debatte, das Streitgespräch oder das Rollenspiel sind festgelegt: Situation, Beteiligte, Ablauf sowie Ziele und Dimensionen der Auswertung sind definiert (die Verfahren sind also nicht offen). In ihrem Simulationsteil sind diese Verfahren keine Gespräche, sondern ritualisiert – deshalb sind sie leichter und wegen ihres Charakters als Quasi-Realität motivierender als „reine" Unterrichtsgespräche. Das Auswertungsgespräch ist dann die Klammer zwischen dem Handwerk der Simulationsverfahren und der Kunst des Unterrichtsgesprächs; sein begrenzter Umfang in Zeit und Inhalt ermöglicht die Erfahrung des glückenden Gesprächs, die die Basis für die Ausweitung der Kompetenz abgibt (vgl. Reinhardt 1992).

Literatur: Becker, G. E. 1988: Gesprächs- und Diskussionsformen, in: Mickel, W. W./Zitzlaff, D. (Hrsg.): Handbuch zur politischen Bildung, Opladen, S. 240-245; Fickel, J. 1982: Ausgewählte Lernformen im politischen Unterricht: Gespräch ..., in: Nitzschke, V./Sandmann, F. (Hrsg.): Neue Ansätze zur Methodik der Politischen Unterrichts, Stuttgart, S. 246-301; Gagel, W. 1988: Zur Gestaltung der Unterrichtskommunikation, in: Gagel, W./Menne, D.

(Hrsg.): Politikunterricht. Handbuch zu den Richtlinien NRW, Opladen, S. 141-153; Grell, J. 1974: Techniken des Lehrerverhaltens, Weinheim, Basel; Habermas, J. 1971: Vorbereitende Bemerkungen zu einer Theorie der kommunikativen Kompetenz, in: ders./ Luhmann, N.: Theorie der Gesellschaft oder Sozialtechnologie – Was leistet die Systemforschung? Frankfurt/M., S. 101-141; Habermas, J. 1992: Faktizität und Geltung, Frankfurt/M.; Hage, K./Bischoff, H./Dichanz, H./Eubel, K.-D./ Oehlschläger, H.-J./ Schwittmann, D. 1985: Das Methoden-Repertoire von Lehrern. Eine Untersuchung zum Schulalltag der Sekundarstufe I, Opladen; Meyer, H. 1987: Unterrichts-Methoden II, Frankfurt/M.; Reichel, G. 1992: Das authentische Gespräch. Ein neuer Weg zur Textarbeit im Politikunterricht, in: Gegenwartskunde 1, S. 75-86; Reinhardt, S. 1992: Schule und Unterricht als Bedingungen von Demokratie-Lernen: Formen politischer Streitkultur als Bildungsaufgabe, in: Politische Bildung 2, S. 33-45; Reinhardt, S. 1996: Didaktik der Sozialwissenschaften. Gymnasiale Oberstufe. Sinn, Struktur, Lernprozesse, Opladen.

Sibylle Reinhardt

↗ Diskursive Verständigung; Diskussion; Kommunikation; Sozialformen; *Band 2:* Diskurs

Unterrichtsstile

Unterrichtsstile bezeichnet das Gesamt von Charakteristiken des *Lehrerhandelns* in analytisch-differenzierender Absicht. Dabei werden häufig normative und empirische Dimensionen parallel gesetzt: Zielvorstellungen werden verknüpft mit – vermutlich dazugehörigen – konkreten Lehrstrategien bzw. -taktiken. Wegweisend war und ist die idealtypische Trennung von *Führungsstilen* und ihre experimentelle Untersuchung durch Lewin, Lippitt und White (Lewin 1939, Lippitt und White 1947, 1960), auch wenn sie in den letzten Jahrzehnten in der wissenschaftlichen Diskussion vernachlässigt worden ist (vgl. Wittrock 1986, Harbordt/Grieger 1995). Zentrales Merkmal des demokratischen Führungsstils (bzw. Unterrichtsstils) ist die Mit-Führung bzw. Mit-Bestimmung der Lernenden über

Thema und Prozeß der Arbeit. Die Lehrerin bzw. der Lehrer gibt hierbei durchaus Angebote und hilfreiche Vorschläge für die Arbeit, engt aber die Lernenden so wenig wie möglich ein. Kritik legitimiert sich aus der Aufgabe heraus, nicht aus der Amtsautorität. Dagegen verfährt der autoritäre Leiter dirigistisch, er bestimmt Ziel und Weg selbst und führt die Lernenden in enger Manier. Kritik an seinen Setzungen ist nicht zulässig; er selbst kritisiert sehr wohl, und zwar mit Bezug auf sich selbst als Instanz der Rechtfertigung. Bei der Durchführung der Experimente ergab sich ungeplant ein dritter Führungsstil, nämlich der sogenannte Laissez-faire-Stil, der durch Abwesenheit von Führung oder Leitung oder Strukturierung gekennzeichnet ist. Er entstand aus der Diffusion des Versuchs demokratischer Leitung in Nichtleitung – der Gruppenleiter ließ einfach alles laufen, ohne daß dies in ein Konzept von Struktur integriert gewesen wäre.

Aus der Methode des *Experiments* ergab sich die Notwendigkeit, alle anderen Faktoren als den Führungsstil konstant zu halten, so daß in allen Gruppen der Leiter gleich freundlich zu sein versuchte. Die emotionale Dimension ist hierbei also nicht differenziert, während die Differenz der Führungsstile die instrumentelle Dimension betrifft. Insofern ist also eine zentrale Dimension der Lehrer-Schüler-Relation erfaßt, während die Ebene der Beziehung (im Unterschied zur sogenannten Sache) nicht variiert wurde. Das Gesamt aller Interaktionen ist zu komplex, als daß es mit einem einzigen Konstrukt zu fassen wäre. Konzeption und Operationalisierung bei Lewin u.a. sind m.E. nach wie vor relevant. Der Unterrichtsforschung stellt sich hier eine komplexe Aufgabe; der Verständigung

201

von Lehrenden und Lernenden gibt das Gerüst der Idealtypen einen lohnenden Bezugspunkt.

Aufgrund der experimentellen Resultate und aufgrund von *Unterrichtserfahrungen* ist es wenig sinnvoll, den demokratischen Führungsstil als einzig legitimen zu verabsolutieren. Der Wechsel dorthin ist ein – vermutlich allmählicher und mühsamer – Lernprozeß, wenn dirigistische Verfahren und Überzeugungen herrschten (dies gilt für Lehrende und Lernende). Die Art der Aufgabe macht u.U. einen Unterschied, die Situation des Lernens mag das eine oder andere provozieren oder zulassen. Die Interpretation dessen, was abläuft, mag unterschiedlich sein: Was die eine Schülerin bzw. der eine Schüler oder eine Lehrerin bzw. ein Lehrer noch als autoritär ansieht, mag für andere bereits konstruktive Freiheit darstellen. Das Repertoire des Lehrerhandelns muß wohl alle Möglichkeiten einschließen, auch wenn natürlich der demokratische Unterrichtsstil aus normativen Gründen ausgezeichnet ist.

Literatur: Harbordt, S./Grieger, D. (Hrsg.) 1995: Demokratie lernen im Alltag? Führung, Konflikte und Demokratie in Ausbildung und Elternhaus, Opladen; Lewin, K. 1939: Experimente über den sozialen Raum, in: ders. 1953: Die Lösung sozialer Konflikte, Bad Nauheim, S. 112-127; Lippitt, R./White, R.K. 1947: Eine experimentelle Untersuchung über Führungsstile und Gruppenverhalten, in: Graumann, D. F./Heckhausen, H. (Hrsg.) 1974: Pädagogische Psychologie 1 – Entwicklung und Sozialisation, Frankfurt/M., S. 327-374; Lipitt, R./White, R. K. 1960: Autocracy and Democracy. An experimental inquiry, New York; Reinhardt, S. 1998: Stichwort „Arbeitsstile" in: Mickel, W. W./Zitzlaff, D. (Hrsg.): Handbuch der politischen Bildung – Neubearbeitung; Wittrock, M. C. (Hrsg.) 1986: Handbook of Research on Teaching – third edition, a project of the American Educational Research Association, New York.

Sibylle Reinhardt

⬀ Experiment; Unterrichtsarrangement, demokratisches; *Band 1:* Interaktion; Unterrichtsforschung

Vergleich

Der Vergleich gehört in der politischen Bildung zu den wissenschaftspropädeutischen Methoden. Er erhält seine Impulse im wesentlichen von der Politikwissenschaft (vgl. Nohlen 1994: 507 und Lipson 1967: 287). Aus der Verwendungspraxis des Vergleichs läßt sich ein weiteres und ein engeres Grundverständnis ableiten. Im ersteren geht man davon aus, daß der Vergleich jedem wissenschaftlichen Verfahren eigen ist (vgl. Rothacker 1967: 268ff.), daß die wissenschaftliche Methode immer vergleichend und alle Politik in irgendeiner Weise vergleichende Politik ist (vgl. Grosser 1973: 19). So resultieren politikwissenschaftliche Begriffe aus dem Vergleich komplexerer sozialer und politischer Erfahrungsbestände. Der Vergleich bildet das Kriterium bewertender Interpretationen empirischer Befunde (Hartmann 1980: 51f.) und über Vergleich als Analogie, Ähnlichkeit oder Kontrast kann bisher Unbekanntes, vom Bekannten her verständlich gemacht werden (vgl. Grosser 1973: 19ff.). Im Vergleich lassen sich das Besondere hervorheben oder durch Betonung der Differenzen Systematisierungen vornehmen usw. (vgl. Nohlen 1994: 508f.) Der Vergleich im engeren Sinn ist eine sozialwissenschaftliche Methode neben anderen mit dem Ziel, Hypothesen zu überprüfen oder zu generalisieren.

In der *Praxis der politischen Bildung* kommt dem Vergleich eine besondere Bedeutung zu. Er reicht vom Systemvergleich über den Vergleich umfassender Lageanalysen bis hin zum Vergleich alternativer Problemlösungen. Voraussetzung ist auch hier, daß die zu vergleichenden Objekte auf das Vergleichsziel hin vergleichbar sind. Ohne Vergleichskriterium (ein verbindendes Tertium comparationis), ein gemeinsames Merkmal, eine verwandte Struktur, ist ein Vergleich nicht möglich. Identisches oder gänzlich Verschiedenes läßt sich nicht vergleichen, sondern nur Ähnliches (vgl. Lorig 1999: 391). Obgleich der Vergleich in der schulischen und in der außerschulischen politischen Bildung häufig genutzt wird, fehlt eine systematische fachdidaktische Bearbeitung und Reflexion dieser Methode.

Literatur: Grosser, A. 1973: Politik erklären, München; Hartmann, J. (Hrsg.) 1980: Vergleichende politische Systemforschung, Köln/Wien; Lipson, L. 1967: Die vergleichende Methode in der Politologie, in: Schmidt, R. H. (Hrsg.): Methoden der Politologie, Darmstadt, S. 287-302; Lorig, W. H. 1999: Der Vergleich, in: Mickel, W. W. (Hrsg.): Handbuch zur politischen Bildung, Bonn, S. 388-393; Nohlen, D. 1994: Lexikon der Politik, Bd. 2. Politikwissenschaftliche Methoden, hrsg. von Kriz, J. u.a., München, S. 507-517; Rothacker, E. 1967: Die vergleichende Methode in den Geisteswissenschaften, in: Schmidt, R. H. (Hrsg.): Methoden der Politologie, Darmstadt, S. 265-286.

Peter Massing

↗ Analogie

Vernissage-Aktion

In einer Vernissage-Aktion wird zur interaktiven Inszenierung von Plakataussagen aufgefordert. Plakate enthalten Botschaften, die aufrütteln und zur Verhaltensänderung aufrufen. Solche Botschaften sind das Produkt von langen Denkprozessen, die verkürzt auf den Punkt gebracht wurden und nun mit vertiefenden Methoden wieder aufgearbeitet werden sollen. Politische Bildung, die handlungsorientiert sein will, muß solche Prozesse fördern.

Eine Gruppe wählt einige *Plakate* einer Ausstellung aus. Sie sucht nach anderen Ausdrucksformen für deren Aussagen und nach Möglichkeiten der Inszenierung. Die Vernissage-Aktion soll unter einem Motto stehen und ein Programm haben. Sie bedarf umfangreicher Vorbereitungen.

Es kann eine *Umfrage* gestartet werden. Die Ergebnisse werden als Pantomime, als Kommentar oder als Politbarometer

Foto einer Vernissage-Aktion. Eine Pantomime zum Plakat „Man/Ich sollte armen Menschen mehr helfen". Der Spiegel als Symbol für die Aufforderung wird in der Pantomime aufgenommen.

Foto: Iris Kress

präsentiert. Es kann eine *Wandzeitung* entstehen, die von einem Korrespondenten vorgestellt wird. Ein Flugblatt kann an das Publikum ausgeteilt werden.

Ein Gedicht vertieft eine Botschaft. Das Publikum kann aufgefordert werden, eine sich reimende Gedichtzeile fortzusetzen. Ein Lied kann komponiert werden. Das Publikum übernimmt den Refrain. Eine Moritat mit Plakaten stellt sichtbar einen Bezug zu den Exponaten her.

Ein Stationsspiel kann als alternative Führung durch die Ausstellung gestaltet sein. Ein Kreuzworträtsel, das sich auf die Plakate bezieht, fordert zum Umschauen auf.

Schließlich sollten Plakate vorgestellt werden. Ihre Aussage und ihre Bildsprache soll interpretiert werden. Das Publikum kann sich an einer Hitliste der Plakate beteiligen und Preise gewinnen.

Ein Ausstellungskatalog bietet Hinweise zu den Plakaten, zu den Künstlern und in welchem Rahmen sie entstanden sind. Er enthält auch das Programm, das Spiel und den Liedtext. Eine Moderation der Vernissage-Aktion bietet Orientierung für das Publikum.

Literatur: Landeszentrale für politische Bildung Baden-Württemberg (Hrsg.): Orientieren – Produzieren – Präsentieren. Stuttgart o. J.

Monika Greiner, Reinhard Gaßmann

↗ Ästhetisches Lernen; Ausstellung; Flugblatt; Plakat

Videoarbeit

Videoarbeit meint handlungsorientierte Medienarbeit mit der Kamera, hier die „Produktion" von Videos im Kontext gesellschaftspolitischen Lernens.

Die Anfänge der Videoarbeit liegen im Bereich der Öffentlichkeitsarbeit der 60er Jahre. Unter dem Stichwort „*Gegenöffentlichkeit*" wurde das technische Medium zum Instrument der Politisierung im Zuge der 68er-Bewegung. Herrschaftliches Denken und soziale Ungerechtigkeit sollten mit Hilfe von laufenden Bildern dokumentiert, analysiert und systemkritisch enttarnt werden. Der Distributionscharakter des Mediums, seine Handhabbarkeit und seine Anschaulichkeit sollten einer breiten Öffentlichkeit zugute kommen und aufklärerisch wirken. Angeknüpft wurde hierbei an die von Bertolt Brecht in den 20er Jahren entwickelte Idee, den Radioapparat als Distributions- und Kommunikationsmedium der Arbeiterbewegung zu nutzen. Mit dem Aspekt der „Gegenöffentlichkeit" als Vorform proletarischer Öffentlichkeit beschäftigten sich Alexander Kluge und Oskar Negt (Negt/Kluge 1972). Eine in dieser Tradition stehende kritische Medienarbeit zielt auf Mündigkeit und Emanzipation (vgl. Schell 1989).

Seither fand die Videoarbeit in der *außerschulischen Bildungsarbeit* als sogenannte *alternative Medienarbeit* eine weite Verbreitung. Zahlreiche Medienzentren wurden bundesweit gegründet und sind bis heute aktiv. Die über zwanzigjährige Geschichte der aktiven Film- und Videoarbeit in den Blick nehmend, fällt auf, daß sich ein Begriffswandel vollzogen hat. „Es wird nicht mehr wie in den 70er Jahren von ‚Gegenöffentlichkeit' und ‚alternativer Filmarbeit', sondern nur noch von ‚Kulturarbeit' und ‚kreativen Prozessen' gesprochen" (Anfang 1990: 273). Insgesamt, so bilanziert Anfang, änderte sich die Zielrichtung aktiver Medienarbeit von der politischen Ebene auf die sozialpädagogischen Arbeitsfelder.

In der *Schule* hielt die Videoarbeit insbesondere im Bereich projektorientierten

Arbeitens Einzug; zum einen zur Dokumentation von z.B. Projektwochen, aber auch zur Herstellung eigener „Clips". Allerdings sind im Rahmen des traditionellen Fächer- und Stundenkanons der Realisierung der meist zeitaufwendigen und raumgreifenden Videoprojekte Grenzen gesetzt. Festzustellen ist, daß über die schulische Videoarbeit im Lernfeld Gesellschaft weit weniger bekannt ist als aus der außerschulischen politischen Jugendarbeit sowie der Erwachsenenbildung.

Weitgehender Konsens besteht darin, daß die Zunahme visuell vermittelter Botschaften und Informationen („Medienzeitalter") Fähigkeiten und Fertigkeiten erfordert, die die Kompetenzentwicklung im Umgang mit Medien betreffen. Hinzu kommt die zunehmende Bedeutung einer sogenannten Alltagsästhetik (vgl. Flaig/Meyer/Ueltzhöffer 1993). Neben der *Rezeption* von visuellen Botschaften und ästhetischen Ausdrucksformen sind für die Wirksamkeit politischer Bildungsprozesse produktive Zugänge interessant. Denn die *Kluft* zwischen medientechnologischen Innovationen und den Möglichkeiten, diese kulturell zu verarbeiten, wird immer größer. „In der Situation kommt der Förderung kreativer Ausdrucks- und Darstellungsformen mit handhabbaren Medien eine zentrale Aufgabe zu" (Brenner/Niesyto 1993: 3). Insgesamt ist ein Wandlungsprozeß von der Wort- zur Bilderkultur in der Jugendszene beobachtbar, der darauf drängt, daß politische Lernprozesse auch mittels ästhetischer Kategorien diskutiert werden (Krügler/Röll 1993). Die Möglichkeiten praktischer Videoarbeit im gesellschaftspolitischen Lernfeld werden in der Befähigung zum *Bilddenken* als Alphabetisierung visueller Kommunikati-

onsformen gesehen (ebd.). Dabei geht es sowohl um den Prozeß der Entstehung eines Videos, der Engagement, Teamarbeit und Absprachen erforderlich macht, als auch um das Produkt selbst sowie seine Präsentation. Produktion und Reflexion stehen dabei in einem permanenten wechselseitigen Verhältnis.

Kritisch erwogen werden muß, daß die praktische Videoarbeit in schulischen und außerschulischen Projekten an technische, finanzielle und personelle Voraussetzungen und Bedingungen gebunden ist und daher bestimmte Planungsschritte, konkrete Entscheidungen und realisierbare Zielvorstellungen erwogen werden müssen. Die Orientierung an der Machart kommerzieller Produktionen führt in diesen Bezügen nicht selten zu Überforderungen und Frustration. Hinzu kommt, daß Bemühungen um ansprechende Ausdrucksformen auf Kosten des Inhalts gehen können, der dann möglicherweise unbeabsichtigt zweitrangig wird. Häufig fehlen den Macherinnen und Machern grundlegende Kenntnisse der Filmdramaturgie und technisches Wissen, so daß Handlungsschwerpunkte nicht ausreichend herausgestellt werden und in unverständliche Dialoge verstrickt bleiben (Anfang). Zu einer kompetenten Unterstützung durch Pädagoginnen und Pädagogen gehört, daß sie eine Transformation des Produktionsvorganges auf die kognitive Ebene ermöglichen, daß neben inhaltlichen Gesichtspunkten Erwägungen über das potentiell Machbare die praktische Arbeit begleiten. Will Videoarbeit *politische Lernprozesse* initiieren, muß – neben Handlungsorientierung und Spaß – immer wieder die Frage nach der beabsichtigten inhaltlichen Aussage (message) thematisiert werden, weil die Produktion ansonsten reiner Selbstzweck bleibt und dann auch die Prozesse der Entstehung nicht bewußt er- und verarbeitet werden können.

Erfahrungsberichte dokumentieren, daß Jugendliche Interesse und Spaß daran haben, mit eigenen Videoproduktionen auf brisante Fragen, z.B. aus ihrer Lebenswelt, zu reagieren, und dabei beachtliche Ergebnisse erzielen (Brenner/Niesyto). Die Autoren unterscheiden *drei Grundrichtungen* praktischer Medienarbeit: eine inhaltsbezogene an journalistischen Standards, eine an Alltag und Lebenswelt und eine an medienästhetischen und kommunikationsstrukturellen Herausforderungen orientierte Medienarbeit (ebd. 10).

Die praktische Videoarbeit verbindet verschiedene methodische Arrangements und Arbeitsschritte, um Fragen aus dem Bereich von Gesellschaft und Politik zu dokumentieren, zu illustrieren oder experimentell darzustellen. Allgemein können dokumentarische und spielerische Ansätze zur Videoproduktion unterschieden werden. Vor allem ist die Produktion ein geeignetes Medium, um die Entstehung, die Machart und die Wirkungsweisen von z.B. kommerziellen Fernsehproduktionen nachzuvollziehen. Die Filmanalyse kann die praktischen Erfahrungen, die im aktiven Umgang mit dem Medium gewonnen werden können, nicht ersetzen. Um audiovisuelle Sprachkompetenz erwerben zu können, muß diese an die konkrete Handlungserfahrung anknüpfen (Dieckmann). Ziel ist die Entwicklung einer eigenen Urteilsfähigkeit im Umgang mit visualisierten Botschaften und die Kompetenz, bestimmte Botschaften filmisch umzusetzen.

Auf der *Metaebene* (Unterricht über Unterricht) können Videodokumentationen über stattgefundene Lernsituationen dazu dienen, daß die daran Beteiligten ihr Handeln, die Hervorbringung von Sichtweisen und Argumentationen nachträglich in den Blick nehmen und gemeinsam reflektieren. Die daraus resultierenden Erkenntnisse können dann bei der künftigen Bearbeitung von gesellschaftspolitischen Fragen berücksichtigt werden. Zwei *Videobücher*, die solche Projekte beschreiben, wurden 1992 und 1999 veröffentlicht (Gagel/Grammes/Unger 1992; Kuhn/Massing 1999). Deutlich wird, daß mit dem Einsatz der Videokamera im Politikunterricht Transparenz und Öffentlichkeit von Unterrichtspraxis hergestellt werden kann.

Literatur: Anfang, G. 1990: Gegenöffentlichkeit oder Konzeptlosigkeit?, in: Medien + Erziehung 34, S. 271-274; Brenner, G./Niesyto, H. (Hrsg.) 1993: Handlungsorientierte Medienarbeit, Weinheim, München; Dieckmann, H.-G. 1988: Kreative Medienarbeit im politischen Unterricht, in: Bundeszentrale für politische Bildung (Hrsg.): Erfahrungsorientierte Methoden der politischen Bildung, Bonn, S. 178-215; Flaig, B./Meyer, Th./Ueltzhöffer, J. 1993: Alltagsästhetik und politische Kultur, Bonn; Gagel, W./Grammes, T./Unger, A. (Hrsg.) 1992: Mehrperspektivische Unterrichtsanalyse. Ein Videobuch, Schwalbach/Ts.; Krügler, K./Röll, F. J. 1993: Von der Wort- zur Bilderkultur, in: Brenner, G./Niesyto, H. (Hrsg.): Handlungsorientierte Medienarbeit, Weinheim, München; Kuhn, H.-W./Massing, P. (Hrsg.) 1999: Politikunterricht. Kategorial + handlungsorientiert. Ein Videobuch, Schwalbach/Ts.; Negt, O./Kluge, A. 1972: Öffentlichkeit und Erfahrung, Frankfurt/M.; Schell, F. 1989: Aktive Medienarbeit mit Jugendlichen, München.

Carla Schelle

↗ Feature; Fernsehsendung; Film; Medienwerkstatt; Produktorientierung; Projektmethode; Reportage; *Band 1:* Medienpädagogik; *Band 2:* Medien; Medienkompetenz

Visualisierung

Visualisierung bezeichnet die Tätigkeit, einen im Zeichensystem der Wortsprache ausgedrückten Inhalt entweder durch bildsprachliche Zeichen zu ergänzen oder ihn ganz in die Bildsprache zu übersetzen (Stary 1997: 12). Es werden ikonische Zeichen, die konkrete Gegenstände repräsentieren, von symbolischen Zeichen unterschieden, die sowohl konkrete als auch abstrakte Sachverhalte repräsentieren. Symbolische Zeichen werden durch Vereinbarung der Beteiligten dem Gegenstand zugeordnet.

Die Ansicht, daß die Bildsprache das Lernen erleichtert, weil sie anschaulicher als die Wortsprache sei, ist ein weitverbreitetes Mißverständnis. Statistiken, Diagramme, Overheadfolien allein garantieren kein sinnliches Lernerlebnis. Das Vorwissen und die Erfahrung des Lernenden bestimmen seine Wahrnehmung. Im Politikunterricht sind deshalb Arbeitstechniken zu vermitteln, die Lernende in die Lage versetzen, über Medien und Bilder dargestellte politische Sachverhalte zu analysieren und kritisch zu hinterfragen. Dies setzt voraus, daß die Lehrenden über die vielfältigen Medien von der Tafel bis zur Computer-Software informiert sind und die Gestaltungsprinzipien für diese handwerklich beherrschen. Gezielt und der Lerngruppe angemessen können Visualisierungen den Lernprozeß unterstützen. Die Lernpsychologie verweist auf folgende *Vorteile der Bildsprache*: Sie wirkt motivierend, weil Aufmerksamkeit und Neugier geweckt werden. Sie stellt eine Reproduktionshilfe dar, weil sie eine gedächtnisstützende Funktion besitzt. Visualisierung kann helfen, komplexe Zusammenhänge zu strukturieren und zu verstehen.

Literatur: Ackermann, P./Gaßmann, R. 1991: Arbeitstechniken politischen Lernens kurzgefaßt, Stuttgart; Stary, J. 1997: Visualisieren. Ein Studien- und Praxisbuch, Berlin; Weißeno, G. 1992: Das Tafelbild im Politikunterricht, Schwalbach/Ts.; Will, H. 1994: Mit den Augen lernen. Bd. 1 Lernen mit Bildmedien, Bd. 2 Lerntexte und Teilnehmerunterlagen, Bd. 3 Pinwand, Flipchart und Tafel, Bd. 4 Overhead-

projektor und Folien, Bd. 5 Lernen mit Video und Film, Weinheim.

Karin Kroll

↗ Diagramm/Graphik; Ergebnispräsentation; Fotoroman, -dokumentation; Wandzeitung

Wandzeitung

An Infoständen, auf Großveranstaltungen und auch als Kommunikationsmittel sind Wandzeitungen nicht wegzudenken. Die politische Bildung muß deshalb Fertigkeiten zur Gestaltung einer Wandzeitung vermitteln. Die Wandzeitung illustriert ihre Aussage auf großem Format. Es wird Wissenswertes, Aktuelles, Interessantes, Kontroverses und Ungewöhnliches in Texten, Bildern, Skizzen, Fotos und Karikaturen arrangiert. Betrachterinnen und Betrachter sollen einen Überblick zu einem Thema erhalten.

Zuerst muß Recherche betrieben werden, d.h. untersuchen, fragen und notieren, aufarbeiten und diskutieren. Das gesamte Material muß gesichtet werden. Es wird entschieden, was nun als Quintessenz in der Wandzeitung verwendet wird. Daraus wird die Wandzeitung gestaltet. Eine Überschrift wird formuliert. Eine gute Wandzeitung lädt zum Verweilen und Lesen ein, also muß neben der inhaltlichen Komponente auch die graphische Gestaltung ansprechend sein.

Literatur: Landeszentrale für politische Bildung, Baden-Württemberg (Hrsg.): 1996[3]: Tipps zum Mitmachen, Stuttgart.

Monika Greiner, Reinhard Gaßmann

↗ Ergebnispräsentation; Produktorientierung; Visualisierung

Werkstätten/Workshops

Werkstätten/Workshops sind eine Veranstaltungsform, die vor allem in der politischen Erwachsenenbildung/außerschulischen Jugendbildung Resonanz findet. Werkstätten/Workshops sind eine vom Ausgang und Ziel her offene Begegnungs-, Bearbeitungs- und Lernmöglichkeit. In ihnen widmen sich die Teilnehmerinnen und Teilnehmer gleichberechtigt und weitgehend selbstbestimmt einem Thema, Medium oder Raum. Am Ende dieser gemeinsamen Auseinandersetzung soll ein Produkt oder Ergebnis stehen (z.B. eine Dokumentation, ein Film, ein konkreter Vorschlag zur Veränderung des lokalen Umfeldes).

Werkstätten/Workshops tragen der *didaktischen Wende* (Alltagswende/reflexive Wende) in der Erwachsenenbildung hin zu Subjektivität, Alltag und Ganzheitlichkeit Rechnung. Zunehmend in den Hintergrund geraten sind dabei primäre Orientierung an Systemen und Strukturen, Dominanz des kognitiven Lernens und der Vorrang von Expertenwissen. In Werkstätten/Workshops dagegen beschäftigen sich die Teilnehmerinnen und Teilnehmer mit einer „vor Ort" bestehenden Frage, einem auch lokal bedeutsamen historischen Vorgang, (auto-)biographischen Prozessen und sinnlich erfahr- und vermittelbaren Ereignissen. Das nötige Fachwissen wird bedarfsweise und am Fall orientiert entweder gemeinsam erarbeitet oder durch die Werkstattleitung bzw. Anhörung/Befragung externer Kenner vermittelt.

Werkstätten/Workshops sind in mehreren *Bereichen* entstanden, und zwar als Zukunfts-, Schreib-, Medien- und Geschichtswerkstätten. Die Arbeit in Werkstätten setzt für deren Leiterinnen und Leiter neben methodischem Wissen (Recherchewege, Zugang zu Quellen, Interview- und Dokumentationstechniken) und Sachkenntnis (Fähigkeit zu Auskünf-

ten aus dem Prozeß und der Situation heraus) auch motivationspsychologische Kompetenz, ein hohes Maß an gruppendynamischer Sensibilität sowie bei der Umsetzung der Werkstattergebnisse Verhandlungsgeschick und Konfliktfähigkeit voraus. Werkstätten/Workshops sind *Langzeitveranstaltungen*, die der Lage entsprechend in kompakten Seminaren und/oder kontinuierlichen Sitzungen stattfinden. Da Werkstätten/Workshops oft brisante Themen aufgreifen und dabei handlungsorientiert sind, kann es zu Widerständen aus dem politischen Umfeld kommen.

Literatur: Hufer, K.-P. 1992: Politische Erwachsenenbildung. Strukturen, Probleme, didaktische Ansätze – eine Einführung, Schwalbach/Ts., S. 110-138; Hufer, K.-P. 1995[3]: Die Geschichtswerkstatt: eine aktivierende Projektmethode in der Erwachsenenbildung, in: Mickel, W. W./Zitzlaff, D. (Hrsg.): Methodenvielfalt im politischen Unterricht, S. 264-273; Jungk, R./Müllert, N. R. 1989: Zukunftswerkstätten. Mit Phantasie gegen Routine und Resignation, München.

Klaus-Peter Hufer

↗ Geschichtswerkstätten; Ideenwerkstatt; Medienwerkstatt; Produktorientierung; Schreibwerkstatt; Zukunftswerkstatt; *Band 2:* Biographisches Lernen; Geschichtswerkstätten; Historisch-politisches Lernen; Veranstaltungsformen

Wissenschaftspropädeutik

Wissenschaftspropädeutik benennt das spezifische Ziel der gymnasialen Oberstufe, nämlich die Hinführung der Lernenden zu wissenschaftlichem Arbeiten. Während *Wissenschaftsorientierung* bedeutet, daß der Unterricht – bei aller Notwendigkeit der didaktischen Transformationen – mit dem Stand der Wissenschaft vereinbar ist (wofür der Lehrende die Verantwortung trägt), bedeutet *Wissenschaftspropädeutik*, daß die Lernenden selbst in Prozesse und Ergebnisse wissenschaftlichen Arbeitens eingeführt werden.

Wissenschaft als soziale Konstruktion ist kein festgefügtes Gebäude eindeutiger Wahrheiten, die es lediglich zu lernen gilt, sondern ein Prozeß des Entwurfs, des Streitens, der Änderung, der Konventionalisierung, dessen Fruchtbarkeit sich am – wiederum sozial definierten – Ertrag der Erkenntnis bemißt.

Der Unterricht in der Schule kann nicht den sogenannten Stand der Wissenschaft zum Ziel haben, sondern die exemplarische Auseinandersetzung mit wissenschaftlichen Erkenntnisverfahren. So macht es einen Unterschied, welche *Begrifflichkeit* für die Analyse gewählt wird: ob soziale Ungleichheit als „Klassengesellschaft" oder als „Schichtung" oder als „Milieu-Vielfalt" begriffen wird, entscheidet mit über das Ergebnis der Realitätsbetrachtung und muß deshalb der Kritik unterliegen. Begriffe und auch Theorien sind wie Scheinwerfer, die die Wirklichkeit in einem Ausschnitt und einem Winkel beleuchten, aber nicht total erfassen. Auch die Wahl der Verfahren zur *Datengewinnung* und -auswertung entscheidet mit über die Ergebnisse der Forschung. Diese Verflüssigung der Ergebnisse in Verläufe ändert den Charakter des „Stoffes" für den Unterricht – weniger Auswendiglernen und mehr Begreifen auch des Begreifens. Sogenannte wissenschaftliche Arbeitstechniken wie z.B. korrektes Zitieren sind dabei die selbstverständliche Außenseite eines Lernprozesses, der auch das Medium des (kurzen) wissenschaftlichen Textes pflegen wird.

Der Prozeß des Unterrichts muß die Brücke zwischen Alltagswelt und Wissenschaftswelt bauen und begehen, indem der Sinn der wissenschaftlichen Elemente nicht nur in deren immanenter Bedeutung gesucht wird, sondern ebenfalls in ihrem Beitrag zur Erkenntnis und Re-

flexion der *Lebenswelt* der Lernenden und in ihrem Beitrag zur Erkenntnis und Reflexion dieser Gesellschaft. Dieser dreifache Bezug bedingt ein integriertes Fach Sozialwissenschaften, dessen zentrale *Bezugsdisziplinen* die Politikwissenschaft, Soziologie und Ökonomie sind. Die sozialwissenschaftlich orientierte Analyse ist dabei ein notwendiges Element des – neben der Wissenschaftspropädeutik – zweiten zentralen Ziels der politischen Bildung für eine und in einer Demokratie.

Literatur: Calliess, E./Edelstein, W./Hopf, D./Keller, M./Krappmann, L./Petry, Chr./Raschert, J./Reindel, H. 1974: Sozialwissenschaft für die Schule. Umrisse eines Struktur- und Prozeßcurriculum, Stuttgart; Gagel, W. 1997: Wissenschaftsorientierung, in: Sander, W. (Hrsg.): Handbuch politische Bildung, Schwalbach/Ts., S. 115-127; Huber, L. 1994: „Wissenschaftspropädeutik" – Eine unerledigte Hausaufgabe der Allgemeinen Didaktik, in: Meyer, M. A./Plöger, W. (Hrsg.): Allgemeine Didaktik, Fachdidaktik und Fachunterricht, Weinheim, Basel, S. 243-253: Reinhardt, S. 1997: Didaktik der Sozialwissenschaften. Gymnasiale Oberstufe. Sinn, Struktur, Lernprozesse, Opladen.

Sibylle Reinhardt

↗ Befragung; Beobachtung; Datenerhebung; Experiment; Feldforschung; Fragebogen; Hermeneutische Methoden; Hypothesenbildung; Inhaltsanalyse; Problemstudie; Produktlinienanalyse; Sozialstudie; Vergleich; *Band 1:* Methodenorientierte Fachdidaktik

Wochenplan/ Wochenarbeitsplan

Der Wochenplan ist ein unterrichtsorganisatorisches Konzept bzw. eine Unterrichtsform, die sich in ihren gesellschaftspolitischen Zielen auf Ideen und Methoden der Reformpädagogik bezieht. Erneut entdeckt in der Grundschulpraxis der 80er Jahre, findet diese Makromethode zunehmend Eingang auch in die Sekundarstufe I und II.

Das Arbeiten wird durch einen schriftlich fixierten *Arbeitsplan* mit den in einer Woche zu erledigenden Aufgaben organisiert, der am Wochenanfang bekanntgegeben wird. Das Ausmaß inhaltlicher und organisatorischer Mitgestaltung durch Lernende in Planungsgesprächen und -verfahren ist unterschiedlich, zudem variieren sie in der Festlegung der Inhalte und ihrer Möglichkeiten der Bearbeitung. So gibt es Pflichtaufgaben, Wahlpflichtaufgaben und frei zu wählende Zusatzaufgaben. Zu letzteren gehören attraktive „Angebote", die ein ökonomisches Zeitmanagement belohnen und neue Interessen wecken sollen. Es wird dafür selbständig zu bearbeitendes Material bereitgestellt sowie eine geeignete Lernumgebung geschaffen. Meistens sind Formen der Eigen- oder Fremdkontrolle integriert. Vorgesehen sind darüber hinaus Auswertungsgespräche mit den Lehrenden, die über Lernwege und -ergebnisse informieren sollen. Ideal sind entstehende Freiräume für die Lehrenden, die sich besonderen Aufgaben wie Einzelhilfen, Förderunterricht oder Beobachtungen widmen können. Die Wahl der Form richtet sich nach den Voraussetzungen der Lernenden, z.B. nach den entsprechende Lern- und Arbeitsverfahren.

Als Einstieg in diese Arbeitsform können *Tagespläne* dienen. Organisatorisch lassen sich die Pläne leichter in der Grundschule einführen, wo ein Gesamtunterricht angestrebt wird, der vielfach hauptsächlich in der Hand der Klassenlehrerin bzw. des Klassenlehrers liegt, während ab der Sekundarstufe I der Fachunterricht „quer" zum Stundenplan zu koordinieren ist und bislang daher dort eher im projektorientierten Unterricht zu finden ist.

Wochenpläne ermöglichen formal eine demokratische Gestaltung des Unterrichts: Zeitliche und inhaltliche Binnendifferenzierung, lehrerunabhängiges Arbeiten, mehr Eigenverantwortung und Selbständigkeit bis hin zu Möglichkeiten, eigene Interessen zu verfolgen, entsprechen Zielen wie Emanzipation und Mündigkeit. Ihre politikdidaktische Einbettung steht noch aus.

Literatur: Huschke, P. 1990: Wochenplanunterricht. Praktische Ansätze zur inneren Differenzierung, zu selbständigem Lernen und zur Mitgestaltung des Unterrichts durch die Schüler, Weinheim.

Dagmar Richter

↗ Arbeitsplanung; *Band 1:* Grundschule

Zauberwürfel

Der Zauberwürfel ist ein neues Medium der politischen Bildung. Er wurde von der Landeszentrale für politische Bildung Baden-Württemberg entwickelt und 1996 der Öffentlichkeit vorgestellt. Der Zauberwürfel bietet vielfältige didaktisch-methodische Möglichkeiten und besticht durch seine Anschaulichkeit und seine spielerische Form. Mit den sechs Seiten des Würfels werden die Hauptaspekte eines politischen Themas (Bilder werden in sechs Taschen gesteckt) veranschaulicht. Der Würfel übt den heilsamen Zwang aus, den Unterrichtsstoff zu reduzieren und die Probleme zu elementarisieren. Durch die spielerischen Möglichkeiten werden die Sozialbeziehungen in Lerngruppen gefördert und gestärkt. Bislang sind zehn Themen erarbeitet, die alle mit dem Zauberwürfel pädagogisch lebendig vermittelt werden können. Ein Blankowürfel bietet die Möglichkeit, weitere Themen selbständig zu erschließen und Bildentwürfe für einen eigenen Würfel zu gestalten.

Literatur: Fichter, W. 1997: Von der Bildkartei zum Zauberwürfel, in: Landeszentrale für politische Bildung Baden-Württemberg (Hrsg.): Praktische politische Bildung, Schwalbach/Ts.; Landeszentrale für politische Bildung Baden-Württemberg (Hrsg.) 1996: Zauberwürfel, Bilder für den politischen Unterricht, Stuttgart.

Siegfried Schiele

↗ Arbeitsmaterialien/Arbeitsmittel; Arbeitstechniken

Zeitung

Zeitungen sind wichtige Informations- und Arbeitsmittel der Politiklehrerinnen und -lehrer. Mit der Zeitungslektüre aktualisieren sie täglich ihr Wissen über wichtige Lernfelder und Themenbereiche des Politikunterrichts. Beim Lesen entstehen bereits erste Planungsüberlegungen. Unbewußt suchen Politiklehrerinnen und -lehrer Berichte und Kommentare mit Hilfe eines Politikbegriffs nach möglichen Unterrichtsinhalten ab und schlüsseln diese mit Hilfe von Kategorien auf. Zugleich schlagen sie die Brücke zu weltweiten Herausforderungen bzw. Schlüsselproblemen, die sie als Ergebnis ihrer Zeitdiagnose festgestellt haben. Bei der Zeitungslektüre führen sie also die Denkoperationen durch, in die sie im Unterricht die Jugendlichen einüben. Sie erkennen dabei rasch, welche Teile der Zeitung sich aufzuheben lohnt. Zugleich vergewissern sie sich ihres Denk- und Arbeitsinstrumentariums. Die Zeitungslektüre kann sie zum Überdenken ihrer Analysekategorien, Urteilskriterien und Schlüsselprobleme führen, mit denen sie Politikunterricht planen und in der Klasse arbeiten.

Zum Aufheben für den Unterricht eignen sich folgende *Zeitungsausschnitte*:
– *Fälle* aus der Alltags- und Lebenswelt der Bürgerinnen und Bürger, in denen sich politische Probleme, Konflikte und Strukturzusammenhänge abbilden

– *Berichte* aus dem Innenleben der Politik (zumeist auf Seite drei der überregionalen Tageszeitungen)
– *Interviews*, Ausschnitte aus Parlamentsdebatten
– *Kommentare*, bei denen die Interessen des Autors beachtet werden müssen
– *Leserbriefe*, die wegen ihrer pointierten und oft einseitigen Sicht zum Widerspruch herausfordern
– *Schaubilder* und *Karikaturen*

Lokalzeitungen reichen als Fundgrube nicht aus. Gut geschriebene „politikorientierte" Berichte und Kommentare mit breiten Hintergrundinformationen finden sich in überregionalen Tageszeitungen (z.B. der Frankfurter Allgemeinen Zeitung, der Süddeutschen Zeitung oder der Frankfurter Rundschau) oder in Wochenzeitungen (z.B. Die Zeit). Die gründliche Lektüre einer solchen Zeitung bedeutet kein Freizeitvergnügen, sondern Unterrichtsvorbereitung und zugleich Fort- und Weiterbildung. Die dazu notwendige Zeit können und sollen Politiklehrerinnen und -lehrer täglich aufbringen – im Interesse ihrer Schülerinnen und Schüler.

Literatur: Ackermann, P./Moritz, P./Kendschek, H. 1992: Methoden in der politischen Bildung, in: Lernfeld Politik, Bonn, S. 355-380; Ackermann, P. u.a. 1994: Politikdidaktik kurzgefaßt. 13 Planungsfragen für den Politikunterricht, Schwalbach/Ts., S. 153-159; Claußen, B. 1977: Medien und Kommunikation im Unterrichtsfach Politik, Frankfurt/M.; Grammes, T. 1992: Kommunikative Fachdidaktik, in: Sander, W. (Hrsg.): Konzepte der Politikdidaktik, Hannover, S. 79-100; Meyer, H. 1987: Unterrichts-Methoden. Bd. I: Theorieband, Frankfurt/M., S. 148-151; Weißeno, G. 1993: Über den Umgang mit Texten im Politikunterricht, Schwalbach/Ts.; Weißeno, G. 1997: Aus Quellen lernen: Arbeit mit Texten, Grafiken, Karikaturen, Fotos und Film, in: Sander, W. (Hrsg.): Handbuch politische Bildung, Schwalbach/Ts., S. 431-445.

Gotthard Breit

↗ Fallanalyse; Informationsbeschaffung; Textanalyse; *Band 1:* Aktualität; *Band 2:* Medien

Zeitungstheater

Der Begriff stammt von dem brasilianischen Theater-Theoretiker und -Praktiker *Augusto Boal.* Es werden wörtliche Zitate aus Zeitungen, Funk usw., die sich auf politische oder soziale Fragen beziehen, durch geschickte Inszenierung wie Montage oder Modulationen im Vortrag so variiert, daß sie neue Sichtweisen hervorbringen und somit hinterfragbar sind. Diese anspruchsvolle Methode eignet sich erst ab Sekundarstufe II.

Literatur: Boal, A. 1979: Theater der Unterdrückten, Frankfurt/M.; Gugel, G. 1993: Praxis politischer Bildungsarbeit. Methoden und Arbeitshilfen, Tübingen, S. 276-277.

Dagmar Richter

⌐ Theater; Theater der Unterdrückten

Zeitzeuge

Autobiographische und biographische Quellen von Zeitzeugen, die in mündlicher oder schriftlicher Form von den Erlebnissen und Erfahrungen einzelner Menschen in vergangenen Zeiten berichten, sind seit langem unverzichtbarer Bestandteil der historischen Forschung und der politischen Bildungsarbeit. Seit dem Ende der 70er Jahre zielt die sich zunehmend als eigenständige historiographische Teildisziplin etablierende Erfahrungsgeschichte darauf ab, nicht nur einen alternativen Überlieferungsstrang zur Rekonstruktion von historischen Abläufen und Ereignissen zu bilden. Ihr kommt es darauf an, die *„Betroffenen"* der Geschichte selbst zu Wort kommen zu lassen, den Blick auf das Individuum, den einzelnen Menschen in seinen subjektiven Wahrnehmungen, Erfahrungen und Handlungen zu lenken, um so eine zusätzliche Kategorie für das Verständnis historischer Prozesse zu entwickeln.

Im Unterschied zu strukturgeschichtlichen Ansätzen, die sich auf die Analyse von überindividuellen Entwicklungen und Prozessen sowie von kollektiven gesellschaftlichen Großgruppen konzentrieren, bietet die überwiegend auf der Überlieferung von Zeitzeugen basierende Erfahrungsgeschichte die Möglichkeit zu untersuchen, wie Strukturen und Prozesse vom einzelnen erfahren, wahrgenommen und verarbeitet werden. Deshalb wird dem Gespräch mit Zeitzeugen wegen ihrer Fähigkeit, Geschichte durch das eigene *authentische Erleben* erfahrbar, lebendig und nachvollziehbar zu machen, ein hoher Stellenwert bei der Vermittlung historisch-politischer Inhalte und Erkenntnisse im Rahmen der schulischen und außerschulischen politischen Bildungsarbeit beigemessen.

Als umstritten galt die *Oral history* (Mündliche Geschichte) lange wegen des Vorwurfes, ohne theoretischen Hintergrund und methodische wie begriffliche Exaktheit vorzugehen und so im schlimmsten Fall von Zeitzeugen subjektiv verzerrte Einzelbilder der historischen Wirklichkeit, bestenfalls illustrativ beschreibende Erzählungen ohne Erklärungskraft zu liefern. Die Ausdifferenzierung des theoretisch-methodischen Instrumentariums hat zur Folge, daß sich der mikrohistorische Ansatz längst nicht auf das biographische Nachzeichnen von Einzelschicksalen beschränkt. Die Erweiterung sozialgeschichtlicher Erkenntnisinteressen und Fragestellungen lenkt den Blick sowohl auf die Erforschung der strukturellen Rahmenbedingungen wie der sozialen Praxis und des Bewußtseins, der Lebensweisen und Erfahrungen von einzelnen. Damit erweisen sich Zeitzeugen letztlich als unentbehrlich für eine Geschichte sozialen Verhaltens im Kontext historischer Strukturen und Prozesse. Sie steigern die Chance, einem sozialgeschichtlichen *Gesamtbild* näherzukommen, das gerade die Wechselwirkungen und Zusammenhänge von Makro- und Mikroebene berücksichtigt.

Literatur: Breckner, R. 1994: Von den Zeitzeugen zu den Biographen. Methoden der Erhebung und Auswertung lebensgeschichtlicher Interviews, in: Alltagskultur, Subjektivität und Geschichte. Zur Theorie und Praxis von Alltagsgeschichte. Hrsg. von der Geschichtswerkstatt Berlin, Münster; Kocka, J. 1986: Sozialgeschichte zwischen Strukturgeschichte und Erfahrungsgeschichte, in: Schieder, W./Sellin, V. (Hrsg.): Sozialgeschichte in Deutschland. Entwicklungen und Perspektiven im internationalen Zusammenhang, Göttingen, S. 67-88; Niethammer, L. (Hrsg.) 1980: Lebenserfahrung und kollektives Gedächtnis. Die Praxis der „Oral History", Frankfurt/M.; Plato, A. v. 1991: Oral History als Erfahrungswissenschaft. Zum Stand der „mündlichen Geschichte" in Deutschland, in: BIOS 4, S. 97ff.; Rosenthal, G. 1995: Erlebte und erzählte Lebensgeschichte. Gestalt und Struktur biographischer Selbstbeschreibungen, Frankfurt/M. u.a.; Zimmermann, M. 1992: Zeitzeugen, in: Einführung in die Interpretation historischer Quellen. Hrsg. v. Rusinek, B.-A., Paderborn u.a., S. 13-16.

Ute Stiepani

↗ Laienexperte; Geschichtswerkstätten; Oral history; Spurensuche; *Band 1:* Geschichte und politische Bildung; *Band 2:* Biographisches Lernen; Historisch-politisches Lernen

Zivilcourage

Der Begriff „Zivilcourage" wird umgangssprachlich gefüllt; eine wissenschaftliche Präzisierung fehlt bislang. Zum ersten Mal nachweislich verwendet wurde er von Bismarck (vgl. Kapp/Scheele 1996: 125f.). Aus der empirischen Analyse „subjektiver Theorien" wird Zivilcourage begriffen als „das bewußte Vertreten der eigenen Wertüberzeugung unter Inkaufnahme negativer Konsequenzen" (ebd.: 139). Die impliziten Normen orientieren sich an menschlichen Grundwerten und dem Gemeinwohl (vgl. Singer 1992: 41), in Abgrenzung zur Proklamation menschenverachtender Meinungen. Als zentrales Ziel von Zivilcourage wird das „Streben nach moralischer Integrität" angegeben. Besondere Persönlichkeitsmerkmale für Zivilcourage sind das Bewußtsein von Autonomie und sozialer Verantwortung sowie der ideelle Rückhalt in einer Gruppe (vgl. Kapp/Scheele 1996: 139, Singer 1992: 137).

Zivilcourage erfordert Mut, sie geht das Risiko ein, sich gegen Autorität oder die (angenommene) Gruppenmeinung zu stellen. Zivilcourage ist eine *demokratische Tugend*: sie mischt sich ein bei personaler wie struktureller Gewalt (Johan Galtung). Zivilcourage kann sich aufgrund der Gewissensentscheidung und ausreichenden Sachwissens auch gegen demokratisch legitimierte Maßnahmen richten. Zivilcourage ist gewaltfrei und strebt eine konstruktive Konfliktlösung für beide Parteien an (vgl. Singer 1992: 40ff.). „Ziviler Ungehorsam" kann aus Zivilcourage entstehen. Es werden symbolisch Regeln verletzt bis hin zu illegalen Aktionen (z.B. Hausbesetzungen), weil dies den Handelnden ethisch geboten erscheint.

Wichtige theoretische wie praktische Anleihen macht Zivilcourage aus dem Konzept der Gewaltfreiheit und dem gewaltfreien Training nach Martin Luther King und Mahatma Gandhi (vgl. Beck/Peters 1995).

Besondere Bedeutung in der politischen Bildung erhielt Zivilcourage mit den zunehmenden fremdenfeindlichen Übergriffen in der Öffentlichkeit seit Beginn der 90er Jahre. In Zivilcourage-Trainings wird mit kreativen und interaktionellen Methoden geübt, in bedrohlichen Situationen zivilcouragiert zu handeln (vgl. ebd., Kuhn 1994: 105ff.).

Literatur: Beck, D./Peters, A. 1995: Training gegen Gewalt und Rassismus – gewaltfreie Nachbarschaftshilfe, in: Hufer, K.-P. (Hrsg.): Politische Bildung in Bewegung. Neue Lernformen der politischen Jugend- und Erwachsenenbildung, Schwalbach/Ts., S. 69-118; Kapp, F./Scheele, B. 1996: „Was verstehen Sie unter Zivilcourage?" Annäherungen an eine Psychologie des „aufrechten Gangs" mit Hilfe Subjektiver Theorien, in: Gruppendynamik, Zeitschrift für angewandte Sozialpsychologie, H. 2, S. 125-144; Kuhn, H. 1994: Mit Verstand und Gefühl. Entwurf einer personorientierten politischen Bildung, München; Singer, K. 1992: Zivilcourage wagen. Wie man lernt, sich einzumischen, München, Zürich.

Hubert Kuhn

↗ Gewaltfreiheit; Gewaltprävention; *Band 1:* Friedenspädagogik

Zukunftswerkstatt

Die Zukunftswerkstatt ist eine Zusammenkunft von Menschen, die in Sorge um die Zukunft der Erde und das Überleben der Menschheit bemüht sind, wünschbare, aber auch vorläufig unmögliche Zukünfte zu entwerfen und deren Durchsetzungsmöglichkeiten zu überprüfen. Sie ist eine soziale Problemlösungsmethode zur Demokratisierung der Gesellschaft und zur Entwicklung von Visionen und Innovationen für eine „zukunftsfähige" Gesellschaftsgestaltung.

Die *Idee* der Zukunftswerkstatt ist schon über 20 Jahre alt. Ihre Wurzeln liegen in den neuen sozialen Bewegungen der 70er Jahre und den vielfältigen Bürgerinitiativen mit dem gemeinsamen Ziel einer Demokratisierung aller gesellschaftlichen Lebensbereiche und der Partizipation der Bürgerinnen und Bürger an allen Entscheidungen, die ihre Lebensinteressen unmittelbar berühren. Die Idee der Zukunftswerkstatt ist untrennbar verbunden mit der Person von *Robert Jungk,* dem bekannten Zukunftsforscher, Friedenskämpfer und Humanisten, der seine ganze Lebensarbeit in den Dienst einer menschengemäßen, sozial- und umwelt-

verträglichen Zukunftsgestaltung gestellt hat.

Inzwischen hat die Methode in vielen Bereichen der Hochschule sowie der schulischen und außerschulischen Aus- und Weiterbildung Eingang gefunden.

Die *Ziele* und *Merkmale* einer Zukunftswerkstatt können schlagwortartig bestimmt werden: Eine Zukunftswerkstatt ist

– *basisdemokratisch,* d.h., sie versteht sich als Demokratisierungsinstrument, als Plattform, von der aus eine maßgebliche Bürgerbeteiligung an der Ausgestaltung des Kommenden möglich wird;

– *integrativ,* d.h., sie versucht eine Aufhebung des Gegensatzes von Experten und Laien, Herrschenden und Beherrschten, Wissenden und Unwissenden, Planern und Verplanten sowie Aktiven und Passiven;

– *ganzheitlich,* d.h., sie versucht eine Integration von Selbst- und Gesellschaftsveränderung, Rationalität und Intuition, Intellektualität und Spiritualität sowie Kognition und Emotion;

– *kreativ,* d.h., es handelt sich um eine Methode des Planens, Entwerfens und Entwickelns, die die schöpferische Phantasie und den sozialen Erfindungsgeist der Beteiligten herausfordert;

– *kommunikativ,* d.h., sie ist eine Chance für die sonst Sprachlosen, die vielen Ungefragten in der Gesellschaft, ihre Bedürfnisse und Sehnsüchte, ihre Vorstellungen und Ideen, aber auch ihre Ängste und Befürchtungen frei zu äußern;

– *provokativ,* d.h., sie ist eine Herausforderung an die staatlichen und wirtschaftlichen Institutionen, aus der Bevölkerung kommende Lösungsvorschläge und soziale Erfindungen ernst

zu nehmen und aufzugreifen.
– *politisch*, d.h., sie greift soziale Mißstände und brennende Zukunftsprobleme auf, entwickelt ideale Zukunftsmodelle, überprüft sie auf ihre politische Realisierbarkeit und versucht, erste Schritte zu ihrer praktischen Umsetzung zu erproben.

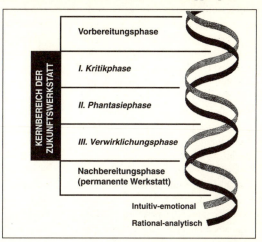

nach Jungk/Müllert 1989: 221

Bei aller thematischen Offenheit und teilnehmerbezogenen Flexibilität von Zukunftswerkstätten sind sie als eigenständige Methode durch ein formales Strukturmodell mit einem klaren Regelwerk bestimmt. Wie die Abbildung zeigt, gliedert sich eine Zukunftswerkstatt in drei Hauptphasen sowie eine vorbereitende und nachbereitende Phase. Die Doppelspirale macht auf die Integration von intuitiv-emotionalem und rational-analytischem Lernen aufmerksam.

In der *Kritikphase* werden zu einem vorher vereinbarten Thema stichwortartig die Beschwerden, Ängste und Sorgen der Teilnehmerinnen und Teilnehmer gesammelt.

Spielregeln
1. Die Kritik in kurzen Worten aufschreiben (z.B. „Angst vor Arbeitslosigkeit").
2. Den beschrifteten Zettel laut ansagen und gut sichtbar in die Mitte des Kreises legen.
3. Keine Diskussion!

In der *Phantasiephase* geht es darum, die in der Kritikphase geäußerte Kritik ins Positive zu wenden. Man muß hier versuchen, sich von allen Zwängen, Einschränkungen und Zweifeln zu befreien und die Utopie einer Welt zu entwickeln, in der es keine Not, kein Elend, keine Unterdrückung und keine Verfolgung mehr gibt.

Spielregeln
1. Kritikverbot! Es ist streng verboten, Äußerungen von Gruppenmitgliedern zu kritisieren und abzuwerten.
2. Alles ist möglich. Es gibt keinerlei Einschränkungen. Man hat alles Geld, alle Macht und jedwede Technik, um seine Utopie zu verwirklichen.
3. Die Utopie soll so konkret und lebendig entwickelt werden, daß sie den anderen Teilnehmerinnen und Teilnehmern als „szenische Darstellung" vorgestellt werden kann (z.B. durch Erzählen einer Geschichte, Pantomime, kleine Theaterszene, Bildcollage, Gedicht, Gesang etc.).

In der letzten Phase (*Verwirklichungspha-*

se) geht es darum, die Zukunftsentwürfe, Utopien und sozialen Phantasien wieder mit den realen Verhältnissen der Gegenwart zusammenzubringen und herauszufinden, ob es nicht doch Nischen, Beispiele und Handlungsmöglichkeiten gibt, wenigstens Elemente der entwickelten Utopien zu verwirklichen. Ideal ist es, wenn diese Phase der Auftakt zu einer anschließenden *Projektentwicklung* ist ("permanente Zukunftswerkstatt").

Regeln

1. Aus der Phantasiephase eine konkrete Zielvorstellung entwickeln.
2. Ein kleines, aber möglichst konkretes Projekt entwickeln, das der Zielverwirklichung dient. Das Projekt möglichst dort ansiedeln, wo man die Verhältnisse kennt und evtl. selbst etwas tun kann (z.B. am eigenen Ort oder in der Region, in der Schule, mit Hilfe der örtlichen Presse, etc.).
3. Strategische Überlegungen anstellen, z.B. Stufenplan entwickeln (kurz-, mittel- und langfristig), Finanzierungsmöglichkeiten diskutieren, prüfen, wer das Projekt unterstützt und gegen wen es ggf. durchgesetzt werden muß. Gibt es schon gelungene Beispiele im In- oder Ausland, die als Vorbilder dienen können?

Umsetzungsbedingungen

1. Arbeitsmaterial: Zur laufenden Dokumentation der Werkstattergebnisse werden große Papierbögen (Packpapier) oder Druckpapierrollen (ca. 100 x 120 cm) benötigt, dazu Klebeband und Filzstifte für alle sowie bunte Blätter DIN A4 (z.T. in Streifen gedrittelt).
2. Gruppengröße: Die optimale Teilnehmerzahl liegt bei ungefähr 20 bis 28 Personen. Bei Gruppen über 30 Personen ist der Einsatz mehrerer Mode-

ratoren notwendig. Es sollten immer genügend Gruppenräume bzw. -nischen für Kleingruppen von ca. 4 bis 7 Personen zur Verfügung stehen.

3. Zeitplanung: Eine Zukunftswerkstatt in Projektform dauert 1 bis 1 ½ Tage. Unabhängig von der Zeitplanung muß in jeder Zukunftswerkstatt gewährleistet sein, daß die drei Hauptphasen (Kritikphase, Phantasiephase und Verwirklichungsphase) in jedem Fall durchschritten werden. Minimum sind für jede Phase 90 bis 120 Minuten. Durch die vollständige Dokumentation auf Karten und Tapeten kann eine Zukunftswerkstatt auch durch mehrere Tage unterbrochen werden, d.h., sie kann auch im Rahmen eines zweistündigen Faches durchgespielt werden.

Das *Erfolgsgeheimnis* der Methode Zukunftswerkstatt liegt in ihrer inhaltlichen Offenheit. Dies bedingt umgekehrt eine strikte Beachtung des Dreischritts und des Regelsystems. Bei Nichtbeachtung dieser beiden Bedingungen kann eine Zukunftswerkstatt auch scheitern. Es empfiehlt sich eine Moderatorenschulung, die inzwischen von mehreren professionellen Bildungseinrichtungen angeboten wird.

Die Zukunftswerkstatt ist eine genuin *politische* Methode, weil der Dreischritt

1. Problemdefinition (Kritikphase),
2. Zielbestimmung (Utopiephase) und
3. Lösungsstrategien (Verwirklichungsphase)

dem klassischen Politikmodell entspricht. Sie vereint als Komplex- oder Großmethode viele didaktische Prinzipien (z.B. Problemorientierung, Konfliktorientierung, Handlungsorientierung) sowie methodische Elemente (z.B. Moderationsmethode, Arbeits- und Kreativitätstechniken u.a.). Die Lehrerin bzw. der

Lehrer wird zur Moderatorin bzw. zum Moderator und tritt in ihrer/seiner Informationsvermittlungs- und Steuerungsfunktion völlig zurück zugunsten eines selbständigen Arbeits- und Konsensbildungsprozesses in den Arbeitsgruppen.

Literatur: Burow, O.-A./Neumann-Schönwetter, M. (Hrsg.) 1995: Zukunftswerkstatt in Schule und Unterricht, Hamburg; Deutsches Kinderhilfswerk 1996: Planen mit Phantasie. Zukunftswerkstatt und Planungszirkel für Kinder und Jugendliche, Berlin, Kiel; Jungk, R./Müllert, N. R. 1989 (1993³): Zukunftswerkstätten, München; Kuhnt, B./Müllert, N. R. 1996: Moderationsfibel Zukunftswerkstätten, Münster; Landesinstitut für Schule und Weiterbildung (Hrsg.) 1987: Zukunftsphantasien – (k)ein modischer Trend? – Reader zum Lernkonzept Zukunftswerkstatt, Soest; Stange, W./Paschen, W. 1995: Praxishandbuch Zukunftswerkstätten, Hamburg; Weinbrenner, P. 1988: Zukunftswerkstätten – Eine Methode zur Verknüpfung von ökonomischem, ökologischem und politischem Lernen, in: Gegenwartskunde, H. 4, S. 527-560; Weinbrenner, P./Häcker, W. 1991: Zur Theorie und Praxis von Zukunftswerkstätten, in: Bundeszentrale für politische Bildung (Hrsg.): Methoden in der politischen Bildung – Handlungsorientierung, Bonn, S. 115-149; Weißeno, G. 1990: Zukunftswerkstatt. Eine neue Methode in der schulischen politischen Bildung, in: Politisches Lernen, H. 2, S. 52-58.

Peter Weinbrenner

↗ Ganzheitliches Lernen; Ideenwerkstatt; Werkstätten/Workshops; *Band 1:* Problemorientierung; Zukunftsdidaktik; *Band 2:* Ganzheitlichkeit; Veranstaltungsformen

Register Band 3

A

Äquivalenz 2
Ästhetik 8, 52, 126
Ästhetische Rationalität 1
Ästhetisches Lernen 1, 205
Akteure 30, 37, 45
Aktionsformen 1, 110
Aktionstag, politischer 59
Aktive Medienarbeit 52, 204
Aktualität 123
Alltagsorientierung 16, 61,
    75, 208
Alltagswissen 20, 178
Altenbildung 160, 180
Alternative Medienarbeit 104
Analogie 2
Anforderungsbereiche 3, 27, 189
Antrag 2, 31
Arbeiterbewegung 204
Arbeiterbildung 78
Arbeitsauftrag 3, 189
Arbeitsblatt 3, 9
Arbeitsformen 2, 4, 7
Arbeitsgemeinschaft 4
Arbeitsmaterialien 5
Arbeitsmittel 5, 211
Arbeitsplanung 5
Arbeitsschritte 5
Arbeitsschulbewegung 71,
    110, 131
Arbeitstechniken 6, 107
Arbeitsweisen 6, 7, 20

Argumentationstraining 7
Artikulationsschema 1, 6, 9,
    27, 111
Aufgabe 14
Aufklärung 166
Außensicht 45, 47, 124
Ausstellung 8, 123, 139, 149,
    203
Auswertung 9, 10, 15, 21,
    87, 124, 131, 156, 165,
    184, 186, 187, 200

B

Bedingungsanalyse 171
Befragung 10, 177
Begegnung 123, 149
Begriff/Begriffsbildung 209
Behördenbrief 10
Beobachtung 11, 13, 19
Beobachtungsfragen 9
Bericht 12, 211
Berufswahlorientierung 132
Beschluß 12
Besichtigung 13, 37, 38
Beteiligung 71
Betriebserkundung 37
Betroffenheit 45, 125, 139, 188
Beutelsbacher Konsens 40
Beziehungsebene 62
Bezugsgruppe 92
Bezugstheorie 93
Bezugswissenschaften 109, 209

Bibliographieren **13**, 173, 209
Bienenkorb **14**
Bild 1, 52
Bildschirm-„Wirklichkeit" 17
Bildsprache 52, 204
Biographie 122, 159, 160, 212
Biographisches Lernen 126,
177, 185
Blitzlicht **14**
Brainstorming **14**, 153
Bürgerinitiativen 77, 118, 214
Bürgerradio **15**
Bundeszentrale für politische
Bildung 161

C

CNB-Methode **16**
Collage **16**
Comic **16**
Computersimulation **17**
Curriculum/Lehrplan 34, 172

D

Datenerhebung **19**, 79
Datengewinnung 11
Datensammlung 48
Debatte **20**, 126, 178
Demokratie 167
Demokratie-Lernen 33, 197
Demokratisierung 214
Deutungsmuster 8
Diagramm **20**, 211
Dialogische Lernprozesse 62
Didaktische Perspektive 27, 156
Didaktische Wende 208
Dilemmadiskussion **23**
Dimensionen des Politischen 97
Diskurs 24, 54, 77, 113,
167, 178

Diskursive Verständigung 8, **24**,
138
Diskussion 20, **25**, 107, 161,
194
Dokument **25**, 153
Dokumentation 8, 52
Drehbuch **26**
Dreischritt **26**, 28, 32, 100,
111, 216

E

Einstieg **27**, 146
Einzelarbeit 171
Emanzipation 141, 193, 204
Emotionalität 1, 187, 214
Empathie 125, 126, 155
Empirische Sozialforschung
11, 39, 48, 56
Entdeckendes Lernen **29**, 33,
90, 119, 133, 162, 171
Entscheidung 3, 12
Entscheidungskompetenz 30, 119
Entscheidungsorientierung 127
Entscheidungsprozeß 127
Entscheidungsspiel **30**, 165
EPA 3, 42
Erfahrungslernen 93, 98, 171
Erfahrungsorientierung **32**, 37,
38, 93
Erfolgskontrolle **34**, 101,
103, 189
Ergebnispräsentation **36**
Erinnerungsarbeit 59, 174
Erkundung 13, **37**, 38, 43, 149
Erlebnispädagogik 33, 44, 88
Erwachsenenbildung 8, 179, 208
Evaluation 9, 34, 101, 171, 186
Exemplarisches Lernen 74, 78, 91
Exemplarisches Prinzip 47

Exkursion 13, 37, **38**
Experiment **39**, 201
Expertenbefragung **39**, 72, 92
Expertin/Experte 40, 72, 113, 130
Exzerpieren **42**

F

Facharbeit **42**, 150
Fachzeitschriften 14, 157
Fahrraddemonstration 43
Fahrradfahren, politisches **43**, 180
Fall 44, 99, 125, 211
Fallanalyse **44**, 61, 74, 186
Fallprinzip 44
Fallstudie **47**
Feature **48**
Feedback 34, **48**, 139, 152, 189
Feldforschung **48**
Fernsehen 153
Fernsehsendung 48, **49**
Film 26, **51**
Filmanalyse 52, 206
Filmsprache 52
Flächendiagramm 21
Flugblatt **54**, 204
Flußdiagramm 22
Forum **54**, 179
Foto- und Bildbeschreibung **55**
Fotoroman, -dokumentation **56**
Frage (geschlossene) 10
Frage (offene) 10, 40
Fragebogen **56**
Fragetechnik 10, 113
Frauenbildung 160
Fremdverstehen 75
Friedensbewegung 64
Frontalunterricht 98
Führungsstile 69

G

Ganzheitliches Lernen 1, 16, 57, 112, 141, 160, 180, 193, 194, 197, 208
Gedenkstättenbesuch 59
Gedenktag **59**
Gedicht **60**, 204
Gemeinwohlinteressen 213
Generalisierung 45
Gerechtigkeit 125
Gerichtsbesuch 38, 41, **60**
Gerichtsverhandlung 41
Geschichte und politische Bildung 147
Geschichtswerkstätten **61**, 122, 208
Geschlechtererziehung 73
Geschlechtergerechte Didaktik 165
Geschlechtsspezifische Kommunikationsbarrieren 158
Geschlechtsspezifische Sozialisation 17
Gesetz **61**
Gestaltpädagogik 1, **62**
Gestaltungslernen **63**
Gewalt 85, 193
Gewaltfreiheit **64**
Gewaltprävention **65**, 84
Globales Lernen 100
Graphik **20**
Gremium 12
Grundschule 30, 58, 209, 210
Grundwerte 213
Gruppe 14, 16, 87, 174, 196
Gruppenarbeit 30, **68**, 91, 94, 166, 170
Gruppendynamik **69**, 158, 168
Gymnasium 42

H

Habitus 88
Handlungsmuster 2, **70**, 199
Handlungsorientierung 9, 37,
  39, **70**, 78, 89, 155
Handlungssituation 166
Hausaufgaben 72
Hearing 72
Heimlicher Lehrplan 73
Hermeneutische Methoden
  73, **74**, 79, 91, 108
Heterogene Lerngruppe 80
Historische Kritik 147
Hörspiel **75**
Homepage 83
Hypothesenbildung 6, 19,
  76, 99

I

Ideensammlung 16, 76, 107,
  112
Ideenwand **76**
Ideenwerkstatt **77**
Identität 17
Ideologie 52, **78**, 131
Ideologiekritik **78**, 147
Individualisierung 80, 118
Informationsbeschaffung 40,
  79, 82, 134, 151, 172
Informationsquelle 5, 52
Inhaltsanalyse 19, **79**
Innensicht 45, 47, 124
Innere Differenzierung **80**
Institutionen 11, 83
Institutionenkunde 99, 165
Interaktion 58, 89, 96,
  107, 198, 201
Interesse 90, 141

Interkulturelles Lernen 194
Internet **81**, 90, 111
Interpretation 21, 22
Interview 19, 153, 186

J

Jugendbildung 179, 208
Jugendforschung 114
Jugendkultur 49
Jugendoffizier 41
Jugendstudien 183

K

Kampfkunst **84**
Karikatur **85**, 159, 211
Karte **86**
Kartenabfrage **87**
Katechisieren **87**
Kategorien 9, 26, 31, 90,
  142, 211
Körperlichkeit 58
Körperorientierung **88**
Körpersprache 89
Kognition 29
Kommentar **88**, 111, 211
Kommunikation 14, 16, 24,
  81, 82, **89**, 90, 97, 141,
  151, 154, 166, 199
Kommunikative Kompetenz
  89, 157
Kompetenz 118, 154, 157, 188
Konferenzspiel 30
Konflikt 141
Konfliktanalyse **90**, 111
Konfliktdidaktik 44
Konfliktfähigkeit 157, 187
Kontroversität 195
Kooperation **91**, 138, 166
Kreativität 76, **91**, 153, 193

Kreisdiagramm 21
Kultur 105
Kunst 1
Kurvendiagramm 21
Kurzreferat **92**
Kurzvorbereitung 164

L

Laienexperte **92**
Landesmedienanstalten 15
Learning by doing **93**
Lebensgefühl 102
Lebenshilfe 155, 159
Lebenslanges Lernen 101
Lebenswelt 65, 209
Lebensweltorientierung 58, 159,
    174, 193
Legitimation 32
Lehren 96
Lehrer/innenrolle **93**
Lehrervortrag **94**, 99, 169
Lehrformen **96**
Lehrgang 33, 97, **98**
Lehrmodell 96
Leistungsbeurteilung 93, 101
Leistungsbewertung 34
Leistungsmotivation 114
Lernebenen **100**
Lernen 29, 196
Lernerdidaktik 73
Lernerfolg 115
Lerninteressen 145
Lernmarkt **100**
Lernmotivation 114
Lernorte 13, 37, 38, 115, 118,
    123, 130, 131, 133,
    143, 208
Lernschritte **5**
Lernstrategie 1, 119

Lerntheorien 58
Lernwege 47, 210
Lernziele 101
Lernzielorientierter Test **101**,
    189
Lernzieltaxonomie 34
Leserbrief **102**, 211
Lied **102**, 204
Lokaler Rundfunk 15
Lückentext **102**

M

Macht 90
Mäeutik **103**, 166
Makromethode 9, 96, 118,
    186, 209
Manipulation 12, 22, 55, 154
Massenmedien 118
Medien 1, 12, 28, 153,
    161, 164
Medien-„Wirklichkeit" 187
Medienanalyse 17
Medienarbeit 52, 104, 150
Medienbild 123
Medienkompetenz 51, 205
Medienpädagogik 51
Mediensozialisation 50, 90
Medienwerkstatt **104**, 208
Meinungsbild 14, 177
Memorandum **105**
Meta-Unterricht 196
Metakommunikation 9, 89,
    105, 156, 168, 171, 206
Metaplan **106**, 113, 152
Methoden 2, 6, 29, 33
Methodenbegriff **107**
Methodenkompetenz 172
Methodenkonzeption 96
Methodenlernen 27, **109**, 184

Mindmapping **112**, 152
Mitbestimmung 145, 201, 210
Mitentscheidung 118
Mobilisierung 28
Moderation 8, 89, **113**, 130,
   177, 186, 204, 216
Moralisches Bewußtsein 23
Motivation 28, 29, 39, 86,
   114, 115, 138, 153,
   161, 187
Motivationsphase 114
Mündigkeit 71, 118
Multi-Media-Demokratie 84
Multimedia **115**
Museum 8, **115**
Museumspädagogik 115

N

Nachbereitung **116**, 189
Nachschlagen **116**
Neue Medien 82
Neue soziale Bewegungen 214
Neugier 29, **117**
Niederschrift **117**
Norm 90

O

Öffentlichkeit 54, 90, 104,
   117, 126, 139, 193, 204
Öffnung der Schule 66, 71,
   132
Öffnung des Unterrichts 33, 40
Ökologiesimulation 18
Offene Kanäle 15, 54, 104
Offener Brief **117**
Offener Unterricht 90, **118**
Open-space-Konferenz **119**
Oral history **122**, 212
Originale Begegnung 71

P

Parlamentsbesuch 38, 41, **123**
Parole 7
Parteien 83
Partizipation 77, 214
Partnerarbeit 170, 177
Partnerinterview **124**
Perspektivenübernahme 45, 89,
   110, **124**, 155, 179
Phantasiereise **125**
Plädoyer **126**
Plakat **126**
Planspiel 30, **127**, 165, 174
Plenum 169
Podiumsdiskussion **130**
Politik 93
Politikanalyse 97
Politikbegriff 165
Politikmodell 216
Politiksimulation 17
Politikverdrossenheit 133
Politikzyklus 164
Politische Kultur 59
Politische Urteilsbildung 20, 26,
   96, 111, 125, 134, 135,
   158, 162, 176, 188
Politische Wirklichkeit 127,
   164
Politisches Lernen 125, 127
Polytechnische Bildung 138
Pragmatismus 33
Praktikum (Betriebs-) **130**
Praktikum,
   kommunalpolitisches **132**
Praxisseminar 116
Probehandeln 30, 33, 155, 165
Problem 45, 133, 195
Problemlösungsmethode 6, 14,
   29, 46, 111

Problemorientierung 46, 123,
133
Problemstudie **133**
Pro-Contra-Debatte 126, **134**,
179
Produkte 9
Produktion 97
Produktive Medienarbeit 104
Produktlinienanalyse **137**
Produktorientierung 71, **138**,
140, 141, 162, 205, 208
Professionalität 160
Projektmanagement **139**, 143
Projektmethode 138, **140**, 162
Projektwerkstatt **143**
Projektwoche **145**, 205
Protokoll **117**
Provokation **145**
Psychodrama 157, 174
Puzzle **146**

Q

Qualifizierung 104
Quellen, historische 52, 111,
122, **146**, 212
Quellenkritik 147
Quiz **148**

R

Rätsel **148**, 204
Rallye **149**
Rationalität 30, 108, 137, 214
Realbegegnung 33, 38
Realerfahrung 37, 38, **149**
Realitätsvermittlung 15
Recherche-Training **150**, 153
Recht 90
Rechtsextremismus 78
Referat **150**, 161

Referentenvortrag **151**
Reflexive Wende 208
Reformpädagogik 33, 71, 80,
118, 131, 138, 169, 209
Reizwortanalyse **153**
Reportage **153**, 160
Rhetorik 8, **154**, 157, 186, 188
Rollen 187, 192
Rollenspiel **155**, 165, 192

S

Sachunterricht 118
Sachverständigenbefragung 72
Säulendiagramm 21
Satire **158**
Schaubild 21
Schlüsselprobleme 100, 110, 211
Schneeballverfahren **159**
Schreibtechnik 112
Schreibwerkstatt **159**
Schriftliche Übung **188**
Schüleraktivität 71
Schülerinteressen 71
Schülerorientierung 33, 118,
123
Schülervortrag 95, **161**
Schülerwettbewerb zur
politischen Bildung **161**
Schülerzeitung **162**
Schulbuch 3, 5, **162**
Schulbuchwissen 164
Schulleben 118, 162, 193
Selbständigkeit 40
Selbstbestimmung 166
Selbsterfahrung 165, 175
Selbstqualifizierung 93
Selbstreflexion 106, 116, 159,
166, 185, 197
Selbstverwirklichung 84

Simulation 17, 33, 89, 126, 127, **165**
Sinnlichkeit 1, 85, 175
Sitzordnung **166**
Sitzungsbericht **117**
Social Studies 173
Sokratisches Gespräch 25, 99, 155, **166**, 200
Sozialarbeit 66
Soziale Milieus 75
Soziales Lernen 17, 80, 125, 141, 155
Sozialformen 2, **169**
Sozialisation 103
Sozialstudie 97, 111, 133, 171, 184
Sozialwissenschaft 90, 209
Soziodrama **174**
Spiel 98
Spurensuche 61, **174**
Standbild 165, **175**
Statistik 21, **176**
Steckbrief **176**
Stimmungsbarometer **177**
Stoff-Zeit-Relation 3
Straßeninterview **177**
Streitgespräch **178**
Strukturelle Gewalt 65
Strukturierung 27
Studentenbewegung 141, 204
Studienfahrt/Studienreise **179**
Subjektorientierung 126, 208, 212
Suchstrategien 83
Symbol, politisches 60
Szenariotechnik **180**

T

Tabelle 21, 22, 176, **183**

Tafelbild 95, **184**
Tagebuch **185**
Talkshow **186**
Technologischer Generationskonflikt 18
Teilnehmerorientierung 54
Test **188**
Textanalyse 5, 74, 79, **190**
Textkritik 147
Theater **192**, 212
Theater der Unterdrückten **193**
Thema 27
Thematisierung 27
Thesenpapier **194**
Tiefenökologie **194**
Tribunal **195**
TZI 24, 106, **196**

U

Überleben 110
Überwältigungsverbot 24
Übungen 188
Umfragen 171
Unpolitischer Politikunterricht 158
Unternehmensspiel **197**
Unterrichtsarrangement, demokratisches **197**
Unterrichtsbeobachtung 110
Unterrichtsformen 7
Unterrichtsforschung 25, 89, 110, 157, 158, 201
Unterrichtsgespräch 99, 117, 175, **198**
Unterrichtsplanung 96, 111, 112, 116
Unterrichtsstile **201**
Urteilsformen 2

V

Veranschaulichung 5, 52
Verfremdung 86
Vergleich 21, 111, 176, **202**
Verhandlungsspiel 30
Verlaufsplan 6
Verlaufsschema 6
Verlaufsstruktur 27
Vernissage-Aktion **203**
Videoarbeit 52, **204**
Videospiele 17
Visualisierung 106, 113, 115,
   151, 152, 167, **206**
Visuelle Kommunikation 8, 205
Volkshochschulen 55, 180
Vortrag 40, 112, 194
Vorurteil 111, 133, 180
Vorverständnis 28, 74
Vorwissen 28

W

Wahrnehmung 1, 11
Wandzeitung **207**
Weiterbildung 101
Werkstätten/Workshops 143, **207**
Werte 23, 90, 195

Wertekonflikt 23, 179
Wirtschaftssimulationen 17
Wissen 100, 112, 164
Wissensbestand 51
Wissenschaftliches Wissen 19
Wissenschaftsorientierung 58,
   108, 173, 208
Wissenschaftspropädeutik **208**
Wissenschaftstheorie 112
Wissensformen 37
Wissenskluft 50
Wissensvermittlung 98
Wochenplan/Wochenarbeitsplan
   209

Z

Zauberwürfel **210**
Zeitung 102, 150, 153, **211**
Zeitungstheater 193, **212**
Zeitzeuge 122, **212**
Zensur 34, 102
Ziele 34, 180
Zielgruppe 85, 151
Zivilcourage 194, **213**
Zukunftswerkstatt 104, 180,
   208, **214**

Autorinnen und Autoren*

Ackermann, Paul, Prof. Dr., PH Ludwigsburg
Baumann, Ursula, Dr., TU Berlin
Breit, Gotthard, Prof. Dr., Universität Magdeburg
Cremer, Will, Dr., Bundeszentrale für politische Bildung Bonn
Deichmann, Carl, Prof. Dr., Universität Jena
Detjen, Joachim, Prof. Dr., Universität Eichstätt
Gaßmann, Reinhard, Landeszentrale für politische Bildung Baden-Württemberg
George, Siegfried, em. Prof. Dr., Universität Gießen
Grammes, Tilman, Prof. Dr., Universität Hamburg
Hilligen, Wolfgang, em. Prof. Dr., Universität Gießen
Greiner, Monika, Landeszentrale für politische Bildung Baden-Württemberg
Gugel, Günther, Dipl.-Päd., Verein für Friedenspädagogik Tübingen
Hagedorn, Friedrich, Adolf-Grimme-Institut Marl
Harms, Hermann, Dipl.-Päd., TU Braunschweig
Henkenborg, Peter, Prof. Dr., TU Dresden
Hilligen, Wolfgang, em. Prof. Dr., Universität Gießen
Hufer, Klaus-Peter, Dr., Kreisvolkshochschule Viersen
Jung, Eberhard, Prof. Dr., PH Karlsruhe
Kade, Sylvia, Deutsches Institut für Erwachsenenbildung Frankfurt/M.
Kiefer, Franz, Bundeszentrale für politische Bildung Bonn
Kiper, Hanna, Prof. Dr., Universität Oldenburg
Koopmann, Klaus, Dr., Universität Bremen
Kroll, Karin, FU Berlin
Kuhn, Hans-Werner, Prof. Dr., PH Freiburg
Kuhn, Hubert, Landesstelle für Katholische Jugendarbeit in Bayern
Lach, Kurt, FU Berlin
Lißmann, Hans-Joachim, Dr., Universität Frankfurt/M.
Marz, Fritz, Dr., Universität Landau-Koblenz
Massing, Peter, Dr., FU Berlin
Metto, Michael, Landesbildstelle Berlin
Mickel, Wolfgang W., em. Prof. Dr., PH Karlsruhe
Muth, Cornelia, Dr., FU Berlin
Nitzschke, Volker, em. Prof. Dr., Universität Frankfurt/M.
Noll, Adolf, Prof. Dr., Universität Hannover
Nonnenmacher, Frank, Dr. habil., Universität Frankfurt/M.

---

* Autorinnen und Autoren des Lexikons der politischen Bildung, Band 3

Paschen, Joachim, Dr., Landesmedienzentrum Hamburg
Pilz, Gunter A., Dr., Universität Hannover
Rathenow, Hanns-Fred, Prof., TU Berlin
Reinhardt, Sibylle, Prof. Dr., Universität Halle
Retzmann, Thomas, Dr., Universität Bielefeld
Richter, Dagmar, Prof. Dr., TU Braunschweig
Rogge, Klaus I., Landesinstitut für Schule und Weiterbildung Soest
Rothe, Klaus, Prof. Dr., Universität Erlangen-Nürnberg
Ruffmann, Thomas, Volkshochschule Kleve
Sackermann-Enskat, Michael, M.A., Adolf-Grimme-Institut Marl
Sarcinelli, Ulrich, Prof. Dr., Universität Koblenz-Landau
Schelle, Carla, Dr., Universität Hamburg
Schiele, Siegfried, Landeszentrale für politische Bildung Baden-Württemberg
Schieren, Stefan, Dr., Universität Magdeburg
Schill, Wolfgang, Landesbildstelle Berlin
Stiepani, Ute, M.A., Gedenkstätte Deutscher Widerstand, Berlin
Stockschläger, Hans-Joachim, M.A., Freier Bildungsreferent
Thiele, Günther, Landesbildstelle Berlin
Ungerer, Lothar A., Prof. Dr., PH Ludwigsburg
von Olberg, Hans-Joachim, Universität Münster
Wathling, Ursula, Dipl.-Verwaltungswirtin, Oberstufenzentrum Berlin
Weinbrenner, Peter, Prof. Dr., Universität Bielefeld
Weißeno, Georg, Dr. habil., Universität Wuppertal/PH Karlsruhe
Wilbert, Jürgen, Dr., Volkshochschule Hattingen
Zühlke, Ari, Rechtsreferendar, Berlin

LEXIKON DER POLITISCHEN BILDUNG

Georg Weißeno (Hrsg.)

Band 1
Dagmar Richter,
Georg Weißeno
(Hrsg.)
Didaktik und Schule
ISBN 3-87920-043-2
1999, 304 Seiten,
DM 68,–

Band 2
Klaus-Peter Hufer
(Hrsg.)
Außerschulische Jugend- und Erwachsenenbildung
ISBN 3-87920-044-0
1999, 280 Seiten,
DM 68,–

Band 3
Hans-Werner Kuhn,
Peter Massing (Hrsg.)
Methoden und Arbeitstechniken
ISBN 3-87920-045-9
2000, 248 Seiten,
DM 68,–

Registerband
mit den gesamten Erschließungshilfen für alle drei Bände
ISBN 3-87920-046-7
DM 18,–

- **Geschrieben von ausgewiesenen Expertinnen und Experten**
- **Bietet kompetente und zuverlässige Orientierung**
- **Bilanziert Forschung und praktische Erfahrungen**
- **Verknüpft die Arbeitsfelder politischer Bildung**
- **Ermöglicht schnelle vertiefende Informationen für die politische Bildungsarbeit**

Adolf-Damaschke-Str. 103 • 65824 Schwalbach/Ts.
Telefon: 06196 / 86065 • Fax: 06196 / 86060
eMail: wochenschau-verlag@t-online.de
... ein Begriff für politische Bildung

WOCHEN SCHAU VERLAG

Wer sich über politische Bildung informieren will, nutzt die Fachzeitschriften aus dem WOCHENSCHAU VERLAG

... ein Begriff für politische Bildung

WOCHENSCHAU –
das aktuelle Schulbuch

- Die **WOCHENSCHAU** im Abonnement bringt die fundierte und bewährte Hilfe für die Unterrichtsvorbereitung des Lehrers.
- Die **WOCHENSCHAU** im Klassensatz ist das aktuelle Schulbuch, das preisgünstigen und aktuellen Unterricht ermöglicht.

POLITISCHE BILDUNG –
Brücke zwischen Fachwissenschaft und Praxis

Die Fachzeitschrift für jeden Politiklehrer • Fachinformation • Unterrichtseinheit und -planung • Diskussionen der Fachdidaktik • Fachtagungen • zentrale Fachliteratur.

kursiv –
Journal für politische Bildung

Die neue Fachzeitschrift: Ihr Informations- und Diskussionsforum für das berufliche Selbstverständnis, für Aufhebung der Diskursgrenzen zwischen Schule und außerschulischer Bildung und für innovative Debatten.

INFORMATIONEN –
für den Geschichts- und Gemeinschaftskundelehrer

Die Fachzeitschrift für den Gemeinschaftskunde- und Geschichtslehrer der Landesverbände der Geschichtslehrer.

Alles zur politischen Bildung: Gesamtkatalog anfordern

WOCHEN SCHAU VERLAG

Adolf-Damaschke-Str. 103 • 65824 Schwalbach/Ts.
Telefon: 06196 / 86065 • Fax: 06196 / 86060
eMail: wochenschau-verlag@t-online.de